Reli Real Schule

5

Lehrerkommentar

Herausgegeben von
Prof. Dr. Georg Hilger und Prof. Dr. Elisabeth Reil

Erarbeitet von
Matthias Bahr
Brigitte Meichel
Hannelore Reil-Heining

Kösel

Reli Realschule
Unterrichtswerk für katholische Religionslehre an Realschulen in den Klassen 5-10

Herausgegeben von
Prof. Dr. Georg Hilger und Prof. Dr. Elisabeth Reil

Reli Realschule 5 – Lehrerkommentar

Erarbeitet von Dr. Matthias Bahr, Brigitte Meichel, Hannelore Reil-Heining,
unter Mitarbeit von Carina Auth, Christoph Ranzinger, Birgitta Weyers

ISBN 3-466-50681-6

1. Auflage 2004

Satz: Christian Dreyhaupt, Landsberg
Druck und Bindung: Kösel, Krugzell
Notensatz: Christa Pfletschinger, München
Umschlag: Kaselow Design, München

Der Kösel-Verlag ist Mitglied im »Verlagsring Religionsunterricht (VRU)«.

Vorwort

Liebe Kollegin, lieber Kollege,

dieser **Lehrerkommentar** zum Schulbuch **Reli Realschule 5** will Ihnen eine Hilfe sein: informierend, inspirierend und entlastend.

Informieren will der **Lehrerkommentar** über den Aufbau und die religionsdidaktische Ausrichtung des jeweiligen Kapitels. Vor allem bietet er notwendiges Hintergrundwissen zu den Einzelelementen des Schulbuchs, seien es Bilder, Lieder, erzählende Texte oder theologische Sachinformation. Absicht der Autorinnen und Autoren ist es, solche Informationen zur Verfügung zu stellen, die das Konzept und die Elemente des Schulbuches transparent machen und die hilfreich sind, mit dem Thema und dem Schulbuch eigenständig umzugehen.

Inspirieren und keineswegs gängeln wollen die vielen methodischen Anregungen zur Unterrichtsgestaltung mit recht unterschiedlichem Anspruch je nach Lernmöglichkeiten der Schülerinnen und Schüler des 5. Schuljahres und mit recht unterschiedlichem Zeitbedarf. Auch hierfür, wie auch für die Elemente des Schulbuchs und die unterrichtlichen Vorschläge auf den Ideenseiten, gilt: Weniger kann mehr sein. Setzen Sie sich nicht unter Druck, möglichst allen Vorschlägen zu folgen. Wählen Sie aus und lassen Sie sich durch die Angebote im **Lehrerkommentar** dazu anregen, für Ihre konkrete Situation eventuell angemessenere Unterrichtsschritte zu planen. Was in der einen Klasse nicht durchführbar erscheint, kann in einer anderen Klasse sinnvoll und produktiv sein.

Entlasten wollen sowohl die komprimierten informativen Texte und Unterrichtsskizzen im **Lehrerkommentar** als auch die zahlreichen Kopiervorlagen für Lied-, Text- und Arbeitsblätter. Welche davon übernommen, vergrößert und modifiziert werden, das bleibt natürlich Ihre Entscheidung.

Noch ein Wort zu dem denkbar knappen und sachlichen Titel der Reihe **Reli Realschule**. Verlag und Herausgeber haben sich anregen lassen von einem Werbeprospekt der katholischen und der evangelischen Kirchen zur Bedeutung des Religionsunterrichts heute. Auch dieses Schulbuch will werben für einen Religionsunterricht, der seinen spezifischen Beitrag zum Bildungsauftrag der Schule leistet und der die jungen Menschen bei ihrer religiösen Entwicklung begleitet – u. a. dadurch, dass er ihre religiöse Wahrnehmungs-, Gestaltungs- und Urteilsfähigkeit stärkt.

Wir hoffen, dass das Schulbuch **Reli Realschule 5** und der von den Autorinnen und Autoren mit viel Engagement erstellte **Lehrerkommentar** Ihnen eine echte Hilfe sind, Sie entlasten und Sie inspirieren.

Die Herausgeber von Reli Realschule
und das Schulbuchlektorat des Kösel-Verlags

Inhalt

1 Gemeinsam neu anfangen

2 Kirche leben

3 Ein Buch wie kein anderes: die Bibel

4 Zum Beten kommen

5 Mit Abraham und Sara auf dem Weg

6 Neugierig auf Fremde(s)

Projekt: Wir erkunden eine Kirche

Gemeinsam neu anfangen 1

Das Thema im Schulbuch

Im ersten Kapitel wird der Tatsache Rechnung getragen, dass Schülerinnen und Schüler (Sch) in einer neuen Klasse und Schule zu einer neuen Gemeinschaft werden müssen. Wichtige Stichworte dieses Kapitels sind »Kommunikation« und »Interaktion«.
Die *Titelseite* 7 zeigt das Treppenhaus einer Schule, in dem Sch verschiedener Jahrgangsstufen, Klassen und Herkunft bzw. unterschiedlichen Alters zu bestimmten Zeiten während des Schulbetriebs aufeinander treffen. Ein Sammelort, von dem es in die Klassen- und Arbeitsräume und damit zu verschiedenen Klassengemeinschaften geht. Jede/r dieser Sch gehört einer Klassengemeinschaft an, die innerhalb der großen Gemeinschaft Schule ein kleinerer und engerer Kreis ist, ein Lebensraum für eine gewisse Zeit am Tag. Sch, die in die 5. Jahrgangsstufe der Realschule eintreten, werden sich erst zu einer Gemeinschaft zusammenraufen und ihren Lebensraum in diesem Schulgebäude gestalten müssen.
Die *Themenseite* **8-9** greift vorhandene Zusammenhänge auf: Einzelne leben nicht für sich allein, sondern existieren im Gegenüber zum Du und im Miteinander des Wir. Dabei sind die kleinen Situationen des Lebens ebenso bedeutsam wie die Einbindung in globale Zusammenhänge.
Jes 43,1b gibt Worte wieder, die Mut machen und darauf vertrauen lassen, dass Gott die Menschen nicht fallen lassen wird, sondern zu jeder und jedem Einzelnen »Ja« sagt und in allen Lebenssituationen zur Seite stehen wird.
Auf der *Ideenseite* **10-11** werden Anregungen gegeben, verschiedene Seiten des Miteinanders handelnd und gestaltend zu vertiefen.
Die *Deuteseite* I **12-13** verweist auf die schwierige Anfangssituation in einer neuen Schule. Das Gemälde auf der rechten Seite drückt u. a. aus, dass ein Schulwechsel aber nur eine Änderung unter vielen im Laufe des Lebens ist. Es geht darum, seinen Weg zu machen, sich veränderten Lebenssituationen zu stellen bzw. sich auf sie einzulassen.
Erleichtert wird dies, wenn man sich unter jemands Schutz gestellt weiß oder ein modellhaftes Vorbild hat, das Mut macht. Die eigene Namenspatronin oder der eigene Namenspatron wäre ein Beispiel hierfür.
Deuteseite II **14-15** lenkt die Aufmerksamkeit der Sch auf die eigene Person und ihre persönliche Entfaltung. Der Blick richtet sich dabei auf die staunenswerte Einmaligkeit eines jeden Menschen, die sich in unterschiedlichen Fähigkeiten und Begabungen ausprägt.
Deuteseite III **16-17** trägt der Tatsache Rechnung, dass Menschsein nie in Abgeschlossenheit vollzogen wird, sondern immer in Beziehung zu anderen stattfindet. Dabei kann nicht nur die leicht gelingende, sondern ebenso die mühsame Seite der Beziehungsgestaltung als jeweils zum Leben gehörende Färbung zur Sprache kommen.
Auf der *Deuteseite* IV **18-19** wird nach gemeinschaftsstiftenden Haltungen und Handlungsformen gefragt. Dabei sind christlich geprägte Impulse berücksichtigt. Ausdrücklich wird auch die Geschlechterdifferenz angesprochen. Die Bezugnahme auf die im NT belegte Unterstützung für die bedürftige Gemeinde in Jerusalem macht deutlich, wie differenziert sich bereits in den Anfängen des Christentums die Verantwortung füreinander darstellte.
Mit den *Stellungnahmen* **20** erhalten Sch noch einmal Gelegenheit über sich selbst und ihre Beziehung zu anderen Mitmenschen, insbesondere zu Mit-Sch, Lehrern und Eltern nachzudenken. Die beiden Bibelstellen sollen Anregungen für ein humanes Miteinander und für eine Gemeinschaft geben, in der man sich wohlfühlen kann.

Verknüpfungen mit anderen Themen im Schulbuch

Kap. 2 Kirche leben: Die Zeltkirche als Symbol für das wandernde Gottesvolk (vgl. *Titelseite* **21**) weist eine Parallele auf zur Schule, unter deren Dach ebenfalls ein Volk seinen Weg macht.
Kap. 3 Ein Buch wie kein anderes: die Bibel: Anregungen zur Auseinandersetzung mit bedeutsamen Schriftworten können die Lebens- und Gemeinschaftsrelevanz der ntl. Erzählungen hervorheben (vgl. *Deuteseite* **38-39, 42-44**. Die Geschichte »Auge um Auge?« (*Stellungnahmen* **50**) bietet einen Anreiz sich darüber Gedanken zu machen, wie man mit anderen umgehen soll, damit ein Miteinander möglich wird.
Kap. 4 Zum Beten kommen: Das Bemühen um eine humane Beziehungsgestaltung untereinander steht in Wechselwirkung mit der Beziehung zu Gott. Dies kann sich u. a. in der Offenheit für Stilleerfahrungen und für das Gebet zeigen.
Kap. 5 Mit Abraham und Sara auf dem Weg: Die Bedeutung des eigenen Zuhauses wird im Aufbruch Ab-

rahams hinterfragt (vgl. *Deuteseite* **72-73**). Die Haltung der Gastfreundschaft erweitert die Gemeinschafts-Thematik um die Perspektive der Aufnahme von Fremden (vgl. *Deuteseite* **76-77**).

Kap. 6 Neugierig auf Fremde(s): verweist auf die notwendige Toleranz, die zwischen Menschen gegeben sein muss, damit alle miteinander auskommen. Es werden hier Kenntnisse und Einsichten vermittelt, die grundlegend sind, um fremde Kulturen zu verstehen.

Verbindungen mit anderen Fächern

Evangelische Religionslehre (5.1: Wer bin ich?) weist insgesamt inhaltliche Nähe auf; Akzentuierungen ergeben sich u. a. in der Bezugnahme auf Gottes- und Nächstenliebe.

Erdkunde (5.2: Der Planet Erde) spricht die unterschiedliche Lebensweise von Menschen an, wie die von Kindern in verschiedenen Natur- und Kulturräumen der Erde.

Ethik: Intensive Wahrnehmungen können Empathiefähigkeit und begründete Werturteile fördern (5.1: Wahrnehmung und Wirklichkeit); thematisiert werden Verhaltensmöglichkeiten insbesondere bei Konflikten im Lebensraum Schule (5.2: Entscheiden und handeln); Bräuche, Spielregeln und Normen des Alltags (5.4: Spielen und lernen).

Sport: Das Sich-Zurechtfinden in einer neuen Klassengemeinschaft und die Achtung der Interessen und Bedürfnisse der Mit-Sch bzw. der Umgang mit Regelverstößen (5.2: Fairness, Kooperation) spielen eine wesentliche Rolle.

Gemeinsam neu anfangen — Titelseite (7)

1. Hintergrund

Der Wechsel an die Realschule leitet für Sch einen neuen Lebensabschnitt ein. Neu sind oft nicht nur das Schulgebäude und der Schulweg, sondern auch der Schulort. Zusammen mit dem Sich-Zurechtfinden in einer neuen Klassengemeinschaft ist das eine hohe Anforderung an Sch, weil sie sich in vielen Dingen neu orientieren müssen.

Der Ort, in dem Fünftklässler aufwachsen, spielt für die Entwicklung und Sozialisation eine prägende Rolle. Mit dem Ort ist nicht nur die Familie oder der Wohnort gemeint, sondern auch die Schule, die ein Stück Zuhause werden kann.

Auf der Titelseite wird ein Blick freigegeben, wie er sich für einen Neuankömmling bieten könnte: Stufen, die einen Menschen zu einem neuen Lebensabschnitt führen. Was sie oder ihn dabei erwartet ist ungewiss. Sie/er muss sich auf diese neue Situation einlassen, wenn auch mit gemischten Gefühlen.

Roy Lichtenstein (1923-1997)

Roy Lichtenstein (* 1923) entdeckte bereits als Jugendlicher seine Liebe zu Kunst und Malerei. 1940 begann er ein Studium für Kunst an der Ohio State University und malte erste Werke im Stil des Abstrakten Expressionismus. Ab 1957 lehrte er als Assistenzprofessor an verschiedenen Kunstschulen in den USA. Anfang der 60er Jahre entstanden erste Comic-Bilder mit »Ben-day dots«. Dabei handelt es sich um ein Druckverfahren, wie es in ähnlicher Form im Offsetdruck verwendet wird. Das Druckergebnis setzt sich aus vielen Farbpunkten aus den Grundfarben (Cyan, Magenta, Gelb, d. h. Blau, Rot, Gelb) und Schwarz zusammen, die so eng nebeneinander oder übereinander liegen, dass sich im Auge des Betrachters ein klares Bild mit Farbverläufen und Mischfarben ergibt. Dieses Punkte-Raster übertrug Lichtenstein in extremer Vergrößerung auf die Vorlagen und verfremdete sie so. 1961 begann er die Technik auch auf Gemälde anderer Künstler anzuwenden, z. B. von Picasso, Dalí und Mondrian. Durch die verfremdende Paraphrase der Vorlagen kommentierte er die Werke der klassischen Moderne und überführte bzw. verlängerte deren Bedeutungsebenen in die postmoderne Kunst. Lichtenstein war neben Andy Warhol, Claes Oldenburg, Robert Rauschenberg, Tom Wesselmann u. a. ein Hauptvertreter der amerikanischen Pop-Art. Charakteristisch für seine Werke war die thematische Konzentration auf die alltägliche Welt des Massenkonsums, der Werbung, Comics und Klischeebilder und die Reduktion der Farbpalette auf die Grundfarben Rot, Blau und Gelb. Durch Verfremdung und Zersplitterung der Motive entlarvte er die Banalität und die Mechanismen der Konsumwelt. Lichtenstein starb 1997 in New York.

Roy Lichtenstein: »Bauhaus Stairway (Bauhaustreppe)«, 1988

Lichtenstein malte »Bauhaus Stairway« (238,7 x 167,6 cm, Öl und Magna auf Leinwand, Privatbesitz) nach Oskar Schlemmers Bild gleichen Titels von 1932. Fasziniert von dem ikonenhaften Status dieses Bildes hat er die schlemmersche Komposition erneut intakt gelassen, fügte aber kräftigere Konturen hinzu, nahm geringfügige Änderungen an der Farbgebung vor und griff zur Strukturierung und Schattierung auf seine

Punkte-Raster zurück, die sich in vielen seiner Werke wieder finden. Die Konzentration auf die reine Form wird durch die komplexen Figuren, die z. T. aus geometrischen Formen entwickelt sind, offenbar. Es entsteht der Eindruck, es handle sich um Marionetten, die sich mechanisch fortbewegen. Dieser dem Bild innewohnende Mechanismus kommt vor allem durch die vielen waagrechten und senkrechten wie diagonalen Linien, die sich über das gesamte Bild erstrecken, zur Geltung. Eine kühle und nüchterne Atmosphäre verbreiten zudem die fast ausschließlich im Bild verwendeten kalten Farben: Weiß, Schwarz, Gelb, Blau und Grün. Diese sind in einen starken Kontrast zueinander gesetzt und verleihen der dargestellten Szene insgesamt einen befremdenden wie anonymen Charakter. Durchbrochen wird diese Anonymität nur an manchen Stellen: zum einen durch die zwei mit Nase, Mund und Auge versehenen Gesichtern und zum anderen durch die wenigen warmen und meist in Punkte-Rastern angebrachten Rottöne. Diese tauchen überwiegend im Gesicht, am Hals und an den Händen der Figuren auf, aber in zwei Fällen auch am Kopf und einmal auf dem Pullover der Frauengestalt im Zentrum des Bildes. Auffallend ist noch eine Frauengestalt links oben im Bild aufgrund ihrer Zweiteilung: Die vom Betrachter aus gesehene linke Körperhälfte vermittelt wegen des vorangestellten Beines, des locker, aber anmutig fallenden Armes und der rot gefärbten Gesichtshälfte Zugänglichkeit, Anteilnahme und Wärme. Die rechte Körperhälfte dagegen drückt durch das zurückgenommene Bein und die gelb gefärbte Gesichtshälfte Distanzierung, Dasein zum Zweck und Kälte aus. Fünf der noch im Bild sichtbaren Figuren sind im Begriff die Treppe hochzusteigen, die eine vorwärts strebend und zielgerichtet, die anderen eher vorsichtig, ängstlich und nachdenklich mit einer Spur von Ungewissheit darüber, was sie am Ende der Stufen erwarten wird. Eine andere Figur, rechts oben im Bild, verkörpert den lässigen, abwartenden Typ, der eine gewisse Selbstsicherheit zur Schau trägt und eine Spur von Arroganz ausstrahlt. Das Bild zeigt demnach im Menschen eine mechanische und organische Schöpfung zugleich.

Zur Methodik der Bildbegegnung

Bei der Arbeit mit Bildern der Kunst wird es vor allem darauf ankommen, sich selbst und die Sch zu einer intensiven Auseinandersetzung zu führen. Dies braucht vor allem Zeit, um den Aufbau eines Bildes wahrzunehmen. Das Prinzip »Bildgehalt aus Bildgestalt« hat im Laufe der Zeit zu einer Empfehlung für die ideale Phasenfolge der Bildbegegnung geführt:

1. Spontane Wahrnehmung: Was sehe ich? – Stilles Abtasten und »Lesen« des Bildes: spontane, unzensierte Äußerungen; im Bild spazieren gehen, hier und dort verweilen mit ungelenkter Aufmerksamkeit. Keine Deutung!

2. Analyse der Formensprache: Wie ist das Bild gebaut? – Die »Syntax« des Bildes wahrnehmen und benennen: das Motiv, die Perspektive, seine Formen, die bevorzugten Farben und ihre Wirkung, die Struktur, die Art der Linienführung, die Komposition, Größe, Platzierung und den Zusammenhang der Elemente. Volle Außenkonzentration.

3. Innenkonzentration: Was löst das Bild in mir aus? – Gefühle und Assoziationen zulassen: Auf welche Gestimmtheit zielt das Bild selbst? An was erinnert es mich? Wirkt es auf mich anziehend oder abstoßend?

4. Analyse des Bildgehalts: Was hat das Bild zu bedeuten? – Die »Semantik« des Bildes kennen lernen: seinen Bezug zum Thema, zum Bibeltext oder zu anderen Quellen, seinen Standort in der Tradition des Motivs, die politischen, sozialen und biografischen Bedingungen seiner Entstehungszeit, die individuellen oder epochalen Glaubens- und Lebenserfahrungen, die sich im Bild niedergeschlagen haben, Intentionen des Künstlers, der Künstlerin oder von InterpretInnen.

5. Identifikation mit dem Bild: Wo siedle ich mich auf dem Bild an? – Sich in das Bild, in seine Geschichte verwickeln lassen: In welcher Figur finde ich mich am ehesten wieder? Wie behandelt das Bild mich als Betrachter/in, was erwartet es von mir? Bewirkt es Einverständnis oder Irritation? Kann es mich verwandeln? Überlasse ich mich ihm oder sträube ich mich dagegen? Bin ich ihm gewachsen oder überfordert es mich?

Literatur:

Günter Lange, Kunst zur Bibel, München (Kösel) 1988, 9-11

Franz Wendel Niehl, Damit uns die Augen aufgehen, in: ders./Arthur Thömmes, 212 Methoden für den Religionsunterricht, München (Kösel) 1998, 13-45 (viele hilfreiche Methoden)

Hans Schmid, Ein Grundmodell des Umgangs mit Bildern im Religionsunterricht, in: ders., Die Kunst des Unterrichtens, München (Kösel) 1997, 125-178

2. Einsatzmöglichkeiten im RU

Dem Bild begegnen

Hinweis: Das Bild ist als Farbfolie Nr. 1 enthalten in der Folienmappe *Kunststücke 5-6-7* (Best.-Nr. 50673). Durch die eingehende Beschäftigung mit dem Bild werden Sch angeregt, die verschiedenen Lebensäußerungen bewusster wahrzunehmen.

- Sch schauen sich das Bild kurz an, dann wird es abgedeckt.
- – Spontane Eindrücke und Beobachtungen werden gesammelt.
- Sch betrachten das Bild erneut, die Beobachtungen werden vertieft:
- – Welche Farben hat der Maler bevorzugt? Welcher Eindruck entsteht dadurch?
- – Wir deuten jetzt Figuren auf der Treppe als Schülerinnen und Schüler in der Schule. Die Personen wirken noch steif wie Marionetten. Entdecke, welches menschliche Verhalten sie widerspiegeln (Scheu, Angst, Selbstbewusstsein, Langeweile ...).
- – Was ist auf dem Bild nicht zu sehen? (Aula, Lehrer, Schultaschen, Klassenräume)
- Sch schließen die Augen: Stell dir vor, du wärst jetzt inmitten dieser Schülerinnen und Schüler. Was geht dir durch den Kopf?
- Sch schreiben Stichworte an die Tafel.
- L gibt den Sch einige Informationen zu dem Künstler und seinem Bild (s. Hintergrund, **Lehrerkommentar S. 12**): Davon wollte der Maler erzählen.
- Sch äußern sich darüber,
  was ihnen am Bild gefällt/was nicht,
  ob sie gerne in diese Schule gehen würden,
  was sie an diesem Treppenhaus ändern würden,
  ob sie auf gar keinen Fall dort zur Schule gehen möchten.
- Sch schreiben nun einen Text, in dem die vorher notierten Stichworte vorkommen.

Alternative: Ein anderer Zugang ergibt sich, wenn z. B. abwechselnd zwei Sch kommentarlos erzählen, was sie sehen. Die anderen Sch ergänzen. Dadurch wird zu sorgfältigem Hinsehen angeleitet; vgl. auch die Zugangsweisen zu den anderen Bildern in *Reli Realschule 5*.

Das Bild »einbetten«

Sch suchen ihren Platz im Bild, indem sie es mit ihrem konkreten Schulkontext verbinden.

- Sch betrachten zunächst das Bild für sich und beobachten genau, was sie sehen.
- – Ihr seht hier ja nur einen kleinen Ausschnitt aus einer größeren Szene. Der Künstler kann uns so dazu anregen, das Bild weiter auszugestalten.
- Sch erhalten eine verkleinerte Schwarzweiß-Kopie des *Titelbildes* (Zoom am Kopiergerät auf 71 % einstellen).
- – Stellt euch vor, dass hier ein Teil aus eurem Schulhaus gemalt wurde, so wie es am Beginn eines Tages zugeht. Nehmt ein großes Blatt vom Zeichenblock. Überlegt, wie ihr mit diesem Bild euer Schulhaus selber weiter gestalten könnt. Wo findet ihr euch selbst wieder? Welche Menschen werden in eurer Nähe sein, die euch wichtig sind? Welche Orte in der Schule erscheinen euch jetzt schon interessant? Überlegt euch zuerst, wie ihr das Bild aufteilen wollt. Klebt erst dann die Kopie an die Stelle des Blattes, die euch passend erscheint.
- Die Auswertung kann als »Museumsrundgang« organisiert werden: Sch hängen die Bilder rundum im Klassenraum auf. Nach einer »Besichtigung« werden Fragen zu einzelnen Bildern gestellt.

Alternative: Sch notieren ihre Kommentare, Anmerkungen auf Zetteln und heften sie zu den entsprechenden Bildern.

- L gibt anschließend Informationen zum Künstler und zur Kunstrichtung. Welche Verbindungen lassen sich herstellen zwischen Künstleranliegen, eigener Bildgestaltung und schließlich dem Titel des Schulbuchkapitels?

Hinweis: Um bei der Malarbeit zu aussagekräftigen Ergebnissen zu kommen, bietet sich die Verwendung von Wachsmalkreiden oder besser noch Ölkreiden an (z. B. von Jaxon), die einen gleichmäßigen, satten Farbauftrag unterstützen, dabei aber nuancierter wirken als Filzstifte.

Menschen an unserer Schule kennen lernen

Sch lernen wichtige Personen ihrer Schule kennen und nehmen sie genau wahr.

- Sch haben eine Liste aller Personen erstellt, die an der Schule ein Amt innehaben (Hausmeister, Rektor/in, Konrektor/in, Betreuungslehrer/in, Streitschlichter/in, Sekretärin, Reinigungskraft, Busfahrer, Elternbeirat ...).
- Ein Fragenkatalog wird zusammengestellt: Wie heißen diese Menschen? Seit wann sind sie an der Schule? Was gefällt ihnen an ihrer Arbeit?
- Sch befragen in GA einzelne Personen.
- Austausch über die Reaktionen, Konsequenzen: Was wird sich ändern, wenn ihr diese Menschen mit Namen grüßt?

Weiterführung: Sch fragen auch nach organisatorischen, äußeren Merkmalen: Gibt es an unserer Schule ein schwarzes Brett? Was steht heute darauf? Zählt die Treppenstufen von der Schultür bis zu eurem Klassenzimmer! Welche Telefonnummer hat das Sekretariat? Wo befinden sich der nächste Notfallkoffer, Feuerlöscher, Fluchtweg?

Wo die Mit-Sch wohnen

Sch erhalten einen Überblick, wer wo und in welcher Entfernung zu ihnen wohnt.

- L bringt einen Plan vom Einzugsbereich der Schule mit.
- Alle Sch notieren auf je einem kleinen Zettel ihre Adresse, die nun von einem/einer anderen Sch auf dem Stadtplan herausgefunden und z. B. mit einem Klebepunkt markiert wird.
- Es wird ermittelt, welche/r Sch am nächsten, welche/r am weitesten entfernt von einer/einem jeweils anderen Sch wohnt.
- Sch erzählen in Kleingruppen von ihrem Zuhause, wie man hinfindet etc.

Ich habe dich beim Namen gerufen – ich bin mit dir — Themenseite (8)(9)

1. Hintergrund

Die **Satellitenaufnahme** der Erde lädt zum Distanznehmen ein: das, was auf der Erde geschieht, einmal von außen betrachten, Abstand gewinnen. So kann vieles auf der Erde als Ganzer, aber auch im eigenen Erfahrungsbereich neu gesehen werden. Da die Menschen immer eingebunden sind in ein Beziehungsgeflecht aus Erwartungen, Erfahrungen und (Vor-)Urteilen, ist die Wahrnehmung einer neuen Situation immer subjektiv. So ist das gedankliche »Heraustreten« aus den eigenen Lebensvollzügen eine hilfreiche Möglichkeit, Neues zu entdecken, Zusammenhänge zu erkennen oder festgefahrene Verhaltensweisen zu entlarven und sie ggf. zu überwinden.
Zum *Überblick* kommt der *Einblick* in das, was auf der Erde geschieht. Das entspricht dem Interesse der Sch in der 5. Klasse: Sie suchen nach Erklärungen für Dinge, die sie beobachten, wollen wissen, wie etwas funktioniert oder wie etwas entstanden ist. Sie sammeln dieses Wissen wie Teile eines Puzzles, fügen es, so gut es geht, zusammen und arbeiten so an der eigenen Sicht der Erde.
Einzelne **Puzzleteile** sind herausgenommen und geben den Blick frei auf Aspekte des Lebens: das Leid, das auch Kinder treffen kann, die Freizeit in der Natur, das Miteinander-Teilen und Wirken für ein gerechtes Leben, die gegenseitige Ablehnung und der Konflikt zwischen Mädchen und Jungen, die Hektik und Anonymität einer Großstadt. Das Kindergesicht steht für alles, was Sch sonst noch sehen und was sie beschäftigt.
Eine wichtige Deutungsmöglichkeit der Puzzleteile erschließt sich durch die Begriffe »ICH«, »DU« und »WIR«:
ICH: Wie jedes Puzzleteil ist jeder Mensch einzigartig auf seinem Platz der Erde. Alle haben Ecken und Kanten, aber auch runde, harmonische Formen. Jede und jeder ist wertvoll: Wenn eine/r fehlt, entsteht eine Lücke.
DU: Am Gegenüber vollzieht sich die Existenz der Einzelnen. Wie die Teile ergänzen sie sich, geben einen größeren Blick auf das Gesamte frei. Jede/r braucht eine/n andere/n.
WIR: Eine neue Qualität entsteht im »WIR« – etwas anderes, Größeres als »ICH« und »DU«: Gemeinschaft. Leben gelingt erst in der Gemeinschaft. Das Selbstwertgefühl der Einzelnen (ich), die Beziehungsfähigkeit und -verwiesenheit auf ein Gegenüber (du) sind Grundvoraussetzungen für das Gelingen der Gemeinschaft (wir) im Kleinen – z. B. in der Klasse, in der Familie, unter Freunden – wie im Großen der Völkergemeinschaft.
Die Schriftstelle **Jes 43,1b** gehört zu dem Abschnitt des Jesaja-Buches, in dem es um die Tröstungen für die in Babel Gefangenen geht (vgl. Kropač, 398). Gott zeigt sich bereit seinem Volk zu vergeben und will, dass es getröstet wird, wobei er selbst als Tröster auftritt. Er verheißt ihm die wundervolle Wiederherstellung Zions (vgl. Zenger, 389). Gott legt das Versprechen ab, seinem Volk und somit jedem Einzelnen zur Seite zu stehen.

2. Einsatzmöglichkeiten im RU

Was wir erleben – was uns bewegt
Sch artikulieren unter den Aspekten »ich«, »du« und »wir« das, was sie beschäftigt.
- In EA suchen sich Sch ein Foto der *Themenseite* aus und schreiben dazu einen möglichen Tagebucheintrag.
- In PA besprechen Sch eines der Fotos und schreiben dazu einen kurzen Dialog.
- Im Plenum werden Ergebnisse vorgetragen. Die Dialoge können von den »AutorInnen« mit verteilten Rollen gelesen werden.
- Das Foto vom Kindergesicht ist der Platzhalter für alles, was Sch sonst noch bewegt. Im UG werden die von Sch genannten Probleme besprochen.
- Zu jedem Foto werden an der Tafel kurze *Stellungnahmen* erarbeitet, in die die Gedanken der Sch einfließen (z. B. zur Radlergruppe im Wald: »Alle lieben die Natur und wir wissen, dass wir ohne sie nicht leben können. Trotzdem wird immer mehr Natur zerstört, aus Gedankenlosigkeit oder Geldgier ...«).
- Bevor die *Stellungnahmen* ins Heft eingetragen werden, suchen Sch eine geeignete Überschrift (z. B. »Unsere Erde«, »Ansichtssache«).

Unsere Klasse – eine Gemeinschaft

Besonders zu Beginn des ersten Schuljahres in einer neuen Klasse visualisiert das Puzzle die Beziehungen der Sch.

- Jede/r Sch erhält **AB 5.1.1, Lehrerkommentar S. 17,** (vergrößert auf DIN A3). Sch beschriften das mittlere Puzzleteil mit ihrem eigenen Namen.
- Jede/r gibt das eigene AB an den Nachbarn in vereinbarter Reihenfolge weiter, der nun auf eines der noch freien Puzzleteile seinen Namen schreibt. So wandert jedes AB immer weiter, bis alle Sch auf jedes AB ihren Namen geschrieben haben.
- Jede/r Sch erhält zuletzt das eigene AB mit den Namen aller Mit-Sch zurück und malt das Blatt nach seinen Vorstellungen an.

Weiterführung: Wird ein farblos-transparenter Heftumschlag benutzt, kann die Arbeit als dekorative Umschlaggestaltung verwendet werden.

Ist genug Zeit, schneiden Sch ihr AB als Puzzle aus und setzen es später zusammen. So wird der langwierige und oft schwierige Prozess des Zusammenwachsens einer neuen Gemeinschaft deutlich.

Stell dir vor, wir wären Außerirdische

Sch lernen Situationen aus der Distanz zu beobachten und mit Distanz zu bewerten.

- L führt in die Situation des Fantasiespiels ein: Die Klasse ist die Besatzung eines Raumschiffes vom Planeten »TERRA 5A«. In wissenschaftlicher Mission sollen die AstronautInnen die Lebensgewohnheiten der Menschen auf dem Planet Erde erforschen. Ohne von den Erdlingen bemerkt werden zu können, beobachten sie aus der Vogelperspektive.
- L gibt ein Beispiel (z. B. Beobachtungsobjekt Fußballstadion: meist leer, Tausende kommen jeden zweiten Samstagnachmittag, stellen sich hintereinander an kleinen Häuschen an, um dort silberne Knöpfe oder Papierstücke gegen ein anderes Papier zu tauschen, gehen aber nicht heim, sondern stellen sich um ein rechteckiges Stück Rasen. Zwei kleinere Gruppen von Menschen mit der gleichen Kleidung – die einen in Rot, die anderen in Blau – kommen auf den Rasen und streiten sich um einen Ball (wieso nehmen sie dann nicht zwei?).
- PA/GA: Sch erhalten verschiedene »Beobachtungsaufträge« (z. B. Meeresstrand in Ferienzeit; Klasse beim Unterricht; Ski-Piste im Winter; Bergsteiger; Prügelei im Schulhof; Hausfrauen bei der Küchenarbeit; im Supermarkt; Krieg zwischen zwei Ländern; Arbeiter am Fließband). Was beobachtest du aus der »Vogelperspektive«?
- Vorstellung der Ergebnisse: »Zurück im Raumschiff« berichten die einzelnen Gruppen.

Weiterführung: Sch beschreiben in ähnlicher Weise – möglichst sachlich und unbeteiligt – einen Konfliktfall in der Schule, an dem sie möglichst auch selbst beteiligt waren. Dabei wird es leichter, Fehlentwicklungen selbst zu entdecken.

»Geht nicht!«

Die Karikatur **AB 5.1.2, Lehrerkommentar S. 23,** verdeutlicht die Unmöglichkeit sich aus der Gemeinschaft herauszuhalten.

- Sch betrachten Karikatur.
  - Was wird mit dem »Aussteiger« geschehen? (Bildlich: unmöglich wegen der Schwerkraft; könnte im luftleeren Weltraum auch nicht existieren. Übertragen auf Gemeinschaft: Man kann sich nicht einfach davonmachen, aus der Verantwortung stehlen, ausgeschlossen werden.).
  - Welche Gründe kann dieser »Aussteiger« haben? Was ist vorher passiert?
- Besprechung der Doppeldeutigkeit der Bildunterschrift: »Geht nicht!« kann nicht nur als Aussage zur Unmöglichkeit des Aussteigens (Das geht nicht!), sondern auch als Bitte an potenzielle Aussteiger verstanden werden (Geht doch bitte nicht!).

3. Weiterführende Anregung

Unser Klassenpuzzle herstellen

Die Herstellung eines großen Klassenpuzzles aus Sperrholz birgt während der Herstellung und auch im Gebrauch des fertigen Produktes vielfältige Einsatzmöglichkeiten, die Gemeinschaft erlebbar zu machen.

- Per OH wird das Puzzle auf ein ca. 6 mm starkes Sperrholzbrett (z. B. 100 x 150 cm) übertragen.
- Mit der Stichsäge werden die einzelnen Teile ausgeschnitten (dies wird in der Regel vorbereitend durch L geschehen, kann aber auch im Rahmen eines Projekttages, Klassenfestes, Schullandheimaufenthaltes oder auch im Werkunterricht durch Sch selbst geschehen).

Puzzle im rohen Zustand

Unser Klassenpuzzle

- Jede/r Sch erhält eines der Puzzleteile und gestaltet es (z. B. Selbstporträt als Foto oder Gemälde; Steckbrief mit Passfoto, Hobbys, Geburtstag etc.). Versäubern der Kanten, Schleifen und Lasieren kann dabei im Kunstunterricht geschehen.
– Die übrig gebliebenen Teile werden gestaltet (z. B. wie die Satellitenaufnahme) oder bleiben frei für spätere Gestaltung (z. B. Darstellung von für die Klassengemeinschaft wichtigen Unterrichtsergebnissen im Lauf des Schuljahres).
- Das fertige Puzzle bleibt im Klassenzimmer und kann z. B. zu Beginn einer Morgenbesinnung im Stuhlkreis gelegt werden.

Ideenseite (10)(11)

Die Anregungen der *Ideenseite* werden im Lehrerkommentar auf folgenden Seiten besprochen:
Detektive spielen: S. 22
Eine Namenskerze basteln: S. 24
Ich meine es gut mit dir: S. 32
Rate einmal, wer ich bin!: S. 22
Ohne Worte reden: S. 34

Aller Anfang ist schwer — Deuteseite I (12)(13)

1. Hintergrund

Mit der Doppelseite wird dem Neubeginn Rechnung getragen, dem Sch ausgesetzt sind. Mit dem Eintritt in die Realschule sind erste Weichen gestellt und Entscheidungen gefällt worden. Neue Wege sind einzuschlagen, der vertraute Gang in die Grundschule muss verlassen und ein neues Haus erst erschlossen werden, mit neuen Menschen, anderen Abläufen und der Erfahrung, wieder am Anfang zu stehen, zu den Jüngsten zu gehören. All dies kann neben aller Neugier auch Unsicherheiten erzeugen. Sch wissen nicht, was kommen wird. »Aller Anfang ist schwer« – das nimmt diese Situation auf und gesteht zu, dass zu Beginn einer neuen Lebensphase auch Sorgen und Befürchtungen einen Platz haben dürfen. Religiös stellt sich dabei auch die Frage nach Unterstützung und Begleitung: sicher in einer vertrauensvollen Gesprächsatmosphäre während des (Religions-)Unterrichts und möglicherweise auch in der Auseinandersetzung mit Namenspatronen als schützenden, stärkenden Begleitern auf dem Lebensweg (vgl. dazu auch im Schulbuch, *Deuteseite* II, **14-15**).

Dass viele Geschehnisse den Verlauf des Lebens bestimmen und verändern können, das haben häufig auch Heranwachsende dieser Altersgruppe bereits erfahren können. Das Bild von Sophie Taeuber-Arp kann dazu anregen, den Fragen nach Höhen und Tiefen, nach erfreulichen und leidvollen Ereignissen nachzuspüren.

Sophie Henriette Gertrud Taeuber-Arp (1889-1943)
Die Künstlerin wurde am 19. Januar 1889 in Davos geboren. Ab 1906 studierte sie Textiles Gestalten an der École des Arts Appliqués in Sankt Gallen, danach in München und dann in Hamburg an der Kunstgewerbeschule. Außerdem absolvierte sie eine Schule für Ausdruckstanz. Schließlich wurde sie 1915 Mitglied im Schweizerischen Werkbund. In Zürich tanzte sie im Cabaret Voltaire, wo sie ihren Mann, Hans Arp, kennen lernte, den sie 1922 heiratete. Von 1916 bis 1929 lehrte sie an der Kunstgewerbeschule in Zürich, womit sie das Ehepaar finanzierte, und seit 1916 arbeitete sie auch als selbstständige Künstlerin.
Als 1916 in Zürich die turbulente Künstlerbewegung »Dada« gegründet wurde, waren Sophie und Hans Arp beteiligt. Diese Phase dauerte bei ihnen bis 1920 und schlug sich vor allem in ihren Marionetten und Bildern nieder. Danach fand Sophie Taeuber-Arp ihren individuellen Stil, mit dem sie wesentlich zur abstrakten Kunst beitrug.
1926 – auf dem Höhepunkt ihres Schaffens – gestaltete sie mit ihrem Mann und Theo van Doesburg die Innenräume des Café de l´Aubette, eines historischen Gebäudes in Straßburg. Dieses Haus gilt bis heute als ein wegweisendes Gesamtkunstwerk der Moderne. Das aus vielfarbigen kleinen Holztafeln bestehende Interieur wurde unter den Nationalsozialisten zerstört. Vorarbeiten davon zeigt das Aubette-Triptychon: Vertikal-Horizontal-Komposition , 1927/28, National Gallery, Canberra.

In den folgenden Jahren war das Ehepaar Arp Mitglied von bedeutenden Künstlergruppen, wie »Cercle et Carré« und »Abstraction – Création«. Doch als Vertreter der »entarteten Kunst« musste das Ehepaar vor den deutschen Truppen über Südfrankreich nach Zürich fliehen. In der Nacht vom 12./13. Januar 1943 starb die Malerin und Designerin Sophie Taeuber-Arp im Haus des Künstlers Max Bill, vermutlich aufgrund einer Kohlenmonoxidvergiftung – ausgelöst durch einen defekten Ofen.
Ihr Werk wird durchgehend bestimmt von einem geometrischen Abstraktionismus. Die für ihre Klarheit, innere Ruhe und Disziplin bekannte Künstlerin strebte nach Konzentration auf das Wesentliche. Dies zeigt sich schon in ihren textilen Arbeiten. Anfang der 30er Jahre beschränkte sie sich immer mehr auf die Primärfarben und konzentrierte mehr und mehr die geometrische Linienführung (Equilibre 1932/33, Kunstmuseum Basel). Farben und Formen sollten frei sein von Leiden, das Persönliche sollte sich auflösen im Wesentlichen. Als Anhängerin C. G. Jungs sollte in den Werken nicht nur die Realität, sondern die unsichtbare, transzendente Welt sichtbar werden. Ihre späteren Werke zeigen eine spielerische Gelöstheit im Umgang mit Formen und Farben (Holzrelief Schirme 1938, Rijksmuseum Kröller-Müller, Otterlo).

Sophie Taeuber-Arp: »Sommerlinien«, 1942
Das Bild ist als Farbfolie Nr. 2 in der Folienmappe *Kunststücke 5,6,7* enthalten (Best.-Nr. 50673). Dort auch weitere Gestaltungsideen.
Sommer – Leichtigkeit, Sonne, Licht, Gelb, Blumen? Wer voreingenommen solche Assoziationen hegt, wird zunächst etwas überrascht sein. Puzzleteile, mathematisch wirkende Wellenlinien, freies Spiel, einfarbige Farbflächen in sachlichem Rot, Schwarz, Grau und Grün, freie Flächen, Gesichtsprofile – oder sinnloses Wirrwarr, Zufall? Dieses Werk (46 x 38 cm) fordert zum genauen Hinschauen auf und erschließt sich nicht oberflächlich auf den ersten Blick.
Sicher findet man rasch eine komponierte Struktur: im oberen und unteren Drittel kräftige klare und doch bewegte Farbflächen mit sanften Rundungen, im mittigen Drittel fadenartig geschwungene Freiflächen. Kann man etwa eine Symmetrieachse anlegen? Horizontal und/oder vertikal? Sind das zwei graue Gesichtsprofile im unteren Drittel, die sich voneinander abwenden und von denen das rechte sogar auf dem Kopf steht? Oder sind diagonal zwei – gar drei? – Gesichter miteinander verbunden? Wenden sich im Zentrum Mann und Frau einander zu? Welchen Weg ziehen die Linien, die scheinbar alles zusammenhalten? Kennt Sophie Taeuber-Arp schon die Philosophie der schwingenden Acht? Parallele Wegstrecken, Kreuzungen, Augen, Kreise, Spiralen, eine Träne, ein Wassertropfen, ein See, Sonnenbrille, Bikini?
Klare Farben – hart und kühl oder beruhigend sanft? Rot als Farbe der Liebe, verbunden mit einem Herz? Zu Liebe gesellen sich das Grün der Hoffnung und das Blau der Treue und des Glaubens – Grundfarben der göttlichen Tugenden. Schwarz dominiert bei Festlichkeiten und Trauer. Grau – Nebel, Unklarheit, Hoffnungslosigkeit und Probleme, aber in Grau liegt Weiß – Licht, Perspektive, Hoffnung.
Wer an Sommer denkt, riecht saftiges Grün der Natur, bewegt sich beschwingt, genießt erfrischendes Wasser, spürt Leiblichkeit, genießt Geselligkeit. Urlaub in Ländern mit Nationalflaggen blau-weiß-rot und grün-weiß-rot? Frankreich und Italien – Strand, Meer, Inseln, Wein, Kultur in Rom und Paris, Lebenslust und Freiheit. Leichtigkeit oder Vergänglichkeit, Flucht oder Auftanken?
Das Bild lässt Raum für individuelle und fantasievolle Interpretation. Eindeutigkeit ist nicht angestrebt. Darf man von Sommerlinien auf Lebenslinien schließen? Höhepunkte, Lichtpunkte und tiefe Täler – das kennt jede/r. Entscheidungen und Fehlentscheidungen treffen, die zukunftsträchtig und oft unumkehrbar sind. Wegbegleiter, Versucher und Förderer begegnen und beeinflussen uns. Identität muss gefunden werden, braucht Zeit zum Entwickeln. Was und wer gibt Sinn und Halt im Leben? Wer kein Ziel hat, kommt nicht an. Was hält alles zusammen?
Insgesamt überwiegt eine optimistische Grundstimmung. Darf man in der zweiten Linie, die sich mal nah, mal fern um die erste windet, eine transzendente Macht sehen, die wir Gott nennen und die uns nicht vergisst? Mündet das Leben in der Unendlichkeit bei Gott?

2. Einsatzmöglichkeiten im RU

Die eigenen Gedanken zum Schulbeginn wahrnehmen
Sch erhalten Gelegenheit, ihre Hoffnungen und Sorgen bewusster kennen zu lernen und sich davon gegenseitig mitzuteilen.
- Sch lesen den Text »Vor dem ersten Schultag« **12**.
- Im UG wird eine erste Einschätzung versucht: Wenn ihr das so lest – welche Gedanken der Verena könnten wirklich so eintreffen? Ihr könnt auch nach Aussagen suchen, die für euch eher unwahrscheinlich klingen.
- Sch suchen aus dem Text einzelne Stücke heraus, die sie persönlich ansprechen. Sucht weitere Worte oder Sätze, die für euch wichtig waren, als ihr an euren ersten Schultag in der Realschule gedacht habt!
- Sch übersetzen nun diese Worte oder Sätze in eine bildliche Gestaltung. Wenn ihr dazu ein Bild malt, achtet auf die Farben, die ihr verwendet!

Hinweis: Die Gestaltungsarbeit wird interessanter, wenn das »Trägermaterial« variabel ist. Vereinzelt werden Sch besser zu einem eigenen Ausdruck angeregt, wenn nicht immer nur der DIN-A4-Platz zur Verfügung steht. Einfache Materialien sind Pappen unterschiedlichster Art, die auch in der Größe verändert werden können (geschnitten, gerissen).

Unsere Namenspatrone kennen lernen

Sch verschaffen sich einen Einblick in das Lebenswerk der eigenen Namenspatronin, des eigenen Namenspatrons.

- Die Lektüre von **12** unten gibt eine erste Information über die hl. Verena und damit ein Beispiel für das Wissen um eine Namenspatronin.
- Sch erarbeiten anhand von Heiligenlexika oder über das Internet (www.heiligenlexikon.de) Grundkenntnisse über die eigene Namenspatronin, den eigenen Namenspatron.
- Über das Anfertigen einer Art Steckbrief bringen Sch die Informationen in eine Form und teilen sie den anderen mit (im Klassenraum präsentieren).
- In GA werden zu diesen Informationen Rätsel erstellt; die Gruppen vermitteln sich so gegenseitig Wissen.
- Auf der Basis der Steckbriefe wird ein Namenstagskalender erstellt, in dem die wichtigsten Informationen über die Heiligen nachzulesen sind.
- Damit ist die Grundlage für eine kleine Feier gegeben, in deren Kontext die Namenskerze entzündet wird und ein Austausch über interessante Wesenszüge der Namenspatronin bzw. des Namenspatrons erfolgt.

Leben zwischen Gestern und Morgen

In der Auseinandersetzung mit dem Bild von Sophie Taeuber-Arp kann Sch deutlich werden, wie ihr Leben von einer Vielzahl verschiedener Ereignisse und Personen bestimmt wird.

- Sch betrachten das Bild im Buch **13** oder die Folienpräsentation und beschreiben es genau: Achtet auf die Formen und Farben und beschreibt genau, was ihr seht. Ihr könnt nun Linien nachziehen – mit dem Finger, vor allem aber auch gedanklich. Wichtig sind alle Menschen, an die ihr dabei denkt.
- Sch erhalten **AB 5.1.3, Lehrerkommentar S. 21**. Im Unterschied zum farbigen Bild im Buch oder auf der Folienprojektion sind dabei Flächen und Linien nicht so klar zu unterscheiden. Sch verfolgen bei geschlossenem Schulbuch oder abgedeckter Folienprojektion nochmals die Linien.
  - Dann werden Personen und Ereignisse eingetragen, die für den eigenen Lebensweg wichtig erscheinen.
  - Wenn ihr diese Stellen beschriftet habt: Nehmt dann Farbstifte heraus und zeigt durch Farbmarkierungen, wie ihr diese Stationen oder Ereignisse auf eurem Lebensweg empfunden habt. Beachtet die unterschiedliche Wirkung etwa von kalten oder ›warmen‹ Farbtönen.
- Im UG oder in einer kleineren Gruppe werden die markierten Bilder besprochen. Dabei kommen positive und problematische Zeiten, Menschen und Ereignisse zur Sprache.
  - Vergleicht nun euer Bild mit dem Bild im Buch **13** oder auf der Folienprojektion. Wie wirkt dies nun, wenn ihr dabei auch an unsere Fragestellung denkt? Welche Empfindungen lassen sich bei der Künstlerin erahnen?
  - Geht nun mit den Augen nochmals die schwarze Linie durch. Wie wirkt sie im Verlauf?
  - Wenn ihr einmal euer Leben als eine solche Linie annehmt, dann ist da noch eine, die eigentlich die gesamte Zeitspanne in eurer Nähe ist. Besprecht, was euch dabei im weiteren Verlauf des Bildes auffällt!
  - Versucht einen Menschen zu erinnern, der für euch zu der zweiten schwarzen Linie passt. Welche Rolle spielt sie oder er für euer Leben?
- Sch richten eine Botschaft an diesen Menschen: Was ich dir schon immer einmal sagen wollte. Oder: Ich danke dir ...

Alternativ sind Bilderweiterungen möglich: An welchen Stellen müsste die Linie anders verlaufen? Tragt es ein und beschriftet es dann.

Das Leben – ein Puzzle

Wenn die puzzle-ähnliche Wirkung des Gemäldes von Sophie Taeuber-Arp hervorgehoben wird, kann daran die Frage nach der Bruchstückhaftigkeit des Lebens aufgeworfen werden.

- Anhand von **AB 5.1.3, Lehrerkommentar S. 21**, geben Sch ihren Eindruck von der Bildverfremdung wieder. Was bringt das AB ins Bewusstsein?
  - Wenn man Künstler als Menschen verstehen kann, die sensibel sind für die Entwicklungen der Zeit und die vielleicht auch Versuche wagen, nach vorn, in noch kommende Bereiche des Lebens zu blicken – welcher Eindruck stellt sich dann dar bei diesem Bild von Sophie Taeuber-Arp?
  - Manche Menschen sagen, dass unser Leben wie ein Puzzle sei. Ihr könnt dieser Aussage einmal nachgehen. Versucht die Strichzeichnung als Grundmuster für euer Leben zu sehen. Welche »Puzzleteile« könnt ihr dann kennzeichnen? Wofür stehen sie? Versucht dies einmal auszugestalten.
- Nach einer Phase der Einzelarbeit betrachten Sch nochmals die *Themenseite* **8-9**. Welche Verbindungen, aber auch welche wichtigen Unterschiede lassen sich in der Wirkung der »Puzzlebilder« beobachten?

Sommerlinien

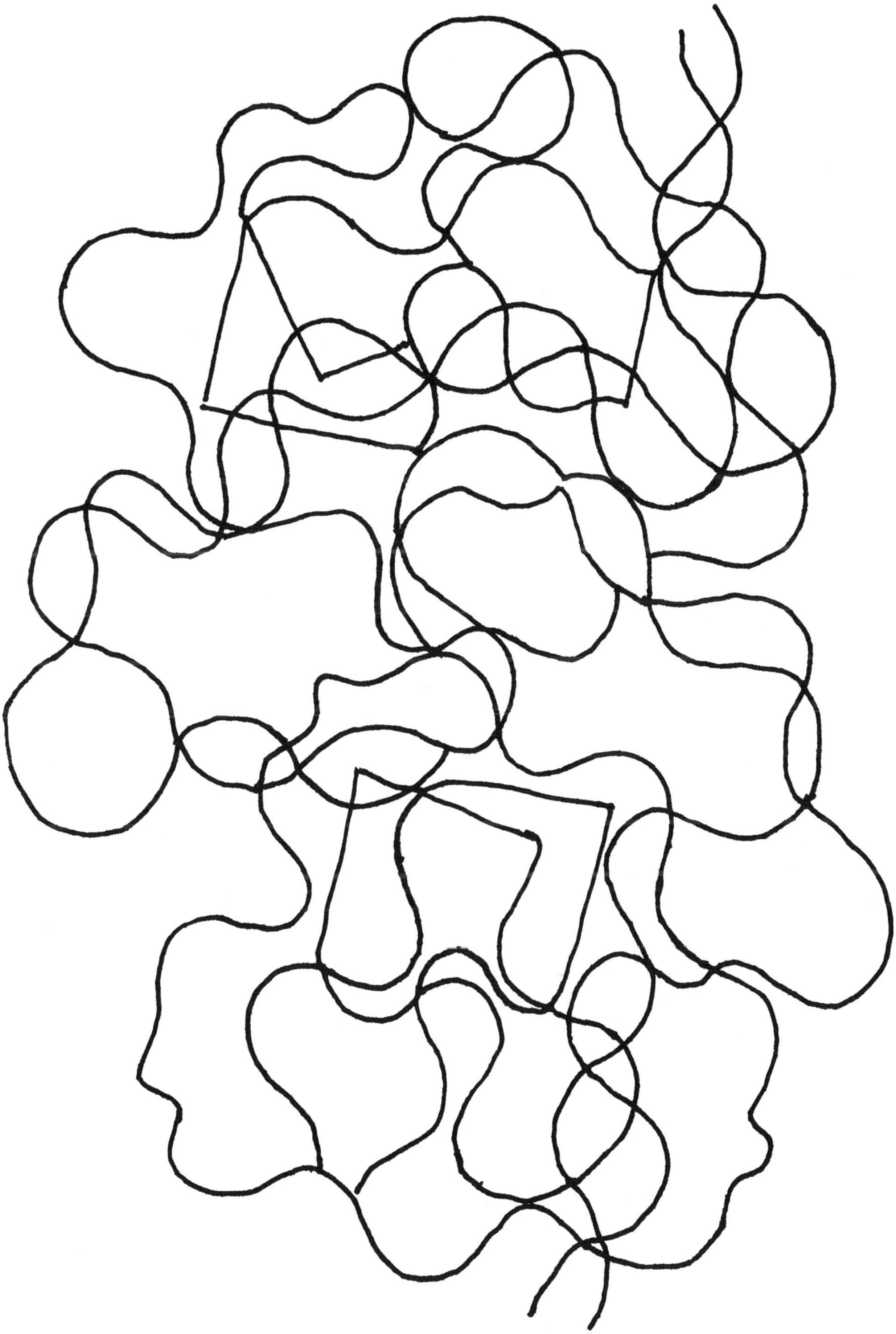

1. Hintergrund

Selbstannahme und ein gesundes Selbstwertgefühl sind wichtige Voraussetzungen zur Entfaltung des Ich. Sie befähigen, sich für das zu öffnen, was über die eigene Person hinausgeht. Nach christlichem Verständnis ist die Individualität der Menschen, die es als Wert anzuerkennen gilt, in ihrer Gottebenbildlichkeit begründet.
Ein weiteres Merkmal der Identität ist das Bewusstsein der Einzigartigkeit. Das Selbstbild eines Menschen gibt Auskunft darüber, wie er sich selbst sieht und wie er von anderen gesehen werden möchte. Das betrifft Materielles, Soziales und Geistiges, also seinen Körper, die Wahl seiner Kleidung und Besitztümer, die Anerkennung seiner Person durch Mitmenschen, seine psychischen und geistigen Fähigkeiten (Groß, 131-136).
Das **Foto** einer millionenfach vergrößerten (10^8) DNS sowie der Fingerabdruck, in den ein Gesicht grafisch eingearbeitet ist, verweisen auf der biologischen Ebene auf die Individualität jedes Menschen, die staunen und verwundern lässt. Die Chromosomen im Inneren jedes Zellkerns tragen alle Erbinformationen. Sie enthalten Moleküle (DNS = Desoxyribo-Nuklein-Säure) von einigen Zentimetern Länge mit einer Struktur ähnlich einer verdrillten Strickleiter. Die »Sprossen« der Strickleiter sind Paare unterschiedlicher Moleküle, die wie die Teile eines Reißverschlusses zusammenpassen. In der Reihenfolge der Paare ist der gesamte »Bauplan« des Organismus kodiert. Bei jeder Zellteilung öffnet sich der »Reißverschluss« der Doppelhelix. Jede Hälfte ergänzt sich komplementär zum vollständigen Molekül.
Jes 43,1b bringt zum Ausdruck, dass niemand durch Zufall auf Erden ist. Jede/r ist von Gott gewollt und auserwählt, jede/r kann auf Gott bauen.
Der Akt der Namensgebung bedeutet: Ein Kind wird in seiner Einmaligkeit angenommen, es wird ansprechbar und so in die Beziehung seiner Mitmenschen hereingenommen. Dies möchte die **Geschichte von der kleinen Lucia** erzählend veranschaulichen. Gleichzeitig kann sie anregen, nach der Bedeutung des eigenen Namens und seiner Geschichte zu forschen.
Mit der Gegenüberstellung **der Fotos** eines Mädchen- und eines Jungenzimmers soll den Sch bewusst werden, dass Mädchen und Jungen oft unterschiedliche Vorstellungen von dem haben, was schön ist oder wie etwas gestaltet sein muss, um sich darin wohl zu fühlen.
Mit den zwei **Geschichten von Georg und Colombin** kann die Frage nach den eigenen Fähigkeiten bzw. Charaktereigenschaften und – damit verbunden – die Frage nach der Selbsteinschätzung aufgeworfen werden (»Das bin ich – und das ist gut so«). Zudem zeigen die Geschichten auf, dass jeder Mensch positive und negative Eigenschaften in sich trägt.

2. Einsatzmöglichkeiten im RU

Detektive spielen IDEENSEITE (10)

Sch gehen in spielerischer Weise aufeinander zu und lernen sich ein wenig näher kennen. Der Fingerabdruck stellt die Unverwechselbarkeit einer und eines jeden heraus. Durch die Angaben über Hobbys etc. auf der »Spielkarte« wird etwas über die Persönlichkeit mitgeteilt.
Weiterführende Arbeitsmöglichkeit: Sch zeichnen ihren Fingerabdruck nach.

- Gedanken über den Fingerabdruck im Schülerbuch: Was fällt dir auf? Worüber sagt der Fingerabdruck etwas aus? Worüber sagt er nichts? Warum ist ein Gesicht darin zu erkennen?
- L gibt einige Informationen zu dem Foto der DNS.
- Sch lesen Textblatt **AB 5.1.4, Lehrerkommentar S. 25**, bearbeiten die Fragen und drücken ihren Fingerabdruck ein.
- Abschließend kann nach einer kurzen Stille Jes 43,1b gelesen/gebetet werden.

Rate einmal, wer ich bin! IDEENSEITE (10)

Den Sch kann bewusst werden, dass Lieblingsgegenstände Ausdruck ihres persönlichen Stils sind.
Hinweis: Eigene Beteiligung des L!
Alternative: Sch bringen von zu Hause einen Gegenstand aus ihrem Zimmer mit, der ihnen persönlich wichtig ist (er darf nicht viel Geld gekostet haben!), und erzählen, warum sie ihn ausgewählt haben.

Ich habe einen Namen

Sch reflektieren die Bedeutung ihres Namens, der wesentlich zu ihrer Person gehört.

- Sch lesen die Geschichte von Lucia.
- Sofern sie durch Erzählungen über ihre eigene Geburt Kenntnisse haben, tauschen sie sich darüber aus.
- Anschließend bearbeiten sie den »Fragebogen« **AB 5.1.5, Lehrerkommentar S. 26**. In GA werden die Ergebnisse einander mitgeteilt.
- Sch gestalten ihren Namen auf schöne Weise in ihrem Heft.

Einer, der bei mir bleibt

Einmal werde ich unter den vielen
einen Freund finden, der bei mir bleibt,
der auf mich wartet, wenn ich fortgehe,
der noch da ist, wenn ich zurückkomme.
Er hat Zeit für mich, wenn ich ihn brauche.
Er hat Vertrauen zu mir, er erwartet Gutes
und lässt sich nicht beirren durch mein Versagen.
Er gibt mir Spielraum und Freiheit
zu sein, der ich bin,
er knüpft seine Freundschaft nicht an Bedingungen.
Er ist wahrhaftig und täuscht mich nicht,
er sagt mir meine Fehler und Schwächen
zur richtigen Zeit, behutsam und hilfreich.
Er wird mir verzeihen.
Wenn ein anderer solchen Freund sucht,
will ich für ihn dieser Freund sein.

Ingeborg Kiefel

Ein Mädchen- und ein Jungenzimmer vergleichen
Meist sieht man auf den ersten Blick, ob es sich um das Zimmer eines Mädchens oder eines Jungen handelt. Sch sollen bei den beiden Fotos **15** herausfinden, wo wichtige Gemeinsamkeiten und Unterschiede liegen.

- Betrachtet beide Bilder und vergleicht sie miteinander! Wo seht ihr Gemeinsamkeiten, wo findet ihr Unterschiede?
- Auf den ersten Blick scheint ja die Ordnung oder die Unordnung wichtig zu sein. Inwiefern ist das wirklich entscheidend?
- In welchem von beiden Zimmern würdest du dich wohler fühlen? Suche nach Gründen hierfür!
- Stellt euch vor, Sch, die in den Zimmern wohnen, müssten für vier Wochen ihr Zimmer tauschen. Was würdet ihr dann im anderen Zimmer ändern? Ihr könnt einen Teil dieser Änderung auf einem Blatt ausgestalten.

Mein eigenes Reich
Anhand von Überlegungen zu ihrem eigenen Zimmer entwickeln Sch Überlegungen zu einem individuellen Lebensstil.

- Fünftklässler sind in einer Altersstufe, in der man zeitweise ganz gerne für sich allein sein möchte. Es ist wichtig, dass sie die Gelegenheit haben sich zurückzuziehen, am liebsten natürlich dorthin, wo sie sich wohl fühlen. Sie haben bereits ganz bestimmte Vorstellungen davon, wie ihr eigenes Zimmer aussehen soll. Anhand einer Liste stellen sie zusammen, wie ihr Zimmer eingerichtet bzw. was dort alles vorhanden sein soll.

- Statt eine Liste anzulegen ist es möglich, dass Sch ihr Traumzimmer malen. Die Ergebnisse werden, nach Jungen- und Mädchenarbeiten getrennt, ausgestellt. Auf diese Weise werden die Unterschiede zwischen den Vorstellungen von den Mädchen und Jungen in der Klasse sehr gut veranschaulicht.
- Bei der Reflexion werden Vermutungen über Reaktionen der Eltern angestellt. Wo wird mit Zustimmung, wo mit Ablehnung zu rechnen sein? Inwiefern ist dies jeweils angemessen?

Was sagen die anderen? Was sage ich selbst?
Die Frage, was andere über sie denken, kann wie ein Spiegel sein für Sch, der ihnen einiges über ihre Eigenheiten und Fähigkeiten mitteilt.

- Sch erfahren etwas über Georg: Der Text **15** wird mit verteilten Rollen gelesen: Wie siehst du Georg? Ist es angenehm/ unangenehm, wenn andere eine Meinung über eine/n selbst haben? Was denkt Georg wohl selbst über sich?
- Sch erhalten **AB 5.1.6, Lehrerkommentar S. 26,** und bearbeiten es. Für die Sprechblasen »Klassenkamerad/in« bzw. »Freund/in« können sie nachfragen.
- Sch lesen den Text aus ihrer Sprechblase »Ich selbst« ihren Nachbarn vor.
- Auswertung: Ist mir die Übung leicht/schwer gefallen? Wie sind die Äußerungen der anderen ausgefallen? Was stimmt – was sehe ich anders?

Herr Malig und die Geschichte von Colombin
Sch erkennen, dass Einmaligkeit ein Wert ist, der sich durch das Personsein ergibt, nicht aufgrund herausragender Fähigkeiten oder Leistungen.

- Sch lesen die Geschichte von Colombin. UG:

- Stimmt das: Colombin war nichts? Was ist das Besondere an Colombin? Möchtest du ihn als Freund/als Klassenkameraden haben?

- Sch erhalten Liedblatt **5.1.7, Lehrerkommentar S. 29**, und lesen die Strophen:

- Einige Worte sind lustige Erfindungen. Welche? Schreibe sie in dein Heft! Was könnte dahinter stecken?
- Welches der »malig«-Worte passt auf Colombin? Welches auf dich selbst?

- Das Lied wird gesungen. Eine Gruppe übernimmt die Strophen, eine andere den Kehrvers.

3. Weiterführende Anregungen

Eine Namenskerze basteln IDEENSEITE (10)
Durch das Kneten und Formen der Vornamen und das Aufkleben der Vornamen auf eine gemeinsame dicke Kerze erfährt der eigene Name Würdigung und Beachtung. Zugleich wird dem Wir-Gefühl der Klasse sichtbarer Ausdruck verliehen. Die Kerze kann im Laufe des Jahres zum Symbol für die Klassengemeinschaft werden.
Soll die Namenskerze im Rahmen einer kleinen Namenstagsfeier angezündet werden, so bietet sich an, ein Namenstagslied einzuführen, z. B. »Ja, wenn der Herr einst wieder kommt« (Melodie: Oh, when the saints go marching in).
Hinweis: Für die Gestaltung der Buchstaben gibt es Ausstechformen. Außerdem sind in Bastelläden Folien (Gold/Silber) erhältlich, auf die man Buchstaben durchpausen kann. Sch können auf diese Weise ihren Namen in der eigenen Handschrift auf die Kerze schreiben.

Einen Namenstagskalender basteln
Namenstagskalender kann man auf ganz verschiedene Weise basteln. Es soll hier eine Möglichkeit vorgestellt werden, die einerseits nicht sehr aufwändig ist und andererseits die Fantasie und Kreativität der Sch fördert.
Man braucht dazu folgende Materialien:

- 12 weiße oder farbige DIN-A3-Blätter und 12 entsprechende Laminierfolien

(Hierhin kannst du nach dem Lesen eine Überschrift schreiben!)

Wusstest du,

- dass der menschliche Körper aus vielen Milliarden Zellen besteht, einer Zahl also, die man mit der Anzahl der Sterne einer großen Galaxie vergleichen kann?
- dass eine Eizelle 0, 000 004 Gramm schwer ist und in durchschnittlich 266 Tagen zu einem Kind heranwächst, das 3 250 Gramm wiegt (das ist 800 Millionen Mal so viel)?
- dass allein die Haut sechs Millionen Zellen auf jedem Quadratzentimeter (1 cm^2) hat?
- dass das Herz in jedem Jahr 2,6 Millionen Liter Blut durch den Körper pumpt, das sind pro Tag etwa 7400 Liter?
- dass die Blutbahnen im Körper insgesamt etwa 20 000 Kilometer lang sind?
- dass die Hände die beweglichsten Körperteile sind? Keine Maschine der Erde ist so geschickt, vielseitig und perfekt!
- dass das Auge gegen Kälte nicht empfindlich ist? Dass es ein ausgezeichneter Fotoapparat ist, der automatisch die Brennweite, Entfernung und Tiefenschärfe einstellt, ja, der unzählige Farbaufnahmen in jeder Minute macht und bei dem man nicht auf die Entwicklung des Bildes warten muss?
- dass ein Kind im Mutterleib bereits seine unverwechselbaren Fingerabdrücke hat, die es sein ganzes Leben lang nicht verändern wird?
- dass der menschliche Körper aus 212 Knochen besteht?
- dass die Lunge 400 Millionen Lungenbläschen besitzt? Wenn man sie alle auf einer Fläche ausbreiten würde, könnte man 150 Quadratmeter (150 m^2) damit auslegen, das ist ein ganzes Fußballstadion!
- und dass das alles aus einer einzigen Zelle entsteht, die viel viel kleiner ist als ein i-Punkt auf dieser Seite?!

◇ *Kreuze an, was du für besonders erstaunlich hältst! Was hat dein/e Nachbar/in angekreuzt?*

Mein Fingerabdruck	*Am meisten habe ich gestaunt über ...*

Ich trage einen Namen

Bearbeite bitte folgende Fragen und Aufgaben nach der Reihe.
Vielleicht verstehst du deinen Vornamen am Ende besser!

1. Schreibe deinen Vornamen dreimal hintereinander:

2. Hast du noch andere Vornamen? Welche?

3. Wie wirst du zu Hause gerufen?

4. Wie wirst du von anderen (z. B. Freunden) gerufen?

5. Wie möchtest du gerne gerufen werden?

6. Kennst du andere Menschen mit demselben Namen? Schreib einige auf!

7. Für welche Namen würdest du »schwärmen«? Oder anders: Welchen Namen würdest du deiner Tochter/deinem Sohn geben?

   Mädchenname   Jungenname

8. Weißt du, warum dir deine Eltern deinen Namen gegeben haben?

9. Kennst du die Bedeutung deines Namens? (»Lucia« heißt z. B. »Lichtbringerin«). Wenn nicht, dann erkundige dich bei deinen Eltern oder deiner Lehrerin/deinem Lehrer oder sieh in einem Namenslexikon nach!

10. Trägst du den Namen eines Heiligen/einer Heiligen?

11. Kennst du das Datum deines Namenstages? Versuche es herauszufinden!

12. Wenn deine Eltern deine Antworten lesen würden, was würden sie dazu sagen?

Datum: Unterschrift:

Ich heiße ... und ich bin

Ich

»Ich heiße .... und bin .... m groß. So viel ist sicher!
Und ich denke, dass ich

____

____

____

____

____

____

Was meint ihr dazu?«

Klassenkamerad/in

Ich selbst

Lehrer/in

Oma

Vater

Pfarrer

Mutter

Geschwister

- 1 Spirale, entsprechend der Breite der Blätter
- 1 Aufhängehaken
- Bunt- oder Filzstifte und sonstige Utensilien je nach Art der Gestaltung.

Am besten nimmt man die DIN-A3-Blätter im Querformat und unterteilt sie in drei Abschnitte.
Der erste sollte etwa 19 cm bemessen, da hier die Sch, die in dem entsprechenden Monat Namenstag feiern, entweder selbst etwas malen, schreiben oder kleben sollen. Ihrer Fantasie sind dabei keine Grenzen gesetzt. Auch können diese Sch bestimmen, ob jede/r für sich einen Ausschnitt gestalten will oder ob sie zusammen an einem Gemälde, Text oder einer Fotomontage arbeiten wollen. Für den zweiten Abschnitt plant man dann 3 cm ein. Hier werden die Vornamen der betreffenden Sch mit dem jeweiligen Tag des Monats als Zahl vermerkt. Der dritte Abschnitt umfasst noch ungefähr 8 cm. Hier wird der jeweilige Monat mit seinen Daten hineingeschrieben. Ein Kalenderblatt sieht dann ungefähr so aus:

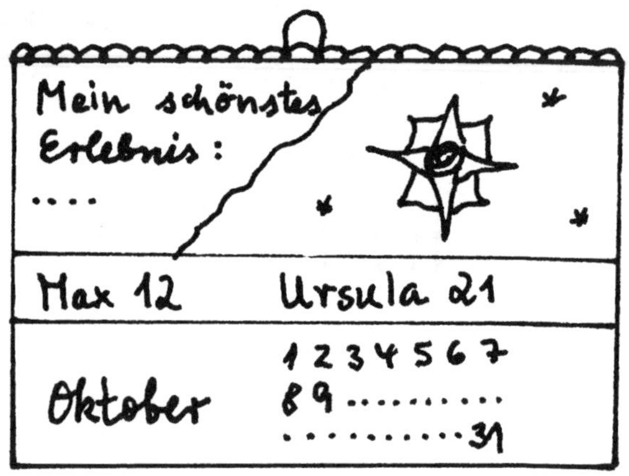

Hinterher werden die Blätter laminiert und an der Querkante gelocht, mit der Spiralbindung zusammengefasst und an dem Haken aufgehängt.
Sollte in einem Monat keine/r in der Klasse Namenstag feiern, gestalten Freiwillige dieses Blatt. Der zweite Abschnitt bleibt dann, ohne Vornamen, einfach leer.

Du und ich — Deuteseite III (16) (17)

1. Hintergrund

Freundschaft und Streit, Annäherung und Zurückweisung gehören in vielfältigen Formen zum (schulischen) Alltag. Dies färbt einerseits die Beziehungen der Mädchen untereinander, andererseits die der Jungen. Anfanghaft, häufig unausgesprochen und in aller Unsicherheit, nehmen die Heranwachsenden aber auch zum anderen Geschlecht Kontakt auf. Die Doppelseite regt an, die Vielfalt der Beziehungen wahrzunehmen. Unter Berücksichtigung der in der Klasse jeweils aktuellen Fragestellungen können einzelne Aspekte akzentuiert werden.

Der Mensch: ich und du
In der Bezogenheit der Menschen auf andere wird ein Zentralbestand theologischer Anthropologie deutlich: Der Mensch ist kein für sich und in sich stehendes, nach außen abgeschlossenes Wesen, sondern als Person immer auch auf ein Gegenüber bezogen. Er ist auf Dialog, auf ein Du hin angelegt (M. Buber). Über diese philosophisch-theologische Aussage hinaus stellt sich jedoch die Frage nach der Realisierung dieser Beziehung.
Die **Zusammenstellung der Verben 16** deutet die Vielgestaltigkeit an, in der sich Beziehungen auch zwischen Heranwachsenden abspielen. Überwiegen die ablehnenden Verhaltensweisen, dann geht damit der Beziehungsabbruch einher; stehen die Formen der Hinwendung im Vordergrund, handelt es sich um eine harmonische Freundschaft. Häufig aber werden die zweideutigen Verben das Verhalten beschreiben, wenn freud- und leidvolle Erfahrungen gleichermaßen zu finden sind. Mit dieser Wechselhaftigkeit in den Beziehungen umgehen zu lernen dürfte eine der wichtigsten Aufgaben Heranwachsender sein, erst recht zu Beginn eines neuen Schulabschnitts, wenn Freundschaften und Feindschaften sich neu konstituieren. Ein Großteil der Aufmerksamkeit wird auf die Gestaltung von Freundschaften zu richten sein. In ihnen spielt auch das gemeinsame Ringen um Position und Rangfolge eine große Rolle.

Paul Gauguin (1848-1903)
Der Künstler wurde 1848 in Paris geboren und wuchs die ersten Jahre seines Lebens in Lima (Peru) auf. Mit 17 Jahren fuhr er zur See und arbeitete danach als Börsenmakler in Paris. Erst 1874 begann er ein Kunststudium. Seine Werke wurden bald im Pariser Salon gezeigt und auch bei den Ausstellungen der *Impressionisten*. Er machte die Bekanntschaft von Pissarro und Cézanne, mit van Gogh verband ihn eine enge Künstlerfreundschaft, die 1888 auseinander brach. Gauguin unternahm ausgedehnte Reisen nach Mittelamerika und in die Karibik. Die Eindrücke von den Reisen verarbeitete er in seinem Werk. Dieses entfernte sich zunehmend von den Gestaltungsprinzipien des Impressionismus. Gauguin wendete sich, v. a. nach seiner Auswanderung nach Tahiti (1891), symbolisch auf-

Herr Malig

T: Friedel Lommatzsch
M: Niederländisches Volkslied

2. Herr Malig, Herr Malig, der kriegt einen Schreck.
Herr Malig, der wäre am liebsten ganz weg.
\\: Einmalig, einmalig fand er nicht fein,
keinmalig, keinmalig wollte er sein. ://

3. Herr Malig, Herr Malig, was ist denn heut los?
Die andern sind dumm, aber er ist ganz groß.
\\: Einmalig, einmalig fand er nicht fein;
supermalig wollte er sein. ://

4. Herr Malig, Herr Malig, du wirst es schon sehn,
wir Kinder sind glücklich, bald wirst du's verstehn.
\\: Einmalig, einmalig, so stehen wir da,
einmalig ist richtig, das ist doch klar! ://

5. Herr Malig, Herr Malig, der hat wieder Mut.
Mit andern zusammen geht's nochmal so gut.
\\: Einmalig, einmalig, doch nicht allein,
einmalig mitmalig wollen wir sein. ://

geladenen, exotischen Motiven in kräftigen, leuchtenden Farben zu. Seine Werke aus dieser Zeit gelten als stilbildend für den so genannten *Exotismus* oder *Primitivismus*. Gauguin erkrankte an Syphilis und ließ sich in Europa behandeln. Zurück in Tahiti fertigte er erste plastische Arbeiten an und veröffentlichte seine Autobiografie. 1898 siedelte er auf eine andere Karibikinsel um, auf der er 1903 völlig verarmt starb.

Paul Gauguin: »Ringende Kinder«, 1888
Paul Gauguin stellte dieses Ölgemälde in einer Phase fertig, in der ihm der Durchbruch vom Börsenmakler zum anerkannten Künstler gelang.
Das Gemälde zeigt auf grünem Untergrund zwei Jungen, nur mit Badehosen bekleidet, die sich umklammern. Ihre Füße sind breit auseinander gestellt, um den Stand zu wahren. An der im oberen Bilddrittel durch ein Gewässer diagonal begrenzten Wiesenfläche sind Oberkörper, Kopf und Arm eines dritten Kindes zu sehen, das sich aus dem Wasser auf die Wiese hochzieht. Am unteren rechten Bildrand sind ein schwarzer Hut, ein blaues Hemd und andere Kleidungsstücke zu sehen.
Bestimmende Farbe ist das Grün der Wiese, auf der die Kinder stehen, auffallend ist die diagonale Begrenzung zum oberen Rand hin, ausgefüllt wird das Bild mit weißlich-hellblauem Wasser, das am oberen Bildrand in Gelbrot-Orange übergeht. Ein Horizont fehlt.
Die ringenden Jungen dominieren das Bild. Ihre Gesichter sind nur undeutlich zu erkennen, der Oberkörper zumindest des Jungen in der blauen Badehose ist kräftig, während Kopf und Hände eher schmal und zart wirken. Beide allerdings sind mit kräftigen Beinen und mit großen, den sonstigen Proportionen unangemessenen Füßen gemalt. Der linke Fuß des Jungen in der blauen Badehose deutet eine Bewegung an: Setzt er den Fuß nach vorn auf, wird der andere Junge von dieser Bewegung mitgerissen werden.
Wenige Linien bestimmen den Bildaufbau: die Diagonale zwischen Wiese und Wasser, die den Kopf des Jungen mit der roten Badehose durchschneidet; die geraden, eckigen Linien der Arme und Beine der beiden Jungen. Kontrastierend dazu stehen die Rundungen des Wassers, der Köpfe, des Gesäßes, des Rückens des dritten Jungen und der Kleidungsstücke. Die Farbgebung ist kräftig und leuchtend.
Gauguin beschreibt sein Bild selbst: »Ich habe gerade einen bretonischen Ringkampf vollendet ... Zwei junge Burschen in blauen und zinnoberroten Badehosen. Ein anderer kommt rechts oben aus dem Wasser. Grüne Wiese, reines Veroneser Grün, das, wie bei japanischen Crepon-Drucken, wie von selbst in Chromgelb übergeht. Oben eine Kaskade schäumenden Wassers, weißrosa und regenbogenfarben am Bildrand in Rahmennähe. Unten ein weißer Fleck, ein schwarzer Hut und ein blauer Kittel« (Pickvance, 58).
Deutungsversuche werden sich auf die elementare Auseinandersetzung beziehen: der ringende Kampf zwischen Spiel und Ernst, mit deutlichen Hinweisen auf das zunehmende Potenzial von Kraft und Gewalt. Wie werden die nächsten Bewegungen sein? Wer wird als Sieger hervorgehen? Wie ist es um den Unterlegenen bestellt? Welche Rolle wird der Dritte spielen?
Das Ringen um Rang und Stand auch als Teil einer neuen Selbsterprobung gehört zur Altersgruppe der Fünftklässler und wird sich in den nächsten Lebensjahren noch verstärken. Entscheidende Aufgabe des Religionsunterrichts wird dabei nicht das Unterbinden dieses Ringens, sondern das Interesse an einer Auseinandersetzung in Fairness und humanem Umgang mit Sieg und Niederlage sein.

In der **Schulgeschichte** werden zaghafte Beziehungen zwischen Mädchen und Jungen angesprochen. Aus sexualpädagogischer bzw. -ethischer Sicht kommt der Fähigkeit zur Zärtlichkeit als Grundform der Sprache der Liebe hervorgehobene Bedeutung zu: »Leiberfahrung, Hauterfahrung, Zartheit anstelle von Gewalt, Wärme, Nähe auf der einen Seite, Distanz, Achtung und Respekt auf der anderen Seite. Zärtlichkeit ist gerade nicht eingreifend und durchdringend, sondern sie bleibt zunächst einmal außen« (Mieth, 87). Erst damit ist eine gewaltfreie, partnerschaftliche Beziehungsgestaltung möglich.

Literatur:
Mieth, Dietmar, Sexualität und Kirche. Eine theologisch-ethische Perspektive, in: »Wir sind Kirche«. Das Kirchenvolks-Begehren in der Diskussion, Freiburg/Basel/Wien 1995, 70-90
Pickvance, Ronald, Gauguin und die Schule von Pont-Aven, Sigmaringen 1997
Gauguin, Paul, »Ringende Kinder« ist als Folie Nr. 3 in der Mappe *Reli: Folien* enthalten (Best.-Nr. 5067)

2. Einsatzmöglichkeiten im RU

Bildbetrachtung: Dem Kampf auf der Spur
Eine intensive Bildbearbeitung kann zeigen, welche Haltungen die Beziehung zwischen Menschen bestimmen.
- Sch erhalten für eine PA die Umrisszeichnung der beiden Kinder: **AB 5.1.8, Lehrerkommentar S. 31,** in der Größe einer Heftseite und nehmen Holzstifte in den Farben Grün, Blau, Rot, Gelb. Nach kurzer Absprache untereinander (»Wie malen wir das Bild weiter?«) wird die Skizze ausgestaltet.
- Die Bilder werden in einer Reihe aufgehängt, betrachtet und auf Nachfrage erläutert.

Ringende Kinder

- Erst jetzt wird die Bildseite **17** aufgeschlagen. Zwei Sch sagen abwechselnd, was sie im Bild wahrnehmen (Motive, Farben, Linienführung). Die anderen hören zu und ergänzen evtl. eigene Beobachtungen.
- Leitfragen zur anschließenden Bildinterpretation:
- – Was bedeuten die starken Beine? Aus welchen Gründen könnte der Maler die Farben so ausgewählt und verteilt haben?
- – Wie könnte man das nächste Bild malen – was müsste dann anders gemalt werden?
- – In welche Richtung gehen die Bewegungen: der beiden Kinder – des Dritten – der anderen Bildelemente? Sch stellen die Bewegungen bzw. das Bild nach.
- *Weiterführende Deutung:* Wer wird Sieger sein? Wie stehen die beiden grundsätzlich zueinander? Welche Bedeutung hat der Dritte?
- Übertragungsversuch auf den Schulalltag: Wie laufen diese Kämpfe in der Schule ab? Was ist dabei das Ziel?
- Sch suchen nun eine Überschrift zum Bild und notieren sie auf einem großen Blatt. Aus den Arbeiten zu Beginn und den Überschriften kann der Teil einer Wand im Klassenraum gestaltet werden.
- UG: Kann dir das Bild eine Geschichte erzählen?

Weiterführende Alternative: Aus Zeitungen werden Gesichter herausgerissen und als Zuschauer/innen um die ringenden Kinder geklebt. Welchen Einfluss hat das Publikum bei einem Ringkampf?

Freundschaftsgeschichten erzählen

Sch werden sich der Vielschichtigkeit ihrer Freundschaften bewusst.

- Reihum im Wechsel lesen Sch die Verben **16** vor. L schreibt »Freundschaft« an die Tafel. Nun lesen Sch die Verben nochmal leise für sich. Arbeitsauftrag:
- – Welche dieser Verben sind euch besonders wichtig, wenn ihr das Wort »Freundschaft« hört? Schreibt sie ins Heft!
- – Überlegt für euch eine Freundschaftsgeschichte, in der einige dieser Verben vorkommen. Macht euch dazu Notizen.
- – Erzählt die Geschichten in GA oder im Stuhlkreis.
- – Gestaltet mit dieser Geschichte einen Hefteintrag.

Weiterführung:

- Das Thema wird mit dem Gedicht von Ingeborg Kiefel »Einer, der bei mir bleibt« **AB 5.1.9, Lehrerkommentar S. 23**, weitergeführt.
- Es bietet sich die Bezugnahme auf die Goldene Regel an (Mt 7,12; Lk 6,31).
- Vgl. auch die Beispiele in Dietrich Steinwede/Sabine Ruprecht (Hg.), Vorlesebuch Religion 2, Lahr u. a. 1973, 7-19.

»Ich meine es gut mit dir«

Sch entfalten die Fähigkeit, positive Seiten anderer wahrzunehmen, diese mitzuteilen und erhalten so selbst aufbauende Wertschätzung.

- Nachdem alle gleich viele gute Botschaften erhalten haben, empfiehlt sich ein Auswertungsgespräch:
- – Was hat euch besonders gefreut? Welche Aussage war überraschend?

Erste Liebe?

Die vorsichtige Kontaktaufnahme zwischen dem Mädchen und dem Jungen kann für Sch ein Anstoß sein, über die eigene Beziehungsgestaltung zwischen gegengeschlechtlichen Klassenmitgliedern nachzudenken.

- L trägt die Geschichte **16** vor. Anschließend wird sie von Sch ein zweites Mal gelesen.
- – Sch äußern ihren ersten Eindruck: Was findet ihr an der Geschichte gut?
- – Sucht Wörter oder Sätze heraus, die euch ansprechen!
- Sch schreiben oder erzählen eine Fortsetzung: »Mittags stehen sie beide vor dem Schulhaus ...«
- Nach dem freiwilligen Erzählen oder Vorlesen überlegen Sch im UG, wie man mit Adjektiven beschreiben kann, was zwischen den beiden ist.
- TA: Wie gehen Mädchen und Junge miteinander um? Die Nennungen werden an der Tafel notiert (vorsichtig, liebevoll, interessiert, behutsam, achtsam ...) und ins Heft übernommen.
- In einer Einfühlungsübung erleben Sch, wie Achtsamkeit »gelingt«, z. B. sich gegenübersitzen, Arme leicht nach vorne strecken, mit den Fingerspitzen die jeweilige Hand der gegenübersitzenden Person berühren. Die Hände beschreiben nun vorsichtige Bewegungen und führen die gegenüberliegende Hand jeweils ohne Druck mit. Anschließend wird gewechselt und schließlich übernimmt unausgesprochen mal der eine, mal die andere die Führung.
- Danach Auswertung: Was war leicht – was schwierig?

Hinweis: Für interessierte Sch kann auf das erschwingliche Jugendbuch von Klaus Kordon, Robinson, Mittwoch und Julchen, Ravensburg 1996, hingewiesen werden – eine spannende Geschichte, in der es um Freundschaft und erste Beziehungen zwischen zwei Jungen und einem Mädchen geht.

1. Hintergrund

Das Thema **Gemeinschaft** ist ein besonderer erzieherischer Schwerpunkt in der fünften Klasse. Dabei geht es weniger um einen idealisierten, konfliktfreien Bereich als um das Vertrautwerden der Menschen, die in einer neuen Schulklasse miteinander leben. Die herausfordernde Frage lautet: Wie kann aus einer Anzahl von Individuen ein gemeinsames Wir werden? Dass es sich dabei nicht um einen bloß »sozialen« Vorgang handelt, zeigt ein Blick auf das christliche Gottesbild: Gott als Vater, Sohn und Geist wohnt eine Wir-Struktur inne. Der Gott der Christen ist kein für sich seiendes, fernes Prinzip, sondern in sich selbst ein auf Beziehung hin orientierter Gott. Im Leben und Wirken Jesu wird dies offenbar: im Interesse an jeder und jedem Einzelnen, im Bemühen auch um die Ausgegrenzten.

Auf der Grundlage dieses Angenommenseins geht es auch um die Verantwortung der Einzelnen, das Zusammenleben zu ermöglichen und es im Rahmen ihrer individuellen Möglichkeiten zu verbessern.

Auch ein Mensch mit einer **körperlichen Behinderung**, wie es auf der Briefmarke zum Ausdruck kommt, ist in der Gemeinschaft sehr fruchtbringend und kann wertvolle Beiträge leisten. Menschen können voneinander lernen und miteinander etwas in Bewegung setzen. Oft geben Menschen mit körperlichen, seelischen oder geistigen Einschränkungen ein Beispiel, wie man Lebensfreude entdecken kann.

Die **Geschichte von der kleinen Schraube**, die sich von ihrem Platz lösen wollte, verbildlicht die Bedeutung und den Wert, den eine jede und ein jeder mit den eigenen speziellen Talenten und Aufgaben in der Gemeinschaft hat.

Im **Paulus-Brief an die Gemeinde in Korinth** geht es an dieser Stelle 2 Kor 8,12-16 um die Gleichwertigkeit der Christen als Grundlage für Eintracht und Frieden – eine Vorstellung, die bereits im aristotelischen Denken eine wichtige Rolle für den Bestand des Staates in Griechenland spielt. Der materielle Überfluss der Gemeinde in Korinth soll den Mangel der Gemeinde in Jerusalem lindern; umgekehrt wird – in einem metaphorischen Sinn – der geistliche Reichtum der Jerusalemer diesen Mangel in Korinth ausgleichen. Zur Unterstützung dieser Haltung wird als Schriftbeleg auf **Ex 16,18** verwiesen: Das in je unterschiedlicher Menge eingesammelte Manna führte weder zum Überfluss beim einen noch zum Mangel beim anderen (vgl. Betz 127-132).

Möglicherweise kann durch diese Perspektive der verbreiteten Vorstellung vom christlichen Glauben als absoluter Hingabe und Aufopferung begegnet werden. Der Text votiert nicht für eine Selbstaufgabe, sondern tritt vielmehr für die Lebensmöglichkeiten aller ein – dies allerdings entschieden und mit entsprechenden Konsequenzen: Erstes Lebens- und Handlungsziel der Christen besteht nicht im weiteren asozialen Anhäufen materieller Mittel oder der Festschreibung bestehender Ungleichgewichte, sondern im guten Leben für alle, das durch solidarischen Ausgleich ermöglicht wird.

Das **Lied** von den starken Mädchen und den starken Jungs greift den latenten oder offenen Konflikt der Geschlechter in der Altersgruppe der Zehn- bis Zwölfjährigen auf. Es wendet sich gegen die Klischees von »typisch Mädchen« und »typisch Jungs« und stellt selbstbewusstes, ich-starkes Handeln vor. Der Refrain betont die Gemeinschaft der Kinder ungeachtet ihres Geschlechtes, die als starke Kinder zusammenhalten und sich nicht durch Rollenklischees auseinander dividieren lassen.

2. Einsatzmöglichkeiten im RU

Das Molekülspiel spielen

Sch erleben sich bei diesem Spiel wie Atome, die in einem Molekül zusammenhängen.

- In Gruppen zu je vier Sch wird eine Händeverbindung gebaut (vgl. Foto).
- Sch versuchen sich mit den frei gebliebenen Händen mit den anderen Gruppen zu verbinden, sodass eine möglichst gleichmäßige Form entsteht.
- Weitere Ornamente mit Menschen können ausprobiert werden (wie z. B. beim Formations-Fallschirmspringen).

- Durch diese und die folgenden Übungen erleben sich Sch als zusammengehörige Gruppe. Danach sollte über die Erfahrungen und den Sinn der Übungen gesprochen werden.

Hinweis: Mit der Folienmappe »Zehn hoch« (RPI Regensburg) können die Zusammenhänge im Mikrokosmos verdeutlicht werden.

Rettungssitze bauen

Sch erleben ihre Hände als »Werkzeuge« zum Helfen.

- In Dreiergruppen: Zwei Sch »flechten« aus ihren Armen einen Rettungssitz (vgl. Foto) und tragen die oder den Dritten ein Stück durch das Klassenzimmer.
- Jede Gruppe wechselt die Rollen, bis alle getragen wurden.

Das Knotenspiel spielen

Über das Händehalten hinaus verwickelt das Spiel die TeilnehmerInnen in körperliche Nähe zueinander, sodass Sch mit anderen in neuen Kontakt treten können.

- Sch stellen sich im Kreis auf, strecken die Arme in die Mitte, schließen die Augen und gehen ein bis zwei Schritte in die Mitte.
- Die Augen bleiben geschlossen. Jede/r Sch greift sich mit jeder Hand die Hand einer oder eines Mit-Sch. Jede Hand darf nur mit einer anderen Hand verbunden sein.
- L kontrolliert und hilft ggf., bis alle Hände ein Gegenstück gefunden haben.
- Sch öffnen die Augen. Sie versuchen nun, ohne die Hände loszulassen, den entstandenen Knoten in eigener Regie zu lösen. Sobald Sch im Kreis stehen, ist das Spiel gut beendet!

Typisch Mädchen – typisch Jungen

Mädchen und Jungen kommen ins Gespräch über Verhaltensweisen und Vorurteile, die den Umgang miteinander schwierig machen.

- Mädchen und Jungen versammeln sich in zwei Ecken des Klassenzimmers.
- Mädchen besprechen, was sie für »typisch Jungs« halten. Die Ergebnisse werden auf einem Plakat festgehalten.
- Parallel dazu machen die Jungen das Gleiche zu »typisch Mädchen«.
- Nach einer festgelegten Zeit werden die Plakate ausgetauscht. Die Gruppen besprechen noch unter sich, wie sie auf die Ergebnisse der anderen Gruppe antworten. Die Antworten werden auf einem Plakat festgehalten.
- Beide Gruppen besprechen ihre Ergebnisse.
- Das Lied »Starke Mädchen« **19** wird gesungen oder der Text mit verteilten Rollen gelesen: Ein Junge liest die Textteile über starke Mädchen, ein Mädchen liest die Textteile über starke Jungs, alle zusammen lesen den Refrain über starke Kinder.

Hinweis: Da für diese Arbeit zwei L – idealerweise ein Lehrer und eine Lehrerin – günstig sind, bietet sich hier die Zusammenarbeit mit der EvR-Gruppe, Ethik-Gruppe oder der Parallelklasse an.

Alternative: In einer Art Sprechmotette können die eigenen Fähigkeiten betont, dann in gegenseitige Komplimente umgewandelt werden.

- Die Mädchen nennen etwas, was sie gut können (z. B. »Mädchen können auf Bäume klettern«). Die Jungen antworten: »Jungen auch!«
- Die Jungen nennen etwas, was sie gut können, die Mädchen antworten: »Mädchen auch!«
- L protokolliert an der Tafel die Fähigkeiten mit. Sind genügend Fähigkeiten genannt worden, wird das Gesammelte besprochen.
- Abschließend werden die genannten Fähigkeiten mit vertauschten Rollen gelesen (Jungen: »Mädchen können auf Bäume klettern.« Mädchen: »Jungen auch!«).

Ohne Worte reden IDEENSEITE (10)

Die Übung regt dazu an, auf nonverbale Formen der Kommunikation und des Kontaktes aufmerksam zu werden und diese Formen ansatzweise zu entfalten.

- Sch überlegen in PA, welches Element von Zeichensprache sie bereits kennen und wie dieses Zeichen aussieht.
  - Dieses Zeichen wird gezeichnet oder beschrieben und in der Klasse erläutert.
  - Jede Gruppe überlegt sich eine kurze Szene, in der diese Zeichen vorkommen, z. B. »Wie wir uns begrüßen, wenn wir uns treffen«; »Wie wir uns für den Nachmittag verabreden«; »Wie es aussieht, wenn ich mit einem anderen nichts zu tun haben möchte«.
  - Die Zeichen werden auf einem Plakat gesammelt, mit einer kurzen Beschreibung versehen und an der Seitenwand aufgehängt unter dem Thema: »Wie wir noch miteinander in Verbindung treten können«.

Hinweis: Die Zeichen können auch fotografiert und später auf das Plakat geklebt werden.

3. Weiterführende Anregung

Von Paulus lernen

Das Bild der Waage setzt die Ausführungen des Korintherbriefes zur Gleichheit zwischen den beiden Gemeinden um.

- Der Text »Der Gemeinde in Jerusalem geht es schlecht« **18** wird bis zum Ende der Schriftstelle gelesen.
- Von **AB 5.1.10, Lehrerkommentar S. 37**, wird der obere Teil der Waage ausgeschnitten und an der Befestigungsstelle mittels eines Versandtaschen-Clips am unteren Teil befestigt.

- Sch halten in Stichworten fest, wie das Gleichgewicht hergestellt werden kann zwischen Korinth und Jerusalem (Geld, jemanden hinschicken, einen Rat geben o. Ä.). Dabei kann auch besprochen werden, worin der Mangel in Korinth besteht (wollen ihren Reichtum behalten, können nicht teilen, sind übersatt).
- Sch lesen im Buch weiter und notieren, wovon sie viel haben. Dabei kann an die Doppelseite **14f.** erinnert werden: Tragt in der eigenen Waage ein, welchen Überfluss und welchen Mangel es zwischen euch und der Klasse gibt. Wie würdest du die Waage jetzt stellen? Welche »Note« könntet ihr am Zeiger eurer Waage ablesen? Muss etwas anders werden?
- Sch suchen schließlich eine Überschrift für diese Arbeit und formulieren einen wichtigen Satz, z. B.: »Paulus erinnert die Menschen auch heute noch daran, was unter Christen wichtig sein soll: Sie sollen sich gegenseitig unterstützen, damit jede/r genug zum Leben hat und glücklich werden kann.«

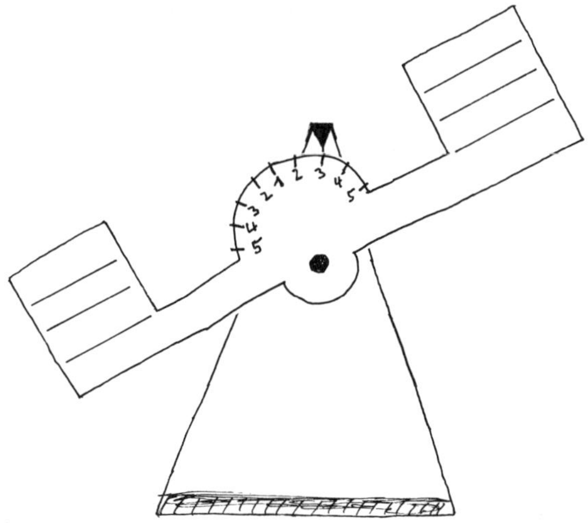

Hinweis: Das AB sollte auf möglichst festes Papier kopiert werden. Evtl. kann eine Klassenwaage an der Wand angebracht werden, auf der hin und wieder der Zustand in der Klasse dargestellt wird. Wie wird ein Ungleichgewicht beseitigt?

Wir: die anderen und ich — Stellungnahmen (20)

1. Hintergrund

Die verschiedenen Elemente dieser Seite laden dazu ein, sich abschließend und unter Berücksichtigung der vorangegangenen Erkenntnisse und Einsichten noch einmal neu den Fragen zu stellen: Wer bin ich und was mache ich aus mir? Bin ich bereit, mich auf mein Gegenüber einzulassen und in eine Gemeinschaft einzugliedern? Was muss ich tun, um Gemeinschaft zu leben? Wie ist mein Verhältnis zu Gott? Inwiefern kann mir mein Glaube an Gott helfen, den täglichen Situationen im Leben gewachsen zu sein?
Die Bibelstelle **Gen 1,27** spricht die Würde der Menschen an. Da jeder Mensch, gleich ob Mann oder Frau, Junge oder Mädchen, Abbild Gottes ist, besitzt jeder Mensch Würde, die zu achten und zu schützen ist. Jeder Mensch ist etwas Besonderes, da ihm als alleinigem Wesen der Schöpfung diese Gabe zuteil wird. Gleichzeitig wird mit den Worten dieser Schriftstelle ausgesagt, dass alle Menschen gleiche Rechte haben, selbst wenn sie unterschiedlicher Erscheinung bzw. verschiedenen Geschlechts sind.
Die zweite Bibelstelle, **Jes 49,15-16**, drückt ein Versprechen Gottes an die Menschen aus. Um deutlich zu machen, dass dieses Versprechen durch nichts aufgehoben werden kann, wird der Vergleich mit einer Mutter und ihrem leiblichen Sohn herangezogen. Die Vorstellung, dass eine Frau ihr eigenes Kind vergessen könnte, ist kaum nachvollziehbar. Und trotz alledem wiegt Gottes Versprechen noch mehr als dieses Naturgesetz. Als Beweis hierfür gilt der Satz »Ich habe dich eingezeichnet in meine Hände«, der ausdrückt, dass jeder Mensch Anteil am göttlichen Wesen hat und von Gott nicht wegzudenken ist. Er wird mit Gott für immer verbunden sein und von ihm nicht vergessen werden können.
Die **Geschichte »Daniel & Daniel«** zeigt, dass es auch an einem selbst liegt, ob man abends sagen kann, dass es ein schöner Tag gewesen ist. Es geht nicht darum, möglichst viel zu erleben. Wichtiger ist es, etwas intensiv zu erleben. Weniger ist dabei oft mehr! Lässt man sich ständig berieseln, wird man hinterher nur Dinge erzählen können, die an der Oberfläche bleiben und insgesamt weniger interessant sind. Geht man aber mit offenen Augen und achtsam durch die Welt und setzt sich bewusst mit den Erlebnissen auseinander, indem man beispielweise Fragen an das stellt, was man sieht, so wird man vieles erfahren und neu entdecken. Die Tage des Lebens können so als erfüllt erlebt werden: Innere Freude, Ausgeglichenheit und Zufriedenheit können wachsen. Religionsdidaktisch setzt hier die Vorstellung von einer produktiven Verlangsamung an: Die Wahrnehmung konzentriert sich auf das Konkrete, das unmittelbar Begegnende und sucht die Fühlungnahme damit – gegen manche Zeiterscheinungen des schnellen Dahineilens (vgl. Hilger, 315).

Das **Gedicht »Die anderen und ich«** stellt jemanden vor, der über sich selbst spricht und davon erzählt, wie er auf das Verhalten anderer reagiert. Dieser Mensch nimmt seine eigene Person unter die Lupe und entdeckt sich dabei selbst. Das Sich-selbst-Entdecken gibt Gelegenheit, sein eigenes Verhalten zu überdenken und – wenn nötig – zu ändern.

2. Einsatzmöglichkeiten im RU

WIR: ICH – DU – KLASSE

Sch gewinnen eine Einschätzung von Chancen und Hindernissen im Bemühen um die Entwicklung des Zusammenlebens

- Sch suchen nach Begriffen (Aussagen) mit den Anfangsbuchstaben W, I und R, die für das Gelingen einer Klassengemeinschaft von Bedeutung sind, z. B.:
  Wahrheit sagen.
  Interesse an den anderen zeigen.
  Rücksicht aufeinander nehmen.
- Aus den vielen Anregungen, die Sch jeweils für sich oder in PA finden, wird ein gemeinsames Klassenplakat gestaltet, das die verschiedenen Ideen dauerhaft präsentiert und immer wieder – und gerade bei Konflikten – zur Auseinandersetzung anregt.

Weiterführung: Auf Karton übertragen wird das Klassenplakat ausgestaltet: Statt der Wörter ICH/DU/KLASSE verwenden Sch z. B. entsprechende Fotos oder Symbole, die für das ICH, DU bzw. die KLASSE stehen. Auch ist denkbar, den Namen »Gott« oder ein Symbol für Gott zu integrieren, um deutlich zu machen, dass diese Klassengemeinschaft auch von Gott getragen werden soll.

Die anderen und ich: verstehen und nicht verstehen

In der Erarbeitung des Gedichtes können Sch eine Einschätzung gewinnen, wie die unterschiedlichen Persönlichkeiten von Menschen Verständigung ermöglichen oder erschweren.

- L trägt Gedicht vor.
- Sch lesen das Gedicht mehrfach: allein und still; Sch liest den anderen vor; Klasse spricht den Text gemeinsam.
- 1. *Variante als Sprechmotette:* Eine Sch-Gruppe spricht als Grundton die letzte Zeile jeder Strophe, die anderen Sch sprechen den übrigen Text, die letzte Zeile dann jeweils gemeinsam.
- *2. Variante wie bei Psalmen:* Die linke Hälfte der Klasse liest den Text jeweils bis zur Mitte einer Zeile, die rechte Hälfte der Klasse liest den anderen Teil der Zeile. Nun werden Entschlüsselungen vorgenommen:
- – Sucht euch eine Zeile heraus, die ihr nicht versteht, und notiert eure Fragen dazu. Schreibt dann auf, was die Zeile bedeuten könnte.
- Sch besprechen ihr Gedanken dazu in GA.
- Dann schreiben Sch Frageteile auf und suchen Antworten für sich, z. B.: *Wer macht mich unsicher? Wer kriegt mein Herz? Wer lässt mich Fragen stellen?* Welche Menschen kommen euch dazu in den Sinn?
- Sch durchsuchen das Gedicht nach Verben, die für ein gutes Miteinander wichtig sind.
- – Schreibt nun Regeln auf, in denen diese Verben vorkommen und deutlich wird, dass Menschen mit diesen Regeln gut miteinander auskommen (z. B.: »Wer herzlich lachen kann, hilft mit, dass wir nicht alles so ernst nehmen.« Oder: »Über andere schwätzen macht die Freundschaft kaputt.«).
- Sch bewerten diese Regeln in ihrem Stellenwert für das Zusammenleben der Menschen miteinander und der Klasse untereinander und bringen sie ggf. in eine Rangfolge.

Wer verbirgt sich dahinter?

Im Rahmen eines Ratespiels sollen Sch aufgrund von beschriebenen Charaktereigenschaften, Verhaltensmustern oder auch Vorlieben für bestimmte Sachen herausfinden, welcher Mit-Sch sich dahinter verbirgt. Zu beachten ist hierbei, Sch darauf hinzuweisen, dass sie den anderen nicht in einer verletzenden Art und Weise beschreiben dürfen.

- Nicht zu dünne DIN-A5-Blätter, die jeweils mit dem Namen einer/eines Sch aus der Klasse versehen sind (von L vorbereitet) werden mit der unbeschrifteten Seite nach oben an einem geeigneten Platz ausgelegt.
- Sch ziehen eines dieser Blätter. Sollte jemand eines mit seinem eigenen Namen ziehen, legt er/sie es zurück und wählt erneut eines aus.
- Der oder die auf dem Blatt vorgesehene Mit-Sch wird nun in Bezug auf typische Charaktereigenschaften, Vorlieben etc. beschrieben, ohne dass die äußere Erscheinung erwähnt wird.
- Es empfiehlt sich nun einen Stuhlkreis zu bilden. Sch legen ihre Ausführungen unaufgedeckt in der Mitte auf einem Haufen zusammen. L mischt die DIN-A5-Blätter durch und verteilt sie wahllos an Sch.
- Sch lesen die Beschreibungen vor, nach denen jeweils erraten werden muss, wer aus der Klasse gemeint sein könnte.
- Wird der/die betreffende Sch erraten, darf sie oder er sich noch dazu äußern, die Beschreibung in Empfang nehmen und aufgedeckt vor den eigenen Sitzplatz im Stuhlkreis legen.

Hinweis: Dieses Spiel setzt voraus, dass sich Sch inzwischen schon etwas kennen gelernt haben. Es wird von daher bewusst am Ende dieses Kapitels vorgeschlagen. Es handelt sich hierbei um eine etwas an-

Waage: Un-/Gleichgewicht

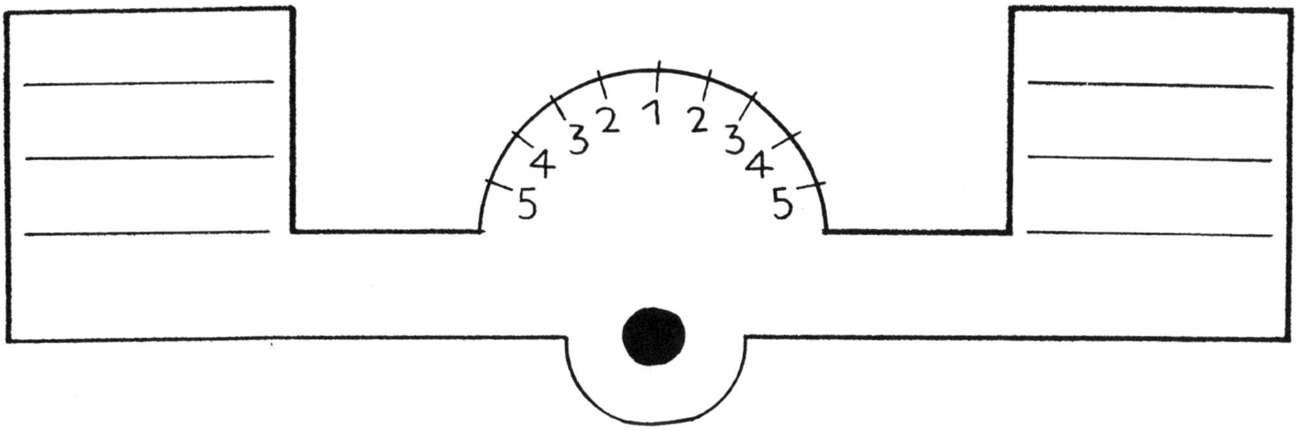

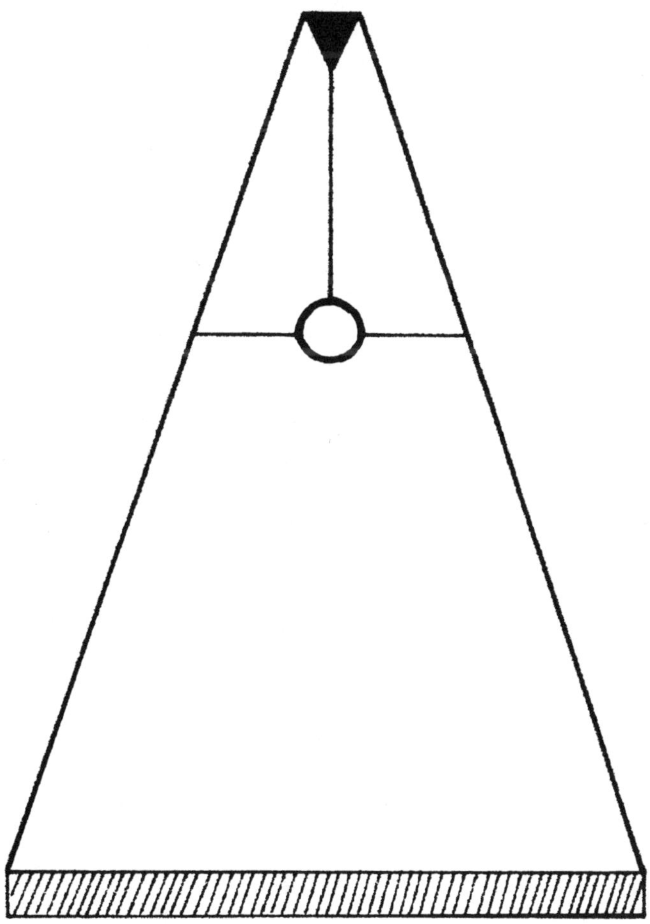

dere Variante des bereits im Schulbuch *Ideenseite* **11** beschriebenen »Rate einmal, wer ich bin!«, das an dieser Stelle ebenfalls eingesetzt werden kann.

»In die Hände geschrieben«

Sch werden aufmerksam auf Erfahrungen mit Menschen, die bereits Spuren in ihrem Leben hinterlassen haben.

- Jede/r von uns macht im Leben Erfahrungen, die mit bestimmten Personen zusammenhängen, denen wir begegnet sind. Viele dieser Erfahrungen prägen uns, zeichnen sich in uns ein und haben auch Einfluss auf unsere weitere Lebensgestaltung. Welche Erfahrungen habt ihr dazu gemacht, die euch so bestimmen, dass sie nicht mehr wegzudenken sind?
- Dazu fertigen Sch eine Kopie von ihren Handinnenflächen an und beschriften deren Linien mit ihren jeweiligen Erlebnissen, die in Zusammenhang mit Personen stehen.
- Im Anschluss daran bietet sich eine meditative Phase an, in der sich Sch spontan mit eigenen Beiträgen einbringen können.

Aufmerksamkeit lernen und in der Wirkung prüfen

Ausgehend von den Daniel-Erzählungen kann der Unterschied in den Wahrnehmungsgewohnheiten erkannt und in seiner Wertigkeit geprüft werden.

- Sch lesen die Daniel-Texte **20** und überlegen in PA die Unterschiede. Im Plenum kann dies vertieft werden.
- Versucht nun Mit-Sch eurer Klasse so zu sehen, wie dies im zweiten Daniel-Text gezeigt wird. Macht euch dazu Notizen, ohne dass ihr den Namen der Person nennt.
  – Sch stellen anschließend einzelne Personen aus der Klasse vor, die Klasse versucht herauszufinden, wer damit gemeint ist.
- In einem zweiten Durchgang werden die Überprüfungen vorgenommen: Die Beschriebenen werden benannt; diese teilen mit, inwieweit sie sich von der Beschreibung getroffen fühlen.
  – Anschließend sind Überlegungen möglich, inwieweit jeweils die Perspektive des zweiten Daniel-Textes getroffen wurde. Welche anderen Einsichten werden dadurch möglich?
  – Welche Bedeutung kann dies für Menschen haben – und welche Folgen hat dies für das Zusammenleben?
- Sch suchen nach biblischen Perspektiven dazu und besprechen die Herausforderung, die mit dieser Sichtweise jeweils gegeben ist.

Literatur

Betz, Hans-Dieter, 2 Korinther 8 und 9: ein Kommentar zu zwei Verwaltungsbriefen des Apostels Paulus, Gütersloh 1993

Frankemölle, Hubert, Matthäus Kommentar 1, Düsseldorf 1994, 205-233

Hilger, Georg, Ästhetisches Lernen, in: ders./Stephan Leimgruber/Hans Georg Ziebertz (Hg.), Religionsdidaktik. Ein Leitfaden für Studium, Ausbildung und Beruf, München 2001, 305-318

Kropač, Ulrich, Biblisches Lernen, in: Georg Hilger u. a. (Hg.), Religionsdidaktik. Ein Leitfaden für Studium, Ausbildung und Beruf, München 2001, 385-402

Langer, Wolfgang, Christliche Moral in der ethischen Erziehung?, in: KatBl 122 (1997) 93-99

Zenger, Erich, Einleitung in das Alte Testament, Stuttgart [3]1998

Kirche leben 2

Das Thema im Schulbuch

Wenn Heranwachsende das Wort »Kirche« hören, dann assoziieren sie zunächst weniger die Pfarrgemeinde denn die Kirche als Gebäude, vor allem diejenigen, die mit der Pfarrgemeinde nur gelegentlich in Kontakt treten. Das Wort »Kirche« ruft zunächst die Außenansicht eines Kirchengebäudes hervor – die Kirche als Raum, als Ort des Gebetes und des Gottesdienstes wird oft erst dann bewusst, wenn eine Annäherung an die Kirche als Bauwerk erfolgt ist.
Deshalb werden zunächst Darstellungen angeboten, die Kirche mehrheitlich von außen zeigen (*Titelseite* u. S. 22f. und 26f.). Dabei wird jedoch schon ein Dilemma eines Religionsbuches offenkundig: Der Vielfalt von Dorf- und Stadtkirchen kann nicht Rechnung getragen werden. Insofern käme es im Unterricht darauf an, sich den jeweils konkreten Kirchen der Wohnumgebung anzunähern. Dies ist keine leichte Aufgabe, insbesondere dort, wo die Sch aus verschiedenen Pfarreien stammen. Die angebotenen Arbeitsformen wollen dem jedoch Rechnung tragen.
Die *Themenseite* **22-23** präsentiert markante Elemente der verschiedenen Baustile Romanik, Gotik und Barock, die in Abwandlungen auch in Pfarrkirchen wieder zu finden sind.
Mit dem Foto von Menschen, die an einem Strang ziehen, wird die Vorstellung von Kirche als Pfarrgemeinde und Lebensraum deutlich: Kirche besteht aus einer Vielzahl von Menschen unterschiedlichen Alters, die zusammen leben und feiern, gemeinsame Aufgaben anpacken und dabei Erfüllung und Freude erleben können. Der Themenaufriss des Kapitels plädiert für Kirche als Gemeinschaft (als »communio«), als Volk Gottes auf dem Weg durch die Höhen und Tiefen jeder Zeit.
Die *Ideenseite* **24-25** will die Anlage des Kapitels in praktisches Handeln der Sch ummünzen: Ausgang bildet auch hier die sinnenhafte Begegnung mit Kirche als dem Kirchengebäude. Ein erkennbarer Schwerpunkt stellt dabei das Handeln der Sch dar: in der Gestaltung einer »Traumkirche«, eines »Pfarrei-Mobiles«, eines »Kirchenfensters«.
Auf der *Deuteseite I* **26-27** hebt die Erzählung vom Bau einer kleinen Kirche aus der Oberpfalz die Bedeutung der Einzelbeiträge vieler Menschen hervor, wie sie im Lauf der Geschichte wirksam geworden ist. Macht diese Erzählung Appetit, der eigenen Kirchengeschichte nachzugehen? Das Glasbild vermittelt ein Deuteangebot: Pfarrgemeinde in der Orientierung auf ein Zentrum hin, gleichzeitig aber immer durchbrochen von Ereignissen und Erfahrungen, die quer stehen zu aller Selbstgefälligkeit und vorschnellen Sicherheit.
Die Erkundung der eigenen Kirchengeschichte(n) wird Sch stets auch mit dem Handeln der Menschen in Verbindung bringen, die in einer Pfarrgemeinde zusammenleben. Die *Deuteseite II* **28-29** spricht verschiedene Personen und Gruppierungen an, die in der Pfarrei Dienst tun oder sich zu gemeinsamen Aktivitäten zusammenfinden. Ein Schwerpunkt liegt hier bewusst auch auf den Angeboten, die sich an Zehn- bis Zwölfjährige richten.
Kirche als Raum ist ein Ort des Gebetes, der Stille und des Feierns. Geschichte und Lied **30-31** der *Deuteseite III* greifen den zentralen Gedanken nach dem Grund des gottesdienstlichen Feierns auf: Christen leben nicht aus sich allein heraus, sondern sind in ihrem Leben gehalten vom Anteil am göttlichen Leben. Vieles im Alltag ist wert, dankbar betrachtet und in den Gottesdienst eingebracht zu werden.

Infoseite I **32-33** lenkt den Blick auf die Einbindung jeder Gemeinde in die größere Einheit der Diözese, die am Beispiel der Wallfahrt für Heranwachsende erlebbar werden kann.

Ausgehend vom Entstehungsprozess der Osterkerze stellt *Infoseite II* **34-35** die Bedeutung der Lichtsymbolik in der Osternacht heraus.

Wenn am Ende des Kapitels bei Sch Interesse geweckt wurde für die Pfarrgemeinde, für das Kirchengebäude als sichtbarem Mittelpunkt der Gemeinde und für die Spuren des Glaubens gestern und heute, dann stellt sich abschließend die Frage **36**: »Wozu ... und wie« – soll Kirche sein? Der persönlichen *Stellungnahme* wird Raum gegeben: Wie halt ich's mit der Kirche? Die Texte, Zeichnungen und Bilder geben dazu Anregungen und wollen zur Bildung eines begründeten Urteils herausfordern.

Verknüpfungen mit anderen Themen im Schulbuch

Projekt »Wir erkunden eine Kirche« (101-103; vgl. die Erläuterungen zum Projekt in diesem *Lehrerkommen-*

tar). Die Projektimpulse können durch die *Ideenseite* **24-25** ergänzt werden. Günstig ist zunächst die Bearbeitung des Kapitels 2 in der Klasse, um – angereichert mit diesem Vorwissen – einzelnen Phänomenen in der Kirche aufmerksamer nachzugehen.

Kap. 1 Gemeinsam neu anfangen: »Zusammen sind wir stark« (*Infoseite* **18** f.) setzt ebenfalls darauf, dass kooperatives und solidarisches Handeln das Leben leichter macht und herausfordernde Projekte (z. B. den Kirchen und Gemeindeaufbau) gelingen lässt.

Kap. 4 Zum Beten kommen: Kirchenraum als Ort der Sammlung und des Gebetes (**58** f.), z. B. Versuche zur Gebetsformulierung oder gemeinsames Sprechen der im Klassenraum verfassten Gebete.

Kap. 5 Mit Abraham und Sara auf dem Weg: die Wallfahrtsthematik (**32** f.) als eine gegenwärtige Form, das Unterwegssein von Glaubenden zu erleben.

Kap. 6 Neugierig auf Fremde(s): kirchliches Brauchtum im Vergleich mit den Sitten anderer Länder und Religionen.

Verbindungen mit anderen Fächern

Gelegenheit zu fächerverbindendem Lernen bieten sich in folgender Weise:

Evangelische Religionslehre: Heimat entdecken: Kirche am Ort (5.2).
Mathematik: Das Projekt »Wir erkunden eine Kirche« (101-103) bietet Gelegenheit, Grundbegriffe der Geometrie einzusetzen, um Größe und Form des jeweiligen Kirchengebäudes zu bestimmen (M 5.45,6).
Erdkunde: Der Blick über die eigene Gemeinde hin zu »verwandten« Gemeinden in Bayern (*Ideenseite* **25**) und die Wahrnehmung anderer bayerischer Bistümer (*Infoseite* 32) nehmen Kenntnisse in Erdkunde in Dienst und führen sie bezogen auf die andere Perspektive der Bistumsgrenzen auch weiter (Ek 5.5: Orientierung in Bayern: Großlandschaften, Flüsse, Großstädte, Verwaltungsgliederung).

Kirche leben — Titelseite (21)

1. Hintergrund

Das Foto zeigt die Kirche St. Hildegard in München-Pasing, erbaut 1962 im Zuge der Ansiedlung neuer Bürger der Stadt München nach dem Zweiten Weltkrieg. Die Wände des quadratischen Raumes bestehen aus unverputzten Natursandsteinblöcken, das Dach bildet eine Holzkonstruktion, die der Kirche das Aussehen eines Zeltes gibt. In dieser Kirche befindet sich der Altar in der Mitte und ermöglicht die Zusammenkunft der Gemeinde um den Altar herum, eine Form der Gottesdienstgestaltung, die durch die Liturgiereform im Anschluss an das Zweite Vatikanische Konzil nach 1965 eingeführt wurde. Die Planer der Kirche haben hier also bereits die spätere Entwicklung vorweggenommen.
Insgesamt vermittelt das Foto eine Ahnung vom Zeltcharakter der Kirche: ein Hinweis auf die ntl. Idee vom »Zelten« Gottes unter den Menschen (Joh 1,14: »Und das Wort ist Fleisch geworden und hat unter uns gewohnt«, gezeltet). So wie Gott im Bundeszelt mit dem Volk mitzieht (z. B. Ex 40; 2 Sam 6,17), so wohnt Gott in Jesus Christus unter den Menschen, denen das Reich Gottes nahe ist.
Mehr als der Zeltcharakter ist das Licht bestimmend, das durch die Glasfenster leuchtet. Die Farben signalisieren Wärme und Geborgenheit. Sie laden ein, sich in diesen Raum hineinzubewegen und dabei zu sein. Ist es ein Ort, wo Menschen sich als angenommen erfahren dürfen, etwas wie ein Zu-Hause-Sein erleben, wenn sie aus Dunkelheit und Kälte kommen?
Die Kirchenfenster, deren Gestaltung hier nicht erkennbar ist, sind Werke des Künstlers Georg Meistermann (1911-1990) und zeigen u.a. Motive von Pfingsten (Feuerzungen) und eine Lamm-Gottes-Darstellung.

Kirche – das wandernde Volk Gottes
In unserer Alltagssprache verwenden wir das Wort Kirche in mehrfacher Weise: als Bezeichnung für das Gebäude, für die Konfession (»katholische Kirche«), für den Gottesdienst (»zur Kirche gehen«), für die Institution und für die Weltkirche insgesamt. Ungeklärt ist noch, was die genauere Bestimmung (Sendung) von Kirche ist.
Das deutsche Wort »Kirche« stammt von dem griechischen Begriff »kyriake« und bedeutet so viel wie »dem Herrn gehörig(es Haus)«. Der eigentliche griechische Begriff, der auch in den neutestamentlichen Schriften eine Rolle spielt, ist »ekklesia«. Übersetzt bedeutet dies »Volksversammlung«. Bei Paulus wird dieses Wort häufig in eine bestimmte Verbindung gebracht: Dort ist vom »Volk Gottes« die Rede (vgl. 1 Thess 2,14; 1 Kor 10,32). Die ersten Christen knüpfen so an die atl. Vorstellung von

Israel als dem von Gott erwählten Volk an. Sie führen es weiter, indem nun auch ausdrücklich die Heiden gemeint sind: Nach Apg 15,14 ist aus allen Völkern für Gott ein neues Volk erwachsen.
Diese Rede von der Kirche als dem Volk Gottes ist nicht selbstverständlich. Viele Jahrhunderte trat die Frage nach dem Wesen der Kirche in den Hintergrund zu Gunsten des Problems, wie Kirche sich in ihrer Verfassungsstruktur zu verstehen habe. Mit der Mailänder Vereinbarung Kaiser Konstantins (313) ergab sich die Aufgabe, über die Rolle der Kirche bzw. der Religion im Hinblick auf die Mitwirkung an der Ordnung der Welt nachzudenken. Mehr und mehr ging es darum, die politische, gesellschaftliche und institutionelle Seite der Kirche zu klären und damit eine Konzentration auf die Außenseite vorzunehmen. In ihrer Verfassungsstruktur orientierte sie sich an den damals vorgefundenen politischen Modellen und entwickelte die Idee der Hierarchie, der »heiligen Herrschaft«.
Andere Kirchenbilder mit zum Teil ntl. Wurzeln traten in den Hintergrund, so z. B. die paulinische Vorstellung vom einen Leib Christi mit den vielen Gliedern (vgl. 1 Kor 12,1214; Röm 12,4f.). Die Idee von der Gleichrangigkeit aller Glieder bzw. aller Charismen (Gnadengaben, »Begabungen«) wird zur Überordnung des Hauptes verschoben. Und Christus als das Haupt in seiner Unsichtbarkeit und Unangreifbarkeit findet innerweltlich im Papstamt seinen Stellvertreter (vgl. Pissarek-Hudelist 728ff.; Beinert 79ff.).
Mit dem **Zweiten Vatikanischen Konzil** (1962-65) werden verdrängte Wurzeln wieder freigelegt im Bemühen um eine Öffnung zur Welt und einen Dialog mit der Welt (vgl. bes. Lumen Gentium 9-17). Das Konzil bezieht sich erneut auf die Idee des Volkes Gottes, das – wie das Israel des Alten Testamentes – auf dem Weg und auf der Suche ist nach der endgültigen, verheißenen Heilszeit. Damit ist zwar nicht eine Aufhebung der hierarchischen Verfasstheit verbunden, aber dieses Modell hat doch zu Konsequenzen geführt: Die Rede vom gemeinsamen Priestertum aller Gläubigen stärkt das Selbstbewusstsein und die Stellung auch der so genannten Laien in der Kirche; das kirchliche Amt definiert sich nicht mehr über den Herrschaftsgedanken, sondern über den Dienst an den Gläubigen.
Kirche als wanderndes Gottesvolk, als Gemeinschaft der Glaubenden will Symbol des Heils in der Welt werden. Dazu gehört, dass sie in ihrer geschichtlichen Gestalt aufgrund ihrer Begrenztheit auch stets der Erneuerung bedarf.
Für den Religionsunterricht bietet sich damit folgende Perspektive des Lernens: Wenn Kirche das wandernde Gottesvolk ist, dann sind Getaufte und Glaubende selbst auch aktiv Kirche mit einer je eigenen Glaubensüberzeugung und Verantwortung. Damit legt sich auch vom Kirchenverständnis her die Notwendigkeit nahe, im Sinne der Urteilsbildung zu einer persönlichen, zu respektierenden Einschätzung zu kommen: »Wie halt ich's mit der Kirche?« (vgl. *Stellungnahmen* **36**).

2. Einsatzmöglichkeiten im RU

Erinnerungen wecken

In einer ersten Annäherung an das Thema sollen Sch Erfahrungen von Beheimatung aus ihrem Alltagsleben mit dem Kirchengebäude in eine Beziehung setzen.

- Sch werden aufgefordert, sich auf das Bild von der Kirche zu konzentrieren. Dies geht leichter, wenn die vorausgehenden *Stellungnahmen* **19**, die Kapitelnummer und der Titel des Kirchenkapitels mit je einem Blatt abgedeckt werden.
- Sch erhalten nun einige Minuten Zeit, sich auf das Bild einzulassen, leise und ruhige Instrumentalmusik unterstützt diesen Zugang zum Thema.
- Gegen Ende können folgende Gedankenanstöße gegeben werden: »Abends, wenn es dunkel wird, machen die Menschen zu Hause die Lichter an. Wer von draußen kommt, sieht den leuchtenden Schein. Keiner will in der Dunkelheit alleine sein. Wir gehen zu den Menschen, die schon in dem Haus sind. Wie ist es dort? Was werden wir dort entdecken? Was brauchen wir, um uns zu Hause zu fühlen?«

– Notiert euch ein paar Stichworte auf euer Blatt unter dem Bild!

- Auf ein Plakat werden verschiedene Eindrücke geschrieben. Welche Verbindungen lassen sich zwischen den Ergebnissen der Sch-Arbeit und dem Titel des Kapitels im Schulbuch feststellen?

Hinweis: Die Gedanken können am Ende der Unterrichtsreihe aufgegriffen werden, wenn es gilt, eine eigene Stellungnahme zur Kirche zu finden.

Brainstorming: Was uns alles zum Thema »Kirche« einfällt

Dieser Zugang nimmt zunächst die Einfälle der Sch auf und versucht dann eine Beziehung zum Bild aufzubauen.

- Stummer Impuls: L befestigt ein großes Plakat an der Tafel mit einer stilisierten Kirche, deren Türen weit geöffnet sind, und notiert die Äußerungen der Sch.
- Nach Beendigung des Brainstormings kurzes UG: »Welche Worte auf dem Plakat haben mich überrascht?«
- Nun betrachten Sch einige Zeit das Titelbild und suchen anschließend (in Partnerarbeit) nach neuen

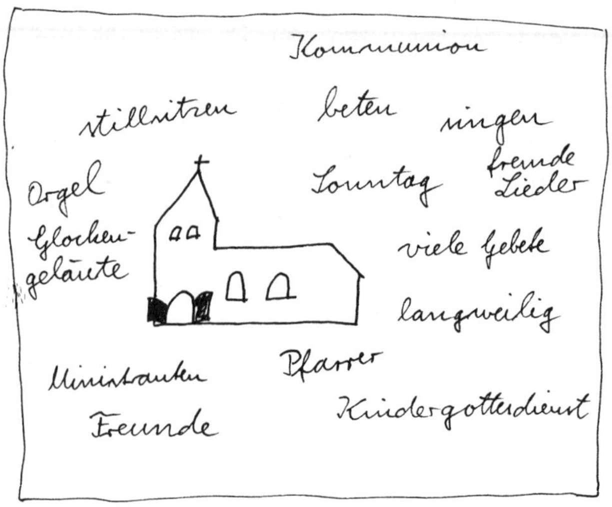

Worten, die auf dem Plakat ergänzt werden könnten (z. B. warmer Lichtschein, bunte Fenster, Schutz vor der Dunkelheit ...).

(M)eine Geschichte mit der Kirche

Die Auswahl inspirierender Wörter will dazu anregen, der eigenen Geschichte mit Kirche nachzugehen.

- L schreibt einige Reizwörter untereinander an die Tafel: leise ..., Türen ..., Freunde ..., allein ..., reden ..., manchmal ...
- Sch erhalten den Auftrag, ihre Geschichte mit der Kirche zu schreiben und dabei die angegebenen Wörter zu verwenden, deren Reihenfolge variabel ist.
- Nachdem einige Geschichten vorgelesen wurden, kann im UG über die Erfahrungen gesprochen werden.
- – Welche Gemeinsamkeiten oder Unterschiede gibt es?

3. Weiterführende Anregungen

Fantasiereise: Zu meinem inneren Fenster

In einer Einfühlungsübung nähern sich die Sch den für sie wichtigen Bildern an, die sie mit Kirche und Kirchenraum verbinden.

- Nachdem die Tische freigeräumt sind und nur ein Blatt und Wachsmalkreiden oder Filzstifte vor den Sch liegen, gibt L folgende Impulse:
- – Konzentriere dich darauf, wie du auf deinem Stuhl sitzt: Du spürst die Sitzfläche unter dir, beide Füße stehen auf dem Boden. Du atmest ganz normal, aber du spürst deinen Atem – das Ausatmen und das Einatmen. Deine Gedanken kommen und gehen, sie ziehen vorbei.
- – Stell dir die Kirche in deinem Schulbuch vor. Diese Kirche war im Dunkeln. Aber jetzt ist es Tag und du gehst auf dieses große Haus zu. Du bist allein dort. Du hast nicht genau sehen können, was auf den Fenstern dargestellt ist. Nun willst du es wissen. Du öffnest die schwere Tür und du gehst hinein. Riechst du den Duft, der dich nun umfängt? Du setzt dich in eine Bank.
- – Die Geräusche von draußen klingen nur gedämpft. Das Licht im Raum ist leicht abgedunkelt, die hohen Mauern lassen nur wenig herein. Aber die Sonne beleuchtet die Fenster und sie strahlen ... Du kannst langsam erkennen, was auf den Fenstern abgebildet ist ... eine Person ist zu sehen ... verschiedene Zeichen ... manche kommen dir bekannt vor, andere hast du noch nie gesehen ... du denkst: Sicher haben die Bilder etwas mit den Geschichten von Jesus zu tun ...
- – Du erhebst dich von deiner Bank und gehst näher an ein Fenster. Du siehst viele Einzelheiten: die verschiedenen Farben, große Flächen und kleine Flächen ... Du bleibst ein wenig vor dem Fenster stehen und schaust auf das Bild, das sich vor dir ausbreitet.
- – Dann gehst du wieder zurück, atmest einmal tiefer ein und aus. Du gehst aus dieser Kirche hinaus in den Tag. Du kommst in das Schulhaus zurück, hier in das Klassenzimmer auf deinen Stuhl, du reckst dich, und öffnest die Augen – auch die anderen sind da. Nach einer kleinen Weile nimmst du deine Stifte und malst das Bild, das du vor Augen hattest.
- Sch erhalten Gelegenheit, ihrem Kirchenfenstereindruck mit den vor ihnen liegenden Materialien Gestalt und Ausdruck zu geben. Dies geschieht am besten in Ruhe, jeder für sich. Anschließend können die Bilder aufgehängt werden und die Sch befragen sich gegenseitig nach den dargestellten Motiven.

Zelterfahrungen erinnern

Erste eigene Zelterfahrungen werden die Sch wohl schon mitbringen – und sei es nur mit dem Spielzelt im Garten. Der jüdisch-christliche Kontext ist häufig nicht bewusst: Gott ist seinem Volk im Symbol der Bundeslade im Gotteszelt nahe; Christus ist den Glaubenden in der Gestalt des Brotes im Tabernakel (lat. tabernaculum = Hütte, Zelt) gegenwärtig – Menschen werden auf ihrem Lebensweg von Gott begleitet.

- Impuls: L bringt zusammengelegtes Campingzelt mit. Sch, die Zelterfahrung haben, bauen es gemeinsam auf.
- Sch besichtigen das Zelt von innen und berichten von ihren Erfahrungen beim Zelten.
- An der Tafel werden weitere Arten von Zelten gesammelt, die immer wieder anzutreffen sind, häufig vermittelt durch das Fernsehen: Indianerzelt, Zirkuszelt, Flüchtlingszelt, Rotkreuzzelt, Festzelt, Zelt der Straßenarbeiter, der Soldaten ... Sch erzählen, welche Erlebnisse für die Menschen mit diesen Zelten verbunden sind.

- UG: »Welche Vorteile, aber auch welche Nachteile hat das Leben im Zelt?« (Frei sein, wegziehen können, mit Freunden zusammen sein können, in der Natur sein – in der Fremde sein ohne Zuhause, gefährdet sein, ungeschützt sein gegenüber Hitze und Kälte ...)
- TA: »Zelt Gottes unter den Menschen« – Sch äußern ihre Vermutungen. In welcher Verbindung steht dies mit dem Thema »Kirche«? »Denkt an das gemeinsame Aufbauen des Zeltes!«
- Kirche als Zelt oder als Burg: Sch können den Bedeutungsgehalt dieser Bilder vergleichen. Dabei kann auch das Lied »Ein Haus voll Glorie schauet« eingesetzt werden (GL 639).
  Alternative: Statt Zeltaufbau kann L auch eine Tafelskizze anfertigen – aber die motivierende Kraft eines richtigen Zeltes ist natürlich größer ...

Themenseite (22)(23)

1. Hintergrund

Die Eindrücke von Kirchengebäuden sind bestimmt von den verschiedenartigen Baustilen, die in der Umgebung anzutreffen sind. Bauten im Stile der Romanik, der Gotik und des Barock prägen als Zeugen vergangener Zeiten die Städte und Dörfer. Dabei stehen diese Bauten nicht einfach für sich, sondern sind stets auch Ausdruck des Lebens und Glaubensgefühls einer bestimmten Epoche. Da das Unbekannte häufig auch das Unbeachtete ist, besteht eine wichtige Lernaufgabe darin, die Baustile mit ihren zentralen Botschaften zum Sprechen zu bringen, indem Verbindung mit den Lebenserfahrungen der Menschen vergangener Zeiten aufgenommen wird.
Einige wichtige Aspekte der Baustile werden im Lexikon genannt, vgl. auch »Moderner Kirchenbau«.

Romanik
Die dargestellte romanische Kirche spiegelt wider, was das Zeitempfinden prägte: der Wunsch nach einer festen Burg aus Stein, die Schutz gibt und dem Licht zugewandt ist (Ausrichtung mit der Apsis nach Osten: Christus, dem Licht der Auferstehung und der Gerechtigkeit entgegen). Wer im Westen durch das Portal eintritt, geht meist unter einer Darstellung des Jüngsten Gerichts hindurch – mit seinem Eintritt in die Kirche verlässt er die Welt der Finsternis und des Bösen und betritt den Raum des Heiligen. Wichtiges Erkennungszeichen der Romanik ist der Rundbogen an Fenstern und Türen, der sich innen auch im Dachbereich durchsetzt, nachdem es technisch gelungen war, ein Gewölbe zu konstruieren – das Kirchendach als Abbildung des Himmelsgewölbes, nicht selten mit Gemälden auf dem Putz (Fresken) verziert. Durch die aufkommende Bedeutung der Klöster wird in dieser Zeit zwischen Apsis und Querhaus der Chorraum eingefügt als Platz für die Klosterangehörigen – der Beginn der Trennung zwischen Klerus und Laien. Durch die Ausrichtung nach Osten, die auch vom Priester während des Gottesdienstes vollzogen wurde, konnte der Altar – anders als in der frühchristlichen Basilika, wo er sich zwischen Priester und Gemeinde befand – immer weiter an die Apsiswand rücken.

Gotik
Im 13. Jahrhundert trat eine Änderung ein: Kirchen wurden zunehmend nicht mehr von Klöstern und Bischöfen gebaut, sondern von den Bürgern der Städte unter Bündelung aller verfügbaren Kräfte und finanziellen Mittel. Durch die aufblühende wirtschaftliche Entwicklung werden die Städte in die Lage versetzt, mit dem Bau von Kathedralen ihre Macht zu demonstrieren, auch wenn Bauzeiten von bis zu 200 Jahren und mehr zu meistern waren (vgl. den Ausschnitt von St. Peter in Regensburg, erbaut von 1260-1525, Türme ab 1860). Die zu Grunde liegende Idee ist in der Offenbarung des Johannes zu finden, einem Text des Neuen Testamentes, der das Bild von der himmlischen Stadt Jerusalem am Ende der Zeiten entwirft. Von der

Harmonie und der Schönheit dieser Stadt soll die gotische Kathedrale etwas aufscheinen lassen. Dies schlägt sich vor allem in der Gestaltung des Lichteinfalles nieder: Große Fensterflächen mit farbigem Glas geben dem Innenraum einen geheimnisvollen Schein. Dazu gehört auch die Fensterrosette im Westen, deren farbige Flächen den Kirchenraum in der untergehenden Sonne aufleuchten lassen und eine Ahnung des himmlischen Glanzes vermittelt. Die Öffnung der Wände wird durch eine neue Bautechnik ermöglicht, die die Kraft der Gewölbe über Stützpfeiler nach außen ableitet. Gleichzeitig wird eine Fülle von Verzierungen angebracht. Kleine spitze Giebel (Wimperge) und schlanke Türmchen (Fialen) sollen den Eindruck der Kirche als »Stadt in der mittelalterlichen Stadt« geben. Hinzu kommen Verzierungen wie beispielsweise der »Wasserspeier« (23 unten), eine Figur, die wie viele andere das Böse der Welt von der Kirche fernhalten soll, technisch aber zur Ableitung des Regenwassers vom Dach der Kirche diente. Erkennungszeichen der Gotik sind die Spitzbögen, die den romanischen Rundbogen abgelöst haben. Für den Gläubigen ist der Weg entscheidend, der vom Eingang bis zum Altar zurückgelegt wird: Schritt für Schritt erfolgt eine Annäherung an das Glaubensgeheimnis.

Barock

Nach Reformation und Gegenreformation erwächst im 17. Jahrhundert von Italien her kommend im katholischen Raum das Lebensgefühl des Barock. Im Unterschied zur nüchtern-asketischen Haltung des reformatorischen Nordens entwickelt sich im Süden, ausgehend von der Umgestaltung der Stadt Rom und der Peterskirche, die populäre Kunst des Barock. Sie soll werben und in der Fülle überwältigen, die Sinnenfreude, Kraft und den Triumph der Kirche vor Augen führen und breite Volksschichten ansprechen. Der Kirchenbau will mit seiner Fülle an Verzierungen und festlichem Prunk ein einziges großes Lob Gottes darstellen, das Innere der Kirche ist ein großer Festsaal, eigentlich der Thronsaal Gottes, in dem die Gläubigen in ehrfürchtigem Staunen verharren. Nun zeigt sich eine deutliche Abwendung von der Gotik. Es dominieren Rundungen: Ovale, Kreise und Bögen geben den Gebäuden Bewegung und Schwung. In den Kirchen sind die Heiligen in großer Zahl anwesend, oft in reinem Weiß oder kostbarem Gold gestaltet, Zeichen der Fülle und Bedeutung von Kirche und christlichem Glauben (vgl. 22 links den Bildausschnitt der Nikolauskirche in Pfronten/Allgäu, erbaut 1687-92). Die Holzschnitzerei an einer Kirchenbank der Prämonstratenserstiftskirche in Stuhlwangen von 1714 zeigt mit Nägeln und Zange die Marterwerkzeuge der Kreuzigung – auch Leid und Tod in ihrer ganzen Realität haben in der Kirche und im Leben ihren Platz (vgl. zu den Baustilen Langer 12-14).

Das Foto der »an einem Strang ziehenden Menschen« steht kontrastierend zu den Bildern der verschiedenen Baustile. Es soll ebenfalls als Bild für Kirche verstanden werden – nun aber nicht auf das Kirchengebäude bezogen, sondern auf die Menschen, die Kirche ausmachen. Diese werden immer ganz verschieden sein – je nach Alter, Geschlecht, Beruf, Interessen ... Bei aller Verschiedenheit bilden sie die Gemeinde, nicht rückständig, sondern selbstbewusst und verantwortungsvoll. Und Teil dieser Gemeinde sind stets auch die Heranwachsenden.

2. Einsatzmöglichkeiten im RU

Erstaunliches entdecken

Bei genauem Hinsehen können in vielen Kirchen neue Beobachtungen gemacht werden.

- Die kleinen Bilder links oben und rechts unten werfen Fragen auf: Wie kommen diese Darstellungen in oder an Kirchen? Was ist auf diesen Bildern erkennbar?
  Die Nägel und die Zange in den Händen der Figur an der Kirchenbank stehen für die Marterwerkzeuge und machen den Menschen die Brutalität der Kreuzigung bewusst – die Leiden des Kreuzes soll niemand übersehen können und herunterspielen. Der Wasserspeier an der Außenseite eines Domes ist Zeichen der Abwendung dessen, was in der Welt böse ist und das Innere einer Kirche verschonen soll.
- Sch sollen zu genauem Hinsehen ermuntert werden. Welche Darstellungen gibt es in unserer Kirche, die vielleicht ähnlich eindrucksvoll sind?

Glaube und Bauwerk

Die Glaubenshaltungen, die sich in den Texten artikulieren, können mit den verschiedenen Baustilen der Doppelseite in Beziehung gesetzt werden.

- Die Texte aus dem Alten Testament werden zunächst gelesen.
- In PA wird ein erster Versuch der Zuordnung zu den drei großen Fotos von den Kirchen vorgenommen. Mit der Kenntnis der Baustile durch die Lexikonartikel gelingt diese Aufgabe leichter.
- Das Arbeitsblatt **5.2.1, Lehrerkommentar S.45**, dient der Sicherung zentraler Kennzeichen. (Falls sich eine Kirche des genannten Baustiles in der näheren Umgebung befindet, kann das Foto in der Kopiervorlage mit einem Bild von ihr überklebt werden.)

Bild einer modernen Kirche

Bild von der eigenen Kirche

- Gemeinsam kann überlegt werden, ob es auch einen Satz aus der Bibel gibt, der mit dem Kirchenbau der eigenen Pfarrei(en) in Verbindung gebracht werden kann. Darüber hinaus bieten sich Sätze aus der Bergpredigt (z. B. Mt 5,13: »Ihr seid das Licht der Welt.«) oder der Apokalypse an (Offb 21,3: »Seht, die Wohnung Gottes unter den Menschen! Er wird in ihrer Mitte wohnen, und sie werden sein Volk sein.«).

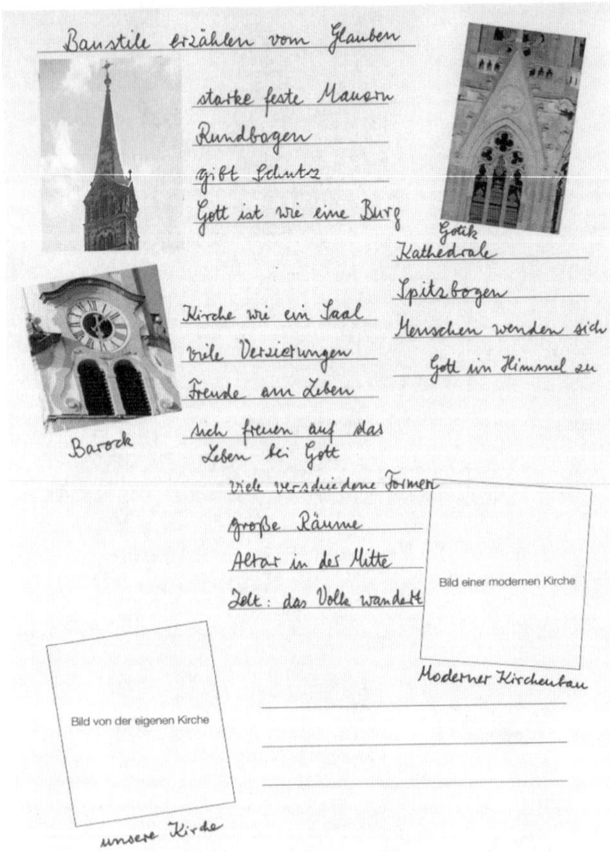

Auflösung: Romanik (2; 5), Gotik (3; 4), Barock (1; 7), moderner Kirchenbau/St. Hildegard (6)

3. Weiterführende Anregungen

Zeitleiste von Kirchenbildern

Sch gewinnen einen Überblick über die zeitliche Einordnung der verschiedenen Baustile. Dabei werden die Kirchen der eigenen Umgebung in diesen Überblick eingebaut.

- Sch sollen Bilder von Kirchen mitbringen (Postkarten) oder kleine Kirchenführer ihrer Pfarrgemeinde. Um auch Kirchen anderer Zeiten hinzuziehen zu können, sind vom L mitgebrachte Bilder von Kirchen der näheren Umgebung interessant.
- Im UG kann ausgetauscht werden, was an den jeweiligen Kirchen gefällt oder stört.
- Sch stellen eine Verbindung zwischen den Bildern der Doppelseite und den mitgebrachten Bildern her. Lassen sich Ähnlichkeiten feststellen?
- Anschließend werden anhand der Lexikonartikel einige Kennzeichen der Baustile erarbeitet.
- An einer Zeitleiste werden die Bilder der Kirchen inklusive der Bilder der *Themenseite* **22f.** (Fotokopien) befestigt und mit der entsprechenden Jahreszahl versehen.
  Sch sollen die Kirchen den verschiedenen Stilrichtungen zuordnen.

Hinweis: Zahlreiche Anregungen für Kirchenbilder bieten die von den Bistümern herausgegebenen Hefte mit der Selbstdarstellung der Diözese (z. B. »Das Bistum Regensburg. Bd. I Mittelalter«). Diese Hefte liegen in den Religionspädagogischen Seminaren der Schulreferate zur Einsicht auf bzw. sind dort oder im Buchhandel erhältlich.

Kreuzworträtsel

Nach Bearbeitung der *Themenseite* **22f.**, der *Titelseite* **21** sowie den entsprechenden Lexikonartikeln können Sch ihre Kenntnisse im Rätsel (**AB 5.2.2, Lehrerkommentar S. 47**) zusammenfassen und überprüfen.

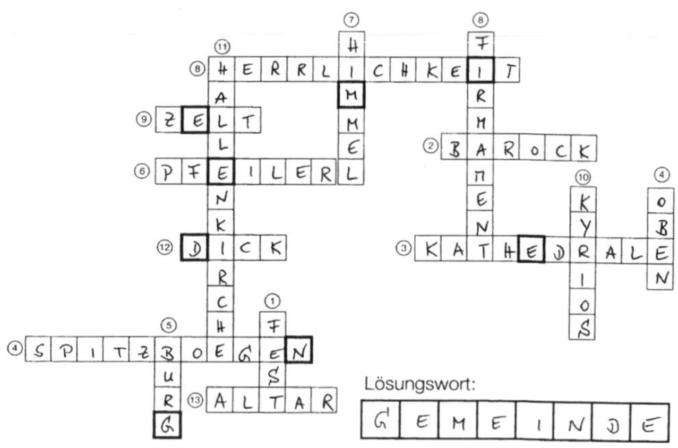

An einem Strang ziehen – verbunden sein

- Sch stellen sich im Kreis auf und halten sich an einem Seil fest, das diesen Kreis ausmacht. Dann beginnt eine/r, die/der zuvor bestimmt wurde, sich langsam zu bewegen, ohne die Hände vom Seil zu lösen. Die anderen Sch folgen – der Kreis setzt sich in eine Richtung in Bewegung.
  Nun wird durch vorsichtige Gegenkraft versucht, gemeinsam die Richtung zu wechseln. Dabei sollte nicht gesprochen werden, Richtungswechsel erfolgen allein durch die Aufmerksamkeit auf die wirkenden Kräfte.

Der Glaube der Menschen zeigt sich in den Kirchenbauten

Ihr könnt das Rätsel lösen, wenn ihr die Seiten 21-23 durchgearbeitet und unter den Sternchen im Lexikon genau nachgelesen habt.

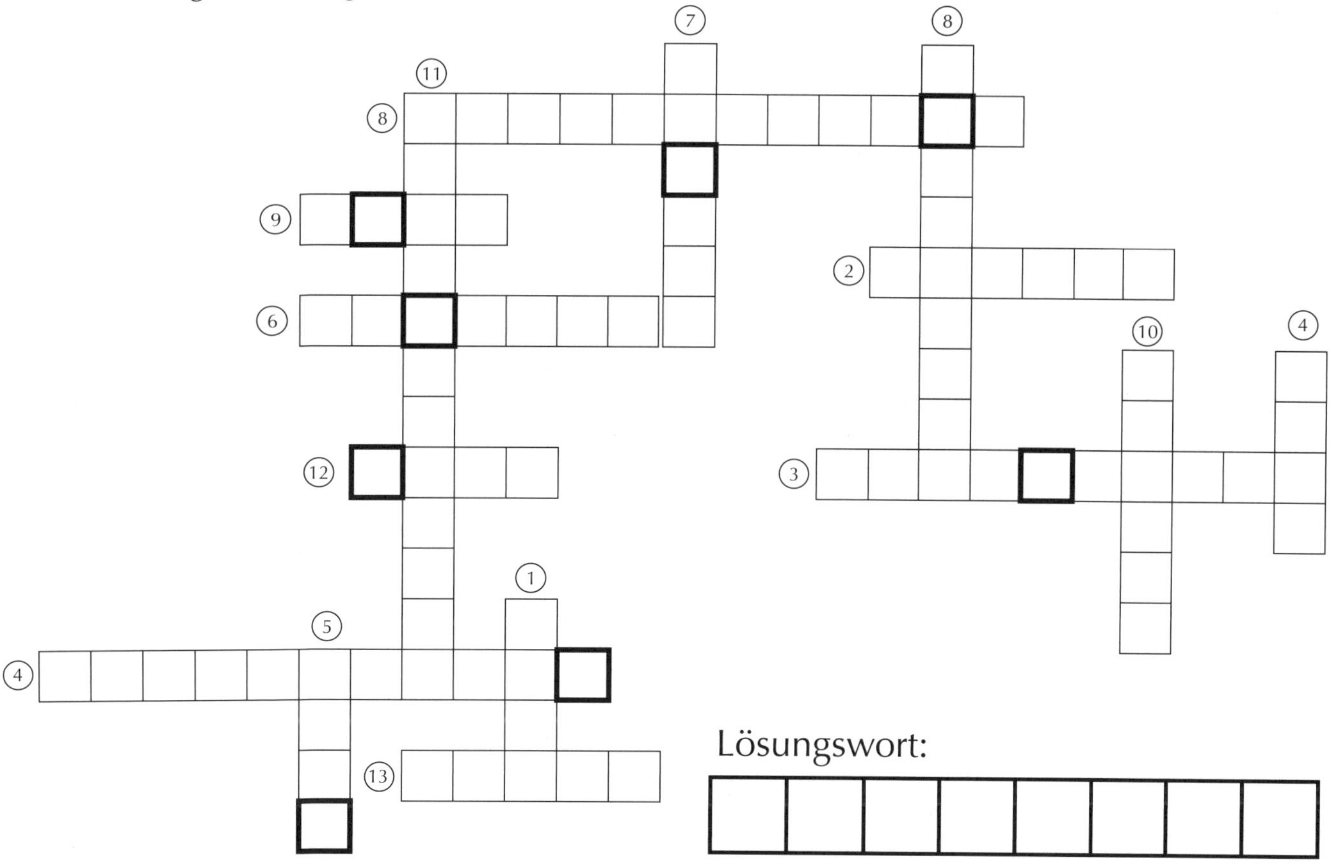

1. Wie empfinden die Menschen ihr Leben in der Zeit des Barock? Wie ein . . .
2. In welcher Zeit werden Kirchen mit zahlreichen Bildern und Figuren verziert?
3. Ein Bautyp, der in Frankreich entstanden ist.
4. Gotische Kirchen kann man gut an den Fenstern und Türen erkennen: Alle Linien laufen nach . . . , die Bögen heißen . . .
5. Die Menschen, die zwischen dem 9. und 12. Jahrhundert gelebt haben, suchten bei Gott Geborgenheit. Ihre Kirchen bauten sie deshalb wie eine . . .
6. In gotischen Kirchen wird das Kirchendach kunstvoll getragen, und zwar durch viele . . .
7. Menschen, die zwischen 1250 und 1450 gelebt haben, wenden sich ihrem Gott im . . . zu.
8. Ergänze den Psalmvers: »Die Himmel rühmen die . . . Gottes, vom Werk seiner Hände kündet das . . .« (Ps 19,2)
9. Heute werden Kirchen oft in einer ungewöhnlichen Form gebaut. Welche Form hat die Kirche St. Hildegard (Titelbild 21)?
10. Welches griechische Wort ist in »Kirche« verborgen?
11. Die ersten Christen trafen sich in Häusern. Als die Gemeinden größer wurden, hat man eigene Gebäude errichtet. Wie nennt man eine solche Kirche?
12. In romanischen Kirchen sind die Mauern besonders . . .
13. In modernen Kirchen gibt es einen Mittelpunkt, um den sich die ganze Gemeinde versammelt. Dies ist der . . .

Am Schluss kannst du aus den Feldern mit dem dicken Rand das Lösungswort herausfinden!

Schließlich kann es auch zu kleinen Ausbeulungen kommen – der Kreis beginnt, eine neue Form anzunehmen.
Am Ende kommt die Bewegung wieder zur Ruhe.

- Sch betrachten nun das Bild im Buch und schreiben zwei Sätze auf zu dem Impuls: Zusammen ist es schön, wenn ...

Anmerkung: Es würde der Vorstellung von Pfarrgemeinde entgegenstehen, wenn diese Übung zu einem »Tauziehen« verkommen würde – denn dabei dominiert das Gegeneinander, nicht das Miteinander. Dies kann auch dadurch verhindert werden, dass man leise Musik einsetzt, die sich durch einen langsamen Takt auszeichnet und damit eine ruhige Schrittfolge unterstützt.

Der Schlussstein im gotischen Gewölbe
Eine einfache Übung zur Annäherung an die Baukunst der Gotik (und in Abwandlung auch der Romanik) verläuft folgendermaßen:

- Zwei Sch stehen sich im Abstand von ca. 80 cm gegenüber und bilden dann mit erhobenen Armen gemeinsam einen Gewölbebogen.
  Dabei werden sie sich aus der Vertikalen bewegen und den Bogen durch ein gegenseitiges Abstützen der Handflächen zustande kommen lassen, einerseits um nicht umzufallen und andererseits um nicht zu ermüden.
- Die anschließende Betrachtung der Grafik (**AB 5.2.3, Lehrerkommentar S. 49**) (Macaulay) macht die Komplexität des Bauwerkes nachvollziehbar. Dabei wird auf die Bedeutung des Schlusssteines hingewiesen als ein Drittes, das zwischen beiden Stützen erforderlich ist, um ihnen Dauerhaftigkeit und sicheren Stand zu verleihen.
- Gibt es ein solches verbindendes Drittes auch zwischen Menschen (gemeinsame Erlebnisse bei Freunden, eine gemeinsame Aufgabe, das Vertrauen, das zwischen zwei Menschen besteht, der gemeinsame Glaube zwischen zweien oder auch in einer Gemeinschaft ...)?

Hinweis: Einen faszinierenden Einblick in den Bau einer gotischen Kirche unter mittelalterlichen Arbeits- und Lebensverhältnissen bietet das mit zahlreichen Schwarzweißgrafiken ausgestattete Buch von David Macaulay, Sie bauten eine Kathedrale, dtv: München [19]2001 (vgl. auch die Grafik des Glockenturmes *Ideenseite* **24** unten).

Materialien: Foliensatz
Im Schulreferat der Erzdiözese München ist ein Foliensatz von H. Schneider/W. Stengelin erhältlich unter dem Titel: »Glaube wird sichtbar und hörbar. Christliche Baukunst erzählt vom Glauben« (Bestelladresse: Schulreferat Abt. I der Erzdiözese München und Freising, Schrammerstr. 3, 80333 München, Tel.: 089/ 21371409) mit 53 Folien und Begleitheft. Dort findet sich auch eine Bastelanregung für einen romanischen Bogen, ebenfalls mit »Schlussstein«.

Ideenseite (24)(25)

Die Anregungen der *Ideenseite* werden im Lehrerkommentar an folgenden Stellen besprochen:
Was könnte das bedeuten?: S. 52
Künstlerisch tätig werden: S. 53
Ein Mobile bauen: S. 56
Den Glocken auf der Spur: S. 52

Von alten und jungen Baumeistern — Deuteseite I (26)(27)

1. Hintergrund

Hier soll die Aufmerksamkeit auf den Stellenwert der Kirche am jeweiligen Wohnort der Sch gerichtet werden. Dies kann nur auf indirektem Wege gelingen angesichts der Unterschiede zwischen allen Kirchen.

Kreuzbergkirche (26)
Am Beispiel der Kreuzbergkirche der oberpfälzischen Stadt Pleystein wird die verschlungene und vielschichtige Entstehungsgeschichte einer Kirche offenkundig. Die Erfahrungen Einzelner und das Zusammenwirken vieler tragen dazu bei, dass eine solche Kirche gebaut werden konnte. Damit ist diese Kirche Stein gewordenes Zeugnis des Engagements und Glaubens der Men-

Der Schlussstein im gotischen Gewölbe

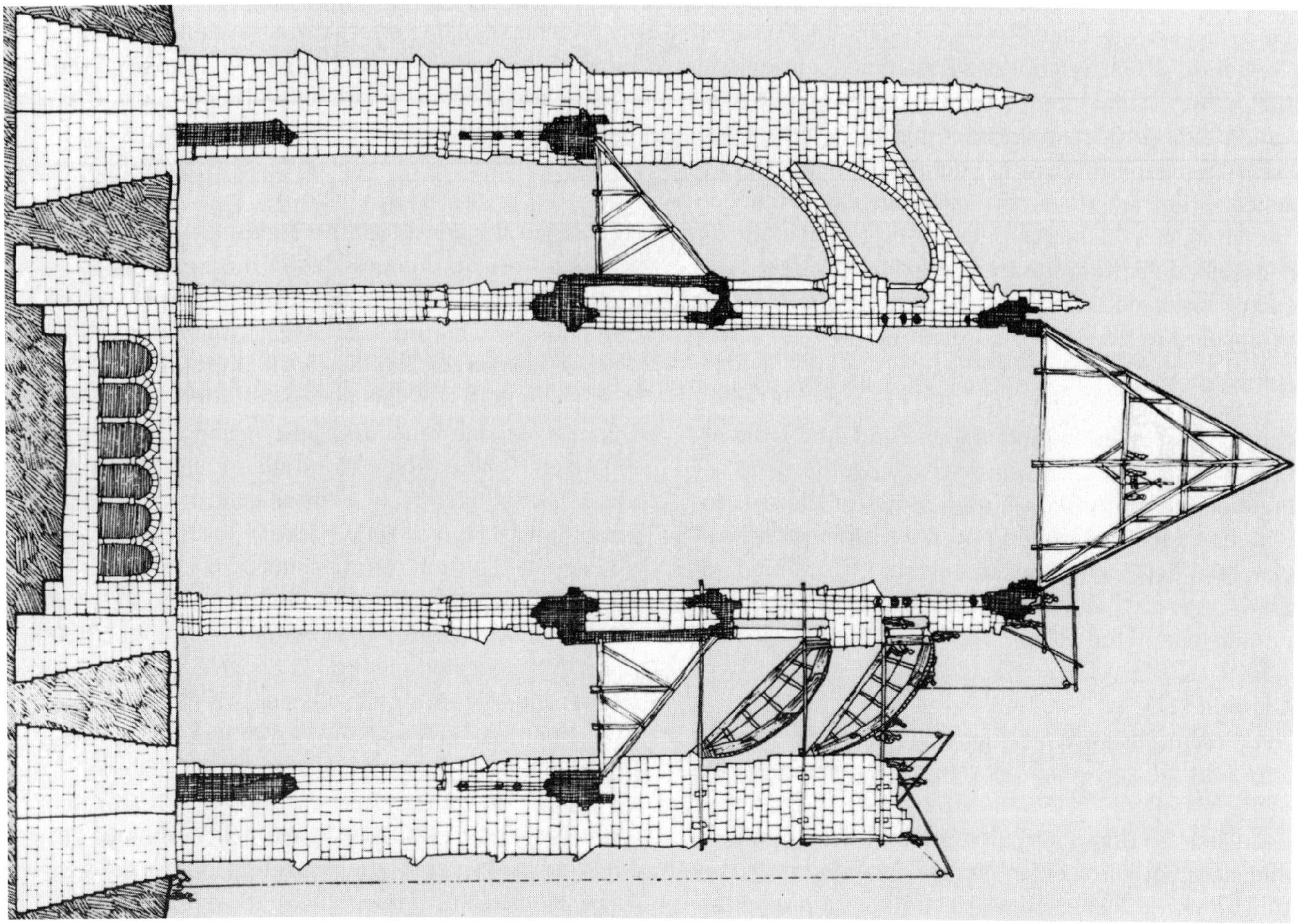

In Kirchenbildern die Geschichte lesen

Kreuzbergkirche nach Brand 1901

Kreuzbergkirche um 1847

schen ihrer Zeit. Gleichzeitig gelingt es, ein ganzes Dorf für dieses neue Kirchengebäude zu begeistern – die fertig gestellte Kirche ist damit auch Ausdruck der Gemeinde selbst: Symbol der Zusammengehörigkeit, alle haben »an einem Strang gezogen«. Die Geschichte dieser Kirche und der mit ihr verbundenen Menschen kann motivieren, dem Werdegang der eigenen Kirche am Heimatort nachzugehen. Wo liegen die Wurzeln? Welche Personen hat es gegeben, die für den Aufbau der Kirche entscheidend tätig waren? Welche Erfahrungen haben am Anfang gestanden? Wie ist es zur Größe und zum Aussehen gekommen – was waren die bestimmenden Einflüsse?
Pleystein ist eine Kirche, die 2004 bereits 190 Jahre existiert, die unter der Anteilnahme und durch Mitwirkung der gesamten Gemeinde erbaut wurde, »mit der eigenen Hände Arbeit« – und damit im Kleinen so, wie dies auch bei großen gotischen Domen der Fall war. Hier liegt sicher ein erheblicher Unterschied zur Erfahrungswelt heute, wo Sch kaum mit Kirchenbau unmittelbar zu tun haben.

Glasbild (27)
Mit diesem Bild wird die Thematik »Kirche bauen« ins Symbolische gewendet (Florian Lechner, geb. 1938): »Durchstrahlung«, 1996, 60 x 62 cm. Dem Betrachter zeigt sich als dominierender Eindruck die Spiralform einerseits und die senkrechten Linien andererseits. Bedingt durch die Herstellungstechnik wird die Spirale nicht durch eine andere Farbgebung, sondern durch geringe Erhebungen erzeugt (vgl. dazu Kasten »Techniken der Fensterglasherstellung, rechts). Diese setzen sich an den Seiten und am unteren Rand der Spirale horizontal fort. Allerdings werden die Horizontallinien durch die Spirale unterbrochen, verdrängt. Eine derartige Unterbrechung erfolgt noch deutlicher durch die senkrechten Streifen, die sich von einer Dreierformation in der Bildmitte im Abstand gleichmäßig nach außen erweitern. Sie durchqueren die Spirale, behalten aber ihre Struktur bei – die Erhebungen sind auch dort sichtbar, wo die Streifen auf die Linien der Spirale treffen. Die Farbe jedoch wird stark verändert: Aus dem satten Blau werden hellblauweiße Stellen, im mittleren Bereich stärker als bei den äußeren Streifen. Insgesamt ist auch die Farbgebung variierend: Vom z.T. unregelmäßigen Blau bis zum tiefdunklen Blau-Schwarz, vom Gelb bis zum Goldton der Streifen, die vereinzelt rote Segmente aufweisen, allerdings nur an den jeweils zwei äußeren Streifen.

Dieses Glasbild könnte als Symbol für Gemeinde gelten: So wie die Streifen die Spirale verändern, ohne ihre Struktur zu zerstören – sie also »durchstrahlen« –, so ist auch eine jede Pfarrgemeinde vom Geist Gottes bewegt, der sie lebendig macht und sie damit verändert, ohne sie jedoch zu zerstören. Aufmerksamkeit ist daher auch den irritierenden, in Frage stellenden Geschehnissen zu widmen, die Veränderungen der immer gleichen Abläufe erfordern. Die Menschen, die in Gemeinschaft auf dem Weg zu einem Ziel sind, müssen als christliche Gemeinde offen bleiben für die Einflüsse von außen.

Techniken der Fensterglasherstellung
Die ältesten Funde von künstlich erzeugtem Glas (Glasperlen aus ägyptischen Königsgräbern) stammen aus der Zeit um 3500 v. Chr. Die Tontafelbibliothek des assyrischen Königs Assurbanipal (7. Jh. v. Chr.) enthält das älteste überlieferte Glasrezept: »Nimm 60 Teile Sand, 180 Teile Asche aus Meerespflanzen, 5 Teile Kreide – und du erhältst Glas.« An der Verwendung dieser Grundbestandteile Quarzsand, Pottasche und Soda hat man bis heute festgehalten, wenn auch nun Glas nicht mehr in Waldhütten (wegen des Brennstoffvorrates Holz), sondern in modernen Anlagen bei ca. 1.000 bis 1.600 Grad Celsius gefertigt wird.
Neben der Trennung des Glases auf Fenstergröße war eine zentrale Frage die Färbung des Materials. Dies geschah durch Beimengung verschiedener Chemikalien während des Schmelzens. In der Regel wurden die erhärteten Glasstücke dann auf die richtige Größe zurechtgeschnitten und zu einem großen Bild zusammengefügt. Streifen aus Blei dienten als verbindende Elemente, Details wurden mit schwarzer Farbe und einem feinen Pinsel aufgetragen. Diese Vorgehensweise ist auch heute noch üblich, insbesondere dort, wo alte Kirchenfenster restauriert werden.
Daneben gibt es noch eine ganz andere Technik, die erst in neuerer Zeit möglich geworden ist. Dabei werden verschiedenfarbige Glaselemente übereinander gelegt und anschließend in einem Ofen ineinander geschmolzen. Auf diese Weise braucht man keine Bleiverbindungen mehr und erreicht gleichzeitig eine ganz neue Farbgestaltung.
Ein solches Glasfenster ist *Deuteseite* **27** zu sehen. Hier wurde blaues Glas mit gelben und roten Stücken bzw. Streifen verschmolzen. Voraussetzung ist, dass jeweils Glas mit demselben Schmelzpunkt verwendet wird, damit es später nicht zu Rissen kommt. Wenn der Schmelzvorgang in einer Sandform geschieht, bestimmt deren vorher eingezeichnete Struktur später die Oberfläche des Glases. In unserem Beispiel hat der Künstler vorher die Spiral- bzw. Wellenform in den Sand gezeichnet.

Glocken gießen
Eine besondere Art von Musikinstrumenten sind Kirchenglocken. Der vertraute Klang wird neu wahrge-

nommen, wenn der Werdegang einer Glocke nachvollzogen wurde (vgl. bes. unten den Hinweis »Wie eine Glocke gegossen wird – Video«). Eine ähnliche Wirkung hat die Besichtigung des Glockenturmes einer Kirche – hier ist bereits der Stundenschlag in unmittelbarer Nähe der Glocke ein eindrucksvolles Erlebnis.

Kleine Geschichte der Glockenentwicklung

Bereits im 4. Jahrtausend v. Chr. sind Glocken in der Form von kleineren Glöckchen bekannt. Als Weiterentwicklung aus Tonvasen und Fruchtschalen der Naturvölker lassen sich Glöckchen zuerst u.a. in China, Indien und Ägypten nachweisen. Der Weg der Glocke in den europäischen Raum ist nicht ganz geklärt: Man nimmt einerseits an, dass sie über Afrika und Italien nach Norden gebracht wird, andererseits gibt es Hinweise auf koptische Mönchsgemeinschaften in Ägypten sowie eine Zwischenstation in Gallien, bis sie schließlich im 5. Jh. n. Chr. nach Irland gelangt. Von dort brachten sie irische Mönche nach Mitteleuropa. Sie wurden u.a. in den Klöstern gebraucht, um die Nonnen und Mönche zum Gebet zusammenzurufen. Deswegen war die Kunst des Glockengießens ursprünglich auch dort beheimatet.

Bereits in der Frühzeit beginnt das Ringen um die richtige Form der Glocke. Zunächst werden Glocken in der Form eines Bienenkorbes gegossen, wie es etwa der Mönch Theophilus im 9. oder 10. Jh. beschrieben hat. In der Mitte des 12. Jh. vollzieht sich der Wandel zur Spitzhut- oder Zuckerhutform, durch die der Klang reiner und fülliger wird. Von der Mitte des 13. Jh. an entsteht die Großglocke mit mehr als 1,50 m Durchmesser. Seit dem 15. Jh. wird die Glocke in noch heute gültiger Form, der so genannten gotischen Rippe hergestellt. In dieser Zeit setzen sich erste Gesetzmäßigkeiten (u.a. Wandstärke, innere und äußere Krümmung) durch, die für den Klang der Glocke ausschlaggebend sind. Ab dem 14. Jahrhundert werden auch die Verzierungen mit Schrift und Ornament immer reicher; dies wird später je nach Lebensgefühl der Epoche wieder reduziert.

Interessant ist ein Blick in den Ofen, wo die Glockenbronze für den Guss verflüssigt wird. Von besonderem Interesse ist die Windpfeife – eine Öffnung am Gussloch, aus dem die entstandenen Gase austreten können und den Gießern anzeigen, wann die Form mit der Bronze ausgefüllt ist. »Her Got hilf« – so lautete ein Schriftzug auf einer Glocke aus dem 14. Jahrhundert – Ausdruck der Not und des Glaubens der Menschen vergangener Jahrhunderte.

2. Einsatzmöglichkeiten im RU

Die Geschichte lesen

Sch erhalten einen Einblick in die Entstehung einer Kirche. Dies kann zum Anlass werden, der Geschichte und den Geschichten der Kirche in der eigenen Umgebung nachzugehen.

- L gibt die Anregung herauszufinden, welche Personen für den Bau der Kirche von entscheidender Bedeutung waren, und erzählt die Geschichte der Kirche weiter anhand der Folienbilder (Kopiervorlage **5.2.4, Lehrerkommentar S. 49**: Kreuzbergkirche um 1847; Kreuzbergkirche nach dem Brand 1901).
- Sch suchen nach Informationen über die Geschichte der eigenen Pfarrkirche(n) (aus Chronik, Führer, evtl. selbst erstelltem Textblatt).
- – Was können Personen aus der Pfarrgemeinde über wichtige Ereignisse (Renovierungen, Umbauten ...) erzählen? Sch sammeln Fragen und laden zu einem Expertengespräch ein (Pfarrer, Kirchenpfleger, älteres Gemeindemitglied ...).
- Die Ergebnisse werden auf einem Plakat (Zeitleiste) zusammengestellt.

Bildtitel suchen

Im Sinne des Bemühens um einen vertieften Zugang zu Bildern der Kunst wird über die Suche nach Bildüberschriften eine länger dauernde und genauere Betrachtung angestrebt.

- In Gruppenarbeit sollen Sch mehrere Titel für das Bild (*Deuteseite* **27**) suchen und notieren.
- Jede Gruppe wählt einen Titel aus, stellt ihn der Klasse vor und begründet ihn.
- *Abwandlung*: L bietet Bildtitel an, Sch wählen aus und begründen ihre Wahl. Anschließend wird versucht, eine Verbindung zwischen Bild und Überschrift der Doppelseite herzustellen.
  Vorschläge für mögliche Bildtitel: Ein Baumstumpf im Wasser; Wasserwellen; Stein fällt ins Wasser mit Licht darüber; Sonne und Wasser; Der beleuchtete Untergang; Aus der Tiefe emporsteigen; Versteinertes Wasser; Im Mittelpunkt ist Licht; Kreise und Streifen treffen sich; Wellenkreis; Stablichter ordnen die Kreise; Der Ozean hat einen Mittelpunkt ...

Bilddiktat

- Nach Bereitung der erforderlichen Materialien (Papier, blauer, roter, gelber Holzfarbstift, Radiergummi) wird der Bildaufbau »diktiert«:
  - Faltet das Papier an einer Seite so, dass ihr eine quadratische Fläche zurückbehaltet.
  - Markiert den Mittelpunkt mit dem blauen Stift. Zeichnet nun eine Spirale darum, bei der die Linien nur einen kleinen Abstand voneinander haben.
  - Zeichnet auf diese Weise ungefähr 15-mal herum, sodass die Spirale immer größer wird.
  - Zeichnet dann eine leichte, wellenförmige Linie, die am linken Rand des Bildes beginnt, in Richtung der Spirale läuft, dann unterbrochen wird und schließlich rechts weiterläuft bis zum rechten Bildrand.
  - Nehmt nun den gelben und den roten Stift. Zeichnet eine Linie von oben nach unten, die genau durch den Mittelpunkt der Spirale geht.
  - Zeichnet rechts und links davon jeweils fünf weitere gerade Linien von oben nach unten.
  - Malt mit blauer Farbe leicht über das gezeichnete Bild.
- Im nachfolgenden Gespräch über die Bilder (und die Schwierigkeiten dieser Arbeit) können die Sch auch einen Vergleich mit dem Glasbild im Buch anstellen:
  Wo liegen Ähnlichkeiten, wo die Unterschiede und inwiefern hängen sie auch mit einer anderen Technik zusammen?

3. Weiterführende Anregungen

Was könnte das bedeuten? IDEENSEITE (24)

Nachdem die Entstehungsgeschichte der eigenen Kirche bekannt ist und Grundkenntnisse über die Baustile erworben sind (vgl. *Themenseite* **22-23** sowie Lexikon), kann ein Unterrichtsgang in diese Kirche unternommen werden.
Dabei bietet es sich je nach den Gegebenheiten an, den Blick auch auf Zeugnisse früherer Baustadien zu lenken.

- Wer findet bei sorgfältigem Hinsehen Teile, die aus einer anderen Kirche oder aus einer anderen Bauzeit stammen könnten?
  Notiert diese Fundorte und lest im Kirchenführer nach oder fragt nach!

- Die Ergebnisse werden in der Klasse vorgestellt und einzelne Elemente, z. B. Heiligenfiguren und ihre Attribute, vertieft.

Hinweis: Hilfreich sind hier Nachschlagewerke (Bücher über Symbole, über Baustile), die in Stadtbibliotheken ausgeliehen werden können. So kann auch eine Infothek aufgebaut werden.

Wie eine Glocke gegossen wird (Video)

Das informative Video »Passauer Glocken – feste Werte im Wandel der Zeit« von Anton Wallner vermittelt einen Einblick in die verschiedenen Arbeitsgänge bei der Herstellung einer Glocke (Laufzeit ca. 40 Min.).
(Erhältlich ist dieses Video zu einem annehmbaren Preis bei der Glockengießerei Perner, Stephanstr. 18/20, 94034 Passau, Tel.: 0851/955290, Fax: 0851/54912). Die Medienstellen der Bistümer halten meist ebenso Film oder Videomaterial zur Ausleihe bereit.

- Empfehlenswert ist es, das Video in zwei Abschnitten zu zeigen und dabei die einzelnen Arbeitsgänge festzuhalten:
  Abschnitt 1: vom Aufmauern des Kerns über die »falsche Glocke« mit ihren Verzierungen zum Mantel und dem Aufsetzen der Krone bis zum Eingraben als Vorbereitung für den Guss – eine wochenlange Arbeit (Laufzeit ca. 25 Min.);
  Abschnitt 2: vom Bau der Kanäle und dem Schmelzen des Metalls über das Gebet für einen gelingenden Guss bis zur Durchführung des Gusses und der anschließenden Reinigung und Klangprüfung (ca. 15 Min.).
- Der Film kann dazu motivieren, die Glocken der eigenen Kirche genauer zu untersuchen (vgl. *Ideenseite* **24** unten). Was lässt sich bei einer Turmbesteigung feststellen? Welche Heiligennamen, welche Spendernamen und welche Sätze sind dort zu finden? Gibt es Unterlagen, die etwas über die Entstehungszeit, das Gewicht, die Tonhöhe aussagen?
  Weiterführende Anregung: Die Geschichte von Otfried Preußler »Die Glocke von Weihenstetten« (Thienemann: Stuttgart/Wien 1995) macht deutlich, welch große Bedeutung Glocken für Menschen haben können. Der Blick wird auf den Mut jener gelenkt, die gegen die zerstörerischen Anordnungen der Obrigkeit während der Naziherrschaft Widerstand geleistet haben. Die gerettete Glocke wird zum Symbol der Hoffnung auf bessere Zeiten.

Den Glocken auf der Spur IDEENSEITE (24)

Nach Besichtigung der Glocken und der Erstellung des »Steckbriefes« kann das Geläute bewusst wahrgenommen werden. Die unterschiedlichen Klangfarben haben ihre jeweils spezifische Botschaft: Angelus, Gottesdienstgeläute, Hochamtsgeläute, Hochzeitsgeläute, Weihnachtsgeläute, das Läuten der Totenglocke ...

- L spielt Beispiele vom Kassettenrekorder vor. Nach jedem Geläute ist eine kurze Pause (wichtig: Abstände zwischen den Geläuten lassen).
- Sch machen sich Notizen zu folgenden Fragen (Tafelanschrift): Wie viele Glocken sind zu hören? Bei welchen Gelegenheiten können die Glocken so läuten? Welche Gedanken werden den Menschen durch den Kopf gehen, wenn sie diese Glocken hören?

- In einem Tafelbild werden die Informationen und Eindrücke zusammengestellt. Daraus ergibt sich ein »Notizblatt des Gemeindegeläutes«.
  Vertiefung: Ein ausgewähltes Beispiel kann vom ersten Schlag bis zum Verklingen des letzten Tones vorgespielt werden: Wie viel Zeit ist dabei vergangen? Was denkt ihr, wenn ihr die Glocken läuten hört: am Anfang ... in der Mitte ... am Schluss)? Anschließend erfolgt ein Austausch.

Künstlerisch tätig werden IDEENSEITE (25)

Sch erhalten die Gelegenheit, ihren Vorstellungen und Träumen vom Aussehen ihrer Kirche Ausdruck zu verleihen. Es bietet sich an, die Arbeiten auszustellen, möglicherweise auch für die Gemeinde zugänglich zu machen.

- Die Größe der Blätter sollte mindestens bei DIN A2 liegen, damit Sch genügend Platz zum Malen haben. Gut geeignet sind die Rückseiten von Plakaten oder Tapeten.
- Als Vorgabe für Sch genügt eine einfache Umrisszeichnung der jeweiligen Kirche, wie sie häufig als Grafik im Pfarrbrief zu finden ist. Zur Anregung siehe die Hundertwasser-Kirche (*Stellungnahmen* **36**).
- *Alternativ* kann ein Blick in den Innenraum gezeichnet werden. Als Vorgabe sind dann eventuell die Säulen und der Altartisch sinnvoll.

Geschichte
»Das Gewölbe hielt den Druck nicht aus«

Text und Bild (AB 5.2.5, Lehrerkommentar S.55) geben einen Einblick auch in die dunklen Seiten des Kirchenbaus: Mit einfachen Werkzeugen wurden unter Lebensgefahr komplizierte Gebäudeteile gebaut.

- Die Geschichte kann gelesen bzw. vom L erzählt werden.
- Im Anschluss an die Geschichte den Sch Gelegenheit geben, ihre Eindrücke zu nennen.
- – Welche Bestandsaufnahme ist möglich?
- – In welcher Weise sind die Menschen an diesem Bauwerk beteiligt – als Geldgeber, Handwerker, Hilfskräfte, bei der Essensausgabe und Wohnraumbeschaffung?
- – Gibt es ähnliche Ereignisse beim Bau der eigenen Kirche? Was lässt sich über die Arbeitsbedingungen der jeweiligen Zeit feststellen?

Hinweis: Über das Buch von Macaulay hinaus, dem die Grafik des AB entnommen ist, kann zur vorbereitenden Lektüre auf den interessanten und höchst spannenden Taschenbuchroman von Ken Follet, Die Säulen der Erde, Bergisch Gladbach 1990, hingewiesen werden. Für L-Erzählungen findet sich hier reichlich Hintergrundmaterial.

Interview über das Bild

Die folgenden Fragen leiten zum genauen und intensiven Betrachten des Bildes **27** an.

- L interviewt Sch mit Hilfe eines Kassettenrekorders und befragt Sch über das Bild. Einige mögliche Fragen können sein:
- – Welche Linien kannst du entdecken? Wie verlaufen sie?
- – Lässt sich ein Muster erkennen, wenn man z. B. die Streifen betrachtet?
- – Wodurch entsteht der Mittelpunkt des Bildes?
- – Wie wäre es, wenn die Streifen, wenn die Spirale fehlen würden?
- – Welche Farben sind feststellbar? Wie verändern sie sich?
- – Was haben sie mit dem Mittelpunkt des Bildes zu tun?
- – Wie verändern die Streifen die Spirale? Warum hat der Künstler in der Mitte drei Streifen enger zusammengebracht?
- – Was macht die Spirale mit den anderen Linien im unteren Teil des Bildes?
- Danach wird die Tonbandaufnahme der Klasse vorgespielt.
- *Alternative:* Das Interview mit zwei oder drei Sch außerhalb des Unterrichts aufnehmen und der Klasse vorspielen, dann das Bild betrachten.
- Anschließend können die Sch Bildtitel suchen (vgl. die o. a. Anregung).
  All dies dient dem möglichst genauen Hinsehen, bei dem das Bild in all seinen Einzelheiten und mit der nötigen Zeit für Entdeckungen betrachtet wird.

Gemeinde gestalten — Deuteseite II (28)(29)

1. Hintergrund

Im Bewusstsein vieler stellt die Gemeinde jenen Ort dar, an dem Christen ihren Glauben leben und Heranwachsende entscheidende Schritte in ihrem Glaubenswachstum tun können. Versöhnung, Eucharistie und Firmung sind Sakramente, die viele Sch bewusst erleben. Pfarrgemeinden werden häufig aber nur in der Form des sonntäglichen Gottesdienstes wahrgenommen, sonstige gemeindliche Aktivitäten im Alltagsleben sind oft kaum bewusst.

Drei verschiedene Modelle können die Auffassung von Gemeinde beschreiben:

(1)
Als *kirchliche Verwaltungseinheit* ist für die Pfarrei im alten volkskirchlichen Verständnis das Bild der Pyramide kennzeichnend. Die Basis (Adressat) dieser Pyramide ist die Gesamtzahl der an einem Ort lebenden Katholiken, häufig auch als »Seelen« bezeichnet. Pfarrgemeinde in einem solchen Verständnis ist die kleinste Einheit der Weltkirche, in der die Sakramente gespendet werden und Katholiken es ermöglicht wird, am sakramentalen Leben der Kirche teilzuhaben.

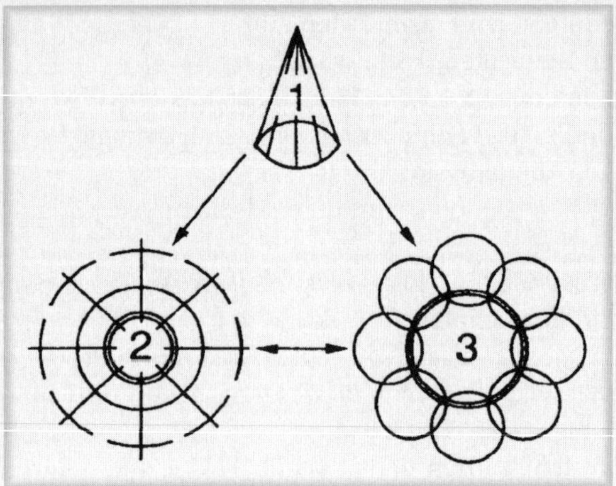

(2)
Als *religiöse Organisation* versucht die Pfarrgemeinde den heutigen Anforderungen gerecht zu werden, indem vom Kern der Pfarrei auf die entfernt stehenden Christen Impulse und Aktivitäten ausstrahlen sollen. Es gibt eine Fülle von Aktivitäten mit Angeboten für verschiedenste Interessen und Anliegen. Es ist akzeptiert, dass die Angebote je nach Zugehörigkeit in Anspruch genommen werden, und es besteht die Überzeugung, dass eine Seelsorge der »konzentrischen Kreise« der Situation am besten gerecht wird: Ein engagiertes Team von Hauptverantwortlichen arbeitet mit einem großen Stamm ehrenamtlicher MitarbeiterInnen, von dem Angebote für Interessierte und Außenstehende ausgehen.

(3)
Als *Basisgemeinden* zeigen sich Pfarreien insbesondere in den ärmeren Ländern. Hier gibt es keine zentrale Leitung mehr, vielmehr stehen die selbstständigen Gruppierungen in einem gegenseitigen Austausch. Der versorgende Aspekt hat in diesem Modell keinen Platz. Anliegen ist es, die eigenen Lebenserfahrungen gemeinsam, in überschaubaren Kreisen, vor dem Hintergrund des Glaubens zu bedenken. Subjekt des Glaubens sind hier nicht nur Pfarrer oder hauptamtliche MitarbeiterInnen, sondern auch die Gruppenmitglieder selbst (vgl. Steinkamp in Zerfass/Roos 134ff.).

Diese Grundmodelle sind beeinflusst von den sie umgebenden sozialen Verhältnissen: So ist das Modell der Basisgemeinden vor allem eher in ärmeren Gebieten der Welt zu Hause. Deutlich wird an den verschiedenen Modellen, dass Gemeinden dynamische Gebilde sind und einem Entwicklungsprozess unterliegen. Ihr christlicher »Gehalt« bemisst sich daran, inwiefern sie:

- die Frage nach Gott offen halten, d. h. das Evangelium in der Sprache der Menschen verkündigen,
- menschlicher Not begegnen, d. h. die Diakonie vor Ort realisieren,
- die Vielfalt der Begabungen bejahen, d. h. sich von der Überheblichkeit des Eigenen lösen und konsequent einen dialogischen Umgangsstil pflegen,
- Zeit als geschenkte Zeit auffassen, d. h. in der Umtriebigkeit der Welt das Bewusstsein für die geschenkte (Lebens)Zeit bewahren,
- diese vier Perspektiven als zu unterscheidende, aber doch wesentlich zusammengehörende Momente erkennen (vgl. Zerfass/Roos 138-140).

Mit diesem Blick sind die auf der Doppelseite angebotenen Materialien zu lesen: Einzelfotos, Sprechblasen, Bezeichnungen von Berufen und Gruppierungen, Logos der Verbände sowie die Darstellung der Kirche aus den Puzzleteilen. Es zeigt sich eine bunte Vielfalt, aus der keine irgendwie geartete Stufenfolge direkt ablesbar ist.
Verschiedenste Berufe und Tätigkeiten werden genannt, die kaum noch allen Sch unmittelbar verständlich sind (Lexikon). Dies gilt vermutlich auch für die Gruppen, die in einer Pfarrei angetroffen werden können. Von besonderem Interesse für Heranwachsende dürften jene Gruppen in Wort und Bild sein, die in den Erlebnisbereich der Sch fallen: die Pfadfinderinnen und Pfadfinder (28), die Schülerin, der Jugendchor, das Plakat und die Äußerung der Ministrantin (29; zu den Signets der Verbände vgl. unten die Weiterführenden Anregungen).
Die Vielfalt im Aufbau der Kirchengemeinde macht auch die gepuzzelte Collage in der Mitte deutlich: Alle Mitglieder, ob Jung oder Alt, sind mit ihrem Beitrag gefordert. An der Art, wie in der Pfarrgemeinde miteinander umgegangen wird, zeigt sich die Ernsthaftigkeit des Bemühens um die Lebensform derer, die sich »zum Herrn gehörig« sehen.

2. Einsatzmöglichkeiten im RU

Eine Stellenanzeige entwerfen
Hinführung durch Erläuterung der Struktur einer Stellenanzeige (Gesucht wird ... Sie/er soll ... Wir bieten ...).

- Sch wählen eine/n der genannten Mitarbeiter/innen der Pfarrei aus und entwerfen in Partnerarbeit eine

Das Gewölbe hielt den Druck nicht aus

Alle waren sie versammelt: die Maurer, Steinmetze und Zimmerleute, die so lange an der neuen Kathedrale gearbeitet hatten. Aus den Dörfern der Umgebung kamen die Bauern mit ihren Familien. Sie brachten sogar die Knechte mit. Viele von ihnen hatten bei dem Bau freiwillig mitgeholfen, immer dann, wenn eigentlich ein freier Tag war. Und die Bürger aus der Stadt waren auch da: Reiche mit vornehmen Gewändern und auch die Armen, die sich kein Sonntagsgewand leisten konnten.
Dem Priester war die Freude anzusehen, als der Gottesdienst begann. Ganz besonders aber freute sich der Baumeister Tom, der die Oberaufsicht über den Bau hatte. Er war für die gesamte Planung zuständig und ihm war es zu verdanken, dass der erste Teil der Kathedrale fertig geworden war. Zwölf lange Jahre des Schuftens und der Mühen lagen nun hinter ihnen.

Als der Gottesdienst begann, betrachtete er seine rissigen und aufgesprungenen Hände. Wie viele Winter waren vorübergegangen, in denen er die Arbeiter entlassen musste! Und wie oft hatten sie fürchten müssen, dass der Stadt das Geld für die Bauleute ausgehen könnte. Aber nun war ein wichtiger Teil geschafft. Der östliche Teil war fertig und hatte sein Gewölbe bekommen – ein Dach aus Stein, dem kein Feuer etwas anhaben konnte. Erst vor zwei Tagen hatten sie den Schlussstein eingesetzt, dort oben in 15 Metern Höhe. Und heute, in aller Frühe, war der Baumeister in die Kirche gegangen, um in aller Eile das schwere Holzgerüst abzubauen, das die Bögen des Gewölbes abstützte.

Der Priester stimmte das Gloria an, den Lobgesang auf Gott, den Schöpfer und Vollender der Welt: »Ehre sei Gott in der Höhe …« Nach dieser ersten Zeile fiel die Gemeinde ein und aus vielen Hundert Kehlen erklang die Kraft und die Freude über all das, was an Mühen und Anstrengungen hinter ihnen lag.

Doch plötzlich, mitten in den Gesang hinein, entstand an einer Seite unter den versammelten Leuten eine Unruhe. Ein junger Mann war zusammengezuckt und schaute nach oben. Dabei stieß er heftig seinen Nachbarn an. Ein kleiner Steinbrocken hatte ihn an der Schulter getroffen! Die Leute in ihrer Umgebung bemerkten die Unruhe und blickten ebenfalls nach oben.

An der Decke zeigte sich eine Zickzacklinie! Und wieder wurde eine Frau von einem Stein getroffen, diesmal am Rücken. Nun wurde die Unruhe stärker und plötzlich schrie jemand: »Seht mal, dort oben, da ist ein Riss!« Da krachte auch schon ein faustgroßer Klumpen aus Mörtel herunter. Ein Schrei ging durch die Kirche. Das Dach stürzt ein! Der Gesang brach ab, alle waren wie elektrisiert und rissen die Köpfe nach oben. Der Baumeister fuhr zusammen. Was war geschehen? Es würde doch nicht … War da ein Fehler passiert? – Die Gedanken schossen ihm durch den Kopf. Die Leute aber erkannten, in welcher Gefahr sie waren.

Die Menge geriet in Bewegung, nun gab es kein Halten mehr. Weg, weg, alles schrie durcheinander, begann zu stoßen und zu schieben. Das Dach stürzt ein! Nur heraus hier! Aber das war leichter gesagt als getan. Die Ausgänge waren sofort verstopft von Menschen. Doch da krachte schon ein riesiger Steinblock herunter. Und nun konnte man sehen, wie sich unter hässlichem Knirschen der linke Teil des Deckengewölbes über den Kirchenbesuchern löste und in die Menschenmenge stürzte. Ein Aufschrei war die Folge und die Schreie der Getroffenen hallten über die Köpfe der Fliehenden hinweg.

Viele hatten sich an die äußeren Wände gedrückt und waren einigermaßen geschützt. Schon stürzten die restlichen Teile des Gewölbes nach, beim Aufprall erzitterte die Erde und die Menschen, die es nicht rechtzeitig geschafft hatten, wurden unter einem Berg aus scharfkantigen Steinblöcken und angetrockneten Mörtelstücken begraben.

Dann war es auf einmal still.

Nach einer Chronik aus dem Jahre 1378

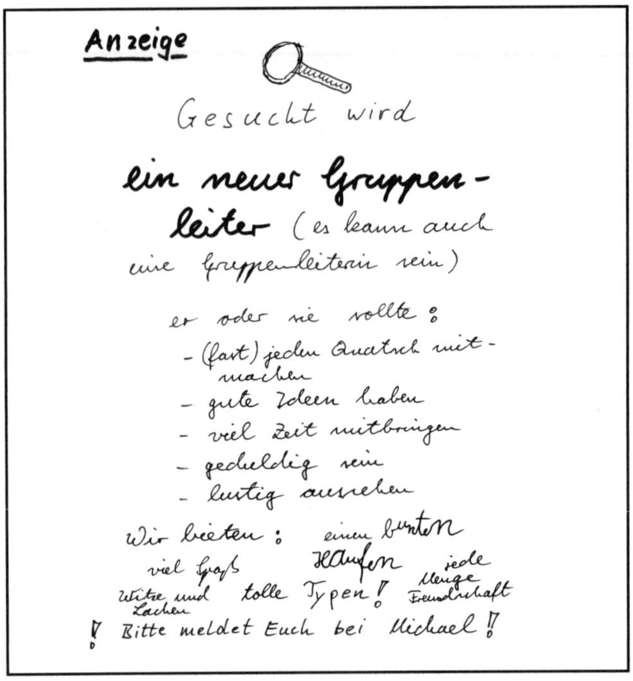

Stellenanzeige, die in die Zeitung gesetzt werden könnte (Ein neuer Mesner/eine neue Altenpflegerin gesucht ...).

- In der Auswertung können die Erwartungen verglichen werden. Möglich ist dann die Erörterung der Größe des Anspruches an einen Menschen.
- *Weiterarbeit:* Neubearbeitung der Anzeigen. Aufforderung: »Schaut euch die Anzeige noch einmal genau an. Welche drei Wünsche sind euch am wichtigsten? Streicht die Wünsche aus, die euch weniger wichtig sind! Vergleicht eure Ergebnisse!«

Mitglieder der Pfarrei befragen

Über den direkten Kontakt zu Mitgliedern der Pfarrei gewinnen die Sch einen Einblick in die Vielfalt und das Miteinander einer Gemeinde.

- Sch lesen die verschiedenen Begriffe und Aussagen auf der Doppelseite und erklären sie.
- – Unverständliche Begriffe werden auf einem Plakat notiert.
- – In Gruppen versuchen die Sch stichpunktartig aufzuschreiben, wie die Tätigkeiten der einzelnen Personen und Gruppierungen aussehen, sie notieren die Fragen, die ihnen dazu einfallen.
- Personen, die in der Gemeinde eine besondere Aufgabe ausüben (Mesner, Pfarrgemeinderatsvorsitzende oder auch Mitarbeiter aus einem kirchlichen Krankenhaus, einer Bücherei, einer Bildungsstätte, eines Heimes der Offenen Tür), werden in den Unterricht eingeladen und befragt.
- – Für den Einblick in die Tätigkeit ist es günstig, wenn die Eingeladenen ein Foto von sich sowie einen für ihre Arbeit typischen Gegenstand mitbringen.
- – Ergänzend kann nach den Gründen gefragt werden, weshalb sie sich in der Gemeinde engagieren, was sie gerne ändern würden, was ihnen an der Gemeinde besonders gut gefällt ...
- Anschließend kann von jeder Gruppe eine Kurzinformation über eine der interviewten Personen bzw. die mit ihr verbundene Einrichtung auf einem großen Blatt geschrieben werden. Das Foto wird dazugeklebt und mit einer Überschrift versehen (z. B. »Mitarbeiter in unserer Gemeinde«).

3. Weiterführende Anregungen

Ein Mobile bauen **IDEENSEITE (25)**

Nach der Befragung der Pfarrei-Mitarbeiter kann aus dem nun gewonnenen Eindruck ein Gemeinde-Mobile hergestellt werden. Wichtig ist dabei, tatsächlich einen Überblick über die Vielfalt unterschiedlicher Aufgaben bekommen zu haben. Entsprechend umfangreich wird das Mobile, die Karten werden mit Name und Aufgabe versehen.

Wenn das fertige Mobile aufgehängt ist, kann die Zeichenhaftigkeit herausgearbeitet werden:

- Jede Karte (Person) an einem bestimmten Platz, eine Veränderung (ein Fehlen) hat Auswirkungen auf das Gesamtgefüge (Gleichgewichtsaspekt).
- Der Befestigungspunkt des Mobiles ist Voraussetzung seiner Existenz; wenn dieser feste Halt (Gott) fehlt, stürzt das ganze Gebilde ab. Diesen Halt gilt es stets zu erinnern und zu vergegenwärtigen (Rückbindungs-Aspekt); hier bietet sich eine Verbindung zu *Deuteseite III* an.

Den Pfarrbrief untersuchen: Angebote für Jugendliche

Eine genaue Durchsicht des Pfarrbriefes gibt Einblick in Anliegen und Selbstverständnis von kirchlichen Jugendgruppen.

- Sch erhalten den letzten Pfarrbrief und schauen ihn durch.
- In einer Tafelanschrift wird eine Tabelle erstellt, z. B. mit Gruppenname, Hinweisen zum Alter der Teilnehmerinnen, Tätigkeitsbeschreibung, Ort und Zeit der Treffen, Gründern ...
- Der Pfarrbrief wird ausgewertet und die Tabelle ausgefüllt.

Jugendgruppen in der Pfarrei

Gruppenname	Alter	Was sie machen	Treffen wann und wo	Gründervater

Give me that old time religion

Gib mir die aus alter Zeit überlieferte Religion...,

sie ist gut genug für mich.

1. Sie war gut für die hebräischen Kinder ...

und sie ist gut genug für mich.

2. Sie wird gut sein, wenn die Welt in Flammen steht ...

und sie ist gut genug für mich.

3. Sie wird dich aus den Fesseln befreien ...

und sie ist gut genug für mich.

4. Sie war gut für meine liebe alte Mutter ...

und sie ist gut genug für mich.

deutsche Übersetzung

- Welches Zeichen für eine solche Gruppe lässt sich auf der *Deuteseite* **28-29** wiederfinden?

- Die den Sch meist nicht bekannten Gründer der Verbände können einer genaueren Prüfung unterzogen werden: Was ist ihr Anliegen gewesen? Welche Rolle hat der Glaube für ihr Leben gespielt (z. B. von Adolf Kolping, Baden Powell bzw. St. Georg).

Hinweis: Info-Material zu den Jugendverbänden: Die jeweiligen Verbände, wie KJG (Katholische Junge Gemeinde), PSG (Pfadfinderinnenschaft St. Georg), KLJB (Katholische Landjugendbewegung), DPSG (Deutsche Pfadfinderschaft St. Georg), Gemeinschaft christlichen Lebens (GCL) oder Kolpingjugend (vgl. *Deuteseite* **28** von oben nach unten), unterhalten in den meisten Bischofsstädten Geschäftsstellen, in denen Informationsmaterial erhältlich ist und meist eine Referentin oder ein Referent zur Verfügung steht, die auch in die Schule kommen. Die Anschriften sind in den jeweiligen Schematismen (Personalverzeichnissen) einzusehen (gibt es in der Pfarrei).

Eine »Schatzkarte« der Pfarrei erstellen

Oft befinden sich Hinweise auf den Glauben der Gemeinde auch außerhalb der Kirche – Spuren, die bewusst wahrgenommen werden wollen.

- Sch suchen aus Pfarrbriefen und/oder einem Kirchenführer alle Gebäude und Orte heraus, die mit der Pfarrgemeinde etwas zu tun haben: Kirche, Kapelle, Pfarrhaus, Mesnerwohnung, Krankenhaus, Altenheim, Kindergarten, Sozialstation, Gemeindezentrum, Beratungsstelle, Friedhofskapelle, Kreuzwegstationen in der Natur, Andachtshäuschen, Gedenkkreuze ...
- Auf einem einfachen fotokopierten bzw. grob gezeichneten Ortsplan können diese Orte eingetragen und beschriftet, Personen mit dem Namen, Gebäude mit dem Jahr der Entstehung versehen werden. Am Ende steht die differenziertere Wahrnehmung der über die Jahre gewachsenen Gemeinde.
- Bei einem Unterrichtsgang können einige dieser Orte nach der Karte aufgesucht werden. Häufig sind an den jeweiligen Gebäuden besondere Hinweise, Zeichen oder Bilder zu finden, die notiert (fotografiert?) werden und später im Unterricht geklärt werden können.

Lied: »Give me that old time religion«

Das Lied (**AB 5.2.6, Lehrerkommentar S. 57**) greift die Erfahrung auf, dass Leben heute die Fortsetzung des Lebens von gestern ist – voller Fragen, Hoffnungen, Freuden und Sorgen. Religion und Glaube wollen den Menschen Orientierung und Sinn geben, und dies insbesondere für jene Zeiten, in denen es schwierig ist, wenn Menschen (Jugendliche) sich nicht verstanden fühlen und einen Anker außerhalb der üblichen Beziehungen suchen. Der Text des Liedes greift diese Gedanken auf und ist für Sch der fünften Jahrgangsstufe gegen Ende des Schuljahres bereits in großen Teilen verständlich.

- Der eingängige, stampfende Rhythmus animiert unmittelbar, in der Bewegung mitzugehen durch Klatschen, Klopfen o. Ä.
- Die Strophen können – auch mehrfach – gut von einer Kleingruppe gesungen werden, zur Begleitung sind Schlaginstrumente geeignet. Das Lied weckt rasch das Gefühl der Zusammengehörigkeit. Lässt es sich auch einmal in einem Schulgottesdienst singen?

  Weiterführung: Was mir meine Oma über die »aus alter Zeit überlieferte Religion« erzählt hat – die Sch schreiben ihre Erfahrungen mit älteren Menschen auf. Gemeinsam wird danach gesucht, welche Worte/Erlebnisse dabei eine Rolle spielen und was die Jüngeren daran sinnvoll finden.

Feiern und danken — Deuteseite III (30)(31)

1. Hintergrund

Kirche als »Ort der Sammlung und des Gebetes, der Gemeinschaft und des Feierns« – wer denkt da nicht an einzelne stille Beter, an feierliche Hochämter mit Weihrauchduft, an Stunden »ewiger Anbetung« oder an Gottesdienste mit Gruppen Gleichgesinnter. Vielleicht werden bei den Sch auch Vorstellungen von Eintönigkeit, Sonntagspflicht, Stillsitzen, Zuhören-Müssen und Warten auf das Schlusslied wachgerufen ...

Vorgestelltes Ideal und empfundene Realität gehen oftmals auseinander. Und doch ist ja Kirche als Ort der Sammlung, des Gebetes, der Gemeinschaft und des Feierns in erster Linie nicht Zweck der Kirche für sich selbst, sondern Angebot und Einladung an die Glaubenden der Gemeinde, sich miteinander auf den Weg zu machen, ihr Leben gemeinsam zu bedenken. So können die Selbstverständlichkeiten des Alltags dankbar wahrgenommen werden auf der Grundlage der Einsicht, dass Leben letztlich geschenkte Zeit ist, der Verfügung des Menschen entzogen. Häufig ist dies nicht die unmittelbare Erfahrung der Menschen (und wohl kaum der Sch), sie wird oft erst dann schmerzvoll bewusst, wenn Menschen aus dem persönlichen Lebensumfeld durch Krankheit, Unfall und Tod aus dem gewohnten Alltag herausgerissen werden. Diese Erfahrung kann die Maßstäbe zurechtrücken: Was ist wirklich wichtig?

In diesem Sinne ist die Doppelseite zu sehen: Die Fotos stellen den Kontext her. Es geht um den Gottesdienst, speziell um die (sonntägliche) Eucharistiefeier. Das Foto macht deutlich, dass Gottesdienst eine gemeinschaftliche Feier sein kann, an der viele handelnd beteiligt sind.

Die Geschichte will den Grund des Feierns erschließen und setzt bei Alltagssituationen an: Genug zu essen zu haben, wieder gesund geworden zu sein, in der vergangenen Woche Arbeit gehabt zu haben – die Gründe sind vielfältig und nur scheinbar nichtig. Statt die Lebensvorgänge des Alltags achtlos zu übergehen, wird hier eine Lanze gebrochen für die sensible Wahrnehmung des Kleinen in der ihm jeweils eigenen Würde.

Wenn Alltagssituationen, gottesdienstliche Feier und Danken miteinander verbunden werden, geht dies zum einen auf die Einsicht zurück, dass Menschen sich einander verdanken. Dank als eine menschliche Qualität ist damit letztlich Ausdruck einer persönlichen ehrenden Begegnung und überbietet das konventionelle »Dankeschön«. Zum anderen ist Dank die Antwort der Christen auf die vorausgehende Annahme Gottes – theologisch gesprochen: die Gnade Gottes – , wie sich diese Annahme in Jesu Leben den Menschen gegenüber zeigt (vgl. Biesinger/Schreijäck 365f).

Im Wort »Eucharistie« ist dieser Zusammenhang aufgegriffen (griech. eucharistia = Danksagung, von eu = gut und charis = Dank bzw. Gnade; üblich ist in der frühchristlichen Gemeinde auch der Gebrauch von eulogia = die gute Rede). Die christliche Gemeinde nimmt die jüdische Sitte des Segens und Dankens beim Essen auf – Eucharistia ist als Danksagung und Dankgebet bei Paulus bezeugt. Als Bezeichnung für die Erinnerung und Vergegenwärtigung des Letzten Mahles Jesu setzt sich »Eucharistie« aber erst gegen Ende des ersten Jahrhunderts bei den apostolischen Vätern durch (Zwölfapostellehre, Justin). Die neutestamentliche Sprechweise hingegen ist viel offener: »Mahl halten« (Apg 2,46), »Tisch des Herrn« (1 Kor 11,20), »Brot brechen« (Apg 20,7), »Kelch des Segens« (1 Kor 10,16; vgl. Frankemölle 418f.).

An die Geschichte (*Deuteseite* **30**) lassen sich folgende Fragen anschließen: Welche Danksituationen gibt es im Leben von Sch und L? Inwiefern hat sich die Bedeutung dieser gottesdienstlichen Feier für die Menschen durch das Vorgehen des kolumbianischen Priesters verändert? Welchen Stellenwert nimmt Dank im Alltagsleben ein – oder ist er nicht (mehr) im Bewusstsein?

Im Lied wird die Verbindung zwischen befreiendem Fest und den Situationen des Mahlhaltens vertieft. Die Mahlfeiern der Gemeinde heute stehen in einer Linie mit den zentralen biblischen Mahlereignissen: dem Paschamahl des Exodus aus Ägypten und der Befreiung von Sünde und Tod im Mahl Jesu mit seinen Jüngerinnen und Jüngern. Text und Rhythmik erzählen vom Fest der Befreiung und dem Leben der Zukunft. Unter welchen Bedingungen kann es gelingen, diese Festerfahrung im gemeinsamen Gottesdienst zu erleben? Einen entscheidenden Hinweis geben Geschichte und Fotos: Es ist das Mittun möglichst aller Anwesenden erforderlich – Gottesdienst ist eine Feier der ganzen Gemeinde, und dies ist dort offenkundig, wo aktive Mitwirkung und Mitverantwortung gewünscht und eingebracht wird. Dies sind die entscheidenden Haltungen (Einstellungen) im Gottesdienst.

Der hier abgebildete Altar fasst dies insofern zusammen, als der Sockel, der die Tischplatte trägt, von einer Gemeinschaft Gleicher gebildet wird. Der Schwerpunkt liegt hierbei weniger auf dem religionsgeschichtlichen Hintergrund des Altares und insbesondere der Rede vom Opfer als vielmehr auf der gemeinschaftlichen Feier um den Tisch des Herrn als dem Mittelpunkt.

2. Einsatzmöglichkeiten im RU

Dank-Texte schreiben

In der stark gesicherten Alltagswelt können Sch häufig kaum noch wahrnehmen, dass das Leben in Gesundheit und relativem Wohlstand nicht selbstverständlich ist. Die Aufmerksamkeit der Sch soll auf positive Erlebnisse gelenkt werden, um das Bewusstsein vom verdankten Leben im Hier und Jetzt zu stärken.

- Annäherung an das Thema: Sch notieren auf einem Blatt sternförmig ihre Gedanken zum Wort »danken«. In Gruppen werden die Einfälle gegenseitig vorgelesen. Wo gibt es Gemeinsamkeiten oder Unterschiede?

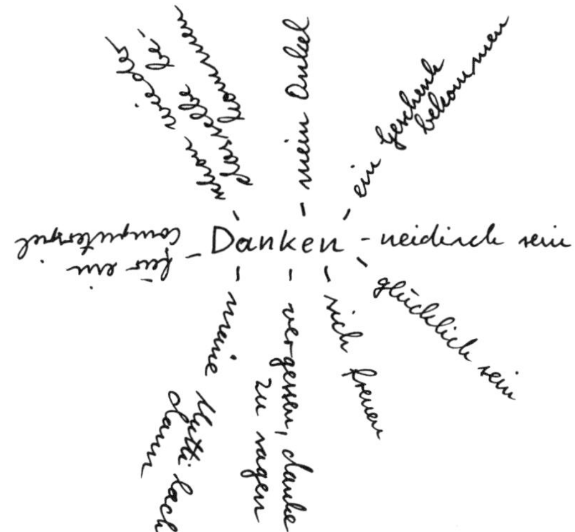

- Akrostichon: Das Wort DANKEN wird senkrecht in Großbuchstaben auf ein Blatt geschrieben. Zu jedem Buchstaben soll ein Wort oder ein Satz geschrieben werden, sodass sich eine sinnvolle Aussage ergibt.

Das will ich
Auch
Noch haben.
Kann mir mal
Einer sagen, warum wir
Nie genug kriegen können?

Alternative: Schneeball-Gedicht: Schreibe in die erste Zeile das eine Wort »danken«, in die zweite Zeile zwei Wörter, in die dritte drei usw., insgesamt nicht mehr als sechs Zeilen. Die Wörter können unverbunden nebeneinander stehen oder auch einen Satz bilden.

Danken
tue ich
leider nur selten.
Ich glaube, wir wissen
gar nicht, dass wir alles haben.
Schade!

Was sollen wir feiern? Und wie?
In der 5. Jahrgangsstufe begegnen die Sch den Gottesdiensten häufig noch mit Interesse. Vielleicht besteht im Hervorheben der eigenen Mitgestaltungsmöglichkeiten ein Weg, manch späterer Abneigung vorzubeugen. Gedacht ist besonders an die freiere Form des Wortgottesdienstes innerhalb der Klasse oder der Jahrgangsstufe, möglichst aber in der Kirche und nicht im Klassenzimmer.

- L unterteilt die Mitteltafel in eine zweispaltige Tabelle. Stummer Impuls als Überschrift über die linke Spalte: »So wünschen wir uns unseren Gottesdienst ...« Die Beiträge der Sch werden notiert (andere Musik, kürzer, mehr Sachen, die wir auch tun dürfen, Geschichten hören).
- Die rechte Spalte erhält die Überschrift: »Das könnten wir machen ...« Dazu werden Beispiele erarbeitet:
  - *Begrüßung:* durch Handschlag, Meditationsmusik, ein Bild anschauen, einen Tanz tanzen
  - *Lieder:* singen, summen, mitklatschen, kleine Vorsängergruppe einsetzen, Begleitinstrumente austeilen
  - *Bibel:* mit verteilten Rollen vorlesen, ein Stück vorspielen
  - *Predigt:* als Gespräch, dazu ein Bild anschauen, Fäden verbinden, Tanzspiel
  - *Fürbitten:* vorher in der Schule schreiben, im Wechsel sprechen, eine neue Antwort finden, freie Bitten sprechen
  - *Gebet:* gemeinsam sprechen, mit Bewegungen versehen
  - *Segen:* durch Handgeben weiterreichen, gegenseitiges Kreuzzeichen auf die Stirn machen ...
- In gemeinsamer Planung kann ein Gottesdienst der Klasse bzw. der Jahrgangsstufe vorbereitet werden. Dabei können auch Elemente des Unterrichts zum jeweiligen Thema eingebracht werden (»Danken«; »Träume der Befreiung«). Vgl. auch die anderen Lieder im Schülerbuch und im Lehrerkommentar.
- Je nach Thema kann im Anschluss oder auch während des Gottesdienstes ein gemeinschaftsstiftendes Element, wie eine Feier mit Brot eingebaut werden.

Dem Lied von Befreiung und Traum auf der Spur
Im Lied werden die zentralen Mahlereignisse angesprochen. Ein möglicher Akzent kann im UG aber auf die befreienden Träume der Sch gesetzt werden. Das Mahl als Sakrament ist Thema der sechsten Jahrgangsstufe.

- Nach dem ersten Lesen richtet sich der Blick auf die Aussagen des Kehrverses: Dort ist vom »Fest der Befreiung« die Rede und von »den Träumen, die wahr werden ...«. Wenn wir uns das Volk der Israeliten und die Menschen um Jesus vorstellen – welche Träume und welche Befreiung ersehnen Menschen, die heute leben? (Dass Menschen ihr Brot miteinander teilen; dass alle gute Freunde finden ...)
- Sch-Äußerungen werden an der Tafel notiert. »Gestaltet dazu in Gruppen ein großes Bild. Malt mit Wasserfarben oder Wachsmalkreiden!«
- Sch schreiben zu einzelnen Bildern eine kurze Erläuterung in Wir-Form (»Wir träumen davon, dass sich die Menschen besser vertragen.«)
- Der Kehrvers des Liedes kann mit Rhythmusinstrumenten (Rassel und Trommel gedämpft anschlagen) begleitet werden. Dann können Sch ihre Sätze als »Strophen« vorlesen, L begleitet die gesprochenen Worte mit leisem Zupfen auf der Gitarre. Dann wieder den Kehrvers und zum Schluss die drei Strophen singen. So werden die Träume in den biblischen Zusammenhang gestellt.

Zur Begleitung genügen leichte Gitarrengriffe: Fis weglassen und h-Moll zu e-Moll machen. Autodidakten lernen die Gitarrengriffe durch einen Einführungskurs (gibt es in Musikgeschäften) oder durch die Grifftabellen in der »Mundorgel«.

3. Weiterführende Anregungen

Kirchenraum als hörbaren Raum erleben

Mit dieser Hörübung kann die Kirche in ihrer Eigenart als Raum der Stille und der Sammlung erlebt werden:

- Sch bleiben im Eingangsbereich der Kirche stehen. L bittet sie, sich den Raum genau anzuschauen und zu überlegen, welchen Platz in den Bänken sie wählen möchten: weit vorn, in der Mitte, mehr hinten, am Rand ... Jede/r sucht sich einen Platz.
- L schlägt einen Ton an, z. B. auf der Gitarre. Wie lange ist der Ton zu hören? Ein neuer Ton wird angeschlagen, leiser, z. B. auf einer Stimmgabel, die auf die Bank gestellt wird. Wer hört noch das Summen?
- L fordert auf, nun den Geräuschen nachzulauschen: Was ist zu hören – von draußen? Was ist zu hören – hier innen? Sch schreiben ihre Hörerfahrungen auf ein Blatt.
- L bietet nun an, dass Sch Hör- und Sprecherfahrungen miteinander sammeln können: Ein/e Sch liest an einer von ihr/ihm gewählten Stelle im Kirchenraum einen Abschnitt aus der Bibel vor: vom Ambo, aus der Bank, mit dem Gesicht zu einer Ecke ... Anschließend wird gewechselt.
- Am Schluss liest L einen Text vor (evtl. Gebetstext *Deuteseite* **58**) und schlägt noch einmal die Stimmgabel an. Alle hören auf den Ton, bis er verklingt. Sch erhalten noch einen Augenblick Zeit, die Stille wahrzunehmen und auf mögliche Geräusche zu horchen.
- Bei der späteren Auswertung im Klassenraum werden die notierten Eindrücke ausgetauscht.

Miteinander verbunden – miteinander gehen Infoseite I (32)(33)

1. Hintergrund

Die gemeinsame Perspektive der Doppelseite zielt auf die Einbindung der einzelnen Gemeinden in das Bistum. Zentrale Figur ist dabei der Bischof als Leiter der Diözese.

Der Bischof

Das Wort »Bischof« stammt im Profangriechischen aus der Verwaltungssprache. Es bezeichnet ursprünglich Statthalter, Kommunal- und Verwaltungsbeamte über das Bau- und Münzwesen. Im NT kommt das Wort lediglich fünfmal vor. Nach 1 Petr 2,25 bezeichnet es den »Hirten der Seelen«, nach Apg 20,28 (und Phil 1,1, 1 Tim 3,2 und Tit1,7) ist von Menschen die Rede, die innerhalb einer Gemeinde eine Funktion oder ein Dienstamt ausüben. Sie sind »die Ältesten«, die in Anlehnung an das atl. Hirtenmotiv (Jer 23,14) »die Kirche Gottes weiden« sollen. In der nachapostolischen Zeit kristallisieren sich die Strukturen heraus: Neben wandernden Aposteln, Propheten und Lehrern gibt es auch Episkopen, Presbyter und Diakone, die ortsansässig sind.

In der Gemeindeordnung des Hippolyt von Rom (»Traditio Apostolica«, um 210) zeigt sich das frühchristliche Verständnis des Bischofsamtes. Bischöfe, Presbyter und Diakone nehmen das Leitungsamt wahr; der Bischof wird vom Volk gewählt, ohne dass dies jedoch genauer beschrieben wird.
In der ersten Hälfte des 3. Jahrhunderts ist die Entwicklung des Bischofsamtes weitgehend abgeschlossen (Didaskalia Apostolorum; Cyprian): Der Bischof wird als »Repräsentant Jesu Christi« verstanden, er bemüht sich um die Einheit von Gemeinde und Kirche gemäß der Verheißung Christi an Petrus und der Bevollmächtigung der Apostel.
Auf Synoden und Konzilien wächst den Bischöfen eine immer größere Bedeutung zu; der Führungsanspruch des römischen Bischofs seit dem 3. Jahrhundert findet Widerspruch angesichts einer ursprünglich kollegialsynodalen Ordnungsauffassung. Theologisch geschwächt wird das Bischofsamt im 9. Jahrhundert mit der Auffassung des Hieronymus, nach der Priester und Bischöfe ursprüng-

lich gleich seien. Da seit dem 12. Jahrhundert hinsichtlich der Feier der Eucharistie zwischen Priester und Bischöfen kein Unterschied mehr gemacht wird, das Priestertum als Vollmacht über die Feier der Eucharistie verstanden wird, wird der Episkopat nicht mehr als Sakrament, sondern nur noch als Sakramentale bezeichnet, das zusätzlich die Vollmacht zur Spendung der Formung und der Weihe verleiht. Diese Sichtweise wird von Thomas von Aquin gestützt, insofern er den Episkopat als Würdegrad innerhalb des Priestertums versteht.
Mit dem Zweiten Vatikanum wird das Bischofsamt als Dienst am Volk Gottes verstanden. Das Episkopat ist das Kollegium der Nachfolger der Apostel; das Bischofsamt stellt die Vollgestalt des kirchlichen Amtes dar, ohne dass im Konzil näher auf den Unterschied zwischen Episkopat und Presbyteriat eingegangen worden ist. Dem Bischofsamt kommen die drei Aufgaben des Dienstes als Lehrer, Priester und Hirte zu (LG 25-27) (Pottmeyer 482-488).

Legenden von modellhaften Christen und Christinnen (Schutzpatronen)

Legenden enthalten religiöse Wahrheit und wollen nicht äußere historische Vorgänge wiedergeben. Liest oder erzählt man Legenden unter diesem falschen Vorzeichen, so werden sie missverstanden und als fantastische Geschichten abgetan. Um sie angemessen verstehen zu können, muss man ihren bildlichen Aussagen nachgehen, in denen sich Erfahrungen verdichtet haben: Erfahrungen der Bedrängnis, der Verfolgung, aber auch des Gottesvertrauens und des Heils. Um eine Legende in diesem Sinne verstehen zu können, gilt es diese Bilder auf ihr Bedeutungsspektrum hin zu befragen.
Soziologischer Ort der Legende ist die Gemeinde als Gemeinschaft von Gläubigen in der Nachfolge Christi (Unterschied zur Sage = Erzählungen, die ein Geschehen um eine Sippe herum zeigen, wo Blutsverwandtschaft durchtragendes Kennzeichen ist). Legenden werden für »Jünger« erzählt, sie entstehen in »Gemeinden« (Gefolgschaften, Jüngerkreisen oder profaner: FanClubs), sie zeigen ein nachahmenswertes Vorbild oder »Modell«, und sie wollen in die Nachfolge rufen. Die Legende vom ungläubigen Thomas (Joh 29,24-29) zeigt dies exemplarisch:
Geschichtsverlauf:
- mehr als zwei Generationen später
- viele, viele Christen zweifeln
- sie wollen Beweise.

Legendarische Sprachform:
- acht Tage später
- Thomas zweifelt
- er will sehen, sich mit eigener Hand überzeugen.

In der Legende wird aufgenommen, was Menschen jener Zeit bewegt, die Jesus nicht persönlich gekannt haben. Die Belehrung Jesu: »Weil du mich gesehen hast, glaubst du. Selig, die nicht sehen und doch glauben!« gilt dabei auch für alle späteren Generationen.
Heiligenlegenden gehen einen ähnlichen Weg; in ihren Bildern verdichten sich Erfahrungen der Menschen ihrer Zeit und die Glaubenskraft jener Menschen, die im Vertrauen auf Jesus Christus die Welt gestalten (Halbfas 634-637).

Mit dem Motto »Beten mit den Füßen« **33** ist menschliches Leben gedeutet als »Miteinander unterwegssein«. Beten endet nicht mit dem »Amen«, sondern wirkt weiter, verändert Standpunkte, setzt in Bewegung. Es lebt aus der Dynamik der Polarität von Ruhe – Bewegung, sich zentrieren – sich entfalten, innehalten – sich aufmachen.
Neben den religiösen Prozessionen, Buß- und Bittgängen und Kreuzwegen ist es vor allem die uralte Kultur der Wallfahrt, die zeigt, dass es Menschen »hinaustreibt«, dass dieses Unterwegssein wesentlich zum Menschsein dazugehört und auch heute noch anspricht und fasziniert.

Wallfahrt

Etymologisch gesehen haben Weg und Wagnis dieselbe Wurzel. Die Ursituation, in der die Menschen des frühen Israel das Wesen ihres Gottes begriffen, war der Weg. Die Gründung der frühen Wallfahrtsheiligtümer (z. B. Sichem, Betel oder Silo), die man regelmäßig aus Anlass des Weidewechsels der Viehherden aufsuchte, schreibt die biblische Tradition den Stammvätern zu. Im Bundeszelt gibt sich Gott, der die Seinen auf ihrem Weg begleitet, selbst als »Pilger« zu erkennen. Erst als David die Bundeslade in den Tempel überführen ließ, wurde Jerusalem zum wichtigsten Wallfahrtsziel. Jeder männliche Erwachsene ab dem 12. Lebensjahr stand fortan unter dem Gebot, dreimal jährlich während der drei Wanderfeste, dem Wochen-, dem Laubhütten- und vor allem dem Paschafest, nach Jerusalem zu ziehen und die Wallfahrtsfeste zu begehen. Wallfahrt wurde so zu einem sozialen Ereignis: Die Freude sollte mit anderen, gleich welchen Standes, geteilt werden. Diese Erfahrung hat auch die endzeitliche Vision vom gemeinsamen Pilgerzug aller Völker auf den Berg Zion inspiriert, die sich bis heute erhalten hat.
Auch Jesus pilgerte gemäß seinem jüdischen Glauben nach Jerusalem (vgl. Zwölfjähriger im Tempel Lk 2,41-52).

Das frühe Christentum brach zunächst weitgehend mit der jüdischen Wallfahrtstradition, hoffte es doch auf die baldige Wiederkunft des Herrn. Erst seit dem 4. Jh. ist eine Belebung des Wallfahrtswesens feststellbar. Auf die Initiative Kaiser Konstantins und seiner Mutter Helena hin wurden jetzt an den wichtigsten Heilsorten Kultstätten (Geburtsgrotte, Grab Jesu) gebaut. Neben dem Heiligen Land gewannen andere Ziele an Beliebtheit: Man pilgerte zu asketischen Einsiedlern Ägyptens oder zu den Gräbern der Märtyrer, besonders zu denen des Petrus und Paulus in Rom. Neben Jerusalem, wohin 1064 ein Wallfahrtszug von 7 000 bis 12 000 Pilgern unterwegs war, hatten Rom und Santiago de Compostela für den mittelalterlichen Menschen die größte Anziehungskraft.

Der Psalm **33** bekräftigt, dass Lebensgenuss, Lebendigkeit und Sinnerfüllung aus dem Erleben der Gegenwart erwachsen. Wenn Gott ist, so bedeutet die Hingabe an die Gegenwart, an das Hier und Jetzt Lebens- und Glaubensvollzug, als etwas mit göttlichem Leben Gefülltes. »Im-Augenblick-Sein« und »Unterwegs-Sein« sind christliche Grundhaltungen, die auch in der wiederholten Forderung Jesu zur Wachsamkeit ihr Vorbild haben (z. B. Mt 25, 13: »Seid also wachsam, denn ihr wisst weder den Tag noch die Stunde«).

2. Einsatzmöglichkeiten im RU

Bistum und Bischof: erste Klärungen

Anhand des Buchtextes (Schulbuch S. **32**) kann ein Überblick über den Zusammenhang zwischen den Kategorien »Gemeinde« und »Bistum« gewonnen werden.

- Sch lesen Text im Schulbuch S. 32 zunächst für sich, dann wird der Text nochmals laut gelesen. Nun werden die Lexikonstichworte hinzugenommen.
- Jede/r Sch kann nun für sich auf einem Zettel eine Frage zum Text notieren: Was möchtest du noch erklärt bekommen?
- Die Zettel werden eingesammelt, dann nacheinander vorgelesen. Sch versuchen auf der Grundlage des Textes auf die Frage eine Antwort zu finden. Unbeantwortbare Fragen werden aufgehoben und regen später dazu an, diese Informationen herbeizuschaffen.
- Dann kann eine erste Info erstellt werden: »Unser Bistum, unser Bischof«, indem auf der Grundlage des Textes all jene Informationen zusammengetragen werden, die Bischof und Bistum kennzeichnen.

Unser Schutzpatron hier und anderswo

Das Wissen um andere Gemeinden mit demselben Schutzpatron kann ein Verständnis für Verbundenheit von Pfarreien untereinander und mit dem Bistum entwickeln.
Die Idee eignet sich zur Ausführung in übersichtlichen Arbeitsgruppen, die jeweils die Kontaktaufnahme mit einer anderen Pfarrei unternehmen und auch betreuen.
Das Personalverzeichnis der Diözese gibt Aufschluss über Anschriften und Ansprechpartner, evtl. legt sich auch eine Verständigung mit ReligionslehrerInnen der jeweils zuständigen Realschulen nahe. Besondere Chance bieten Realschulen gerade aufgrund ihres Einzugsbereiches über meist mehrere Kirchengemeinden. Daran zeigt sich die Vernetzung eines Bistums besonders deutlich.

Schutzpatron der Diözese: Legenden verstehen lernen

Sch informieren sich über den oder die Schutzpatron(e) des Bistums.

- Sch sammeln zunächst äußere Daten über den oder die Schutzpatron/in des Bistums, indem Sachinformationen angeboten werden. (Dazu gibt es von jedem Bistum meist umfangreiche Materialien, die für die Altersgruppe reduziert bzw. adaptiert werden müssten.)
- Auf einer Übersichtskarte können die Lebensstationen eingetragen werden.
- Sch erhalten in Gruppen eine jeweils unterschiedliche legendarische Erzählung über den oder die Heilige(n). Nach einer Lesephase folgt die Beobachtungsaufgabe: Sucht nach Äußerungen, die etwas davon mitteilen, wie der oder die Heilige gelebt hat!
- Oft ist in diesen Erzählungen auch etwas »Wunderbares« enthalten, das für unsere Ohren manchmal befremdlich klingt. Die Erzählung will auf diese Weise mitteilen, wie stark diese Menschen an ihrem Glauben festgehalten haben. Versucht in den Legenden Sätze oder Satzteile zu finden, die auf diesen Glauben hindeuten!
- Sch können dann in eigenen Worten die Legende den anderen erzählen.
- Sch überlegen in ihrer Gruppe biblische Stellen, die gut zu ihrer Legende passen könnten: Inwiefern kann damit gezeigt werden, dass dieser Mensch als Christ für andere ein Vorbild gewesen ist?

Hinweis: Die Auswertung des »Gotteslob« gibt einen Einblick in die Heiligenverehrung eines Bistums. Vor allem im Anhang des Bistums wird unter der Rubrik »Engel und Heilige« deutlich, welche weiteren Heiligen durch die Nennung in Liedern herausgehoben werden (vgl. auch die Hinweise zu *Deuteseite* **12** f.).

Neben diesen »großen Heiligen« sind aber für Menschen heute vor allem auch »Heilige der mittleren Ebene« (Local heroes) anregend (vgl. Themenheft ru »Heilige wie wir«, 4/2002, mit vielfältigen weiteren Anregungen). Was kann das Bistum aus der jüngeren Geschichte dazu bieten?

Die Arbeit des Bischofs kennen lernen

Anhand von Informationen aus dem Internet oder der Pressestelle ihres Heimatbistums können Sch sich einen Einblick in Aufgaben und Tätigkeiten ihres Bischofs verschaffen.

- Sch erhalten zunächst allgemein gehaltenen Suchauftrag (Homepage der Diözese; vorbereitetes Material der Pressestelle): Verschafft euch einen Überblick darüber, was ein Bischof alles zu tun hat.
- Nach ersten Eindrücken der Vielfalt kann in Gruppen weiter strukturiert werden, z. B. Wer das Bistum leitet – der Bischof und seine Mitarbeiter (Weihbischöfe); Die Diözese in Zahlen und einer Übersichtskarte (»Angrenzer«); Was von unserem Bischof in der letzten Woche/im letzten Monat zu lesen war (Auswertung der Pressemeldungen/Tätigkeiten); »Zeichen« des Bischofs und ihre Bedeutung (Mitra, Stab, Kreuz, Ring, Wappen).
- Sch überlegen selbstständig die optische Aufbereitung ihrer Informationen (Schaubilder).
- Auswertungsgespräch: Inwiefern zeigt sich in euren Schaubildern etwas davon, dass der Bischof »oberster Hirte, Priester und Lehrer« ist?

Ergänzung: Sch können auch den letzten Besuch des Bischofs in ihren jeweiligen Gemeinden darstellen aufgrund von Materialien in den Pfarrämtern.

Beten mit den Füßen

- Sch sammeln ihre Kenntnisse über Wallfahrten und werden aufmerksam auf die Bedeutung der Wallfahrt als einem Ausdruck gelebten Glaubens und Betens.
- Sch schauen sich die Fotos der linken Seite an.
  - Was siehst du? Was weißt du über Wallfahrten/Jugendwallfahrten in deiner Nähe, auch z. B. durch Geschwister, Verwandte, Freunde? (vgl. Aufgabe im Schulbuch)
- Sch lesen Text zur Geschichte der Wallfahrt **AB 5.2.7, Lehrerkommentar S. 67**, und Lexikonartikel »Wallfahrtsorte«.
- Je eine Sch-Gruppe formuliert eine Frage zu den gelesenen Texten, die von einer anderen Gruppe beantwortet wird.
- Sch lesen das Motto der Freisinger Korbinianswallfahrt (»Steh auf«) und überlegen: Für wen, wofür möchten wir aufstehen, uns in Bewegung setzen?
- Sch überlegen ein anderes Motto, das sie anspricht, und entwerfen dazu ein Transparent:
- L hat dazu Papierstreifen (Länge ca. 80 cm) vorbereitet, auf denen Sch in GA ihren Satz gestalten. An die Enden wird jeweils ein Bambusstab geklebt, sodass das Transparent hochgehalten werden kann.

3. Weiterführende Anregungen

Steh auf, bewege dich

Durch die abwechselnden Bewegungen von Klatschen und Stampfen in dem Lied **AB 5.2.8, Lehrerkommentar S. 69,** wird die Kraft eines Aufbruches spürbar. Sch können das Lied aus der Grundschule kennen.

Das eigene Leben als Weg tanzen

In dem Weg-Tanz wird die Symbolik des Lebensweges, des Miteinander-unterwegs-Seins erschlossen (vgl. Tanzbeschreibung):

Musik	»Specknerin« (auf der Kassette: »Ursoica«) Hinweis: Die Kassette ist zu bestellen bei: J. Bengen, Mannheimerstr. 15, 80803 München, Tel.: 089/346152	
Tanzfassung	normal: Sch reichen sich die Hände, die linke »empfängt« (Handfläche nach oben), die rechte »gibt« (Handfläche nach unten).	
Tanzrichtung	normal: gegen den Uhrzeigersinn	**Deutung**
Schrittfolge	– 16 schnelle Schritte in Tanzrichtung, rechts beginnend, – 8 langsame Schritte in Tanzrichtung, der Oberkörper ist leicht nach vorne gebeugt, – 4 langsame Schritte in die Mitte, 4 Schritte zurück in den Kreis, die Hände werden gelöst und dabei die Bewegung von »Wasser schöpfen« angedeutet, – von vorne.	»Wir sind unterwegs auf dem Weg des Lebens.« »Manchmal ist der Weg mühsam, schwer.« »Wir halten inne, gehen zu einem Brunnen (in unsere Mitte), holen uns neue Kraft.«

1. Hintergrund

Die Doppelseite bietet Grundinformationen zur Osterkerze an. Ausgehend vom dem Interessenshorizont der Sch an Sachzusammenhängen wird ein Einblick in die Tätigkeiten eines Wachsziehers gegeben. Geschichtliche Hintergründe zur Entwicklung von Kerzen sowie der Osterkerze lenken den Blick auf eine alte Tradition. Daran kann deutlich werden, welchen hohen Stellenwert Menschen der Feuer- und Lichtsymbolik seit Jahrhunderten zumessen.

Vom Feuer zum Osterfeuer

»In vielen Religionen wurde das Feuer als Symbol Leben schaffender und Leben zerstörender Mächte als göttlich verehrt. Das Urfeuer war die Sonne, die bei einigen Völkern (Ägypten) ebenfalls göttliche Verehrung genoss. Im Alten Testament ist das Feuer Symbol Jahwes. Er erscheint dem Mose im brennenden Dornbusch, der nicht verbrennt (Ex 3,2); er zieht in der Feuersäule vor seinem Volk her (Ex 13,21); im Feuer steigt Gott auf den Sinai herab (Ex 19,18). Nach Ps 18,9 kommt aus dem Mund Gottes »verzehrendes Feuer« und »glühende Kohlen sprühen aus ihm«. Und für den Verfasser des Hebräerbriefes ist Gott ein »verzehrendes Feuer« (12,29).

Osterfeuer als Frühlingsfeuer reichen in die heidnische Zeit hinein. Für unsere Vorfahren war es nicht selbstverständlich, dass nach dem (oft sehr harten) Winter wieder Frühling wurde, dass die Sonne wieder wärmte und Aussaat und Ernte ermöglichte. So versuchte man, im Sonnenabbild des Feuers die Sonne magisch auf die Erde, die Äcker, die Saaten ... herabzuziehen. Flammenräder rollten von den Höhen über die Äcker hin. Fruchtbarkeit hinterließ ihre Spur.

Das christliche Osterfeuer hat das heidnische Frühlingsfeuer ablösen sollen. Solche Feuer waren schon um die Mitte des 8. Jahrhunderts im Frankenreich Brauch. Sie wurden am Karsamstag angezündet. In der deutschen Kirche sind solche Feuer im 11. Jahrhundert nachzuweisen. Sie wurden gelegentlich auch am Gründonnerstag (ein Brauch, der sich bis ins 15. Jahrhundert erhalten hat), seltener am Karfreitag, abgebrannt. Das Feuer musste aus dem Stein geschlagen oder durch ein Brennglas entzündet werden. Die Weihe des Osterfeuers hat sich als Beginn der Osternachtsfeier in unserer Liturgie erhalten. Die Symbolbedeutung des Feuers ist allerdings in der Deutung der Kirche auf die Lichtsymbolik reduziert.

Die österliche Feuersymbolik ist in der Kirche weithin auf die Osterkerze übergegangen, die heute im Mittelpunkt der Osternachtfeier steht« (Kirchhoff 111-114).

Zur Symbolik der Osterkerze

Zum ersten Mal wird die Osterkerze in einem Brief des Heiligen Hieronymus erwähnt, nach dem sie in Piacenza um 384 üblich war. In Rom war die Zeremonie der Osterkerze spätestens seit Papst Zosimus (417-418) im Gebrauch. Ursprünglich erhielt die Osterkerze ihr Licht von dem Feuer, das am Karfreitag (oder schon am Gründonnerstag) entzündet worden war, später vom neu geweihten Feuer zu Beginn der Osternachtfeier. Aus dem fränkischen Raum kommt der Brauch, die Osterkerze mit Symbolen zu verzieren, indem z. B. die Jahreszahl eingeritzt wird oder Weihrauchkörner eingesteckt werden. Bereits um 500 wurde die Osterkerze in kleine Teile zerstückelt und den Menschen mit nach Hause gegeben, die dadurch vor Unheil bewahrt werden sollten. Ebenso wurde bald das von der Osterkerze herunterlaufende Wachs aufgefangen. Da solches Wachs bei weitem nicht ausreichte, weihte man neben der Osterkerze größere Mengen kostbaren Wachses und formte daraus kleine Stückchen, denen man ein Siegel in der Form eines Agnus dei (Lamm Gottes) aufdrückte. Sie traten bald an die Stelle des Osterkerzenwachses. Bald hat man wohl Wachs mit Öl vermischt und daraus Lämmer geknetet. Die Gläubigen bewahrten diese Lämmer in ihren Häusern auf, benutzten sie bei Weihegängen und in jeder Gefahr.

Die Osterkerze wird heute in die nachtdunkle Kirche getragen. Der Priester oder Diakon singt dabei das »Lumen Christi«, »Licht, das Christus ist«. Das Licht der Osterkerze wird an die Gläubigen weitergegeben. Das war schon früh in Jerusalem Brauch, wurde im Mittelalter gepflegt, geriet dann aber in Vergessenheit, bis es die Neuordnung der Osternachtliturgie wieder vorschrieb. Der Einzug mit der Osterkerze in die nachtdunkle Kirche hat eine dreifache Symbolik:

- Er erinnert an die Feuersäule, in der Jahwe seinem Volk in der Wüste voranzog und es in die Freiheit führte.
- Er erinnert an das Wort Christi: »Ich bin das Licht der Welt. Wer mir nachfolgt, wird nicht in der Finsternis gehen, sondern wird das Licht des Lebens haben«.
- Er erinnert daran, dass sich der Herr wie der Wachsleib der Kerze im Dienst des Vaters ganz verzehrt hat, damit die Welt erhellt werde mit dem Licht der Wahrheit Gottes und dass wir uns in seiner Nachfolge verzehren müssen im Dienste des Nächsten.

Im Anschluss an die Prozession mit der Osterkerze singt der Diakon das Exsultet, das feierliche Lob der Osterkerze. Dieser hymnische Lobpreis eines noch unbekannten Verfassers ist gespeist vom Gedankengut eines Ambrosius und Augustinus, greift aber zum Teil auf noch ältere Texte zurück. Hierzu gehören vor allem der älteste bekannte Lobpreis auf die christliche Osternacht aus der ersten Hälfte des 4. Jahrhunderts, der wieder abhängig ist von der jüdischen Pessach-Theologie und -Liturgie.

Seine heutige Fassung ist wahrscheinlich Anfang des 7. Jahrhundert entstanden. Vor dieser Zeit war der Wortlaut des Exsultet (etwa in Spanien und Italien) dem vortragenden Diakon freigestellt. Vom 7. Jahrhundert an setzten sich feste Formeln, später der verbindliche Wortlaut durch. Während der Diakon das Exsultet in lateinischer Sprache vortrug, wurde vom Ambo eine Exsultet-Rolle abgerollt, deren Illustrationen kopfständig angebracht waren: So konnte das Volk sie so betrachten, dass sich ihm der Sinn des Gesanges erschloss.

Die Osterkerze wird nach der Osterfeier an einem bevorzugten Platz im Gotteshaus aufgestellt. Sie brennt während der Osterfestzeit. Danach wird sie meist in der Taufkapelle (beim Taufbrunnen) aufgestellt. Sie brennt bei Taufen; aber auch bei Beerdigungen leuchtet sie als Hinweis auf das ewige Licht, in das der Verstorbene eingeht (nach Kirchhoff 114-116).

Die Fotos der S. 34 zeigen den Wachszieher Alexander bei seiner Arbeit. Links oben ist zu sehen, wie die Dochtschnur von ihm geprüft wird. Das Foto rechts oben zeigt die Maschine, die den Docht in einem Endlosband immer wieder durch das Wachsbad führt, so dass sich Schicht um Schicht herumlegt und das Wachs , während es über die anderen Rollen läuft, genug Zeit zum Antrocknen hat. Auf dem Bild in der Mitte links ist der Wachszieher dabei, die »lange Kerze« von 110 Metern, deren Wachs noch warm und relativ weich ist, auf eine große Trommel aufzurollen, so dass die Wachsziehermaschine bereits frei wird für den nächsten Auftrag. Von der dicken Trommel werden nun die Kerzen auf das richtige Maß abgeschnitten, dann wird der Kerzenstrang oben angespitzt und unten mit einem Loch für den Halter versehen. Je nach Auftrag ist die Kerze nun bereits fertig (z. B. bei langen Altarkerzen), ober sie werden dann senkrecht aufgehängt und weiter von Hand mit Wachs begossen. Durch andauerndes Drehen wird die Kerze gleichmäßig dicker, bis sie das gewünschte Maß einer Osterkerze erreicht. Verzierungen je nach Wunsch des Auftraggebers lassen die fertige Osterkerze entstehen.

2. Einsatzmöglichkeiten im RU

Grundkenntnisse zum Osterlicht

Anhand des Buchtextes verschaffen sich Sch einen Überblick über den Entstehungsprozess von Kerzen und des Osterlichtes.

- Die drei Textspalten des Buches werden an drei Gruppen verteilt und still gelesen.
- In PA teilen sich die Gruppenmitglieder jeweils mit, was sie aus dem Text an neuen Informationen entnommen haben. Die Partner geben ihnen eine Rückmeldung, indem sie weitere und bisher fehlende Informationen ergänzen.
- In jeder Gruppe werden Vorschläge für zentrale Textteile aus den Spalten erarbeitet, die den Sch der anderen Gruppen einen Einblick geben können.
- Nach gegenseitiger Informationsweitergabe der Gruppen untereinander entwerfen Sch Strichzeichnungen, um ähnlich wie auf den Fotos zu den Textspalten von S. 35 Illustrationen zu entwerfen.
- Schließlich erfolgt die Bezugnahme auf die Überschrift der Doppelseite. In welchem Sinn kann dies verstanden werden?

Ein Osterlicht für die Klasse

In der Auseinandersetzung mit der klassischen Form einer Osterkerze entwickeln Sch eigene Vorstellungen von Ostersymbolen.

- Sch lesen den Abschnitt »Osterkerzen vom Wachszieher« auf S. 34. Der letzte Abschnitt wird zweimal gelesen, dann Betrachtung des Fotos S. 34 rechts unten.
- Nun Text von S. 35 »Die Kerze der Osternacht« lesen. Auftrag: Manche Sätze werden euch wichtiger sein als andere. Schreibt die Sätze heraus, die euch interessieren oder im Gedächtnis hängen bleiben!
- Nach einer kurzen Schreibphase lesen Sch reihum die heraus geschriebenen Sätze vor. Dadurch entsteht ein Bild von dem Eindruck, den die Aussagen in der Lerngruppe hinterlassen haben.
  - Gespräch: Was fällt euch daran auf?
  - Lest nun nochmals den letzten Absatz von S. 34 leise durch. Auf Osterkerzen gibt es verschiedene Symbole, die die Pfarreien anfertigen lassen. Welche Verbindung lässt sich zwischen den Symbolen von S. 34 und dem Text von S. 35, den ihr vorhin gelesen habt, herstellen?
- Sch stellen eigene Überlegungen zur Gestaltung einer Osterkerze an: Nehmt nochmals eure Sätze zur Hand. Ihr könnt nun selber Symbole überlegen, die gut auf eine Osterkerze passen würden. Zeichnet diese Entwürfe auf ein Blatt. Lasst euch dabei von den Sätzen anregen, die ihr vorher aufgeschrieben habt!
  - Die Entwürfe können farblich ausgestaltet und im Klassenraum aufgehängt werden.

Kleine Geschichte der christlichen Wallfahrt

Die äußeren Umstände
Da ein ausgebautes Verkehrsnetz und bequeme Transportmittel fehlten, waren die Wallfahrer oft monate-, ja sogar jahrelang zu Fuß unterwegs, immer wieder bedroht durch Räuber oder wilde Tiere. Bei der Wallfahrt ins Heilige Land fielen nicht wenige in die Hand der Ungläubigen oder erlitten Schiffbruch auf hoher See. Um sich besser wehren oder um die Nahrungsmittel miteinander teilen zu können, gingen die frommen Wanderer selten allein auf Fahrt. Die Pilgergemeinde bestand aus Armen und Reichen, aus Männern und Frauen, die aus allen Ländern Europas und darüber hinaus kamen.

Pilgerstraßen und Hospize
Fremde zu beherbergen galt seit alters her als eines der sieben Werke der Barmherzigkeit. Und so sahen es Päpste, aber auch Fürsten und Könige, schon früh als ihre Pflicht an, das Wallfahrtswesen zu organisieren. Sie bauten Pilgerstraßen aus und errichteten Hospize (Herbergen) entlang des Weges, die Bedürftigen freie Kost und Unterkunft boten. An den gefährlichsten Abschnitten entstanden Zufluchtsstätten.

Recht
Vor ihrem Aufbruch empfingen die Wallfahrer nicht nur einen eigenen Segen für ihre Unternehmung. Sie erhielten auch Pilgerausweise vom Bischof, die ihre besondere Stellung in der Kirche beweisen sollten und ihnen erlaubten, bestimmte Vorrechte in Anspruch zu nehmen. Manchmal galt eine Wallfahrt auch als Ersatz für die Todesstrafe.

Auf dem Rückweg trugen die Reisenden das Pilgerzeichen ihrer Zielorte auf dem Haupt, an den Händen oder an den Kleidern. Wer ein solches Zeichen nicht bei sich hatte, musste aufpassen, dass er nicht verhaftet wurde.

Kleidung
Der fromme Wanderer war auch an seiner besonderen Kleidung sofort zu erkennen. Auf Darstellungen aus dieser Zeit tragen die Wallfahrer einen breitkrempeligen Hut, ein knielanges Untergewand und einen Mantel-umhang, sehr oft Strümpfe, die die Füße nackt lassen, den Pilgerbeutel und einen langen Wanderstab, der zur Selbstverteidigung dienen konnte.

Pilgergaben
Üblicherweise brachte der Gläubige ein Exvoto (Weihegabe) zum Gnadenort mit, etwa ein Wachs- oder Metallbild eines geheilten Körperteiles oder eine Tafel, die von einem glücklich verlaufenen Unfall berichtet.
Dazu kamen Geld- oder Sachspenden. Viele Wallfahrtskirchen waren dringend auf Öl- oder Wachsgaben angewiesen, um die vielen Gottesdienste mit Kerzenlicht feiern zu können. Manche gelangten auf diese Weise zu außerordentlichem Reichtum.

Auswirkungen
Die Wallfahrt hatte einen großen Einfluss auf die Länder. Pilgerstraßen, Herbergen und Krankenhäuser wurden gebaut. Wallfahrer, die von sehr weit kamen, brachten oft fremde Sitten und Bräuche, Medizin, Bücher und neues Wissen mit.

Weiterführung: Natürlich bietet sich auch die konkrete Gestaltung einer Klassenkerze an. Mit Wachsplatten ist das relativ einfach möglich, häufig reicht eine Restkerze aus der Kirche aus. Dass sich die Kooperation mit Kunsterziehung hier nahe legt, versteht sich von selbst. Gesteigert werden könnte dies dadurch, dass die Osterkerze einer Pfarrgemeinde von Sch gestaltet wird, so bekommt schulisches Lernen eine Alltagsrelevanz.

Alternativ lassen sich Motive finden, wenn zuvor mit relevanten Materialien gearbeitet wurde, z. B. auch mit den Liedern **AB 5.2.9, Lehrerkommentar S. 71**, oder über »Reizwörter«, evtl. in Form eines Schreibgespräches (»Das Wort Auferstehung bedeutet für mich ...«; »Auferstehen/ neues Leben ..., dazu gehört für uns ...«).

3. Weiterführende Anregung

Ein Fest der Auferstehung feiern
Anhand einer kleinen Lichterfeier kann erfahrbar werden, wie die Kraft der Auferstehung unter den Menschen weiterwirken will.

- Nach der Bearbeitung der Doppelseite überlegen Sch, wie sie eine kleine Lichtfeier selber durchführen können.
- Zentrales Element kann die Lichtweitergabe werden, indem entweder eine selbstgestaltete (Oster-) Kerze im Klassenraum die Lichtquelle darstellt oder dies in der Kirche bei der Osterkerze geschieht.
- Kleine Osterkerzen aus der Kirche (übrig geblieben von der Osternachtfeier) können hier evtl. an Sch ausgegeben werden; alternativ kann man mit Teelichtern arbeiten.
- Sinnvoll ist es, wenn vorher Texte geschrieben werden, z. B. zur Überschrift der Doppelseite »Kirche leuchtet, wenn ...«.
- Als Lesung bietet sich ein »Lichttext« an (z. B. Mt 5,13-16 Vom Salz der Erde und vom Licht der Welt), Fürbitten können dieses Anliegen konkretisieren, Lieder (vgl. AB **5.2.9, Lehrerkommentar S. 71**) es affektiv unterstreichen.

Anmerkung: Eine solche Feier führt das Bemühen um eine spirituelle Grundbildung weiter, wie sie besonders in Kapitel 4 angestrebt wird.

Wozu ... und wie? — Stellungnahmen (36)

1. Hintergrund

Ein erhebliches Bemühen dieses Kapitels besteht darin, die interessanten, produktiven Perspektiven von Kirche und Gemeinde in den Mittelpunkt der Aufmerksamkeit zu rücken. Dahinter verbirgt sich die Überzeugung, dass Kirche als wanderndes Volk Gottes eine Gemeinschaft gleichberechtigter Menschen ist, die auf der Suche nach gelingendem Leben sind und die Frage nach Gott als für ihr Leben notwendig betrachten.
Am Ende dieses Lernweges mit den Fünftklässlern muss vor allem aus diesen Gründen die Frage nach der jeweils eigenen Einstellung gestellt werden. »Kirche – wozu ... und wie?« fordert die Stellungnahmen der Heranwachsenden heraus.
Kirche als Heimatort besonders für »die Kleinen« bewusst zu machen – in diese Richtung zielen die Texte von Gotthold Ephraim Lessing und Josef Reding. Die Grafik regt zur Auseinandersetzung an über die gemeinsame Verantwortung nicht nur am Kirchen-, sondern vor allem und noch mehr am Gemeindebau. In Verbindung mit der St. Barbara-Kirche in Bärnbach (Steiermark), die Friedensreich Hundertwasser im Jahre 1988 umgestaltet hat, werden weitere Spielräume eröffnet. Mitwirkung in der Gemeinde – sofern sie in Freiheit zugelassen wird – kann auch zu Veränderungen führen.

2. Einsatzmöglichkeiten im RU

»Kirche ist für mich wie ...«
Mit einer Metapherübung (*Stellungnahmen* **36)** kann am Ende des Kapitels eine Bewusstwerdung angestrebt werden. Welche Einstellungen sind für die Sch nun bestimmend?

- Der Auftrag, unter Verwendung dieser Stichworte eine Geschichte zu schreiben, regt zur Fokussierung an und gibt Gelegenheit, den erarbeiteten Eindrücken einen persönlichen Ausdruck zu geben.
- Für die gemeinsame Reflexion bietet es sich an, die eventuell zu Anfang erhobenen Vorstellungen aufzugreifen (vgl. die Ideen zu *Titelseite* **21**).

Warum Menschen in die Kirche gehen
Häufig ist das Bewusstsein über die Gründe für den Gottesdienstbesuch nicht ausgeprägt. Welche Erfahrungen werden möglich, wenn man sich in einer Kirche einfindet?

- Sch betrachten das Foto der in die Kirche hineingehenden Gruppe von Jugendlichen. Mit einer Strich-

Steh auf

T: *Thomas Laubach*
M: *Thomas Quast*

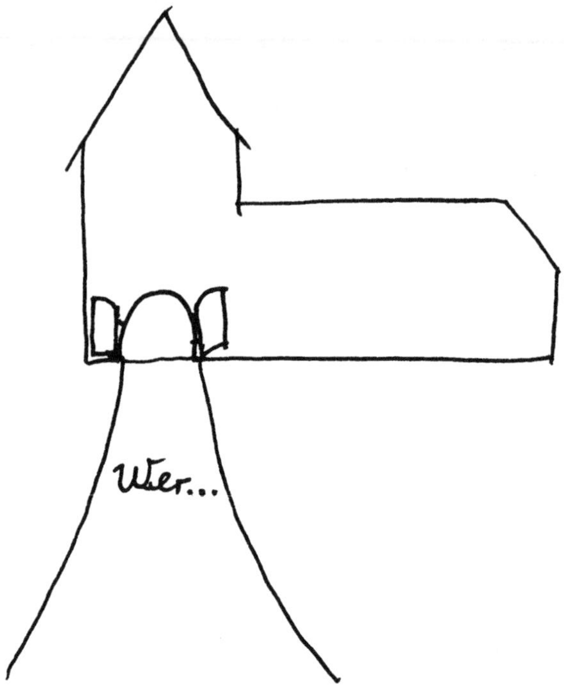

zeichnung wird der Impuls an die Tafel gebracht: »Wer ...«

- Sch nennen Personen, die die Kirche aufsuchen (Eltern, Sch, L, Großeltern, Kinder, Arme, Kranke, Ältere, bei der Hochzeit, der Taufe, Erstkommunion ...). Dies wird in den »Weg« eingetragen.
- L ergänzt TA durch den Impuls: » ... und wozu?« Sch suchen nach Gründen (Gott die Sorgen sagen, beten, singen, Gottesdienst feiern, eine Kerze anzünden, ruhig werden, die Stille spüren ...). L notiert diese Nennungen in der Skizze der Kirche.
- Sch notieren in einem Satz den für sie wichtigsten Grund ins Heft, warum sie eine Kirche aufsuchen würden.
- Anschließend ist dazu ein freiwilliger Austausch möglich.

3. Weiterführende Anregung

Karikatur

Ausgewählte Karikaturen (**AB 5.2.10, Lehrerkommentar S. 72**) zeigen verschiedene Bilder und Meinungen zur Kirche: die arme Kirche, die wandernde (das wandernde Volk Gottes), die schlafende und die geduldige Kirche.

- Sch suchen in PA Überschriften zu den Karikaturen. In der Lerngruppe können die Überschriften genannt und auf einer Begleitfolie mitgeschrieben werden.
- Durch Nachfragen können die einzelnen Überschriften im Verständnis geklärt und vertieft werden. Durch die Ergänzung mit den oben angegebenen Titeln, wie sie in der Literatur zu finden sind, ergeben sich Fragen:
  - Wie kommen Menschen dazu, die Kirche so zu sehen und so zu benennen?
  - Welche Erfahrungen haben sie mit ihr gemacht?
  - Wo könnt ihr zustimmen, wo wollt ihr widersprechen?
- Schließlich kann in die Mitte ein eigenes Bild von Kirche gezeichnet werden. Anregungen dazu gibt die Metapherübung unten auf der Seite.

Literatur

Adam, Adolf, Wo sich Gottes Volk versammelt. Gestalt und Symbolik des Kirchenbaus, Freiburg/Basel/Wien 1984

Beinert, Wolfgang (Hg.), Kirchenbilder, Kirchenvisionen. Variationen über eine Wirklichkeit, Regensburg 1995

Frankemölle, Hubert, Art. Eucharistie: Bibeltheologisch, in: P. Eicher (Hg.), Neues Handbuch theologischer Grundbegriffe. Bd. 1, München 1991, 418-438

Halbfas, Hubertus, Das zu Lesende. Skizzen zu einer Didaktik der Legende, in: KatBl 102 (1977) 632-641

Kirchhoff, Hermann, Christliches Brauchtum. Feste und Bräuche im Jahreskreis, München 2004

König, Hermine, Das große Jahresbuch für Kinder. Feste feiern und Bräuche neu entdecken, München 2001

Dies., Feste feiern – Bräuche neu entdecken. Arbeitsbuch zum großen Jahresbuch für Kinder, München 2003

Langer, Elmar, Kirchen – Stein gewordene Zeugen ihrer Zeit. Das Selbstverständnis der Kirche im Kirchenbau. Materialien und Vorschläge für eine Unterrichtseinheit ab Klasse 9, in: Materialbrief RU 1/96, 116, hg. vom Deutschen Katecheten-Verein, München

Macaulay, David, Sie bauten eine Kathedrale, München [19]2001

Pissarek-Hudelist, Herlinde, Art. Volk Gottes/Kirche, in: G. Bitter/G. Miller (Hg.), Handbuch religionspädagogischer Grundbegriffe. Bd. 2, München 1986, 728-736

Pottmeyer, Hermann J., Art. »Bischof. Historisch-theologisch; Systematisch-theologisch«, in: LThK 3. Aufl, Bd. 2, 482-488

Steinkamp, Hermann, Gemeindestruktur und Gemeindeprozess, in: Greinacher, Norbert u. a. (Hg.), Gemeindepraxis, München/Mainz 1979, 77-89

Werbick, Jürgen, Kirche – ein ekklesiologischer Entwurf für Studium und Praxis, Freiburg/Basel/Wien 1994

Zerfass, Rolf/Roos, Klaus: Art. Gemeinde, in: G. Bitter/G. Miller (Hg.), Handbuch religionspädagogischer Grundbegriffe, Bd. 1, München 1986, 132-142

Wenn uns das Leben lebendig macht

T: *Oskar G. Blarr*
M: *Eckart Bücken*

2. Wenn uns die Hilfe zu Helfern macht,
sind wir wie Meister der Liebe,
sind wir das Salz, das Salz für die Welt,
und der Reichtum wird allen gehören.

3. Wenn uns der Frieden zufrieden macht,
sind wir wie Lieder von morgen,
sind wir Musik, Musik für die Welt,
und kein Streit wird die Erde zerstören.

Karikaturen und ein eigenes Bild von der Kirche

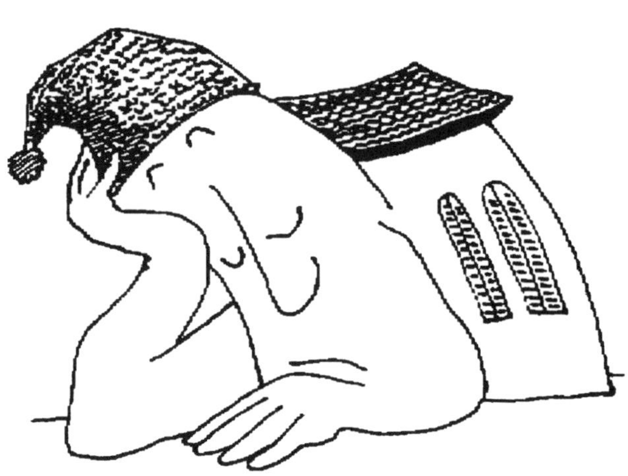

Ein Buch wie kein anderes: die Bibel 3

Das Thema im Schulbuch

Viele biblische Erzählungen sind Sch aus der Grundschulzeit bekannt. In diesem Schulbuchkapitel bietet sich die Chance, die Bibel als einzigartiges Buch neu wahrzunehmen und genauer kennen zu lernen. Das beginnt bei Angeboten, die Bibel als geordnete Schriftsammlung sehen zu lernen, wenn Übungen zum Nachschlagen und Lesen manch neuer und interessanter Geschichten und Texte durchgeführt werden. Bei allem »Training« muss aber auch die Bedeutung der Bibel für Christen Sch bewusst werden: die Bibel als Erzählbuch über Gott und die Menschen, in dem die Geheimnisse des Lebens angesprochen werden.
Auf die Vielfalt und den Facettenreichtum biblischer Erfahrungen will das *Titelbild* **37** von Joan Miró aufmerksam machen, das für die Fülle an Lebenserfahrungen und Ereignissen stehen könnte.
Die *Themenseite* **38-39** weist auf unterschiedliche Spannungsbögen: die Entwicklung der Bibel als gedrucktes (oder auf Silberscheibe gepresstes?) Buch, als Buch zwischen früheren und heutigen Zeiten, als Erstes und Zweites Testament in seiner Bedeutung für heute lebende Menschen.
Auf der *Ideenseite* **40-41** erhalten Sch Anregungen, wie auf interessante Weise Erfahrungen mit der Bibel für andere ins Bewusstsein gehoben werden können.
Deuteseite I **42-43** greift die Lehrplanintention auf, anhand biblischer Texte (aus dem Buch Tobit) auf Herausforderungen des Lebens aufmerksam zu werden und sich ihnen vertrauensvoll zu stellen.
Die *Deuteseite II* **44-45** stellt biblische Maßstäbe für menschliches und christliches Leben vor, die unter der Überschrift »Fruchtbringen« das Handeln der Menschen in den Blick nehmen.
Auf der *Infoseite I* **46-47** können sich Sch einen Überblick über das Überlieferungsgeschehen der Bibel erarbeiten. Dabei kann deutlich werden, wie Menschen ihre Erfahrungen religiös verarbeiten, wie Gotteswort stets in Menschengestalt erscheint.
Die Erzählung des Schreibermönches Swicher auf der *Infoseite II* **48-49** vermittelt einen Einblick in die Vielfalt und Komplexität mittelalterlicher Schrifttradierung. Die Mühe und Sorgfalt kann die Frage nach dem materiellen, vor allem aber dem ideellen Wert einer Bibel für Menschen aufwerfen.
Die Seite *Stellungnahmen* **50** fordert Sch heraus, die Alltagstauglichkeit biblischer Weisungen zu diskutieren. Wenn dabei zum einen etwas von der Problematik deutlich wird, so kann zum anderen auch die Faszination biblischer Visionen »anders« zu leben offenkundig werden.

Verknüpfungen mit anderen Themen im Schulbuch

Biblische Bezüge lassen sich in allen anderen Kapiteln des Buches aufzeigen.
Kap. 4: Zum Beten kommen: Hier erfolgt explizit eine breitere Auseinandersetzung mit biblischen Weisen des Betens, und zwar alt- (Psalmen, vgl. *Infoseite I* **60-61**) wie auch neutestamentlich (Vaterunser, vgl. *Deuteseite III* **64-65**). In den Anleitungen zum persönlichen Gebet erhalten Sch Sprachhilfen, die letztlich biblischen Ursprungs sind (*Deuteseite II* **58-59**).
Kap. 5: Mit Abraham und Sara auf dem Weg geht auf Urmodelle biblischen Glaubens zurück und bietet die Gelegenheit, in den Geschichten von Abraham und Sara in die frühe Welt biblischen Lebens und Glaubens einzutauchen.

Verbindungen mit anderen Fächern

An vielen Stellen gibt der Lehrplan Hinweise auf die Kooperation mit *Evangelischer Religionslehre*, v. a. bei den Themenbereichen KR 5.1 »Gemeinsam neu anfangen: Ich bin nicht allein« (EvR 5.4 »Wer bin ich?« und 5.5 »Meine neue Unterrichtsgruppe, meine neue Klasse«), KR 5.2 »Kirche am Ort: Leben in Pfarrei und Bistum« (EvR 5.2 »Heimat entdecken: Kirche am Ort«) sowie KR 5.3 »Ein Buch wie kein anderes: die Bibel« (EvR 5.3: »Das Alte Testament erzählt von Erfahrungen, die Menschen mit Gott machen«). Fächerverbindendes Lernen bietet sich u. a. beim Themenbereich KR 5.6 »Sich neugierig öffnen: Begegnung mit fremden Kulturen und Religionen« unter der Perspektive »Europa« an. Hier gibt es auch Möglichkeiten, fächerübergreifende Bildungs- und Erziehungsaufgaben, wie »gewaltfreies Zusammenleben«, »Menschenrechtserziehung« und anfanghaft »politische Bildung«, zu verwirklichen, ebenso auch innerhalb der Abrahams- bzw. Sara-Thematik.

1. Hintergrund

Joan Miró (1893-1983)
Joan Miró gehört zu den bedeutendsten spanischen Malern des 20. Jahrhunderts. Die ländliche katalanische Umgebung bestimmte Thematik und Ausformung des frühen Werks. Zu seinen Freunden zählte mit Pablo Picasso die intellektuelle Avantgarde der Zeit. Ab Mitte der 20er Jahre strebte Miró fort von den direkten gegenständlichen Bezügen und entwickelte die für ihn typischen Bildzeichen. Die Bilder dieser Zeit, die zu den schönsten des Gesamtwerkes zählen, verzichten auf Räumlichkeit und einen eindeutigen gegenständlichen Bezug. Die Fläche bestimmen Ziffern, Schrift, abstrakte Embleme und spielerische Figuren. 1944 markierte den Wendepunkt seines Schaffens: Sein umfangreiches grafisches Werk, Keramiken, monumentale Wandgestaltungen und Plastiken entstehen. Auch in diesen Arbeiten suchte Miró den festen Grund einer figürlichen, symbolhaften Kunst mit inhaltlichen Orientierungen: Gesichter, Sterne, Monde, Tierformen und Buchstaben. Joan Miró entwickelte in mehreren Folgen den ihm eigenen fließenden Stil und seine kürzelhafte Gestaltwelt.

Joan Miró: »Mai 1968«, 1973
Das 1973 entstandene Bild (Öl auf Leinwand, 200 x 200 cm) baut sich im Hintergrund durch farbige Flächen auf, die wie Inseln weich gezeichnet, geschwungen und getupft aufgetragen wurden. Die Farben Rot, Grün und Blau überwiegen dabei. Der Vordergrund in seiner Klarheit wird durch die Farbe Schwarz bestimmt: Dick ausgezogene Linien, Abdrücke einer mehrheitlich linken Hand sind zu sehen – fast könnte es eines der vielen Bilder von Jugendlichen sein, wie sie an Häuserfassaden zu sehen sind. Dominant erscheint dieser hingeworfene Fleck oben in der Mitte, der sich mit seinen Spuren über das Bild ausbreitet. Er geht offenbar auf Gewalteinwirkung zurück, als habe jemand mit ganzer Kraft einen Farbbeutel geworfen. Auffällig sind die Spitzen an den schwarzen Strichen, die oftmals auch gegen die Sehrichtung zeigen. Dies gilt auch für die Farben im linken Bildbereich: Sie werden von den schwarzen Linien begrenzt und haben – im Unterschied zum Hintergrund – eine große Klarheit. Das Bild durchkreuzt normale Wahrnehmungsordnungen, der weiche Hintergrund wird durch die Unordnung des Vordergrundes überdeckt. Da ist erst anfanghaft Klarheit erkennbar, vieles hingegen erscheint gegenläufig.
Bildtitel und Bild selbst stehen für eine Umbruchzeit, in der Altes verlassen werden muss, ohne dass Neues bereits vollständig entwickelt vorliegt (Studentenunruhen in Frankreich im Mai 1968). Dieser Veränderungsprozess wird hier aber nicht kritisiert, sondern als Tatsache hingenommen, selbst wenn dabei erschütternde Ereignisse eintreten.
Welche Sichtweisen eröffnet dieses Bild? Zeitgenössische Kunst zwingt keine Bildaussage auf, ermöglicht aber Sehweisen: Das Bild steckt voller Spannungen; es zeigt auch Spuren menschlichen Handelns, nicht nur in den schwarzen Abdrücken der Hände, sondern vor allem in der Emotionalität der hingeworfenen Farbe. So kann ein spannungsvolles Bild des spannungsgeladenen 20. Jahrhunderts durchaus in Korrespondenz treten zu dem einzigartigen Buch der Bücher, das den Lebens- und Glaubensweg von Menschen verschiedener Zeiten in seinen Höhen und Tiefen in sich birgt.

2. Einsatzmöglichkeiten im RU

Wie im richtigen Leben – das Bild entdecken IDEENSEITE (40)
Sch nehmen die Bildelemente differenziert wahr. Auf der Grundlage ihrer Beobachtungen klären sie die Wirkung auf den Betrachter.
Das Bild ist als Farbfolie Nr. 3 zugänglich in der Mappe *Kunststücke 5-6-7*, München 2003.
- Sch fertigen eine Sehhilfe an, indem sie in ein Blatt Papier ein Quadrat von 5 x 5 cm schneiden.

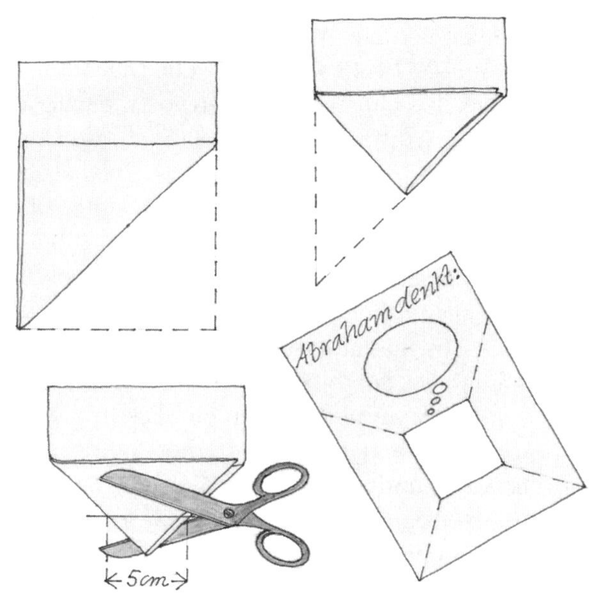

- Legt nun eure »Lupe« auf das Bild im Buch. Fahrt langsam über das Bild und konzentriert euch nur auf den Ausschnitt, den ihr dann seht. Ihr könnt verweilen, wenn ihr eine Stelle findet, die euch besonders auffällt. Lasst euch Zeit dabei!
- Haltet dann inne bei einem Bildausschnitt, der euch wichtig erscheint. Versucht, diesen Ausschnitt für die anderen in der Klasse möglichst genau zu beschreiben. Was seht ihr?

- Nachdem einige Sch ihr Bild nach Farben und Linienführung beschrieben haben, wird die Aufmerksamkeit auf den Eindruck gelenkt, den dieser Bildausschnitt auslöst:

- Zeichnet nun – wie im Comic – eine Gedankenblase auf den breiten Rand eures Blattes. Schreibt dort hinein, wie ihr euren Ausschnitt empfindet. Achtet besonders auf die Adjektive, die ihr verwendet!

- Sch lesen ihre Eindrücke vor. Anschließend wird das Bild in seiner Gesamtheit angeschaut.

- Das Bild steht am Anfang eines Buchkapitels, in dem es um die Bibel geht: Wenn ihr an die Geschichten aus der Bibel denkt, die ihr schon kennt – welche Verbindungen findet ihr dann zwischen Bild und Bibelgeschichten?

Alternative: Die Bildannäherung kann auch ohne diese Sehhilfe, wie auf *Ideenseite* **40** beschrieben, vorgenommen werden. Dabei erfolgt die Erarbeitung in Form einer Bildergeschichte.

Das Bild ausgestalten

Sch erarbeiten die Mehrschichtigkeit des Bildes und werden auf die symbolischen Perspektiven aufmerksam.

- Sch erhalten eine grobe Umrisszeichnung des Miró-Bildes (**AB 5.3.1, Lehrerkommentar S. 77,** auf A 3 vergrößern!).

- Stellt euch vor, ihr müsstet die Entstehung des Bildes von Miró nachgestalten. Versucht zunächst, den Hintergrund in die Umrisszeichnung einzutragen. Nehmt dazu die Farben Blau, Rot, Grün und Gelb. Wichtig ist, dass ihr darauf achtet, was wirklich im Hintergrund ist.

- Gemeinsame Betrachtung der Bilder und Gespräch über die Ähnlichkeit zum Miró-Bild (Was ist gut gelungen – wo habt ihr anders gearbeitet?).

- Wendet euch nun dem Vordergrund zu. Füllt auch hier zunächst mit den Farben die Flächen aus, die zum Vordergrund gehören!
- Nehmt nun einen schwarzen Filzstift und zieht all jene Linien nach, die auch bei Miró kräftig ausgeführt sind. Achtet dabei besonders auf den Anfang und das Ende der Linien. Was fällt dabei auf?
- Jetzt bleiben nur noch die Abdrücke der Hände und der Fleck im oberen Teil. Welche Gründe könnte es geben, dass der Künstler dies so gestaltet hat?

Alternative: Die Arbeit wird in zwei Gruppen in unterschiedlicher Reihenfolge ausgeführt. (Gruppe A bearbeitet zuerst den Hintergrund, Gruppe B nimmt zuerst die Ausgestaltung des Vordergrundes vor.) Nach dem ersten Schritt werden die Bilder verglichen und es wird über ihre Wirkung nachgedacht. Anschließend jeweils weitere Bearbeitung.

- Ebenso bietet sich ein Bildervergleich an, z. B. mit einer Christusübermalung von Arnulf Rainer (Farbfolie Nr. 20 in: Bilder der Kunst für den Religionsunterricht. 36 Folien, München 2000, Best.-Nr. 3-466-50642-5).

Was Hände bewirken können

Ausgehend von den Handabdrücken des Bildes nehmen Sch die ambivalente Wirkung von »Hand« wahr und entwickeln einen Sinn für das Symbol »Hand«.

- Sch clustern: Auf ein Blatt schreiben Sch den Impuls: »Das alles können Hände ...« In EA suchen sie nach Wirkweisen von Händen. Anschließend Austausch in PA.
- Sch erhalten Bibelstellen, in denen die Hand eine besondere Rolle spielt, und erarbeiten charakteristische Aussagen (z. B. Ps 139; die Handauflegung der Kinder Mk 10,13-16; Berührungen bei Heilungen Jesu in Verbindung mit seinem Wort, z. B. Heilung eines Aussätzigen Mk 1,41).
- Vergleich mit dem Bild: Gemeinsamkeiten/Unterschiede in der Art, wie »Hand« sich im Bild zeigt.
- Es sind im Bild linke Hände dargestellt. Dazu gibt es im Volksmund verschiedene Redewendungen, z. B.: »Sie hat zwei linke Hände.« Oder wenn Menschen sich zufällig mit der linken Hand begrüßen, dann sagen sie oft: »Ich grüße dich mit der linken Hand, sie kommt vom Herzen!« Was wird mit diesen Redewendungen ausgesagt?
- L gibt Information zum Hintergrund des Bildes: der Mai 1968 in Frankreich als Zeit der Veränderung, als junge Menschen versuchten, neue und eigene Wege zu gehen. Dabei gibt es auch Konflikte – wie immer im Leben. Manchmal entladen sie sich mit Kraft und Gewalt.
- Sch sammeln in PA oder GA Konfliktsituationen aus dem eigenen Alltag, aber auch aus biblischen Erzählungen, die ihnen bekannt sind. Anschließend geben sie den jeweiligen (biblischen und alltäglichen) Konfliktparteien Stimmen in der Täter-Opfer-Spannung (z. B. durch kurze Sätze in Sprechblasen): »Ich bin so wütend auf dich, weil ...« – »Du tust mir Gewalt an und dabei will ich doch nur ...«

Hinweis: Eine Steigerung entsteht, wenn die Ereignisse um den Tod Jesu thematisiert werden:

– Auch beim Tod Jesu spielen die Hände von Menschen eine wichtige Rolle. Achtet einmal darauf, wenn ihr eine Passionsgeschichte lest! Versucht euch klarzumachen, was in diesen Erzählungen Hände tun oder auch nicht tun!

- Sch werden dabei in die spannungsreiche Auseinandersetzung verwickelt, die zu einem genauen Hinsehen in biblische Zeugnisse führen kann.

Weg – Wahrheit – Leben   Themenseite (38) (39)

1. Hintergrund

Die vorliegende Doppelseite ist vorwiegend von visuellen Impulsen, die verschiedene Einblicke zum Thema geben, bestimmt. Zusammen mit einigen Schriftstellen aus dem Alten bzw. Neuen Testament und den beiden Aussagen über das Buch der Bibel sieht man so eine Art Puzzle vor sich liegen. Schüler der 5. Jahrgangsstufe haben normalerweise bereits einige Kenntnisse über die Bibel, wenn auch noch etwas bruchstückhaft und bisweilen aus dem Zusammenhang gerissen.
Szenen aus der biblischen Zeit und der Gegenwart verbinden sich. Im Mittelpunkt stehen die wichtigen Worte Jesu »... Ich bin der Weg und die Wahrheit und das Leben ...« (Joh 14,6). Dieser Ausspruch Jesu ist hier mit dem Bild des Weinstocks verbunden. Warum die Heilige Schrift als das Buch des Alten und Neuen Bundes auf beiden Hälften ihren Platz einnimmt, ist allein von der Sache her klar. Die Bibelstelle Jes 61,1 auf der rechten Seite der Bibel (auf der linken Seite in anderen Sprachen abgedruckt), bringt in aller Deutlichkeit zum Ausdruck, dass das Alte Testament auch für uns Christen von heute Gültigkeit besitzt. Ebenso weist der Weinstock als Symbol für Jesus darauf hin, dass Jesus nicht gekommen ist, um den Alten Bund aufzulösen, sondern ihn zu erneuern und im Neuen Bund weiterzutragen. Jesus und die Bibel bilden die Brücke, durch die Menschen von früher und heute, einhergehend mit ihren Lebensumständen und Denkweisen, miteinander in Verbindung gebracht werden.
Die Bibel wird hier ferner als Ansatzpunkt der Wurzeln des Weinstocks abgebildet, was aufzeigt, dass sie das Fundament des Glaubens an Jesus Christus und somit an Gott ist.
Diese Tatsache vereint die Menschen vieler Nationen untereinander und bietet ihnen allen durch ihre Gemeinschaft Schutz und Geborgenheit. Sichtbar wird dies durch das dritte Bildelement, das beide Seiten miteinander verbindet: die Menschen verschiedener Nationalitäten, die unter dem Schutzdach der Bibel stehen. Diese symbolische Brücke wird im Bild durch die Anfänge der Bibel, von der mündlichen zur schriftlichen Überlieferung, und später durch ihre Verbreitung in verschiedensten Ausgaben und Sprachen bis hin zur CD-ROM verlängert.

Land, Leute und Lebensweise im AT
Die in den drei Kreissegmenten *Themenseite* **38** zu sehenden Bilder (Leben im Alltag; Gottesdienst und Ritual; Wüste mit Oase) möchten Sch neugierig machen und einladen, sich über die in der Bibel beschriebenen Menschen und deren Land und Lebensweise Gedanken zu machen und sich gegenseitig auszutauschen.
Da in der 5. Jahrgangsstufe lt. Lehrplan nicht näher auf diese Thematik eingegangen werden soll, wird sie bei den Einsatzmöglichkeiten nicht berücksichtigt. Lediglich das Bibelstellenrätsel (**AB 5.3.8, Lehrerkommentar S. 87**) spricht einige Personen aus dem Alten bzw. Neuen Testament und das Land Palästina an.

Die Bibel als Bibliothek
Auf *Themenseite* **38** wird wie durch ein Lupenglas eine Bibliothek sichtbar, die darauf aufmerksam macht, dass die Bibel aus vielen einzelnen Büchern besteht. Ursprünglich waren die insgesamt 73 Schriften des AT nicht in einem einzigen Band vereinigt, sondern bestanden als selbstständige Bücher, jedes für sich. Erinnert man sich an die antike Buchform, die Rolle, wird das verständlich. Bereits die in Qumran gefundene Jesajarolle erreicht mit ihren 7,34 m das Normalmaß. Eine Sammlung aller Bücher des AT auf einer einzigen Rolle wäre unvorstellbar. Selbst bei den weniger umfangreichen 27 Büchern des NT, die nicht in Rollenform, sondern als vielfach viereckig gefaltete Papierbögen kursierten, wäre es unmöglich gewesen, alle zu vereinigen. Die Bibel in ihrem ursprünglichen Zustand bestand also aus einer Vielzahl von einzelnen Schriften, von denen jede ein alt- bzw. neutestamentliches Buch enthielt.

Bibelkreis (*Themenseite 39*)
Dieses Foto aus Indien weist darauf hin, dass die Verkündigung des Evangeliums auch in dieser Form geschehen kann. Bereits die frühen ChristInnen versammelten sich in kleiner Runde an (geheimen) Orten, um die frohe Botschaft zu hören und zu besprechen. In Basisgemeinden Lateinamerikas hat diese Form eine neue Lebendigkeit bekommen, die weltweit, auch in Europa, anzutreffen ist.

Bild – Annäherung

Aussagen über das Buch der Bibel

Zwei weitere Fotos – einer Pfarrerin und einer Schülerin – sind kombiniert mit gegensätzlichen Antworten auf die Frage: »Was hältst du von der Bibel?« Wenngleich die Sicht der Pfarrerin im ersten Moment als die tiefsinnigere eingeschätzt werden mag, ist es die Meinung der Schülerin auf den zweiten Blick genauso. Warum gibt es in dieser Familie trotz des kaum bis nicht vorhandenen Interesses an der Heiligen Schrift doch eine solche? Steht sie dort, weil sie womöglich zur Grundausstattung einer Familie gehört oder, allem Augenschein zum Trotz, es ein echtes Anliegen ist, eine Bibel aus Glaubensgründen zu besitzen?

Von der mündlichen zur schriftlichen Überlieferung

Durch Bildelemente wird ein Überblick über die Überlieferungsarten gegeben: angefangen von der Verkündigung als einem Beispiel der mündlichen Überlieferung über den Felsen und die Tonscherbe, die die Anfänge der sehr mühevollen schriftlichen Überlieferung zeigen, bis hin zur Papyrusstaude, die eine vergleichsweise einfachere schriftliche Tradierung ermöglichte. Mit dem Aufkommen der Buchdruckkunst entstand dann die Bibel als Buch, eine der ersten bekanntlich von Martin Luther. Heute ist die Bibel eines der am meisten übersetzten Bücher und auch auf CD-ROM erhältlich.

Die Sprachen der biblischen Bücher

Berücksichtigt man den langen Zeitraum der Entstehung der Bibel, ist es nicht verwunderlich, dass die Bücher der biblischen Bibliothek ursprünglich nicht alle in derselben Sprache geschrieben worden sind. Während der tausendjährigen Entstehungszeit der Bibel folgten drei Sprachen aufeinander, das Hebräische, das Aramäische und das Griechische. Entsprechend sind auch die biblischen Schriften in diesen drei Sprachen verfasst. Größtenteils ist das AT in hebräischer Sprache geschrieben, da diese als Schrift- und Gelehrtensprache sehr lange, bis über das 6. Jh. v. Chr. hinaus, in Gebrauch war. Als Umgangssprache wurde das Hebräische nach dem Exil schrittweise durch das Aramäische (dessen Schriftbild mit dem des Hebräischen identisch ist) verdrängt. Für Jahrhunderte wurde Aramäisch die Landessprache Palästinas, das seine Blütezeit während des Perserreiches hatte und dort Verwaltungssprache wurde (549-331 v. Chr.), sich aber durch bis heute unbekannte Entwicklungen auch in den Siedlungen Palästinas festsetzte. Einige wenige Teile des AT wurden deswegen in dieser Sprache verfasst. Einige atl. Spätschriften wurden aber auch in Griechisch geschrieben.

Die Bücher des NT hingegen sind in griechischer Sprache geschrieben, allerdings nicht im Griechisch der Klassiker, sondern in der so genannten Koine, der allgemeinen griechischen Umgangssprache. Diese war die internationale Sprache des hellenistischen Zeitalters und war seit Alexander dem Großen bis etwa 500 n. Chr. im ganzen Orient verbreitet. Als damalige Weltsprache trug sie wesentlich zur Verbreitung des Christentums bei.

Die Bibel heute: Zahlen

Seit langem schon ist die Bibel ein Bestseller. Nachdem sich 1946 dreizehn Bibelgesellschaften zum Weltbund der Bibelgesellschaften zusammengeschlossen hatten, erhielt die Verbreitungsarbeit einen großen Aufschwung. Während 1950 die Bibel in 1044 Sprachen übersetzt war, waren es 1970 bereits 1431. Im Jahre 1990 waren es dann 1946 Sprachen und elf Jahre später, im Jahr 2001, bereits 2233. Hierbei wurde entweder die ganze Bibel, das Neue Testament oder ein Buch der Bibel übersetzt. Da es weltweit ca. 6000 Sprachen gibt, verbleibt den 140 nationalen Bibelgesellschaften, die derzeit an 700 Übersetzungsprojekten arbeiten, noch viel zu tun. Jährlich werden 150 000 000 Gesamtausgaben der Bibel verkauft, nahezu eine halbe Million Jugendbibeln und mehr als 2000 Bibelcomics.

Bibelworte der Themenseite

Die zitierten Stellen aus AT und NT stehen in thematischer Verbindung. Jesaja und Jeremia vermitteln Zusage und Anfrage an die Menschen, wie sie auch im NT zu finden sind. Mk 10,14 hebt dabei die Kinder hervor – im Bedenken mit den Sch kann deutlich werden, inwiefern die Kinder Glaubensmodell auch für Erwachsene sein können, wenn ihnen absichernde, berechnende Grundhaltungen noch fern sind. In der Johannesstelle werden zentrale Symbole angesprochen, die den Stellenwert Jesu für Christen deutlich machen können.

2. Einsatzmöglichkeiten im RU

Genau sehen und weiterfragen

Sch werden durch Fragen und Anregungen dazu angeleitet, sich intensiv mit den bildlichen Elementen der *Themenseite* zu beschäftigen:

- Betrachte die vor dir liegende Doppelseite eine Weile lang. Wo bleibt dein Blick länger hängen? Erzähle, warum.
- Es sind hier sechs Bilder in den Kreisausschnitten zu sehen: Überlege, welches von ihnen du auswählen würdest, und begründe deine Wahl. Was vermisst du auf dem einen oder anderen Bild?
- All die einzelnen Elemente, die hier zu sehen sind, erzählen oder deuten Geschichten an. Wovon möchtest du gerne mehr wissen?

Einband für eine moderne Bibel
Die aufgeschlagene Bibel, deren Einband nicht zu sehen ist, gibt Anreiz darüber nachzudenken, wie ein solcher aussehen könnte.
- Lies die Bibelstellen für dich, die auf der Seite abgedruckt sind. Wähle eine Stelle aus, die dir für heute passend erscheint.
- Ihr könnt nun darüber nachdenken, mit welchen Menschen oder Erlebnissen ihr diese ausgewählte Bibelstelle verbindet. Was habt ihr erlebt? Macht euch dazu einige Notizen.
- Entwerft ein Skizze für den Umschlag eines Buches, in dem diese ausgewählte Bibelstelle stehen kann. Was müsste darauf gezeichnet sein, damit der Umschlag und die ausgewählte Aussage etwas miteinander zu tun haben?
- Im Vergleich können Einbände von Bibeln herangezogen werden, die für Erwachsene gedruckt wurden oder in der Kirche Verwendung finden. Welche Bilder und Symbole lassen sich finden?

Was soll man von der Bibel halten?
Die Meinungsumfrage (**AB 5.3.2, Lehrerkommentar S. 80**) soll es Sch erleichtern, zur Bedeutung der Bibel ins Gespräch zu kommen.
- Sch bearbeiten nach einer kurzen Einführung den Fragebogen nach den Aufgabenstellungen.
- Zur Auswertung und Erhebung eines Meinungsbildes werden die Tendenzen der Lerngruppe gesammelt.
- In GA stellen Sch einander ihre frei formulierte Sichtweise zur Bibel vor.
- L verteilt Blätter im A3-Format an jede KG:
- Überlegt Fragen, die wir hier im Unterricht besprechen sollten, und schreibt sie auf die Blätter.
- Wenn die Blätter in einem Auswertungsgespräch im Klassenverband besprochen werden, entsteht ein Eindruck von den Bereichen, die Sch interessieren. Die Blätter werden aufgehängt und können den Unterricht der folgenden Zeit immer wieder anregen und leiten.

Hinweis: Diese Umfrage ist sinnvollerweise in den Anfangsstunden durchzuführen, wohingegen eine zweite Umfrage zum Schluss der Unterrichtseinheit angesetzt werden könnte – im Sinne einer Urteilsbildung, die Sch für sich erproben können.
Alternative: Durch Aussagen der *Themenseite* wenden sich Sch der Frage zu, was ihnen selbst die Bibel bedeutet (in Anlehnung an die Aussage der Schülerin bzw. der Pfarrerin auf der *Themenseite*). Diese werden auf Kärtchen geschrieben und dann ausgewertet. Auch ein Schreibgespräch in GA ist denkbar.

Bibelworte entschlüsseln
Anhand von kurzen Satzteilen aus Bibeltexten der *Themenseite* gewinnen Sch einen Blick für die Bildhaftigkeit biblischer Sprache und erproben die Sinnhaftigkeit eigener Deutungen.
- L legt in der Anzahl der Sch größere Papierstreifen aus, auf denen ausgewählte Textstücke aus den Texten der *Themenseite* geschrieben sind (**AB 5.3.3, Lehrerkommentar S. 81**). Sch lesen die Sätze und wählen einen Textstreifen für sich aus.
- Denkt zunächst einmal einen Augenblick über den Satz nach. Wenn euch Menschen in den Sinn kommen, zu denen euer Satz passt, dann schreibt etwas über sie dazu.
- Die Sätze, die ihr euch ausgesucht habt, kommen euch vielleicht bekannt vor. Sie teilen mit, wie wir uns das Gute unseres Glaubens vorstellen können. Trotzdem lohnt es sich darüber nachzudenken, wie wir sie auch in unserer heutigen Sprache sagen können.
- Versucht die Sätze in unsere »normale Sprache« umzuändern. Schreibt eine Übersetzung, indem ihr mit neuen Worten sagt, was die Bibel meint.
- Sch bilden dann jeweils zu viert Erzählgruppen, in denen sie sich über ihre Notizen austauschen.
- Die Aufmerksamkeit wird auf die Überschrift der *Themenseite* gelenkt (Weg – Wahrheit – Leben), indem L die Johannesstelle zur Akzentuierung an die Tafel schreibt: »... Ich bin der Weg und die Wahrheit und das Leben ...« (Joh 14,6). Welche Verbindung könnte es geben zwischen den ausgewählten Bibelsätzen und dieser Überschrift?

Die Bibel – ein Buch für viele Nationen
Ausgehend von den fremden Schriftzeichen und im Blick auf die Kinder verschiedener Länder entsteht ein Bewusstsein für die weltumspannende Bedeutung der Bibel.
- L schreibt je nach eigenem Kenntnisstand einen Auszug des Jesaja-Textes in einer anderen Sprache an die Tafel. Sch suchen diese Sprache auf der *Themenseite* und sprechen den lateinischen Satz nach, L den Text in griechischer und hebräischen Lauten, vgl. dazu die folgende Übertragung in Lautschrift:

> Jes 61,1:
> Hebr.: Ruach adonai alai ja_an maschach
> adonai oti lebasser anawim schelachani
> lachabosch lenischbere-leb likro lischbujim
> deror wela asurim pekach koach.
>
> Griech.: Pneuma küriu ep eme, u eineken
> echrisen me euangelisastai ptochois a
> pestalken me, iasastai tous syntetrimenous
> tä kardia, käryxai aichmalotois aphesin kai
> typhlois anabläpsin.

Was soll man von der Bibel halten? – Was meinst du?

	☺	😐	☹
Ich weiß nicht, was ich von der Bibel halten soll. Ich kenne sie kaum.	....	....	....
Mein älterer Bruder sagt: Die Bibel ist total veraltet!	....	....	....
Manche sagen: Die Bibel ist bedeutungslos.	....	....	....
Die Bibel ist so eine Art Märchenbuch für Erwachsene.	....	....	....
Die Bibel ist ein Ratgeber fürs Leben.	....	....	....
Die Bibel ist ein Buch, das die Menschen verändert.	....	....	....
Die Bibel macht Mut und hilft Sorgen und Ängste besser zu ertragen.	....	....	....
Das, was in der Bibel steht, macht mich nachdenklich.	....	....	....
In der Bibel kommt das Wort Gottes zum Ausdruck.	....	....	....
Die Bibel ist ein gutes Nachschlagewerk bei der Suche nach Vornamen.	....	....	....

- Lies die vorgegebenen Meinungen aufmerksam durch und überlege, ob du ihnen
  – voll und ganz zustimmen kannst, ☺
  – einerseits schon, aber andererseits nicht zustimmen kannst, 😐
  – überhaupt nicht zustimmen kannst. ☹
- Überlege Gründe für deine Meinung und notiere sie in Stichworten auf einem Zettel.
- Kreuze das entsprechende Gesicht in den dafür vorgesehenen Kästchen hinter den Aussagen an!
- Besprich deine Ergebnisse mit einem Partner oder einer Partnerin – welche Gemeinsamkeiten und Unterschiede stellt ihr fest?
- Ergänze nach eurem Gespräch den folgenden Satzanfang:

An der Bibel finde ich wichtig, dass ______________________________

»Kehrt doch alle um von
eurem schlechten Weg!«

»Kindern gehört das Reich Gottes.«

»Ich heile alle,
deren Herz zerbrochen ist.«

»Er hat mich gesandt, damit ich
den Armen eine frohe Botschaft
bringe.«

Alte Texte in heutigen Sprachen sprechen

Isaie 61,1
L'esprit du Seigneur Yahvé est sur moi,
parceque Yahvé m'a oint;
il m'a envoyé apporter aux humbles
la bonne nouvelle,
panser les coeurs brisés,
proclamer aux déportés la libération
et aux captifs l'elargissement.

Isaiah 61,1
The spirit of the Lord GOD is upon me,
because the LORD has anointed me;
he has sent me to bring good
news to the appressed,
to bind up the brokenhearted,
to proclaim liberty to the captives,
and release to the prisoners.

Jérémie 35,15
Revenez donc chacun
de votre voie mauvaise,
amandez vos actions,
m'allez pas à la suite
d'autres dieux
pour les servir.

Jeremiah 35,15
Turn now everyone of you
from your evil way,
and amend your doings,
and do not go after other gods
to serve them.

Marc 10,14
Laissez les enfants venir vers moi,
ne les empêchez pas;
car c'est à leurs pareils
qu'appartient le royaume de Dieu.

Mark 10,14
Let the little children come to me;
do not stop them;
for it is to such as these
that the kingdom of God belongs.

So sieht die Seite in einer Bibel aus

Buch

ter, der auch das Verborgene sieht; und dein
Vater, der das Verborgene sieht, wird es dir
vergelten.

Von der falschen und der rechten Sorge: 6,19–34

19 Sammelt euch nicht Schätze hier auf der
Erde, wo Motte und Wurm sie zerstören und
wo Diebe einbrechen und sie stehlen, 20 son-
dern sammelt euch Schätze im Himmel, wo
weder Motte noch Wurm sie zerstören und
keine Diebe einbrechen und sie stehlen.
21 Denn wo dein Schatz ist, da ist auch dein
Herz.
22 Das Auge gibt dem Körper Licht. Wenn
dein Auge gesund ist, dann wird dein ganzer
Körper hell sein. 23 Wenn aber dein Auge
krank ist, dann wird dein ganzer Körper fin-
ster sein. Wenn nun das Licht in dir Finster-
nis ist, wie groß muß dann die Finsternis
sein! 24 Niemand kann zwei Herren dienen;
er wird entweder den einen hassen und den
andern lieben, oder er wird zu dem einen hal-
ten und den andern verachten. Ihr könnt
nicht beiden dienen, Gott und dem Mam-
mon.
25 Deswegen sage ich euch: Sorgt euch
nicht um euer Leben und darum, daß ihr et-
was zu essen habt, noch um euren Leib und
darum, daß ihr etwas anzuziehen habt. Ist
nicht das Leben wichtiger als die Nahrung
und der Leib wichtiger als die Kleidung?
26 Seht euch die Vögel des Himmels an: Sie
säen nicht, sie ernten nicht und sammeln
keine Vorräte in Scheunen; euer himmli-
scher Vater ernährt sie. Seid ihr nicht viel
mehr wert als sie? 27 Wer von euch kann mit
all seiner Sorge sein Leben auch nur um eine
kleine Zeitspanne verlängern? 28 Und was
sorgt ihr euch um eure Kleidung? Lernt von
den Lilien, die auf dem Feld wachsen: Sie ar-
beiten nicht und spinnen nicht. 29 Doch ich
sage euch: Selbst Salomo war in all seiner
Pracht nicht gekleidet wie eine von ihnen.
30 Wenn aber Gott schon das Gras so präch-
tig kleidet, das heute auf dem Feld steht und
morgen ins Feuer geworfen wird, wieviel
mehr dann euch, ihr Kleingläubigen!
31 Macht euch also keine Sorgen und fragt
nicht: Was sollen wir essen? Was sollen wir
trinken? Was sollen wir anziehen? 32 Denn
um all das geht es den Heiden. Euer himmli-
scher Vater weiß, daß ihr das alles braucht.
33 Euch aber muß es zuerst um sein Reich
und um seine Gerechtigkeit gehen; dann
wird euch alles andere dazugegeben.
34 Sorgt euch also nicht um morgen; denn
der morgige Tag wird für sich selbst sorgen.
Jeder Tag hat genug eigene Plage.

19–21 ‖ Lk 12,33f • 22–23 ‖ Lk 11,34–36 • 24 ‖ Lk 16,13 • 25–33 ‖ Lk 12,22–31 • 19: Jak 5,2f • 20: 19,21; Mk 10,21; Lk 18,22 • 26: 10,29–31; Lk 12,6f • 29: 1 Kön 10,5 • 31: Phil 4,6; 1 Petr 5,7 • 32: 6,8.

Kapitel

Vom Richten: 7,1–5

7 Richtet nicht, damit ihr nicht gerichtet
werdet! 2 Denn wie ihr richtet, so werdet
ihr gerichtet werden, und nach dem Maß, mit
dem ihr meßt und zuteilt, wird euch zugeteilt
werden. 3 Warum siehst du den Splitter im
Auge deines Bruders, aber den Balken in dei-
nem Auge bemerkst du nicht? 4 Wie kannst
du zu deinem Bruder sagen: Laß mich den
Splitter aus deinem Auge herausziehen! –
und dabei steckt in deinem Auge ein Balken?
5 Du Heuchler! Zieh zuerst den Balken aus
deinem Auge, dann kannst du versuchen,
den Splitter aus dem Auge deines Bruders
herauszuziehen.

1–2 ‖ Mk 4,24f; Lk 6,37f • 3–5 ‖ Lk 6,41f • 1–2: Röm 2,1; 1 Kor 4,5.

Von der Entweihung des Heiligen: 7,6

6 Gebt das Heilige nicht den Hunden, und
werft eure Perlen nicht den Schweinen vor,
denn sie könnten sie mit ihren Füßen zertre-
ten und sich umwenden und euch zerrei-
ßen.

Vers

Vom Vertrauen beim Beten: 7,7–11

7 Bittet, dann wird euch gegeben; sucht,
dann werdet ihr finden; klopft an, dann wird
euch geöffnet. 8 Denn wer bittet, der emp-
fängt; wer sucht, der findet; und wer an-
klopft, dem wird geöffnet. 9 Oder ist einer un-
ter euch, der seinem Sohn einen Stein gibt,
wenn er um Brot bittet, 10 oder eine Schlan-
ge, wenn er um einen Fisch bittet? 11 Wenn
nun schon ihr, die ihr böse seid, euren Kin-
dern gebt, was gut ist, wieviel mehr wird euer
Vater im Himmel denen Gutes geben, die ihn
bitten.

7–11 ‖ Lk 11,9–13 • 7: 18,19; 21,22; Mk 11,24; Joh 14,13f; 15,7; 16,24; 1 Joh 5,14f.

6,24 Zu »Mammon« vgl. die Anmerkung zu Lk 16,9.
6,27 Andere Übersetzungsmöglichkeit: kann ... seiner Körpergröße auch nur eine Elle hinzufügen?

7,6 Der Ausdruck »das Heilige« bezeichnete ursprünglich wahrscheinlich Opferfleisch, dann im übertragenen Sinn bei den Juden die Tora (das Gesetz) und hier die Lehre Jesu.

So findet ihr die Stelle in der Bibel

- *Schaut im Inhaltsverzeichnis der Bibel nach, auf welcher Seite das Matthäus-Evangelium beginnt. Schlagt es auf.*

- *Auf den nächsten Seiten findet ihr groß gedruckt Ziffern im Text. Das sind die Kapitelnummern. Blättert weiter bis zum 7. Kapitel.*

- *Kontrolliert, ob ihr noch im Matthäus-Evangelium oder aus Versehen in einem anderen Evangelium gelandet seid. Oben über dem Text steht das »Buch«, in dem ihr euch befindet. Wenn ihr richtig aufgeschlagen habt, steht dort »Matthäus«.*

- *Schaut jetzt im 7. Kapitel auf die kleinen Zahlen. Das ist die Vers-Nummerierung. Sucht den Vers 8. Lasst euch dabei von den Zwischenüberschriften nicht stören! Wenn ihr alles richtig gemacht habt, seid ihr nun am Ziel und könnt feststellen, wie lang oder kurz der Vers genau ist und was dort steht.*

- *Schreibt die Schriftstelle Mt 7,8 auf folgende Zeilen:*

____

____

Es handelt sich hierbei um ein so genanntes ____________________

Den Bibelsprüchen auf der Spur

Dtn 8,3 ______________________________

Spr 27,10 ______________________________

____

Koh 3,1 ______________________________

Sir 30,14 ______________________________

____

Hos 8,7 ______________________________

Mt 12,34 ______________________________

____

Lk 6,43 ______________________________

____

2 Kor 9,6 ______________________________

____

2 Thess 3,10 ______________________________

____

2 Tim 3,14 ______________________________

Schlage die jeweils angegebene Bibelstelle nach und lies sie durch.
Überlege, welches Sprichwort sich dahinter verbirgt, und schreibe es auf. (Manchmal steht das Sprichwort bereits so in der Bibel, wie man es auch heute noch kennt.)

- L lenkt Blick auf die Kindergesichter. Sch stellen Vermutungen darüber an, welchen Herkunftsländern der Erde sie zugeordnet werden können. Überlegungen werden angestellt, in welcher Sprache die Menschen dort in der Bibel lesen.
- Anhand einer Folie wird der Jesaja-Text in modernen Sprachen gesprochen (**AB 5.3.4, Lehrerkommentar S. 82**). Falls Sch aus anderen Nationalitäten in der Klasse oder einer parallelen Lerngruppe sind, können sie den entsprechenden Text sprechen bzw. weitere Ergänzungen aus einer Bibel ihrer Muttersprache einbringen.
- Austausch: Wenn wir Bibelsätze in anderen Sprachen hören, dann bekommen sie für uns eine neue Wirkung ...
- Sch singen Lied »Rock my soul in the bosom of Abraham« oder »Give me that old time religion« (**AB 5.2.6, Lehrerkommentar S. 57**). Nach einer Songphase, die auch mit einfachen Rhythmusgeräten unterstrichen werden kann (z. B. in Form einer Klorollen-Rassel) und eine positiv-emotionale Beteiligung ermöglicht, suchen Sch nach biblischen Themen, die im Lied selbst enthalten sind oder mit dem Song in eine Verbindung gebracht werden können.
- Sch bedenken die Bedeutung, die die Bibel für die Menschen der Welt haben kann angesichts ihrer großen Verbreitung. Gemeinsam werden Aufgaben zusammengestellt, die im Sinne des Jeremia-Textes zur Verbesserung der Welt führen, wenn sich alle Christen daran beteiligen.

Alternativ lesen und sprechen Sch Übersetzungen der Jeremias- und Markus-Stelle (z. B. in englischer Sprache). Dadurch werden Sch auf Bedeutungsunterschiede im Vergleich zur muttersprachlichen Übersetzung aufmerksam.

Klorollen-Rassel: Eine einfache, aber wirkungsvolle Rassel entsteht, wenn eine Seite einer leeren Klorolle mit Papier zugeklebt wird, dann Reiskörner hineingelegt werden und anschließend die zweite Öffnung verschlossen wird. Das »Instrument« lässt verschiedene Geräusche zu, deren Lautstärke überschaubar bleibt und sich für eine wirkungsvolle Liedbegleitung eignet.

Sich in der Bibel zurechtfinden

Um sich in der Bibel selber zurechtzufinden, lernen Sch die Funktionsweise der Kapitel- und Verseinteilung kennen.

- Sch erhalten **AB 5.3.5** oder **5.3.6, Lehrerkommentar S. 83** bzw. **S. 84**). Während AB 5.3.5 voraussetzt, dass L anhand des OHP die Zusammenhänge auf der betreffenden Seite aus der Bibel herstellt, können sich Sch mit dem AB 5.3.6 innerhalb einer GA die Zusammenhänge selbst erarbeiten. Mt 7,8 gibt eine Redensart wieder.
- Als Übungsaufgaben zum Aufschlagen von Schriftstellen dienen **AB 5.3.7** oder **AB 5.3.8**.
- Diese Übungen können die Vorarbeiten zu einem Bibelgespräch sein. Dabei gibt **AB 5.3.8, Lehrerkommentar S. 87**, die Themenstellung vor; **AB 5.3.7, Lehrerkommentar S. 85,** ermöglicht eine Art »südamerikanisches Bibellesen« (*Ideenseite* **40**).

Den Bibelsprüchen auf der Spur

Dtn 8,3	Der Mensch lebt nicht vom Brot allein.
Spr 27,10	Lieber den Spatz in der Hand als die Taube auf dem Dach.
Koh 3,1	Alles hat seine Zeit.
Sir 30,14	Besser arm und gesund als reich und krank.
Hos 8,7	Wer Wind sät, der erntet Sturm.
Mt 12, 34	Wenn das Herz voll ist, geht der Mund über.
Lk 6,43	An ihren Früchten werdet ihr sie erkennen.
2 Kor 9,6	Wer nicht sät, der erntet nicht. oder: Von nichts kommt nichts.
2 Thess 3,10	Wer nicht arbeiten will, soll auch nicht essen.
2 Tim 3,14	Schuster bleib bei deinen Leisten.

Auflösung zu AB 5.3.7

1	2	3	4	5	6	7	8	9	10	11	12	13	14
			S									A	Z
			A	E			S	D				U	I
			L	I			A	A	H			S	E
A	O	M	Z	N	L	K	M	M	O	L		G	G
B	M	I	I	H	E	O	A	A	R	O		L	E
B	E	R	G	E	V	E	R	S	E	T	Z	E	N
I	G	J		I	I	N	I	K	B		I	I	F
L	A	A		T		I	T	U			O	C	E
D		M				G	E	S			N	H	L
							R						L

Auflösung zu AB 5.3.8

Rätselhafte Worte

Schlage die Bibelstellen, die unter dem Rätsel angegeben sind, auf und lies sie. Finde nun das Lösungswort in dem Satz, der nach der Bibelstelle angegeben ist, und trage es in der entsprechenden senkrechten Spalte ein.

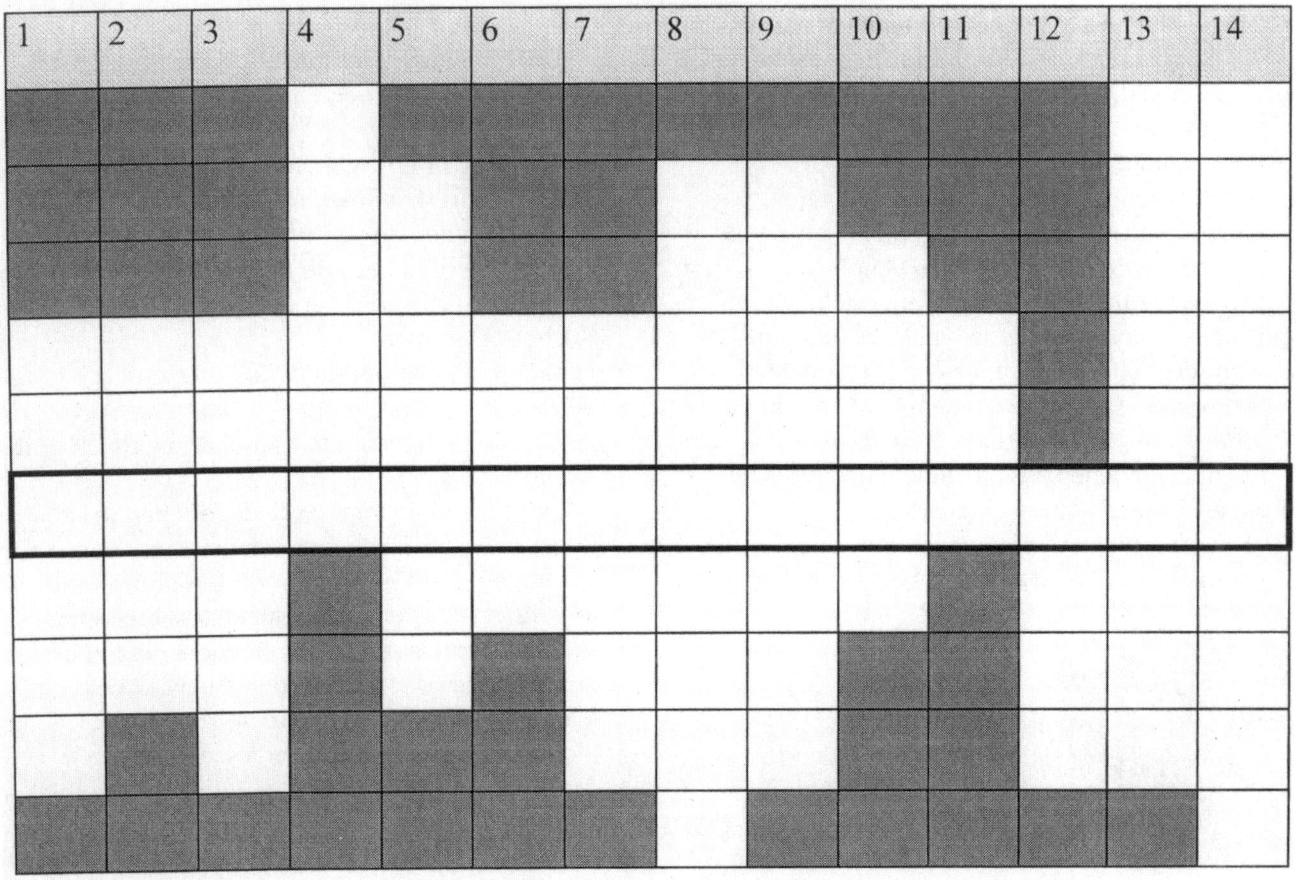

1	Gen 1,27	Der Mensch ist ...?... Gottes.
2	Offb 1,8	Der Herr bezeichnet sich als Alpha und ...?... .
3	Num 12,10ff	Das Volk brach ohne ...?... nicht auf.
4	Mt 5,13	Es schmeckt ...?... .
5	1 Kor 12,12	Der Leib ist trotz seiner vielen Glieder eine ...?... .
6	Lk 5,27	Ein Zöllner namens ...?... .
7	1 Chr 16,31	Der Herr ist ein ...?... .
8	Joh 4,39 f.	Die ...?... luden Jesus ein.
9	Apg 9,17-22	Saulus brachte große Unruhe in die Stadt ...?... .
10	Dtn 5,2 f.	Am ...?... schloss Gott mit dem Volk Israel einen Bund.
11	Gen 13,14	Abraham zog mit ...?... .
12	Ps 84,6-8	Das Ziel der Wallfahrt heißt ...?... .
13	2 Kor 8,12-15	Es soll ein ...?... unter den Menschen stattfinden.
14	Ex 36,14	Decken wurden früher auch aus ...?... hergestellt.

Wenn du alle senkrechten Felder richtig ausgefüllt hast, ergibt sich im waagerechten, umrandeten Feld ein Lösungsspruch, hinter dem sich ein Sprichwort verbirgt.

Es heißt: ______________________________

Sprecht über diesen Satz. Ihr könnt euch auch in den Stuhlkreis setzen und ein Bibelgespräch halten.

3. Weiterführende Anregungen

Geografie der Bibel

Sch finden sich in der Welt der Bibel besser zurecht, wenn sie sich eine Vorstellung von wichtigen räumlichen Gegebenheiten der biblischen Länder machen können.

- Sch erhalten **AB 5.3.9, Lehrerkommentar S. 91** und erarbeiten in GA die räumlichen Gegebenheiten.
- Zur Unterstützung werden Atlanten oder eine Wandkarte herangezogen; denkbar ist auch eine Kooperation mit dem Fach Erdkunde.
- Anschließend Gespräch über die Situation, vor allem Vergleich mit den heutigen Namen von Städten und Ländern. Vermutungen über Bezüge zu biblischen Erzählungen werden angestellt (Abraham, Exodus); dann Klärung der Frage, ob die Karte eher zum Alten oder eher zum Neuen Testament passt.
- Sch ordnen Farben zu vor dem Hintergrund der erarbeiteten Informationen (Gewässer, Wüsten, fruchtbare Ebenen, Bergregionen) und gestalten die Karte entsprechend farblich aus.
- *Weiterführung:* Sch entwerfen eine neue Karte, die eher zum Neuen Testament passt. Grundlage kann eine Kopie aus dem Anhang aus *Meine Schulbibel* sein, die L vorbereitet, indem wichtige Worte herausgelöscht werden. Zur Vorbereitung bietet sich die Erarbeitung einer »ntl. Bibliothek« an (vgl. unten), mit der Erkenntnis, dass die Adressaten des Paulus häufig Gemeinde- und damit Ortsnamen sind.

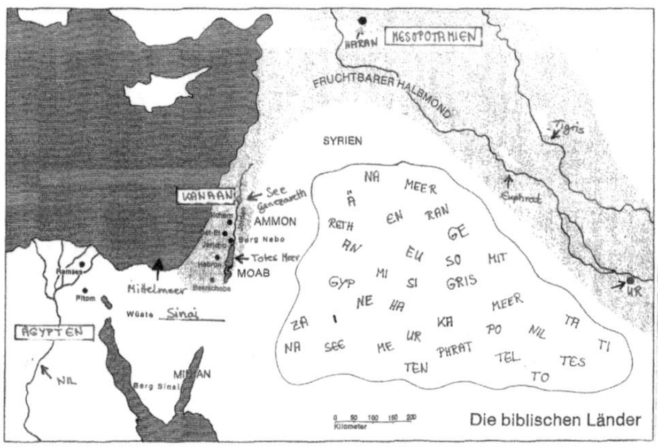

Die biblischen Länder

Eine Bibel-Bibliothek basteln

Sch erarbeiten sich einen Überblick über Aufbau und Struktur der Bibel.

- Erarbeitung in GA von vier Sch: Grundlage ist **AB 5.3.10, Lehrerkommentar S. 92**, auf A3 vergrößert und geschnitten. In Verbindung mit dem Inhaltsverzeichnis der Bibel aus der Einheitsübersetzung stellen Sch zunächst die Benennungen der biblischen Bücher zusammen.
- Je nach Klassengröße und damit Anzahl der Gruppen werden jeder Gruppe 4-5 biblische Bücher zugeteilt. Sch schneiden aus Fotokarton gleich große »Bücher« aus.
- Anhand der einführenden Texte, die den jeweiligen Büchern in der Bibel vorgeschaltet sind, tragen Sch wichtige Grundinformationen zusammen, die sie auf die Innenseiten ihres »Buches« schreiben.
- Anschließend werden die »Bücher« gefalzt und so zusammengeklebt, dass der Buchdeckel aufgeklappt werden kann und eine erste Information im Sinne eines Nachschlagewerkes zulässt.
- An einem Platz in der Klasse werden diese Bücher aufgestellt.

Weiterführung: Denkbar ist auch, sich von *Reli Realschule 5* leiten zu lassen und bei der Begegnung mit Bibelstellen, die aus bisher unbekannten Büchern stammen, die Bibliothek zu ergänzen. Dann müsste in dieser GA der Schwerpunkt auf Büchern liegen, die im Schulbuch nicht vorkommen.

Ideenseite (40) (41)

Folgende Ideen werden im thematischen Zusammenhang auf folgenden Seiten näher erläutert:

Das Bild entdecken: S. 74
Ein Hörspiel aufnehmen: S. 102
Texte klingen gut!: S. 90

Eine Bibelausstellung aufbauen

Im Kontext dieser Arbeit bietet sich ein Besuch im Bibel-Erlebnishaus in Nürnberg an.
Es handelt sich um eine Ausstellung, in der Kinder, Jugendliche und Erwachsene die Bibel neu entdecken sowie die Welt und Botschaft der Bibel erleben können. Zu finden sind u. a. Nomadenzelte, ein Basar, Bibel-Computer, Videos und eine Hörstation.

Nähere Informationen:
Hans-Sachs-Platz 2
90403 Nürnberg
Tel.: 0911/2 41 81 87
Fax: 0911/2 41 81 91
Öffnungszeiten: Di-Sa 11-17 h
www.museumsvielfalt-nuernberg.de/bibel_erlebnis_haus/kontakt.html

1. Hintergrund

Das Buch Tobit
Das Buch erzählt von einem frommen Israeliten namens Tobit, der nach dem Untergang des Nordreiches Israel in Assyrien (im heutigen Iran) lebt und während einer schweren Glaubensprüfung die Hilfe seines Gottes erfährt. Tobit, der seinen Leidensgenossen nach besten Kräften und selbst unter Lebensgefahr Barmherzigkeit erweist, wird vom Unglück verfolgt. Auf der Flucht vor dem Zugriff der staatlichen Behörden büßt er seine Habe ein und verliert durch ein Missgeschick auch noch sein Augenlicht. Statt Mitleid und Liebe erfährt er von seiner Frau nur Vorwürfe. In dieser Not schickt Gott seinen Engel Rafael. Dieser begleitet Tobias, den Sohn Tobits, auf einer gefahrvollen Reise nach Medien (Ort im heutigen Iran), gewinnt ihm dort Sara, die einzige Tochter des reichen Raguel, zur Frau und heilt schließlich Tobit von seiner Blindheit (Kap. 4-12). Ein Lobpreis des Rettergottes und Ermahnungen Tobits an seinen Sohn schließen das Buch ab (Kap. 13 und 14).
Die Erzählung spielt in Ninive, dem Exilsort im Land der Assyrer, wo Juden diskriminiert und verfolgt werden. Es handelt sich um eine fiktive Erzählung, in der der Bogen über drei Jahrhunderte gespannt wird: vom Abfallen des Stammes Naftali nach dem Tode Salomos bis zum Hymnus über die prophetischen Hoffnungen für Jerusalem. Bei genauem Hinsehen werden auch die aufgenommenen Motive anderer biblischer Bücher deutlich (z. B.: Ijob 2 – Wortwechsel zwischen Ijob und seiner Frau; Gen 24 – Abraham entsendet seinen Knecht, um in der Verwandtschaft um eine Frau für Isaak zu werben; Ex 23,20-23 – der mitgehende Begleit- und Schutzengel). In drei gewichtigen Leitworten wird das bestimmende Thema des Buches formuliert: Gerechtigkeit erweisen – Werke der Barmherzigkeit tun – den Weg der Wahrheit/Treue gehen (Tob 1,3). Dieses Grundmotiv des Gottes- und Nächstendienstes wird aber nicht moralisierend vorgestellt, sondern wie selbstverständlich erzählt. Neben dieser alten biblischen Haltung tritt auch die Überzeugung zutage, »dass Gott Gebete erhört, Menschen in Gefahren auf dem Lebensweg begleitet und ihnen auch im Unglück und in der Diaspora nicht ferner ist als in glücklichen Zeiten und im Heiligen Land« (Engel 256).

Rafael: »Gott heilt« – der mitgehende Begleiter
In der Erzählung spielt der Engel für die anderen Personen eine wesentliche Rolle; erst durch seine Gegenwart und sein Wirken im Hintergrund kann sich Heilung und Heil ereignen. In der heutigen Zeit scheint die Rede von Engeln nur schwer vermittelbar; im kirchlich-liturgischen Kontext begegnet der Engel vor allem im Rahmen der Weihnachtsgeschichte. Im Alltag tauchen Engel heute vor allem in sehr reduzierter und abgewandelter Form auf: als Gelbe Engel (der Autofahrer) oder als blauer Umweltengel. Die Rede vom »rettenden Engel« hingegen knüpft unbewusst stark an althergebrachte Kontexte an, wird damit doch ausgesagt, dass ein anderer Mensch Hoffnung, Rettung, neues Leben bedeuten kann. Diese Vorstellung nimmt biblische Überzeugungen auf, wie sie etwa in Form der Barmherzigkeit im Buch Tobit oder bei Matthäus 25 (Werke der Barmherzigkeit) zu finden sind. Im Buch Tobit wird für Tobias die Aufschließungsfunktion des Begleiters wirksam: In scheinbar absonderlichen Situationen, die an (Alb-)Träume erinnern (z. B. Tob 6,1-9: Gefahr des Verschlungenwerdens durch einen Fisch), zeigt der Begleiter neue Bedeutungen und bisher unbekannte Zusammenhänge auf; im Vertrauen auf ihn wagt sich Tobias in Saras Nähe, lösen sich ihre Verstrickungen. Dem Begleiter gelingt es, andere, neue Zusammenhänge zu zeigen und in ihrer Bedeutung aufzuschließen – das sind Erfahrungen, die Menschen auch heute machen. Vor dem Hintergrund der theologischen Einsicht vom mitgehenden Gott, der die Welt und die Menschen nicht sich selbst überlässt, können andere Menschen zu Boten seines Heils und seiner Weisheit werden entsprechend der Erkenntnis: Möglicherweise gibt es mehr zwischen Himmel und Erde, als sich ein wohlgeplantes, abgesichertes Leben in unserer westlichen Welt vorstellen kann.

Annalies Klophaus:
»Mensch zwischen Himmel und Erde«, 1987
Das Bild (220 x 370 cm) der 1940 geborenen Künstlerin entstand durch weit ausholende, kreisende Bewegungen. A. Klophaus bringt die Farbe auf ein Maltuch auf, Malwerkzeug sind die bloßen Hände. Die Buchstaben des Bildes sind ungleichmäßig angeordnet, stehen nicht auf einer Linie, sie laufen an den Enden jeweils in der Fünferzahl aus – wie Finger oder gar Füße: der Mensch – ein Schwankender, der sich der Gradlinigkeit entzieht. Der Schriftzug wirkt lebendig, die Farbwahl unterstreicht, dass der Mensch »nicht nur von dieser Erde« ist. Irritationen ruft der erste Buchstabe hervor – sind es stilisierte Füße oder doch eher Flügel

wie die eines Engels? Kann dies auch so gedeutet werden, als komme dem Menschen Überweltlich-Göttliches zu? Könnte er – unter bestimmten Umständen – auch als engelsähnlich gedacht werden oder sich durch sein Handeln so ausweisen?
Die Elemente der Schulbuchseite können Anregungen bieten, auf neue Herausforderungen aufmerksam zu werden, wie dies in der Geschichte des Tobias deutlich wird. Vor Herausforderungen stehen Sch, wenn sie nach der Grundschulzeit eine neue Phase des Lernens beginnen mit anderen Sch und neuen L; oft genug aber auch angesichts von zerbrechenden Familien und anderen Leiderfahrungen.

2. Einsatzmöglichkeiten im RU

Was Tobias auf seinem Lebensweg zu bestehen hat
Sch gewinnen einen Überblick über wichtige Stationen der Erzählung; im Austausch fragen sie nach der Bedeutung der Geschichte.
- Sch erhalten in Gruppen die im Schulbuch angegebenen Textauszüge.
- In den Gruppen wird unterstrichen, wie der Engel sich Tobias gegenüber verhält.
- Impuls: Rafael ist ein guter Freund, weil ... – schreibt dazu einen kurzen Text!

Texte klingen gut! IDEENSEITE (41)
Sch erarbeiten eine musikalische Interpretation der Tobit-Erzählung.
- Ausgehend von *Ideenseite* **41** eignen sich Sch die Stationen und Personen der Erzählung an. In GA überlegen sie, wie ein bestimmter Abschnitt die Personen darstellt.
- Überlegt, was die Personen im Einzelnen erleben! Was werden sie sehen, was können sie empfinden? Jede/r für sich macht sich dazu zunächst Notizen.
- Tauscht euch dazu aus und erstellt mit euren Notizen ein Personenprofil – ist die Person/sind die Personen eher unruhig – zuversichtlich – ängstlich – vertrauensvoll ...?
- Überlegt dann, wie eure Textstelle noch besser verstanden werden kann, wenn man musikalische Hilfen dazunimmt.
- Sch schreiben eine Art Drehbuch (Ablauffolge). Dabei können auch »Laut-leise-«, »Schnell-langsam-Wechsel« eine Szene verstärken oder abschwächen.

Hinweis: Die Verwendung dieser Interpretationsmittel setzt klare Regeln voraus, wann damit experimentiert werden darf. Dabei wird sich eine gewisse Unruhe nicht vermeiden lassen. Günstig wäre die Kooperation mit dem Musiklehrer, ebenso sind Rückzugsbereiche einzelner Gruppen hilfreich, z. B. zur Planungsbesprechung auf dem Gang. Während der Experimentierphase kann man auch darauf hinweisen, auf »kleiner Flamme« zu arbeiten – meist genügt ja das Anspiel eines Klangstabes, um zu sehen, inwieweit er sich für die Geschichte eignet.
Neben Orff-Instrumenten kann man auch mit einfachen »Instrumenten« arbeiten, knisterndem Papier, dem schnellen Klopfen eines Fingernagels auf der Tischplatte, mit Schaben auf der Tischkante o. Ä.
Ziel ist stets, Sch zu einer intensiven Begegnung mit der biblischen Szenerie anzuleiten und nach einer individuellen Ausdrucksgestalt zu suchen.

Nach den Botschaften der Träume suchen
Sch nehmen ihre Traumerlebnisse bewusster wahr und entwickeln erste Zugänge zu möglichen Deutungen.
- L verweist auf die Tobias-Texte: Manches, was dort erzählt wird, kommt uns unwirklich vor. Aber dennoch: Wenn wir schlafen und träumen, steigen manchmal Bilder auf, über die wir uns wundern, wenn wir wach sind (evtl. Erzählung von einem eigenen Traum).
- Ihr könnt einmal versuchen, euch an einen Traum zu erinnern: Stell dir vor, du liegst im Bett, es ist noch dunkel, du bist aufgewacht – irgendetwas hat dich durcheinander gebracht. Was ist es gewesen? Versuch dich zu erinnern! Wenn es euch hilft, dann könnt ihr euch auch Notizen machen oder kleine Strichzeichnungen anfertigen!
- Leider ist es meist schwierig sich genau zu erinnern, und wenn man glaubt, die Traumbilder im Gedächtnis zu haben, verschwinden sie doch. Versucht aber dennoch, etwas von eurem Traum festzuhalten. Ihr könnt das tun, indem ihr etwas aufschreibt, z. B. die geträumte Geschichte. Manchmal erinnert man sich aber auch nur an ein Gefühl oder an Farben oder Töne ... Stellt es mit Farben dar, überlegt vorher, welche am besten passen!
- Nach dem Schreiben oder Malen berichten sich Sch in PA oder in GA untereinander davon.
- Verbindungen können zur Tobias-Erzählung hergestellt werden:
- Gibt es in eurem Traum auch seltsame Erlebnisse, die man nicht sofort versteht?
- Wer möchte, kann anderen mitteilen, was er oder sie vom eigenen Traum verstanden hat.

Engel: Gibt's ja gar nicht – oder doch?
Redewendungen und Engelfiguren des Alltags werden in ihrem Stellenwert beurteilt.
- TA bzw. OHP: »Gelbe Engel« der Autofahrer; »Blauer Engel« für Umweltschutz, evtl. auch in der Form von Produkten/Zeitungsausschnitten, in denen die Bezeichnungen vorkommen.
- Austausch/gegenseitiges Informieren: Warum wird hier von Engeln gesprochen?

Die biblischen Länder

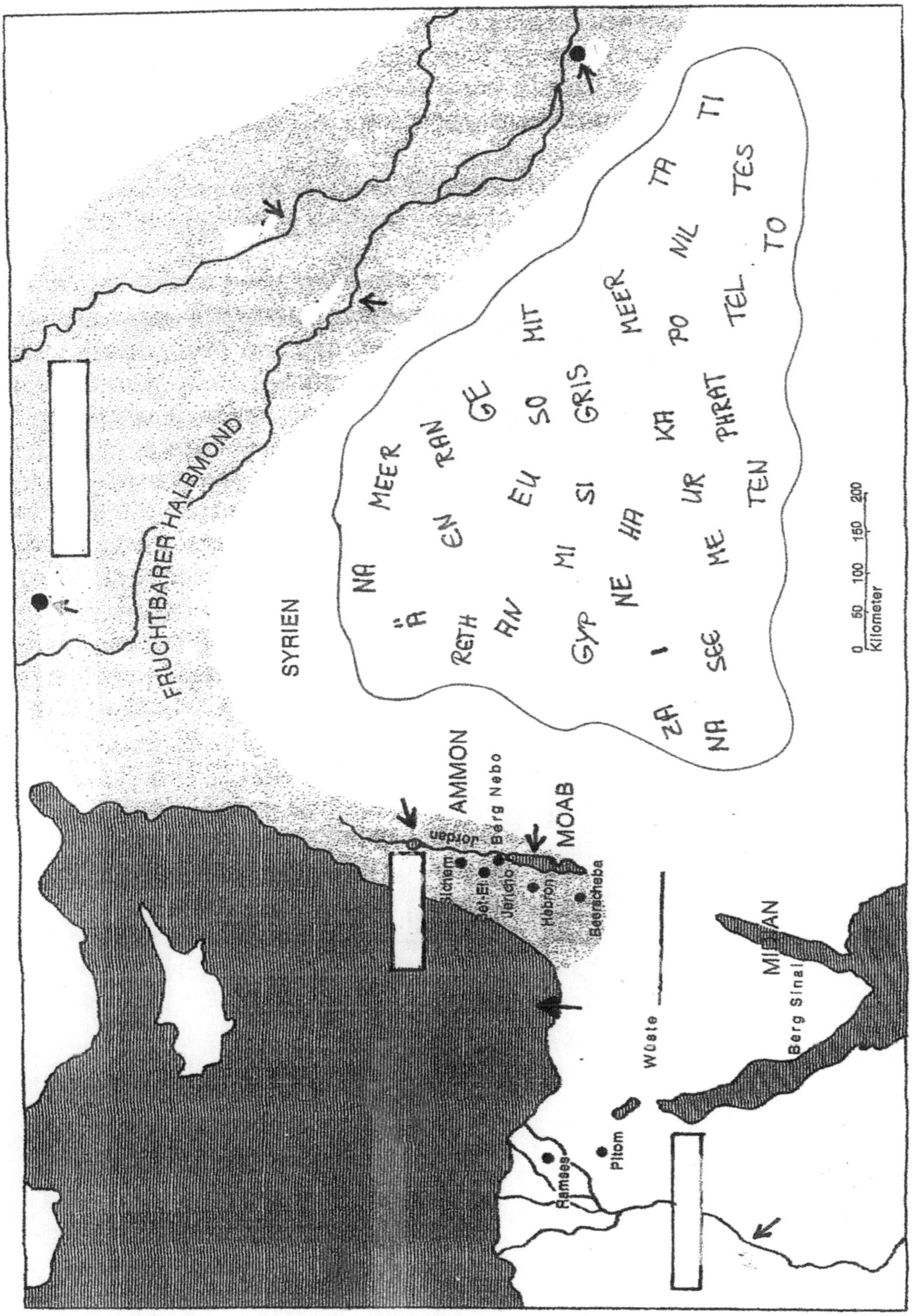

Findet mithilfe einer entsprechenden Landkarte die Namen der jeweils drei Flüsse, stehenden Gewässer und Länder bzw. die Namen der zwei Städte und der einen Wüste heraus. Eine weitere Hilfe sind die Wortsilben, die du in der Kare sehen kannst. Richtig zusammengesetzt ergeben sie die Lösungswörter.

Die 27 Bücher des Neuen Testaments

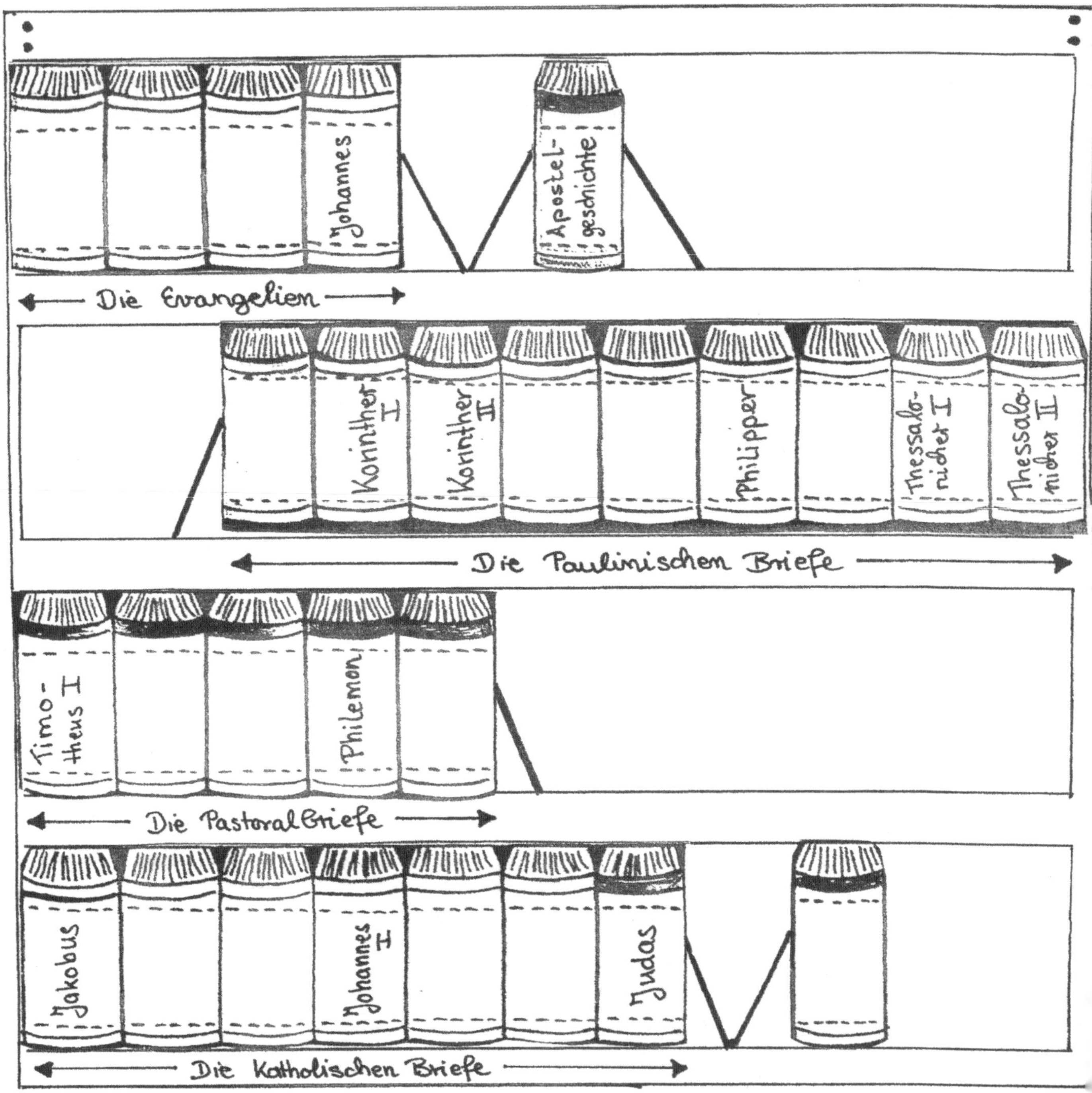

Sucht mit Hilfe der Bibel nach den fehlenden Namen und tragt sie in die noch nicht beschrifteten Bücher des Neuen Testaments ein!

Engel-Gedichte

Einen Engel
erkennt
man erst,
wenn er vorübergegangen ist.
Martin Buber

Ihr Ungeübten, die in den Nächten
nichts lernen.
Viele Engel sind euch gegeben.
Aber ihr seht sie nicht.
Nelly Sachs

Er hat seinen Engeln befohlen,
dass sie dich behüten
auf allen deinen Wegen.
Psalm 91,11

Engel
Ich sah einen er kam im Taxi der Vordersitz
War flachgelegt so hatte er Platz
Man hob ihn heraus vor dem kleinen
Fischgeschäft
Geleitete ihn in einen geschorenen Garten
Da stand er ernst in der Luft überragte
Die ihn stützten seine Augen erreichte nichts
Die Kleider waren verblaßt Goldreste
Überzogen die Brust er war ohne Flügel
Seine Führer lehnten ihn an einen Karren
Blockierten zuvor die Räder damit er
Nicht ins Gleiten käme sich etwa zerschlüge

Ich sah seine Hände sie waren leer
Hatten wohl vorher den Ölzweig getragen oder
Ein Saitenspiel jahrhundertelang
Jetzt war er taxiert unterwegs auf Wohnungssuche
Erst ins Antiquitätengeschäft was wird aus ihm wer
Braucht schon einen Engel der so groß ist
Er füllt eine Küche stände
Wo besser ein Kühlschrank steht oder der Tisch mit
Der Brotschneidemaschine, der Ausweg für ihn
Wäre ein Kindergarten wenn der ihn beherbergte
Wer wüchse nicht gern mit einem Engel auf
Sarah Kirsch

Jederzeit ein Engel sein
Gedicht für jeden Tag
Jeder wünscht sich jeden Morgen
Irgend etwas – je nachdem.
Jeder hat seit jeher Sorgen,
jeder jeweils sein Problem.

Jeder jagt nicht jede Beute.
Jeder tut nicht jede Pflicht.
Jemand freut sich jetzt und heute.
Jemand anders freut sich nicht.

Jemand lebt von seiner Feder.
Jemand anders lebt als Dieb.
Jedenfalls hat aber jeder
Jeweils irgend jemand lieb.

Jeder Garten ist nicht Eden.
Jedes Glas ist nicht voll Wein.
Jeder aber kann für jeden
Jederzeit ein Engel sein.

Ja, je lieber und je länger
Jeder jedem jederzeit
Jedes Glück wünscht, umso enger
Leben wir in Einigkeit.
James Krüss

- Versuch einer kritischen Einschätzung: Inwiefern ist daran auch etwas problematisch, wenn es z. B. um die Absicherung des Autoverkehrs geht ...?
- Im Internet werden weitere Informationen gesucht.
- Erweiterung der Perspektive: Manche Menschen sagen von einem anderen: »Er ist für mich der rettende Engel gewesen.«
- Sch lesen die Geschichte im Schulbuch S. 42. Provokation: Auch Tobit hat wie ein Engel gehandelt!
- Sch lesen bei Mt 25,31-46 nach, wie Jesus die Taten des Tobit einschätzt.

Mensch – nicht nur von dieser Welt

Das Bild von A. Klophaus ermöglicht ein Nachdenken über die Stellung der Menschen in der Welt.
Es ist als Farbfolie Nr. 1 enthalten in: Bilder der Kunst für den Religionsunterricht, Kösel, München 2000, Best.-Nr. 3-466-50642-5.

- Die Doppelseite wird mit Papierblättern abgedeckt, sodass nur das Bild zu sehen ist. Sch beschreiben, was sie sehen. Dabei sind auch Kleinigkeiten wichtig, z. B. die unregelmäßigen Buchstaben.
- Sch erzählen von ihren Erlebnissen oder Gedanken zu der Farbe Blau.
- Jede/r deckt nun noch weiter ab, bis nur der Buchstabe zu sehen ist, der sie oder ihn am meisten interessiert.
- Sch beschreiben, was dieses Zeichen für sie darstellt: ein Gesicht, einen ausgestreckten Finger, eine winkende Hand ...
- Gemeinsames Gespräch über das Anliegen der Künstlerin, schließlich Bekanntgabe des Bildtitels (»Mensch zwischen Himmel und Erde«) und Suche nach der Bedeutung des Bildtitels.
- Der jeweils ausgewählte Buchstabe wird dann möglichst genau auf ein eigenes Blatt gemalt. Sch malen nun ein eigenes Bild, sollten dabei im Sinne einer leichten Verfremdung und kreativen Verarbeitung ohne die Farbe Blau auskommen. Welche Bilder werden auch Beziehungen zwischen Menschen zeigen und insofern über das Bild von Annalies Klophaus hinausgehen?

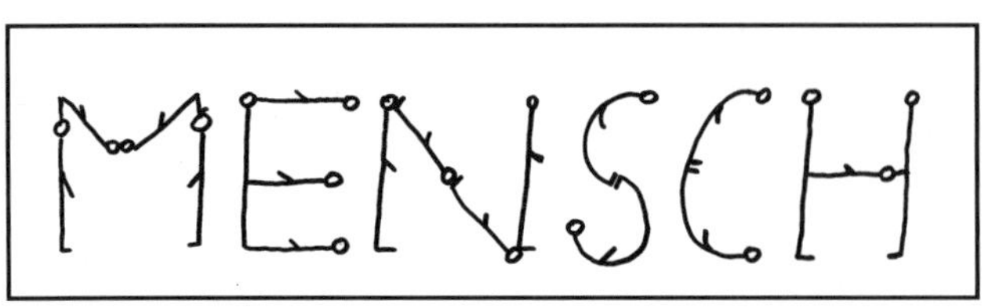

Engelgedichte

Sch kommen der Bedeutung der Rede von »Engeln« auf die Spur.

- L trägt das Gedicht von Anne Steinwart, Schulbuch S. 43, vor, anschließend lesen Sch.
- Die Aufgaben im Schulbuch werden bearbeitet.
- Sch erhalten **AB 5.3.11, Lehrerkommentar S. 93**. In PA wird besprochen, welche Sätze ihnen besonders gefallen.
- Sch schreiben einen neuen Text, indem sie Zeilen oder Satzteile aus den Gedichten neu zusammenstellen. Dabei können eigene Ergänzungen hinzugefügt werden.
- Anschließend werden die neuen Gedichte an den Partner weitergegeben. Der Partner oder die Partnerin findet eine Überschrift für das Gedicht.

3. Weiterführende Anregungen

Von guten Mächten wunderbar geborgen

Anhand des Liedes von Dietrich Bonhoeffer sich vertrauensvoll auf die Gegenwart Gottes einlassen. Das Lied ist auf der CD Reli: Lieder, Kösel, München 2000, Nr. 21 zugänglich (Best.-Nr. 3-466-45723-8).

- Sch hören das Lied von der CD. Anschließend Auftrag: Schreibt alle Worte auf ein Blatt, die euch zu dem Lied in den Sinn kommen.
- Sch hören das Lied nochmals und lesen auf dem Textblatt mit: **AB 5.3.12, Lehrerkommentar S. 95**.
- Unterstreicht die Worte, die für euch mit euren Notizen in einer Verbindung stehen.
- Im UG erzählen Sch von den Erlebnissen, die für sie dazugehören.
- Arbeitsauftrag: »Von guten Mächten wunderbar geborgen ...« – schreibt dazu einen kurzen Text. Verwendet dabei auch die Worte, die ihr unterstrichen und selbst gefunden habt.

Im Anschluss an die Texterarbeitung wird das Lied eingeübt; es könnte ein Lied sein, wie es Tobit und Tobias hätten singen können.
Hinweis: Musikalische Werke zur Tobit-Erzählung finden sich bei B. Galuppi (Kantate Il ritorno di Tobia) und bei Joseph Haydn im neapolitanischen Oratorium.

Fragwürdige Sicherheiten

Am Beispiel der Versprechen von Versicherungen nehmen Sch das Bedürfnis der Menschen nach Zukunftsgarantien wahr und hinterfragen es kritisch.

Von guten Mächten wunderbar geborgen

T: Dietrich Bonhoeffer,
geschrieben zum Jahreswechsel
1944/45 in Gestapo-Haft
M: Siegfried Fietz

2. Noch will das Alte unsere Herzen quälen,
noch drückt uns böser Tage alte Last.
Ach Herr, gib unseren aufgescheuchten Seelen
das Heil, das du für uns bereitet hast.

3. Und reichst du uns den schweren Kelch, den bittern
des Leids, gefüllt bis an den höchsten Rand,
so nehmen wir ihn dankbar ohne Zittern
aus deiner guten und geliebten Hand.

4. Doch willst du uns noch einmal Freude schenken
an dieser Welt und ihrer Sonne Glanz,
dann wolln wir des Vergangenen gedenken
und dann gehört dir unser Leben ganz.

5. Lass warm und still die Kerzen heute flammen,
die du in unsere Dunkelheit gebracht.
Führ, wenn es sein kann, wieder uns zusammen.
Wir wissen es, dein Licht scheint in der Nacht.

6. Wenn sich die Stille nun tief um uns breitet,
so lass uns hören jenen vollen Klang
der Welt, die unsichtbar sich um uns weitet,
als deiner Kinder hoher Lobgesang.

- In GA erarbeiten Sch anhand eines Schreibgespräches die vielschichtigen Perspektiven des menschlichen Sicherheitsbedürfnisses (Impuls auf dem Plakat: In Sicherheit leben – wie geht das?).
- Sch erhalten Werbeblätter mit kurzen Texten von Versicherungen (z. B. Haftpflicht, Hausrat, Lebensversicherung).
  - Lest die Faltblätter genau durch. Unterstreicht dann Worte oder Wortteile, die immer wieder vorkommen (z. B. sicher, Sicherheit, versichern, haften, Schutz, Sorge ...).
  - An den Rand könnt ihr Zeichen anbringen – ein Fragezeichen, wenn ihr etwas nicht versteht; ein Ausrufezeichen, wenn ihr zu einem Satz oder Wort etwas sagen wollt.
- Im UG wird herausgearbeitet, gegen welche Unsicherheiten und Gefahren diese Versicherungen wirken sollen. Inwiefern sind die Versprechen realistisch? Welcher Eindruck soll in den Faltblättern geweckt werden (z. B. absolute Sicherheit, obwohl es um die finanziellen Folgen eines Verlustes geht)?
- Im Kontrast dazu wird erneut ein Blick auf die Tobit-Erzählung gelenkt. Inwieweit sind die Aussagen zur »Sicherheit im Leben« hilfreich?

Frucht bringen — Deuteseite II (44) (45)

1. Hintergrund

Den Schwerpunkt der Doppelseite bildenTextimpulse aus dem Neuen Testament. Es geht um die Frage, inwieweit Menschen die Zielrichtung der Botschaft Jesu verstanden haben, daraus Handlungskonsequenzen gewinnen und so anfanghaft an der Verwirklichung des Reiches Gottes im Alltag mitwirken.
Das Wort vom Fruchtbringen mahnt die Ernsthaftigkeit religiösen Lebens und Handelns an und bringt eine gewisse Strenge ein. Der »Baum«, der »schlechte Früchte« hervorbringt, ist davon bedroht, auf seinen Nutzen hin befragt zu werden. Die kleine Geschichte *Für andere da sein* verschärft dies weiter, indem vermeintlich vorbildliche Verhaltensweisen auf ihre Sinnhaftigkeit hin überpüft werden. Ohne dass dabei immer genau ausgesprochen wird, welches Alternativverhalten angezeigt gewesen wäre, stellt sich doch der Eindruck ein, als solle das Alltagshandeln kritisch befragt und auf den Prüfstand gestellt werden. Das Lied (Schulbuch **45**) nimmt diese Handlungsfolgen auf. Vor dem Hintergrund von Mt 25 wird auf die so genannten »Werke der Barmherzigkeit« Bezug genommen, an denen sich das Los der Menschen entscheiden wird.
Damit kommt hier eine Perspektive der jesuanischen Botschaft in den Blick, die Sch zunächst ungewohnt erscheinen kann. Während in der Grundschulzeit die biblischen Akzente eher auf der liebenden Hinwendung Gottes zu den Menschen liegen, wird nun eingeblendet, dass die Barmherzigkeit Gottes auch das Handeln des Menschen einfordert. Vor dem Hintergrund des zugesagten Reiches Gottes wird so die Verpflichtung deutlich, sich als entsprechender Partner dieses Gottes zu erweisen, der in Taten seinen Beitrag dazu leistet.

Mit der Geschichte *Der bessere barmherzige Samariter* wird eine den Sch bereits bekannte Beispielerzählung um- und fortgeschrieben. Im Unterschied zur lukanischen Fassung erfolgt hier eine Ausweitung, insofern barmherziges Handeln nicht nur das Eingreifen in eine aktuelle Notlage meint, sondern den Blick auf notwendige Ursachenbearbeitungen weitet, um dauerhaft strukturelle Verbesserungen herbeizuführen. Ebenso kann – im Sinne der Geschichte und durch ihr Weiterdenken – im Schulbuch offenkundig werden, was Menschen bewegt andere zu berauben. Dabei lassen sich auch Motive erarbeiten, die jenseits einfacher Bereicherung liegen und möglicherweise den Blick auf Lebensverhältnisse lenken, die gesellschaftliche Problemzonen berühren (z. B. von Armut und Reichtum). Ebenso besteht die Chance, das ergründende, erforschende Handeln vieler wahrzunehmen im Sinne eines samaritanischen Bemühens um die Verbesserung der Lebensbedingungen der Menschen – egal in welchen Berufen.
Auf diese Weise gewinnt die bei der Samaritergeschichte angesiedelte Frage nach dem Gebot der Gottes-, Nächsten- und Selbstliebe eine neue Perspektive. Gleichzeitig steht die Doppelseite in Verbindung mit *Infoseite II*, Schulbuch **62-63** in Kapitel 4, wenn es dort darum geht, auf die spirituelle Dimension religiösen Lebens aufmerksam zu machen.

2. Einsatzmöglichkeiten im RU

Die Samariter-Verfremdung weiterdenken
Sch werden auf Verwicklungen aufmerksam, in denen sich das Handeln von Menschen abspielt. Durch die Distanznahme kann die lukanische Beispielerzählung in einem neuen Licht erscheinen.

Notlagen sehen

- Der Text Schulbuch **44** wird laut gelesen. Sch benennen ihre Reaktionen darauf.
- Sch teilen ihre Erinnerungen an die zugrunde liegende Beispielerzählung mit und versuchen deren Rekonstruktion. Dann wird der Text Lk 10,25-37 zur Vergewisserung herangezogen.
- Sch lesen nochmals den Buchtext. Anschließend Problematisierung: Die Erzählung steht nicht genauso in der Bibel. Wenn wir sie aber mit dem Bibeltext vergleichen – an welchen Stellen könnte Jesus vermutlich zustimmen?
- Sch notieren Satzteile, die in der Intention Jesu stehen könnten, und ergänzen Gründe für ihre Einschätzung.
- »Ein immer besserer Samariter sein« – wie kann das heute aussehen?

Notlagen begegnen – Notlagen beheben

Sch entwickeln ein Bewusstsein für die Vielschichtigkeit der Notsituationen, denen sie im Alltag begegnen können, und überlegen erste Wege zur Überwindung.

- Sch erhalten in GA große Blätter mit dem darauf notierten Impuls: »Wo Notlagen in unserem Alltag zu bemerken sind ...« In einem (stummen) Schreibgespräch sammeln sie dazu Eindrücke.
- Per OHP wird **AB 5.3.13, Lehrerkommentar S. 97**, gezeigt. Sch beschreiben, was sie sehen, und vergleichen die Situationen mit ihren Befunden aus dem Schreibgespräch.
- Sch wählen eine Situation aus, die sie besonders beeindruckt oder interessiert. Im Heft wird ein Text dazu geschrieben: Um die Not zu wenden, dazu braucht es jetzt ...

Hinweis: Die Bildmotive haben folgenden Inhalt: Jugendliche bedrohen einen dunkelhäutigen Kleineren; Mädchen im Rollstuhl vor unüberwindbarem Hindernis; ein Junge, der materiell gut versorgt ist, ohne dabei richtig glücklich zu sein; das Kleinkind im Kinderwagen, dem Verkehr und der Vergiftung ausgesetzt; Soldaten, in kriegerische Auseinandersetzungen verwickelt; ein Obdachloser am Rand der Gesellschaft; der Radfahrer, der sofortige Hilfe braucht, wo es aber stets auch die Zuschauer gibt; Teppichknüpferinnen erinnern an Kinderarbeit; streitende Eltern mit Bedrängniserfahrungen für Kinder sowie Schlägerei auf dem Pausenhof.

Hintergrundgeschichten

Mit dieser Aufgabe wird das bewusste Hin- und Dahinterschauen bei Notsituationen eingeübt.

- Sch erhalten eine Kopie mit den Notsituationen **AB 5.3.13, Lehrerkommentar S. 97**. Jede/r Sch wählt eines der Bilder und schneidet es aus.
- Beide Teile des **AB 5.3.14, Lehrerkommentar S. 99**, werden ausgeschnitten. Nachdem auch das Schlüsselloch und der Rahmen ausgeschnitten sind, werden beide Teile an den Klebeflächen übereinander ins Heft geklebt, das Schlüsselloch zuoberst. Die beiden Blätter lassen sich nun wie ein Buch öffnen.
- Sch kleben nun das von ihnen ausgewählte Bild unter die beiden Blätter, sodass es durch das Schlüsselloch und den dahinter liegenden Rahmen sichtbar ist.
- Auf der ersten Seite schreibt nun jede/r die wesentlichen Fakten zur gewählten Situation: Wer? Wann? Wo? Was? Warum?

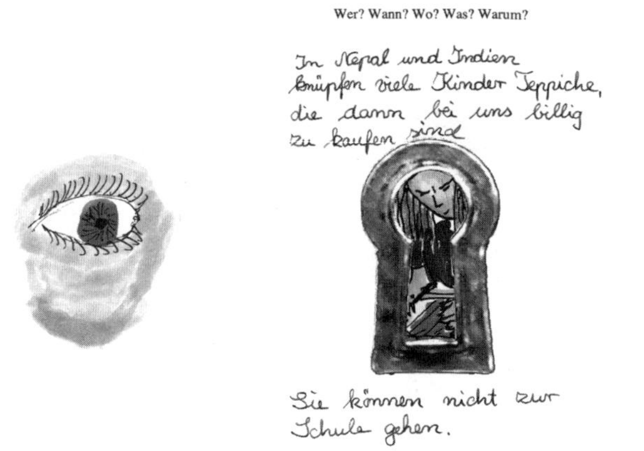

- Öffnet Sch nun die »Tür«, sieht er das Bild im Rahmen. Er beantwortet für sich: »Was kann ich tun, wenn ich mit so einer Situation konfrontiert werde?« und notiert seine Ideen um den Rahmen.
- Die linke Seite gibt nun von innen den Blick frei auf das Schlüsselloch. An der entsprechenden Stelle im Heft wird ein Auge gemalt (vgl. **Abb.**). Sch überlegen, wie aus der Sicht der Betroffenen die Zuschauer am »Schlüsselloch« wahrgenommen werden, und schreiben ihre Gedanken um das Schlüsselloch.

- Auf der letzten Seite stellen Sch ihre Vermutungen an über das, was »dahinter steckt«:
- Was war die Vorgeschichte der Notsituation?
- Welche außer den im Bericht genannten Personen sind von dem, was geschehen ist, noch betroffen?
- Wie denken die Betroffenen über das, was geschehen ist?

Klebefläche

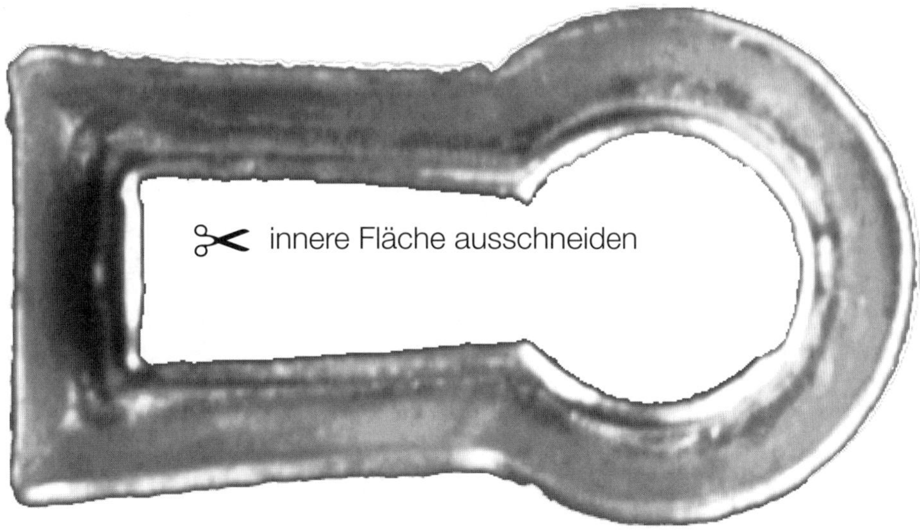

Wer? Wann? Wo? Was? Warum?

Klebefläche

Was kann ich tun?

← Wie erlebt man als Betroffener die Zuschauer hinter dem Schlüsselloch?

Was steckt dahinter? →

– Was bringt die Zukunft für die betroffenen Menschen?

Weiterführung: Durch den Vergleich zwischen Berichten verschiedener Zeitungen über dasselbe Ereignis wird ein Beitrag zur Medienerziehung geleistet.

Worauf es ankommt

Die Kombination der Erzählung *Für andere da sein* mit dem Lied rückt das tatkräftige Handeln, wie es die konkreten Lebenssituationen erfordern, in den Blick.

- Sch lesen Text *Für andere da sein* und bearbeiten die Aufgaben von S. 44.
- Ergänzend werden die *Werke der Barmherzigkeit* (Mt 25,35-40) hinzugezogen. Zur Erarbeitung werden zugehörige Begriffspaare notiert (hungrig – essen; durstig – trinken ...) und weitere Möglichkeiten gesucht, die außerdem im Text stehen könnten (z. B.: verwahrlost – umsorgt; traurig – getröstet ...).
- TA: Worauf es ankommt ... Schreibt Sätze, die aussagen, wie Jesus sich die Aufmerksamkeit für andere Menschen vorstellt.
- Sch singen das Lied S. 45. In Gruppen werden dazu neue Strophen erfunden, die dann der Melodie angepasst werden müssen.
- Abschließend wird in EA ein Akrostichon geschrieben zu *Frucht bringen,* das Sch zu einer eigenen Einschätzung ermuntert (Schülerbeispiel rechts).

Freude
Richtig
Und
Christlich:
Hoffnungvolle
Taten.

Bringen
Recht.
Kindern
Nähe.
Geben
Ein
Nest.

Geschichten einmal anders herum:
Zum Räuber geworden

Im Sinne einer Perspektivenerweiterung kann anhand der *Erzählung vom besseren Samariter* der Blick auf gesellschaftliche Kontexte gelenkt werden, die das Zustandekommen einer Notlage befördern und bei Menschen verzweifelte Handlungen hervorrufen können.

- L lenkt Blick darauf, was bisher zur Doppelseite erarbeitet wurde. Besondere Aufmerksamkeit gilt der *Erzählung vom besseren Samariter.* Impuls: »Menschen werden als Kinder geboren, nicht als Räuber.«
- Nach einem UG TA: »Zum Räuber geworden – was Menschen dazu führt«. Sch überlegen in PA mögliche Gründe.

– Stellt euch vor, der Samariter und der Anführer der Räuber würden sich treffen und in Ruhe darüber sprechen, was auf dem Weg zwischen Jerusalem und Jericho passiert. Versucht in PA ein solches Gespräch zu schreiben, indem eine/r die Position des Samariters, ein/e andere/r die Position des Räubers einnimmt. Schreibt dazu im Wechsel eine Gesprächsabfolge, in der beide ihre Sichtweise einander verdeutlichen.

- Die Gespräche werden anschließend vorgelesen und ausgewertet:

– Was lässt sich nun über das richtige Handeln sagen?

Alter Bund und neuer Bund — Infoseite I (46) (47)

1. Hintergrund

Das Alte/Erste Testament

Mit der Bibel fing es an, als es noch keine Schriftsprache gab. Nomaden, die Vorfahren der Israeliten, überlieferten ihre Rechtsordnung, geschichtliche Erfahrungen und Religion als Geschichten, Lieder, Gebete und Sprichwörter mündlich. Die Erzählkunst war sehr ausgefeilt. Das Überlieferte wurde möglichst genau weitergegeben.

Obwohl die früheren Generationen sehr um die wortgetreue Wiedergabe ihrer Geschichten bemüht waren, veränderten sich die Texte aufgrund der geänderten sozialen Bedingungen und der veränderten Lebenswirklichkeit.

Das Alte Testament ist über einen Zeitraum von mehr als tausend Jahren entstanden. Es war zur Zeit Jesu noch nicht in seiner endgültigen Fassung fixiert. Erst auf der jüdischen Synagoge von Jamnia um 90 n. Chr. kam es zum Abschluss der atl. Kanonbildung. Es liegen zwei Fassungen von ihm vor: der jüdisch-palästinensische Kanon und der jüdisch-hellenistische Kanon (zusätzlich Baruch, Tobias, Judit, 1. und 2. Makkabäer, Jesus Sirach, Buch der Weisheit).

Der jüdische Kanon unterscheidet drei Schriftgruppen:
a) Gesetz (*tora*)
b) Propheten (*nebiim*)
c) Schriften (*ketubim*).
Das AT ist kein literarisch einheitliches Werk, sondern enthält zahlreiche literarische Gattungen: geschichtliche Berichte, Gesetzestexte, Lieder, Sinnsprüche, erbauliche Erzählungen.
Entscheidende Auslösemomente für die schriftliche Niederlegung bildete das Sesshaftwerden der israelitischen Stämme und das Interesse der Könige David und Salomo, die eigene Geschichte mit der des Volkes Israel zu verknüpfen.
Lange glaubte man, dass fast gleichzeitig mit den Königsannalen zwei wichtige Quellenschriften aufgezeichnet wurden: die jahwistische Quellenschrift J (ca. 1000/950 v. Chr.) und die elohistische E (ca. 950/900 v. Chr.). Eine erste Verknüpfung ist wohl 800/750 durch den »Jehowisten« erfolgt. 722, nach dem Fall Samariens, wurde ein so genanntes Ur-Deuteronomium abgefasst. Während des Exils wurde altes und neues Gedankengut in der Priesterschrift P zusammengefügt. In der Nachexilszeit ist aus der Vereinigung der Schriften der Pentateuch (die fünf Bücher Mose) in der heutigen Gestalt entstanden.

Zurzeit vermutet man, dass der Prozess der mündlichen Überlieferung wesentliche, aber kaum noch rekonstruierbare Entwicklungen durchlaufen hat. Man nimmt für einzelne Überlieferungen der zentralen Themen, wie Schöpfung, Abraham oder Exodus, »Erzählkränze« an, die sich über Jahrhunderte verändert haben und fortgeschrieben wurden.
Ferner ist auch auszumachen, dass zu verschiedenen Zeiten diese Überlieferungen zusammengefasst wurden, unabhängig davon, ob man sich an das Erklärungsmodell mit Jahwist und Elohist hält oder an das von Zenger postulierte Quellenmodell, das statt Jahwist und Elohist ein Jerusalemer Geschichtswerk (JG) annimmt, das Zenger auf ca. 700 v. Chr. datiert. Die im babylonischen Exil um 520 v. Chr. entstandene Priesterschrift bildet die andere große Quelle. Nach der Rückkehr aus dem Exil wurden die Quellen zur Tora zusammengefügt (vgl. Zenger 69-75).

Die ältesten Handschriften
Bis 1947 war die bekannteste älteste Niederschrift der »Papyrus Nash«, entdeckt 1902. Das aus dem 1./2. Jahrhundert stammende, in hebräischer Sprache geschriebene Dokument umfasst nur kleine Bruchstücke (Ex 20,2-17, Dtn 15,6-21).
Von den griechischen Handschriften ist die bekannteste die »Septuaginta«. Sie soll in Alexandria von 70 Gelehrten auf Befehl des Königs Ptolemäus Philadelphos (285-247) begonnen worden sein. Im Original ist sie nicht mehr überliefert. Abschriften von ihr sind der Codex Vaticanus, der Codex Sinaiticus, der Codex Alexandrinus, der Codex Ephraemi rescriptus.
Die älteste bekannte lateinische Übersetzung ist die »Itala«, die im 2. Jahrhundert gebräuchlich war, bis sie 400 n. Chr. von der durch Hieronymus angefertigten »Vulgata« abgelöst wurde.
Sensationell waren 1947 die Schriftenfunde von Qumran, wo Fragmente von 332 biblischen und außerbiblischen Handschriften gefunden wurden, die 1000 Jahre älter sind als die bislang bekannten hebräischen Handschriften.

Das Neue/Zweite Testament
Die Entstehung des NT hat sich in drei Etappen vollzogen.
Das Leben und Wirken Jesu
wurde zu seinen Lebzeiten nicht schriftlich festgehalten. Die Nachrichten von ihm stammen von Weggefährten, seinen Jüngerinnen und Jüngern, Aposteln und Apostelschülern. Gemäß dem Verkündigungsauftrag Jesu sollten seine Weisungen als Heilsbotschaft allen Völkern verkündet werden.

Mündliche Verkündigung der Apostel
Das Heilsereignis der Auferstehung Jesu und das Pfingstereignis waren der Auslöser der Verkündigung. Der Ort der Verkündigung war die christliche Gemeinde, vor allem die Urgemeinde in Jerusalem.

Niederschrift der Verkündigung
Die ntl. Schriftsteller berücksichtigten die verschiedenen vorliterarischen Überlieferungen der Urgemeinden. Die ältesten Schriften sind die echten Paulusbriefe.

Über die Evangelisten informieren sich Sch im Lexikonteil des Schulbuchs. Mittels eines Interviews werden Sch an die Arbeitsweise der Evangelisten herangeführt.

Zusatzquellen der Evangelisten Mt und Lk
Neben der Primärquelle in Form des Markus-Evangeliums benutzten Mt und Lk eine weitere Quelle. Dabei handelt es sich um eine Sammlung von Jesus-Reden, die auch »Spruchquelle« oder »Logienquelle« (»Q«) genannt wird. Zusätzlich zu dieser Redequelle »Q« ließen Lk und Mt jeweils eigene Texte einfließen, die als so genanntes Sondergut bezeichnet werden (S).

Zeitleiste anfertigen
Um die Zeiträume der Entstehung biblischer Schriften zu veranschaulichen, wird in der Klasse eine Zeitleiste angefertigt.

- Auf einem langen Papierstreifen (am besten von einer Zeitungsrolle) werden für AT und NT Grafiken wie im Schulbuch S. 46 u. 47 eingetragen.
- Mithilfe der Texte von S. 46 u. 47 tragen Sch in GA wichtige Zeitangaben ein.
- Wenn ihr die Textabschnitte gelesen habt, sucht nach einer neuen Überschrift für die einzelnen Abschnitte. Schreibt Orte und Zeiten auf, an denen die Ereignisse stattgefunden haben, und ergänzt euren Eintrag auf der Zeitleiste durch wichtige Stichworte aus den Texten, die die Überschrift genauer erklären.
- Sch entwickeln einen Blick für die Zusammenhänge, in denen dieser lange und komplizierte Überlieferungsprozess steht: Wie man sich das Leben der Menschen jener Zeit vorzustellen hat ... Was es bedeutet, wenn man Erzählungen aus einer anderen Zeit heute verstehen will ...
- *Alternative:* Um zu verhindern, dass sich Lesemüdigkeit einstellt, kann die Doppelseite auch in GA bearbeitet werden. Sch tragen dann auf einem großen Blatt jeweils ihre Ergebnisse zusammen, die dann der Zeitleiste zugeordnet werden.

Die vier Evangelisten erzählen verschieden von Jesus
Sch verschaffen sich einen Einblick in die Entstehung und Intentionen der Evangelien.

- Über die vier Evangelisten informieren sich Sch im Lexikonteil sowie auf S. 47.
- Sch verfassen in GA über je einen Evangelisten einen Steckbrief mit den wichtigsten Informationen, wie Name, Geburtsland, Beruf, Sprache, Abfassungszeit, Symbol.
- Unter Hinzunahme des biblischen Buches werden markante Kennzeichen, z. B. bezüglich des Anfangs des jeweiligen Evangeliums, herausgearbeitet (vgl. Beispiel rechts oben).

Ein Hörspiel aufnehmen **IDEENSEITE (41)**
Evangelientexte werden über die Hörspielmethode zu erzählten Geschichten, die die Frage nach dem Verständnis dieser Erzählungen möglich machen.

- Vor dem Hintergrund der vorhergehenden GA blättern Sch ihr gewähltes Evangelium durch:
- Lasst euch Zeit dabei. Schaut zunächst nach Geschichten, die ihr schon kennt. Tauscht euch nach einiger Zeit über eure Fundstellen aus.
- Ihr könnt nun in einem zweiten Durchgang nach Geschichten suchen, die euch unbekannt vorkommen, weil sie bisher in der Grundschule noch nicht erzählt oder gelesen wurden. Informiert euch auch darüber und versucht euch dann darauf zu einigen, welche Geschichte ihr gern in ein Hörspiel umwandeln wollt.
- Sch arbeiten die Erzählung um, indem Rollen festgelegt und geschrieben werden, aber auch überlegt wird, durch welche akustischen Mittel die Geschichte spannend gemacht werden kann (z. B. eingeschobene Melodien, Geräusche von Schritten, sich öffnenden Türen usw.).
- Die Geschichten werden den anderen live vorgespielt oder als Aufnahme präsentiert.
- Sch schreiben nach dem Hören eine Reflexion: Jetzt habe ich aus dem Neuen Testament dazugelernt ...

gesucht

Wer kennt diesen Mann?

Name:
unbekannt

Sein Symbol:
Stier

Gedenktag:
18.Oktober

Beruf:
Arzt, später Reisebegleiter des Paulus

Woher kommt er?
Antiochia (heute Syrien)

Wann schrieb er das Evangelium?
Um 90 nach Christus

An wen wandte er sich besonders?
An gebildete Heiden und an Griechisch sprechende Heidenchristen

Welche Texte verwendete er besonders?
Texte aus dem Mk Evangelium, Texte aus einer Spruchsammlung, Texte, die man in keinem anderen Evangelium lesen kann
z.B. Gleichnis vom verlorenen Sohn, vom Pharisäer und Zöllner, vom klugen Verwalter, vom barmherzigen Samariter)

Was steht noch im Evangelium?
Weihnachtsgeschichte und die Erzählungen aus der Kindheit Jesu

Wie betrachtete er Jesus?
als Heiland der Sünder, Armen und Entrechteten, als Freund und Helfer der Menschen

Ein Rätsel lösen – Wissen überprüfen
Nach Texterarbeitung und UG überprüfen Sch ihren Wissensstand.

- Sch suchen sich drei Textabschnitte der Doppelseite aus, zu denen sie jeweils eine Frage formulieren und das gesuchte Lösungswort vorschlagen.
- Dann erfolgt die Bildung von Arbeitsgruppen, indem sich Sch mit jeweils gleichen gewählten Textabschnitten zusammensetzen, im Idealfall also vier AT-Gruppen und fünf NT-Gruppen. In GA werden die Fragen besprochen und hinsichtlich ihrer Verständlichkeit Änderungen eingearbeitet. Die fertiggestellten Fragen werden mit Lösungswort auf einen Zettel geschrieben und eingesammelt.

Ein bedeutender Fund

O, Gott, ist das eine Hitze! Noch vier Stunden muss ich hier ausharren. Hoffentlich reicht mir wenigstens das Trinkwasser! Kein Baum, kein Strauch! Schatten, das wär's jetzt! Am besten setz ich mich hinter den großen Stein dort und ruh mich etwas aus. Die Herde liegt ja ganz friedlich.
Was ist denn das für ein Lärm? Blöd, ich bin doch glatt eingenickt. Warum bellt Rex? Ah, dahinten läuft er mit den fünf jungen Schafen. Was, ich sehe wohl nicht recht! Da fehlt doch eins! So ein Pech! Ich muss es sofort suchen, Vater wird mich streng bestrafen, wenn ich es verliere. Wo kann es nur stecken? »Rex, komm, such Molli! Braver Hund, such!«
Ob es wohl auf den Fels dort raufgeklettert ist? Die Sträucher könnten es angelockt haben. Puh, in dieser Hitze noch klettern! Oh, da sind ja mehrere Höhlen und Spalten. Oje – wenn es da hineingefallen ist, wie bringe ich es dann raus? Bloß gut, dass ich von Großvater so viel gelernt habe. Am besten, ich nehme mir einen Stein und prüfe, wie tief das Loch da unten in der Höhle ist. »Molli, Molli, bist du da unten? Hörst du mich?« – Nichts. Nur nicht aufgeben, Vaters Strafe wird härter als die Suche. »Molli, bist du hier?« Komisch. Der Stein klang merkwürdig. Da unten liegt doch was. So hört sich der Boden nicht an. Ich muss noch mal Steine runterwerfen. Tatsächlich. Da ist doch was!
»Molli?« Nein, das ist nichts Weiches, im Gegenteil, das klingt wie ein Stein oder was Hartes. Es hilft nichts, ich muss da hinabsteigen. »Rex, pass auf die Herde auf! Halte sie schön zusammen!« Na hoffentlich komm ich hier wieder rauf. Nur Vorsicht. Es könnte ja ein Skorpion oder eine Schlange in der Höhle liegen. Geschafft! Hier ist es aber dunkel! Nanu, was liegt denn hier? Ich kratze mal vorsichtig den Staub ab. Da liegen ja Tonscherben! Ah, das haben meine Steinwürfe zerbrochen. Das gibt's doch nicht: Ein Krug neben dem andern! Ob das ein Schmugglerlager ist? Na, dann gute Nacht, wenn mich einer erwischt und denkt, ich wollte klauen. Aber Quatsch, der viele Staub. Das Zeug muss vergessen worden sein. Was soll ich damit? Besser, ich suche weiter nach Molli. Da bellt doch Rex! Also wieder hinaus!
»O, mein Bester, ich hör es auch, da hinten jammert das Tierchen. Prima, ich hab Molli, sie hängt im Gestrüpp. Gott sei Dank hat sie sich kaum verletzt. Jetzt nichts wie heim. Am besten, ich erzähle meinem Onkel, was ich entdeckt habe. Der weiß dann schon Rat.«

So oder ähnlich könnte sich eine der wichtigsten Entdeckungen abgespielt haben, die der Bibelwissenschaft 1947 bahnbrechende Erkenntnisse einbrachte.

In der Wüste am Ufer des Toten Meeres fand ein Hirtenjunge namens Muhamad Ed Dhib in einer Höhle bei dem kleinen Ort Qumran zufällig einige Krüge, in denen alte, verschmutzte Rollen steckten. Diese waren noch eingehüllt und rochen nicht gerade frisch. Neugierig riss er sie auf und sah beschriebenes Leder, das er allerdings nicht entziffern konnte. Aber das Leder konnte er gebrauchen, waren doch seine Sohlen schon durchgelaufen. So steckte er einige Rollen ein. Später kehrte er mit Freunden zurück. Sie nahmen mit, was ihnen nützlich erschien. Schließlich konnte man wenigstens die Krüge gebrauchen. Letztlich aber ergab es sich, dass jemand auf die Idee kam, die alten Schriftstücke zu verkaufen. So kam es, dass diese Dokumente nach mehreren Verkäufen endlich bei Fachleuten landeten. Ein israelischer Archäologe kaufte sie für den Staat Israel zum Preis von 250 000 Dollar. Er hatte sie als sehr alte Handschriften erkannt.
Die wichtigste Lederrolle enthält beinahe das ganze Buch des Propheten Jesaja. Sie ist vor mehr als 2000 Jahren geschrieben worden und zählt zu den ältesten Schriften, die bisher gefunden wurden. Diese Dokumente beweisen, dass die Bibelhandschriften äußerst sorgfältig angefertigt wurden. Daneben entdeckte man 1954 in Qumran eine alte jüdische Klosteranlage aus derselben Zeit und andere wertvolle Funde. Aus Respekt errichtete man in Jerusalem ein Museum, den »Schrein des Buches«, in dem man die alten Kostbarkeiten bestaunen kann.

- Anschließend folgen zwei weitere Durchgänge zu den übrigen Fragen aus der EA, die Ergebnisfrage wird ebenfalls eingesammelt.
- Eine Sch-Gruppe stellt dann ein Kreuzworträtsel zusammen, das in einer darauf folgenden Stunde von allen bearbeitet wird. Sch müssen dazu vorher Doppelungen beseitigen und ein sinnvolles abschließendes Lösungswort für das gesamte Rätsel finden.

Ein Hirtenjunge bewegt die Bibelwissenschaft
Anhand der Geschichte *Ein bedeutender Fund* werden Sch auf wichtige Hintergründe der biblischen Überlieferungsgeschichte aufmerksam.
- Sch lesen zur Hinführung erneut den Textabschnitt 3 *Sammeln und abschreiben* von S. 46.
- – Welche Probleme können sich ergeben, wenn man sich den Werdegang der biblischen Schriften anschaut (Sicherheit der Quellen, Einarbeitung verschiedener Intentionen, mögliche Veränderungen in den Interpretationen)?
- Sch erhalten **AB 5.3.15, Lehrerkommentar S. 103**. UG: Was könnte für Forscher an einem solchen Fund interessant sein?
- Sch suchen im Internet nach weiteren Informationen unter den Suchbegriffen »Qumran« und »Schrein des Buches". In GA entstehen Plakate, auf denen Sch ihre Erkenntnisse zusammenstellen und für andere präsentieren.

Hinweis: Weitere Informationen bieten Materialien der AV-Medienzentralen, z. B. Tonbilder: Abenteuer von Qumran (1996, 20 Min.); Geheimnisse von Qumran (1996) oder das Video »Qumran – Das Geheimnis der Schriftrollen« (1996, 43 Min.).
- – Sch erweitern über Beobachtungsaufgaben dazu ihren Wissensstand.

Hinter die Kulissen geschaut: die Arbeit eines Evangelisten
Die Bearbeitung des *Interviews mit Matthäus* weckt ein Verständnis für den Entstehungsprozess eines Evangeliums.
- Sch betrachten die Grafik S. 47 und versuchen eine Erläuterung dazu zu geben.
- – Ergänzend wird der Textabschnitt 4 hinzugezogen.
- **AB 5.3.16, Lehrerkommentar S. 105**, wird ausgeteilt. Sch lesen mit verteilten Rollen. Anschließend wird der Text still nochmals durchgearbeitet unter der Fragestellung:
- – Was wird in dem Gespräch über die Entstehung des Mt-Evangeliums ausgesagt? Entwerft dazu in GA ein Schaubild!
- Im Plenum werden die erstellten Schaubilder besprochen.
- – Schreibt auf kleine Zettel Fragen, die bei euch dazu entstehen!
- In einer Fragerunde werden die Zettel gezogen. Gemeinsam suchen Sch und L nach Antworten.
- Sch schreiben einen Antwortbrief an Matthäus: Lieber Matthäus, was mich an deiner Arbeit besonders interessiert, ist ...

Hinweis: Durch die Offenlegung des vielschichtigen Tradierungsprozesses kann die Frage aufgeworfen werden, wie gesichert die schriftlichen Grundlagen des Christentums sind. Vor dem Hintergrund dieser notwendigen Irritation geht es dann auch um die Glaubwürdigkeit ntl. Zeugnisse. Dabei kann ein erstes Bewusstsein davon entstehen, dass Glaube stets auch Entscheidung für eine bestimmte Sicht von Welt ist und eine eigene persönliche Vergewisserung erforderlich macht.

Ein Leben für die Bibel — Infoseite II (47) (48)

1. Hintergrund

Die Schreibkunst der Klöster
»Ein Kloster ohne Bücher ist wie ein Staatswesen ohne Habe, eine Festung ohne Truppen, eine Küche ohne Geschirr, ein Tisch ohne Speisen, ein Garten ohne Pflanzen, eine Wiese ohne Blumen, ein Baum ohne Blätter ...« – So beschreibt der Augustinerchorherr Thomas von Kempen im 15. Jh. die Bedeutung der Büchersammlung für ein Kloster.
Die mittelalterlichen Klöster waren Orte des Gebetes und der Arbeit. Sie förderten das geistige Leben. Die Benediktiner sind neben den offiziellen Lesungen im Gottesdienst und bei Tisch zur geistigen Lesung verpflichtet. So brauchte der mittelalterliche Mönch jährlich 50 Bände zu 300 Seiten zur Lesung. Ärmere Konvente konnten dies zwar nicht erfüllen, aber wirtschaftlich florierende Klöster unterhielten Skriptorien.

Skriptorium
Das Skriptorium befand sich gewöhnlich im Mönchssaal, dem Studier- und Arbeitsraum. In der kalten Jahreszeit arbeiteten die Schreiber in der Wärmestube, in der auch die Blätter zum Trocknen aufgehängt wurden. Die Schreibermönche wurden bei ihrer mühevollen Arbeit beaufsichtigt vom Kantor. Geschrieben wurde nicht nur für den Eigen-

Interview mit dem Evangelisten Matthäus

Reporter: Matthäus, Sie sind ein wichtiger Mann für das Christentum geworden, weil Sie ein so bedeutendes Buch geschrieben haben. Darf ich Ihnen ein paar Fragen stellen?

Matthäus: Das mit dem »wichtig« lassen Sie aber bitte gleich. Ich nehme mich nicht wichtig. Ich habe das Buch nicht geschrieben, weil ich berühmt werden wollte. Viele Erzählungen, die ich sammelte, haben mich nachdenklich gemacht. Ich fand, dass die Nachwelt unbedingt davon hören sollte.

Reporter: Da geben Sie mir schon das erste Stichwort. Wie kam es dazu, dass Sie zu schreiben begannen?

Matthäus: Ich hatte viele Begegnungen mit Menschen, die von Jesus erzählt haben. Ihr ganzes Denken, ihr Sprechen und was sie taten, war von ihm bestimmt. Ich habe immer mehr versucht, etwas über diesen Jesus zu erfahren. So lernte ich immer mehr von ihm kennen. Es waren Begegnungen, die mein ganzes Leben veränderten. Jesus zog mich mit seinem Wesen, seinen Worten und Taten in seinen Bann, sodass ich mein Leben ganz umkrempelte und ihm nachfolgte.

Reporter: Ah, das ist interessant. Die Erzählungen dieser Menschen müssen ja sehr beeindruckend gewesen sein!

Matthäus: Das kann man wohl sagen! Ich habe das alles erst gar nicht so recht glauben können, deshalb habe ich auch andere Leute gefragt. Aber alle haben ähnliche Dinge erzählt. Die Menschen waren erfüllt von dem, was Jesus getan und gesagt hat. So habe ich immer weiter gesucht.

Reporter: Wie hat man sich Ihr Schreiben vorzustellen?

Matthäus: Nun, vor mir – so circa 70 nach Christus – schrieb schon ein Mann namens Markus wichtige Erzählungen von Jesus auf.

Reporter: Soll das heißen, dass Sie von einem anderen abgeschrieben haben?

Matthäus: Ja, das sehen Sie richtig. Wieso sollte ich denn sein Evangelium außer Acht lassen? Es war mir eine wichtige Informationsquelle. Allerdings habe ich nicht einfach abgeschrieben. Einiges übernahm ich, anderes ließ ich weg. Den Aufbau fand ich recht vernünftig. Aber ich habe darüber hinaus noch auf eine andere Vorlage zurückgegriffen, die Markus offenbar nicht kannte. Diese zweite Quelle ist eine wichtige Sammlung von Reden Jesu, die viele Gemeinden von Mitchristinnen und -christen bereits gekannt und benutzt haben. Übrigens, mein Kollege, der Evangelist Lukas, hat dasselbe wie ich benutzt.

Reporter: Heißt das, Sie haben praktisch nur zwei Schriftensammlungen abgeschrieben?

Matthäus: Nein, so einfach ist das auch nicht! Ich habe mich intensiv umgehört und alles zusammengetragen, was ich von Jesus erfahren konnte. Ich bemühte mich um Vollständigkeit. So erhielt ich Informationen, die meines Wissens Markus und Lukas nicht hatten. Die Fachleute nennen diese Stellen auch Sondergut.

Reporter: Dieses Sondergut unterscheidet wohl auch Ihr Evangelium von dem des Lukas?

Matthäus: Unter anderem auch. Aber Sie wissen ja, dass jeder Schriftsteller seinen eigenen Sprachstil hat. Der Kollege Lukas war sehr gebildet und schrieb auch später als ich. So hat er wohl zusätzliche Dinge herausbekommen. Ich erklärte vor allem den neuen Christen, die vorher jüdischen Glaubens waren, dass Jesus wirklich der Messias ist, den Gott im Ersten Testament verspricht. Der Kollege Lukas hatte andere Zielgruppen.

Reporter: Ja, das las ich. Schrieb er nicht vor allem für die, die vorher nicht Juden waren?

Matthäus: Das stimmt. Er betont die liebenden und heilenden Werke des Herrn.

Reporter: Darf ich Sie so verstehen, dass jeder der Evangelisten einerseits die frohe Botschaft von Jesus überliefern wollte, aber andererseits ein eigenständiges Werk verfasste?

Matthäus: Ja, das stimmt. Wir waren getragen vom Geist des Herrn. Er hat uns geholfen, dass wir unsere Sache gut machten. So hoffen wir wenigstens.

Reporter: Da kann ich Ihnen nur meinen Dank im Namen der Leserinnen und Leser aussprechen. Es ist Ihnen wirklich gelungen, ein Buch mit einer großen Wirkung zu schreiben. Vielen Dank für das Gespräch.

bedarf, sondern es mussten auch liturgisch-monastische Bücher abgeschrieben werden, die bei Neugründungen dem ausgesandten Konvent mitgegeben wurden. Die Arbeit im Skriptorium erforderte viel Geduld, technisches Können und enorme Geschicklichkeit. Häufig endete die Arbeit mit einer Bitte um das Gebet des Lesers für den Schreiber.

Zur Technik der Buchherstellung im Mittelalter
Der gebräuchlichste Beschreibstoff des Mittelalters war das Pergament. Es bestand aus Tierhäuten. Diese wurden schon im Altertum als Schreibgrund verwendet. Weil sie eine sorgfältige und kostspielige Präparierung benötigen, zog man in der Antike häufig den billigeren, aber brüchigeren Papyrus vor. Das Pergament der Antike und des Mittelalters wurde überwiegend aus Schafshäuten gewonnen, aber auch Häute von Ziegen, Kälbern, Kamelen, Eseln, Hirschen und Gazellen wurden verwendet. Die Beschaffung des Pergaments war ein wirtschaftliches Problem. So musste man für die Herstellung eines Kodex eine große Schafherde töten, da man 500 Häute benötigte. Nach dem Bad im Ätzkalk wurden die Häute gereinigt, enthaart und zum Trocknen auf einen Rahmen gespannt. Durch Einölen wurden sie geschmeidig. Die einzelnen Blätter mussten zurechtgeschnitten werden; zuerst wurden sie zu Bögen zweimal gefaltet, dann wurden sie zu gleicher Lage vereinigt und der Buchform angepasst. Nochmals wurde mit Bimsstein alles Überflüssige beseitigt und Kreide aufgetragen, damit das Geschriebene nicht zerlief.
Die im Skriptorium beschäftigten Mönche zogen mit einem Bleigriffel Linien; dann schrieben andere Mönche mit Gänsefedern jene Texte, die Illuminatoren und Miniatoren schließlich mit Initialen oder Miniaturen ausmalten. Dann wurden die Blätter korrigiert und eingebunden.
Zum Schreiben und Malen verwandte man folgende Tinten:

- Tinten, in Kirschgummi gelöst: Man nahm Ruß für Schwarz, Safran und Ocker für Gelb, Indigo und Holunderbeerblau für Blau, grüne Erde für Grün, Umbra für Braun, Menese für violettes Dunkelblau.
- Tinten, in Eiklar gelöst: Grünspan für Grün, Menning für Rot.
- Sepia, ein tierischer Farbstoff, diente für zartes Braun.
- Eisengallustinte war der eigentliche Schreibstoff.

Als Schreibwerkzeug verwendete man Rohrfedern. An einem Tag schaffte ein Schreiber 6-10 Seiten im Quartformat (25 x 35 cm). Für die Kopie einer Heiligen Schrift benötigte man mindestens ein Jahr (vgl. Trost 1991).

Das Bild im Schulbuch S. 48 zeigt, dass auch Frauen als Malerinnen und Schreiberinnen tätig waren. Die Nonne Guta ließ sich mit ihrem Malerkollegen Sintram auf dem Einleitungsblatt des von ihr geschriebenen Kodex abbilden (Kodex Guta – Sintram, Elsass 1154, Bibliothèque du Grand Séminaire, Strasbourg, Cod 78, fol. 4r). Die runden Bilder sind Federzeichnungen einer Bamberger Ambrosius-Handschrift, die vermutlich im 3. Viertel des 12. Jh. entstanden ist. Auf S. 48 ist zu sehen, wie ein Mönch Notizen in eine Wachstafel ritzt. Das linke Bild auf S. 49 zeigt die Pergamentherstellung: Die Tierhaut ist in einen Rahmen gespannt und wird mit einem Schabeisen geglättet; im rechten Medaillon spitzt der Mönch seine Schreibfeder an.

2. Einsatzmöglichkeiten im RU

In der Schreibstube
Der Text im Schulbuch soll Sch zum Staunen bringen, wenn sie die Mühseligkeit der Bibelherstellung erkennen.

- Sch betrachten die runden Bilder der Doppelseite und beschreiben, was sie zu erkennen meinen.
- Dann wird der Text gelesen. Nun erfolgt die Gegenprobe: Was lässt sich nun zu den Bildern sagen?
- Anhand von **AB 5.3.17, Lehrerkommentar S. 107**, wird der Text in seinen Aussagen strukturiert, fehlende Informationen werden von L geliefert, über den Film (s. u.) erarbeitet oder aus dem Text von **AB 5.3.18, Lehrerkommentar S. 109**, stichpunktartig zugeordnet.
- Anschließend werden die Aufgaben von S. 49 bearbeitet.

Hinweise zu den Bildern des **AB 5.3.17**,
linke Spalte:
Notizen werden in eine Wachstafel mit einem Griffel eingeritzt. Mit dem flachen Griffelende können sie gelöscht werden.
Die Tierhaut wird in einen Rahmen gespannt und getrocknet. Mit einem Schabeisen werden Haare und Fleischreste behutsam entfernt.
Mit einer Gänsefeder wird geschrieben. Sie muss mit einem Messer immer wieder nachgeschnitten werden. Für Linkshänder sind die rechten, für Rechtshänder die linken Flugfedern geeignet.
Die beschriebenen und gemalten Blätter werden zu Lagen gefalzt.

Die Arbeit in einer mittelalterlichen Schreibstube

Rechte Spalte:
In einer Buchbinderlade kommen Lagen auf Lagen, die zu einem Buchblock zusammengeheftet werden.
Der hölzerne Buchdeckel wird mit einem Beil zurechtgehauen und dann mit Leder bezogen.
Die Verschlüsse des Buches und die Beschläge werden aus Messing auf einem kleinen Amboss gefertigt.
Der Mönch präsentiert das fertige Buch.

Buchherstellung in Text und Bild kennen lernen
Anhand eines Kurzfilms vertiefen Sch ihre Kenntnisse über mittelalterliche Buchherstellung und suchen nach Gemeinsamkeiten und Unterschieden zwischen Film und Buchtext.

- Video: Buchherstellung im Mittelalter (1994, 15 Min.). Der Film zeichnet die Arbeit eines Schreibermönches sehr anschaulich nach: Nach einer sehr detaillierten Darstellung der Pergamentherstellung zeigt der dokumentarische Film, ausgehend von Miniaturen, die einzelnen Schritte der mittelalterlichen Buchherstellung. So wird neben dem kunstvollen Schreiben die entsprechende Bearbeitung der Gänsefeder und die Herstellung der Tinte dieser Zeit, die Produktion der verschiedenen Farben für die Buchmalerei und das Buchbinden mit Hilfe der Heftlade demonstriert. Schließlich wird die übliche Arbeitsteilung zwischen den Schreiber- und den Malermönchen dargestellt.
- Ergänzend wird das kleine Rätsel erarbeitet: **AB 5.3.20, Lehrerkommentar S. 109**.

Buchmalerei verstehen
Sch entwickeln ein Verständnis für die künstlerische Ausgestaltung von alten Handschriften und den Bezug des Schreibers dazu.

- Sch suchen sich ein für sie wichtiges Bibelwort heraus, entweder aus dem Schulbuch oder aus den bisher besprochenen Texten.
- – Schaut genau auf eure Stelle aus der Schrift, die ihr ausgewählt habt. Welches Wort ist für euch dabei besonders wichtig? Versucht, euch nur für *ein* wichtiges Wort zu entscheiden und schreibt es auf ein leeres Blatt.
- – Sucht nun andere Wörter, die euch zu diesem einen Wort in den Sinn kommen. Das können Wörter sein, die auch in der Bibel vorkommen, genauso wichtig sind aber Wörter, die auch im Alltagsleben vorkommen. Schreibt sie dazu.
- – Nach einer Zeit des Überlegens und Aufschreibens folgt die Arbeitsanweisung: Umkreist nun ein oder zwei Wörter, die ihr dazugeschrieben habt. Nehmt am besten die Wörter, die euch am meisten beschäftigen.
- – Welche Bilder fallen euch dazu ein?
- Sch erhalten **AB 5.3.19, Lehrerkommentar S. 111**, und suchen ihre Initialen heraus. Dann wird ein leeres Blatt quer genommen und in der Hälfte gefaltet.
- – Tragt nun die Anfangsbuchstaben eures Namens in dieser feierlichen Schrift ein. Die Pfeile zeigen, wie man schreiben muss. Versucht so sorgfältig zu arbeiten, wie das ein Schreibermönch getan hätte. Ihr könnt das ganze Blatt ausnutzen.
- – Sch gestalten anschließend die freien Bereiche mit den Bildern, die ihnen zu ihren umkreisten Wörtern eingefallen sind.
- – Am Schluss wird der Satz aus der Bibel in normaler Schrift dazugeschrieben.
- *Alternative:* Weniger interessant, aber auch wirkungsvoll ist die Verwendung eines Borstenpinsels, mit dem sich breite und feine Striche ausführen lassen.

3. Weiterführende Anregung

Schreiben wie Swicher
Anhand eines Beispieltextes entwickeln Sch ein Verständnis für die Leistung eines mittelalterlichen Schreibermönches.

- OHP: Eine Welt ohne Computer und Fernsehen, ohne Strom und Auto, ohne Zeitschrift und Telefon ... wie das wohl wäre? Sch tauschen sich über diese Vorstellung aus.
- Mit Hinweis auf die Darstellungen der Medaillons von S. 48/49 werden die Konsequenzen überlegt, die dies für die Arbeit an einer Bibel hat.
- Sch bereiten eine Seite vor, auf der sie einen für sie wichtigen Satz möglichst genau »nach alter Art« eintragen. Dazu muss zuerst die Blattaufteilung überlegt werden – mit Hilfslinien, Buchstabengestaltung in Anlehnung an das Bild von S. 48 oben.
- Ein Gespräch über die Schwierigkeiten und die Gedanken bei der Herstellung schließt sich an.
- – Welche Bedeutung hat es, wenn geschriebener Text in einer solch mühevollen Arbeit angefertigt wird? Was lässt sich über die Arbeitsleistung sagen, die dafür nötig ist?
- – »In alten Büchern steckt das Leben vieler Menschen.« – Sprecht über diesen Satz!
- Anhand von **AB 5.3.17, Lehrerkommentar S. 107**, wird der Herstellungsprozess abschließend nochmals genauer nachgezeichnet.

Hinweis: Für die Durchführung des Schreibversuches eignet sich verdünnte Plaka-Farbe, die man z. B. in kleinen Alutöpfchen ausgibt, wie man sie als Fassung für Teelichter erhält. Die mittelgroßen Federn (von

Ein Rätsel lösen: Der Vorteil von Pergament

Schaffelle lufttrocknen	**L**
Blätter schneiden	**E**
Felle in Kalkbeize legen	**A**
Häute spannen	**G**
Haare abschaben	**N**
Zeilen einritzen	**I**
Kreide ausklopfen	**G**
Pergament nochmals dünner schaben	**L**
Pergament mit Bimsstein glätten	**B**

Die richtige Reihenfolge nennt dir einen großen Vorteil von Pergament.

Es ist ______________________________ .

Hier ist etwas durcheinander geraten

Die Tierhaut wird in einen Rahmen gespannt und getrocknet. Mit einem Schabeisen werden Haare und Fleischreste behutsam entfernt.

In einer Buchbinderlade kommen Lagen auf Lagen, die zu einem Buchblock zusammengeheftet werden.

Die Verschlüsse des Buches und die Beschläge werden aus Messing auf einem kleinen Amboss gefertigt.

Notizen werden mit einem Griffel in eine Wachstafel eingeritzt.
Mit dem flachen Griffelende können sie gelöscht werden.

Mit einer Gänsefeder wird geschrieben, die mit einem Messer immer wieder nachgeschnitten werden muss. Für Linkshänder sind die rechten, für Rechtshänder die linken Flugfedern geeignet.

Die beschriebenen und bemalten Blätter werden zu Lagen gefalzt.

Der Mönch präsentiert das fertige Buch.

Der hölzerne Buchdeckel wird mit einem Beil zurechtgehauen und dann mit Leder bezogen.

Hühnern, Vögeln, Gänsen) müssen zum Schreiben schräg angeschnitten werden. Papier kann – bei aufwändiger Gestaltung – auch Elefantenhaut sein.

- *Alternative:* Denkbar ist auch die Auswahl der Textstücke aus einem fortlaufenden Text, z. B. aus einem Evangelium, aus der Abrahamserzählung usw., sodass am Ende eine Art »Kleinkodex« entsteht.

Auge um Auge — Stellungnahmen (50)

1. Hintergrund

Konflikte, wie sie die Geschichte darstellt, sind Sch aus zahlreichen Filmen, oft auch aus dem eigenen Erfahrungsbereich bekannt. Die Frage »Wie geht man mit einer solchen Situation um?« löst u. U. eine engagierte und emotional geprägte Auseinandersetzung aus. – Sch können hier exemplarisch die Alltagsrelevanz biblischer Perspektiven kritisch prüfen. Stets dürfte es dabei wichtig sein, den Bedeutungsgehalt gründlich zu erarbeiten, um die visionäre Kraft einzelner biblischer Positionen wirksam werden zu lassen. Jede nur kurze und oberflächliche Benennung hingegen dürfte eher zu (vorschnellen) ablehnenden Urteilen führen.
Die in der Geschichte zitierte Bibelstelle ist der Bergpredigt entnommen. Die so genannte Bergpredigt (Mt 5,1-7,29) ist im eigentlichen Sinn keine Predigt, sondern eine Lehre (vgl. Mt 5,1), die ebenso Universalität beansprucht wie Mt 25,40 oder 28,20. Es geht um den Begriff der »besseren Gerechtigkeit«, der in diesem Kontext nur ethisch-handlungsorientiert verstanden werden kann (Frankemölle S. 215).

Auge um Auge ... (Mt 5,38-39)
»In dem Abschnitt wird die Ethik der Welt, Gleiches mit Gleichem zu vergelten, aufgebrochen mit der These, die Spirale der Gewalt durch ein Verhalten zu durchbrechen, was vom Leser das Äußerste verlangt. Es geht nicht nur um den radikalen Gewaltverzicht, vielmehr soll in den verschiedenen Lebensbereichen die Regel der Wiedervergeltung durchbrochen werden durch ein den jeweiligen Gegner völlig überraschendes Verhalten. Für Menschen, die im Glauben an die Wirklichkeit Gottes leben, soll nach Matthäus dieses Ethos gelten. Dass nicht nur die Wirklichkeit der Welt, sondern auch die der christlichen Kirchen anders aussieht, belegt gerade das Matthäus-Evangelium in aller Nüchternheit (vgl. Mt 13,36-43; 18,15-20 u. a.)« (Frankemölle S. 233).
Das immer wieder zitierte Wort »Auge um Auge, Zahn um Zahn« stammt aus dem AT (vgl. Ex 21,24). »Aufgrund der jüdischen Gerichtspraxis war diese durchaus richtig zitierte biblische Stelle für die ersten Leser (des Matthäus-Evangeliums) nicht ein Beispiel für Grausamkeit und Rückständigkeit des jüdischen Rechtes, da ihnen bewusst war, dass dieses so genannte Taliongesetz nie im Judentum angewendet worden ist. Bei seiner Entstehung im 8. Jh. v. Chr. bedeutete dieser Grundsatz sogar einen Rechtsfortschritt, da er entgegen dem praktizierten Recht, wonach Begüterte und politisch Mächtige vor Gericht besser davonkamen, gleiches Recht für alle einklagte und somit dem Schutz der sozial Schwachen gegenüber den Mächtigen diente« (Frankemölle S. 228).

2. Einsatzmöglichkeiten im RU

Auge um Auge?
Am Ende dieses Themenbereiches sollen die Sch offen werden für den Anspruch und Stellenwert, den biblische Aussagen haben können.

- Sch lesen die Geschichte und äußern ihre Eindrücke zunächst in einem Klassengespräch.
- In Gruppen zu 4-5 Sch überlegen sie miteinander, wie die Geschichte weitergeht, und stellen dies der Klasse vor.
- Die verschiedenen Lösungsmöglichkeiten werden besprochen. (Um unredlichen Scheinlösungen entgegenzuwirken, sollte der Realitätsbezug nicht außer Acht gelassen werden!)
  - Welche Lösung könnte wirklich klappen?
  - Was nützen die Sätze aus der Bibel für den Alltag?
  - Kennt ihr Menschen, die nach diesen Sätzen leben? Was tun sie?
- In GA überlegen Sch »gute Regeln« für ein sinnvolles Zusammenleben.
- Die Regeln werden an der Tafel gesammelt und zu einem Plakat: »Gute Regeln für unsere Klassengemeinschaft« oder »Gute Regeln für unser Zusammenleben an der Schule« o. Ä. gestaltet.

Ein besseres Leben – mit der Bibel?
Sch überprüfen den persönlichen Stellenwert ausgewählter Bibeltexte.

- Sch blättern das Buchkapitel durch und suchen nach Bibeltextstellen, die sie bei der Erarbeitung interessiert haben. Eine Stelle, die besonders wich-

Schrift: Initialen schreiben

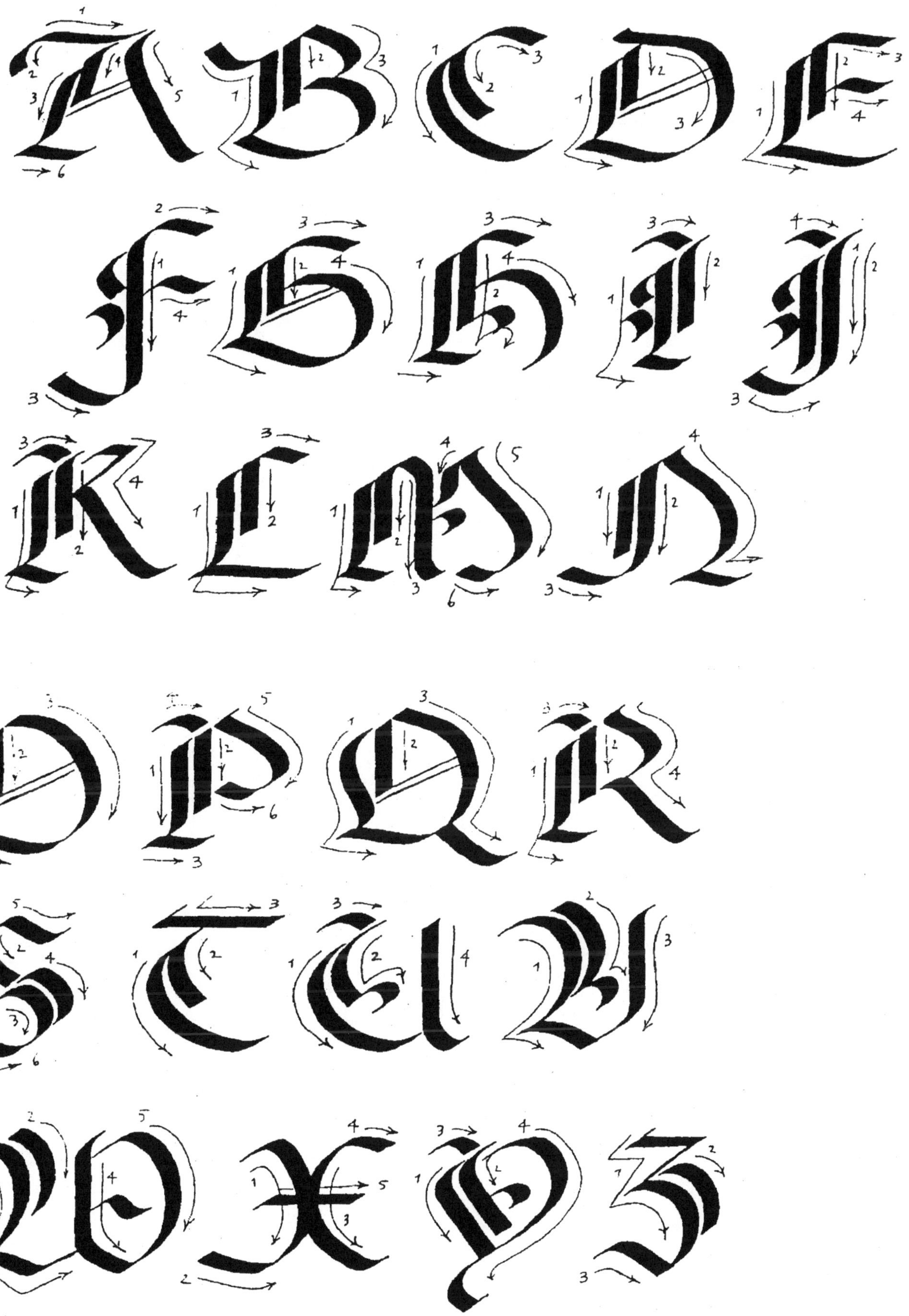

tig erscheint, wird herausgeschrieben. Anschließend Impuls:

- Stellt euch vor, dieser Satz oder dieser Text soll einem Menschen heute etwas Wichtiges mitteilen. Versucht, einem anderen Menschen dies in euren eigenen Worten zu erklären!

• Die Beiträge werden ausgetauscht, Ähnlichkeiten und Unterschiede werden herausgestellt.
• Sch setzen sich erneut mit **AB 5.3.2, Lehrerkommentar S. 80,** auseinander. Wie sieht der Vergleich mit den Ergebnissen der ersten Phase in der *Themenseite* aus?

Literatur

Drewermann, Eugen, Der gefahrvolle Weg der Erlösung. Die Tobit-Legende tiefenpsychologisch gedeutet, Freiburg 1993 (Das Buch bietet u. a. eine Aufschlüsselung der Symbole, die in der Tobit-Erzählung angetroffen werden.)

Engel, Helmut, Das Buch Tobit, in: Erich Zenger u. a., 246-256 (s. u.)

Frankemölle, Hubert, Matthäus Kommentar 1, Düsseldorf 1994

Trost, Vera, Skriptorium. Die Buchherstellung im Mittelalter, Stuttgart 1991

Vorgrimler, Herbert, Wiederkehr der Engel? Ein altes Thema neu durchdacht, Kevelaer [3]1999

Zenger, Erich u. a., Einleitung in das Alte Testament, Stuttgart 3. neu bearb. u. erw. Aufl. 1998

Zum Beten kommen 4

Das Thema im Schulbuch

Im vierten Kapitel geht es darum, mit Kindern und Jugendlichen die Chancen eines »Gespräches mit Gott« auszuloten und die religiöse Sprachfähigkeit weiter zu entfalten. Behutsam können Sch durch einfache Übungen zur Stille finden und unterschiedliche Formen des Gebets kennen lernen. Anhand von Gebetsanfängen und formulierten Gebeten werden sie zu freiem Sprechen mit Gott herangeführt. Vorurteile und Berührungsängste werden abgebaut, indem die Wirkung des Gebets beschrieben wird.

Die *Titelseite* **51** zeigt eine Plastik am Meeresufer. Sie lädt ein zur Entspannung und Ruhe. Das Verweilen und Sich-Zeit-Nehmen ist der erste Schritt auf dem Weg zum spirituellen Wachsen.

Die *Themenseite* **52-53** richtet die Aufmerksamkeit auf Situationen im Leben von Sch, in denen sie das Bedürfnis verspüren, sich mitteilen und anvertrauen zu können. Licht und Schatten kennzeichnen auch schon ihr Leben. Neue Medien und alte Praktiken verfolgen dasselbe Ziel – ankommen beim Du, in der eigenen Mitte und schließlich bei Gott.

Die Anregungen der *Ideenseite* **54-55** enthalten meditative und kontemplative Übungen sowie den Blick auf das konkrete Handeln, auf das das Gebet auch abzielt.

Texte, Bild und Lied auf *Deuteseite I* **56-57** bieten Anregungen zur Auseinandersetzung mit der Zeit. Weniger ist oft mehr: Den Blick auf das Wesentliche zu richten und sich bewusst Zeit zu nehmen kann mehr bewirken, als möglichst rasch umso mehr oberflächlich »mitzunehmen«. Sch sind eingeladen innezuhalten, der Gegenwart nachzuspüren und sich auf Stillezeiten einzulassen.

Die *Deuteseite II* **58-59** setzt sich auseinander mit der Sprachgestalt des Betens: auf der linken Seite formulierte, überlieferte Gebete, auf der rechten Seite Sch-Gebete und Gebetsausschnitte, Sch anregen, eigene Gebete zu formulieren. Ein »du«, in das zahlreiche Namen Gottes eingeschrieben sind, rückt in den Vordergrund. Indem Sch nachdenken über den Namen Gottes, werden sie angeregt, Gott persönlich anzusprechen und lernen in seinem Namen zu beten.

Infoseite I **60-61** zeigt an einem Fallbeispiel, wie Beten gelingen kann. Die Psalmen ermöglichen dem Menschen, Grundbefindlichkeiten vor Gott tragen zu können. Die rechte Seite veranschaulicht, wie der Betende sich mit Gott vernetzen kann und gibt eine einfache Handlungsanweisung.

Infoseite II **62-63** will Sch helfen, einfache meditative Übungen auszuprobieren und Kenntnisse über den Sinn dieser Übungen zu erarbeiten. Die Fotos verdeutlichen Sch das Zusammenspiel von Körper und Geist. Wichtig ist der Hinweis in Form der Grafik: Meditative Übungen im christlichen Sinn meinen nicht ein Kreisen um sich selbst, sondern sollen helfen sich anderen (»du«) und Gott gegenüber zu öffnen.

Deuteseite III **64-65** ist dem Vaterunser-Gebet gewidmet und vertieft erneut den Zusammenhang zwischen Reden und Tun. Die linke Seite lenkt den Blick auf das Beten in Gestalt des Handelns. Das Lied auf der rechten Seite verdeutlicht, wie Geben und Teilen die Liebe und das Reich Gottes weitergeben und Gottes Nähe schenken. Schließlich veranschaulicht die englische Fassung des Vaterunsers die Weite des Christentums.

Die *Stellungnahmen* **66** greifen die Frage nach dem Sinn des Betens und den damit verbundenen Schwierigkeiten auf. Hört Gott mein Gebet? Was bewirkt mein Gebet? Sch sollen nach diesem Kapitel in der Lage sein sich dazu eine fundierte Meinung zu bilden.

Verknüpfungen mit anderen Themen im Schulbuch

Kap. 1 Gemeinsam neu anfangen: »Ich bin nicht allein« will es ermöglichen, Stärken und Schwächen, Ängste und Sorgen auszudrücken und zum Einsatz für die Gemeinschaft ermutigen (S. **18** und S. **20**).

Kap. 2 Kirche leben zeigt, dass das Gotteshaus ein Haus des Gebets und der Gemeinschaft von Menschen ist, die miteinander zu Gott sprechen und ihrem Glauben in Werken Ausdruck verleihen (S. **28–30**).

Kap. 3 Ein Buch wie kein anderes – die Bibel macht klar, dass Menschen Gott begegnen und bei ihm Orientierung suchen (S. **37ff.**).

Kap 5 Mit Abraham und Sara auf dem Weg: Abraham hört auf Gott (S. **72-73**). Wie kann man Gott hören inmitten der lärmenden Welt (S. **68-69**)?

Kap. 6 Neugierig auf Fremde(s) macht bewusst, dass Beten ein wesentlicher Bestandteil in allen Religionen ist und verschiedene Formen annehmen kann (S. **85ff.**).

Verbindungen mit anderen Fächern

Evangelische Religionslehre 5.3 befasst sich damit, wie Menschen von ihren Erfahrungen, Wünschen, Hoffnungen und Ängsten erzählen. Dies ermöglicht einen Hinweis auf das Beten mit der Bibel.
Ethik 5.1 nimmt Wahrnehmungen in den Blick. Dazu gehören Stilleübungen und Orte der Ruhe. In *Ethik 5.3* geht es um Bilder und Symbole, die Leben deuten.
Deutsch 5.1 strebt danach, eigene Gedanken deutlich zu artikulieren und *Deutsch 5.2* schult das persönliche Schreiben – Kompetenzen, die in Verbindung zu den Ausdrucksformen von Gebeten stehen.
Das Vaterunser *in englischer Sprache* kann fächerverbindend behandelt werden. Sch freuen sich, wenn sie schon in kurzer Zeit einen so bekannten Text verstehen können.
In *Erdkunde 5.1* lernen Sch die Arbeit mit einfachen Kartierungen. So kann der Erdkundeunterricht eine »Karte der Armut« beisteuern.
Der *Sportunterricht* will für die Bedeutung der Ganzheitlichkeit der sportlichen Aktivität sensibilisieren und das Bewusstsein für die eigene Körperlichkeit erhöhen.
Musik 5.4 kommt ohne die Fähigkeit zum genauen Hinhören nicht aus und schult dabei meditative Grundhaltungen von Stille und bewusstem Hören.

Zum Beten kommen — Titelseite (51)

1. Hintergrund

Gerta Busse: »Liegende in Schwarz«
Die abgebildete Figur aus Speckstein von Gerta Busse ist etwa 25 cm lang und kann stilistisch der klassischen Moderne zugeordnet werden. Das zentrale Anliegen bei dieser Figur ist der ausgewogene Entwurf, wobei eine weitergehende Detailgestaltung dieser spannungsvollen Figur überflüssig ist. Das exakt ausgearbeitete kreisrunde Loch zwischen den scharf abgewinkelten Armen fällt deutlich auf neben dem verhältnismäßig kleinen Körper und dem fast kugeligen Kopf. Die starken, aber weich auslaufenden Beine dominieren das Bild und erzeugen Spannung. Besonderen Effekt schenkt das Sonnenlicht (Alt, 33). Die Reduzierung der Plastik korrespondiert mit der sonstigen Schlichtheit des Fotos. Stein auf Stein, Wasser und etwas Sand, was sich gut verträgt mit der Stimmung der Entspannung.
Man meint das Rauschen des Meeres gerade zu hören. Welche/r Betrachter/in möchte da nicht anstelle der Liegenden sein?

Hören als religiöse Grundhaltung
Die jüdische Frömmigkeit hat in der langen Zeit ihrer Tradition kein einziges Gottesbild entworfen, auf das sich schauen lässt. Jahwe offenbart sich in seinem Wort und in seinem Handeln. Das zentrale Gottesbekenntnis, das jeder fromme Jude in sein Herz und auf seine Stirn geschrieben hat, beginnt mit dem Auftakt: »Höre Israel!« An vielen hundert Stellen im AT und NT ist von einem sprechenden, also hörbaren, nirgendwo aber von einem im Bild dargestellten Gott die Rede. Ein wichtiges Organ biblischer Gotteserkenntnis ist somit das Gehör. Im Sinne paulinischer Theologie lässt sich sagen: »Glaube kommt vom Hören!« (nach Röm 10,17ff.)
Das Ohr ist ein empfangendes Organ. Ein Musikstück entlockt dem Hörenden meist stärkere Emotionen, als ein Bild es je könnte. Selbst die lautlose Welt der Dinge scheint über das Ohr zugänglich zu sein. Wir können sagen: »Das Bild, der Sonnenuntergang, die Landschaft etc. spricht mich an.« Das Ohr ist das Sinnesorgan, das sich im Mutterleib als erstes entwickelt und das im Sterbeprozess am längsten aufnahmefähig ist. Es lässt sich nicht willentlich abschalten wie das Auge, sodass der Mensch Geräuschen und Tönen immer ausgeliefert ist.
Eng mit der Welt des Hörens ist die Welt der Sprache verbunden, die grundlegend ist für menschliche Gemeinschaft. Insofern kann man das Gehör als den »sozialen Sinn« des Menschen bezeichnen (Merkert 766).

Die in diesem Kapitel vorgeschlagenen Hör- und Wahrnehmungsübungen sollen einer zerstreuten Empfänglichkeit für äußere Reize entgegensteuern, um zu einer achtsamen Wahrnehmung der Wirklichkeit zu gelangen. Schweigen und Stille sind wichtige Voraussetzungen dazu und zugleich höchste Formen des Betens.

Stille – Teil des Lebens

Stille ist mehr als nur das Gegenteil von Reden, Lärm und Hektik:

- Stille ist ein Erfahrungsraum, in dem Menschen mit sich selbst in Kontakt treten, weil sie sich selbst mangels Ablenkung nicht so leicht ausweichen können. Stilleübungen fördern Bewusstwerdungsprozesse.
- Die Erfahrung von Stille bemisst sich nicht nach ihrer Produktivität oder einer vorzeigbaren Leistung. Sie führt zum Einfach-nur-da-Sein. Damit kann Stille zu einem Ort der Gottesbegegnung werden. Die Erfahrung von Stille fördert religiöse, spirituelle Kompetenz (Maschwitz 52).

Fünf Überlegungen zu Stilleübungen

1. Einladung – die innere Bereitschaft wecken: Neugier und Faszination (»Wer kann so leise an seinen Platz gehen, dass ihn niemand hört?«) mögen für viele Sch Anreiz zum Mitmachen sein. Hilfen, die zu einer inneren Bereitschaft ermuntern, können vereinbarte Zeichen und Rituale sein, z. B.:

- Gemeinsam wird ein Symbol (Plakat, Muschel, Kerze etc.) für die Übungen gesucht, das jeweils hervorgeholt wird.
- Ruhige Musik, die gleichzeitig als Erkennungsmelodie dient, begleitet die Umbauphase: Tische werden leer- oder weggeräumt, die Tafel wird zugeklappt, der Stuhlkreis gebildet.
- Ein Schild mit der Aufschrift »Bitte jetzt nicht stören!« wird an die Klassenzimmertür geheftet.

2. Bei mir ankommen – mich selbst entdecken: Sch nehmen eine entspannte, möglichst aufrechte und bewusste Körperhaltung im Sitzen, Stehen oder Liegen ein und versuchen, sich selbst wahrzunehmen. Sie spüren dem nach, was sie denken, fühlen und empfinden und wie sie atmen. Wenn Sch ihre Augen geschlossen halten, kann es besser gelingen, von außen nach innen zu gelangen.

3. Sich der Stille öffnen: Es geht darum, die Sinne zu öffnen und so zu einer bewussteren Wahrnehmung zu kommen: auf Töne hören, einen Gegenstand aus der Natur betrachten, für sich ein Wort oder einen Satz sprechen, einen Stein befühlen, auf den Atem achten, einer Imaginationsübung folgen usw.

4. Sich mitteilen – Erfahrungen ausdrücken: Das, was im Inneren bewegt und angesprochen hat, auszudrücken erhält Bedeutung und erfährt Wertschätzung. Für L bietet diese Phase auch Rückmeldungen, um die Übungen zu verändern oder zu vertiefen. Neben dem verbalen Austausch empfehlen sich Formen wie Malen, Vertonen, Gestalten, Modellieren oder Schreiben.

5. Abschluss – nach außen gehen: Stilleübungen sollten verklingen und nachwirken dürfen, bevor wieder etwas Neues an der Reihe ist. Rituale sind ein würdiger Abschluss:

- gemeinsam ein Lied singen,
- sich mit einer Verbeugung oder einer anderen Gebärde verabschieden,
- in einer »Blitzlichtrunde« sagen, welches Wort, welchen Gedanken man aufheben möchte, was einem am besten gefallen hat,
- einen Gong anschlagen und warten, bis er verklungen ist,
- in Ruhe aufräumen (nach Maschwitz 57 ff.).

2. Einsatzmöglichkeiten im RU

Über das Hören

Viele Redewendungen und Sprichwörter wissen um die Bedeutung des Hörens.

- Sch erhalten **AB 5.4.1, Lehrerkommentar S. 77.** Neben die Sprichwörter schreiben oder malen sie, was damit gemeint ist, und finden weitere Redewendungen.

- Sch bilden Gruppen, suchen sich eines der Sprichwörter aus und überlegen sich ein kurzes szenisches Spiel dazu. Das Spiel wird der Klasse anschließend vorgespielt.

- *Alternative*: In ähnlicher Weise suchen Sch nach dem Wortfeld »Hören« und »Gehör« und bilden dazu Sätze. Beispiele:

Schritte sind kaum **hör**bar.
Er war ihr **hör**ig.
Wir ge**hör**en zusammen.
Zu**hör**en
Ange**hör**iger
uner**hör**t
auf**hör**en

Die Liegende IDEENSEITE (54)

Mit diesem Bild wird ein konzentrierender Einstieg ermöglicht.

- Sch übernehmen die Körperhaltung der »Liegenden« und verweilen einige Zeit darin. Sie versuchen die eigenen Empfindungen dabei wahrzunehmen:
- – Ist dir die Haltung angenehm/unangenehm?
- – Versuche in dich hineinzuhören! Ist es dort still oder laut?
- – Möchte dir dein Inneres etwas sagen?
- Sch probieren eigene Haltungen des Ganz-Ohr-Seins aus. Wenn ein Sch seine Haltung gefunden hat, wird sie von den anderen nachgestellt.
- – UG: »Welche Haltung entspricht dir am meisten? In welcher kannst du ganz Ohr sein?
- Einzelne Sch erzeugen Klangwelten, die von den anderen erraten werden, z. B. Öffnen eines Federmäppchens oder der Füllerkappe, Zerreißen eines Papiers etc.

Den Geräuschen der Umgebung nachgehen

Im Zusammenhang mit dem Thema »Hören« bietet es sich auch an, auf die vielen Geräusche der Umgebung zu achten.

- Sch gehen nach draußen und hören eine vereinbarte Zeit lang auf Vogelstimmen, Wasserrauschen, vorbeifahrende Autos. Wenn der Gang nach draußen zu aufwändig erscheint, genügt es, die Fenster zu öffnen.
- – Welche Geräusche lassen sich unterscheiden?
- – Welche sind dir angenehm/unangenehm?
- Sch schreiben in eine Tabelle alle wahrgenommenen Geräusche und werten sie als angenehm/unangenehm.

Hinweis: Es gibt verschiedene CDs mit Naturaufnahmen, z. B. Echoes of nature, Morning songbirds/Thunderstorm, The natural sounds of the wilderness, Laserlight. Sch erleben es meist als sehr entspannend und ausgleichend, eine Weile Froschquaken oder Regenprasseln zuhören zu dürfen.

Auf die Stille hören

Die Übung führt Sch von der Außen- zur Innenorientierung.

- Sch nehmen eine Hörhaltung ein.
- L vereinbart mit den Sch eine Zeit, z. B. eine Minute, die durch einen Glockenschlag eingeleitet und beendet wird. »Was habt ihr in der Zeit gehört?«
- – L regt Sch an, nicht nur auf die Geräusche in der Umgebung, sondern bewusst auf die Stille zu hören.
- – Sch folgen dem verhallenden Klang des Gongschlags. Wenn dieser nicht mehr zu vernehmen ist, schließen sie die Augen, die erst wieder geöffnet werden, wenn das Auszeichen zu hören ist.
- Ohne die Stille zu unterbrechen, malt jeder Sch nach dem Gongschlag die Bilder, die ihm in der Stillezeit gekommen sind. Anschließend gibt er seinem Bild einen Titel, den er auf einen Zettel schreibt und für sich behält.
- Nun werden die Bilder in einer Art Ausstellung ausgelegt. Sch stehen auf und schauen sich jedes Bild still an. Wenn ihnen zu einem Bild ein passender Titel einfällt, schreiben sie ihn auf einen Zettel und legen ihn unter das ausgelegte Bild.
- Wenn alle ihren Rundgang beendet haben, stellt jeder sein Bild der Klasse vor, nennt den selbst gewählten Titel und all die Titel, die ihm unter das Bild gelegt wurden. Jeder äußert seinen Lieblingstitel.

Hinweis: Es empfiehlt sich, Papier und Malzeug schon vor der Übung herrichten zu lassen. Schulbank sollte ansonsten leer geräumt sein.

3. Weiterführende Anregungen

Schriftstellen heraussuchen

Sch finden heraus, dass Hören in der Bibel von großer Bedeutung ist.

- – Mithilfe einer Konkordanz sucht L, je nach Anzahl der Sch oder Gruppen, Schriftstellen zum Thema »Hören« heraus, die er auf kleine Zettel schreibt (z. B. Mk 9,7; vgl. die Beispiele):

  Mk 9,7: Dies ist mein geliebter Sohn, auf ihn sollt ihr hören!
  Joh 10,27: Ich bin der gute Hirte ... Meine Schafe hören auf meine Stimme; ich kenne sie und sie folgen mir!
  Lk 8,21: Meine Mutter und meine Brüder? Jene sind es, die das Wort Gottes hören und es tun!
  Ps 84,9: Ich will hören, was Gott in mir redet.
  Ps 93,9: Der das Ohr gepflanzt hat, sollte nicht hören?
  Hab 1,2: Wie lange, Herr, soll ich rufen, und du hörst nicht?
  Mt 7,24: Der diese meine Worte hört und sie tut ...
  Mt 11,5: Taube hören, Tote stehen auf.
  Mk 8,18: Habt ihr Ohren und hört nicht?
  Joh 8,47: Wer aus Gott ist, der hört auf Gottes Wort.

Sprichwörter über das Hören

»Die Ohren spitzen«

»Auf den Ohren sitzen«

»Die Ohren auf Durchzug schalten«

»Jemandem einen Floh ins Ohr setzen«

»Wer nicht hören will, muss fühlen.«

Welches Sprichwort kennst du noch?

1 Kor 2,9: Was kein Auge gesehen und kein Ohr gehört hat.
Apg 2,37: Als sie dies hörten, ging es ihnen durchs Herz.

- Jeder Sch bzw. jede GA zieht einen Zettel und schlägt die Bibelstelle in der Einheitsübersetzung nach.
- Nun schreiben sie die gefundenen Sätze jeweils auf ein DIN-A4-Blatt, das dann im Klassenzimmer ausgelegt wird und so von allen nachgelesen werden kann.
- Unter allen Schriftworten entscheidet sich jeder Sch für dasjenige, das ihm am meisten zusagt.
- Diejenigen, die sich für dieselbe Stelle entschieden haben, tauschen sich darüber aus, warum sie diesen Satz ausgewählt haben.

Zuhören wie Momo
Momo aus dem gleichnamigen Märchenroman von Michael Ende kämpft gegen die »grauen Herren«, die immer mehr Menschen veranlassen, Zeit zu sparen. Die Leute in der großen Stadt brauchen Momo, und sie wundern sich, wie sie früher ohne sie ausgekommen sind.

- L gibt eine kurze Einführung in den Roman. Dann wird der Text **AB 5.4.2, Lehrerkommentar S. 119,** gelesen.
- Austausch in Gruppen oder mit der ganzen Klasse.
- – Kenne ich jemanden, bei dem ich mich richtig aussprechen kann, der mich richtig versteht?
- – Könnte sich jemand auch bei mir aussprechen?
- – Was wünsche ich mir von jemandem, dem ich mein Herz ausschütte?

Sich öffnen — Themenseite (52) (53)

1. Hintergrund

Die Doppelseite stellt menschliche Erfahrungen dar und bietet eine Beziehung zu religiösen Haltungen an. Die Abbildungen sind bewusst so angelegt, dass sie sich über die Doppelseite erstrecken. Auffallend ist die Farbgebung: Das Gelb als Farbe des Lichts und des Lebens schiebt das Dunkle beiseite. Symbole der Hoffnung sind mehrfach zu finden bis hin zu explizit biblischen Aussagen: Gott hält uns die Treue und wir haben Grund ihm zu trauen. Das Thema der Doppelseite wendet sich bildlich nach oben – zu Gott. Daher ist das Lied »O adoramus te, Domine – Wir beten dich an, Herr« eingerahmt in einen Regenbogen – dem Bundeszeichen bei Noah, einem positiv besetzten Zeichen aus der Natur. Das vermeintlich Unvereinbare – Sonnenschein und gleichzeitig Regen – bringt Wunderbares hervor. Nicht zuletzt veranlasst das Staunen über Naturphänomene, wie etwa der Regenbogen, viele Menschen zum Lobpreis des Herrn, wie er in Gestalt des Liedes – einer weiteren Ausdrucksform des Sprechens mit Gott – erfolgt.
Das Mandala mit seiner Konzentration auf eine Mitte kündigt meditative Formen des Betens an (Schulbuch **62-63**).
Hoffnung, die das Gebet schenkt, greift der Psalm auf. Er dreht sich um das Thema »Licht« und steht exemplarisch für das Beten mit Psalmen, wie es später vertieft werden soll (Schulbuch **60**). Erfahrungen mit der Natur und das Wissen um unterschiedliche Konzentrations- und Gebetsübungen (bis hin zu Konzentrationsübungen von Sch, die in Kampfsportgruppen trainieren) verweisen auf die Bandbreite, in der religiöse Praxis sich zeigt.
Ein Blickfang für Sch wird vermutlich das Zeugnis sein. Es spiegelt eine häufig präsente Not des Sch wider, die Angst vor dem schulischen Versagen. Gleichzeitig werden sich besonders schüchterne Sch angesprochen fühlen, da dieses Beispiel auch von einer solchen Sch spricht. Einen Gegensatz dazu stellt der Tagebuchauszug dar. Wie schwer ist es, wenn man vor Freude platzt und keiner ist da, dem man sich mitteilen kann. Darum geht es auch in dem Sprichwort »Geteiltes Leid ...«. Auch hier bietet sich eine Verbindung an zu Schulbuch **60**: Gott steht immer zur Verfügung.
Die Sprechblasen sind aus der Lebenswelt der Sch genommen: Nicht dazuzugehören, ungeliebt zu sein – was kann es Schlimmeres für Heranwachsende geben? Wer kann da helfen? Ein Netz, das einen auffängt, kann das Gebet werden (vgl. Schulbuch **61**).

2. Einsatzmöglichkeiten im RU

Eigene Erfahrungen aufsuchen
Sch entdecken die einzelnen Bildelemente und fragen nach einer möglichen Bedeutung für sie selbst.

- Was ist zu sehen? Was fällt dir auf? Was kennst du nicht? Was interessiert dich besonders?
- Erzähle, welche der angesprochenen Situationen du selbst schon erlebt hast!
- Was machst du, wenn du dich besonders freust oder wenn du dich fürchtest?
- An wen wendest du dich, wenn du keinen Gesprächspartner hast?
- Schreibe einen Tagebucheintrag darüber, wie du dich momentan fühlst oder was du dir von der Seele schreiben willst. Keiner wird ihn lesen. Du kannst ihn mit nach Hause nehmen.

»Geh doch zu Momo!«

Dieser Satz wurde nach und nach zu einer feststehenden Redensart bei den Leuten der näheren Umgebung. Aber warum? War Momo vielleicht so unglaublich klug, dass sie jedem Menschen einen guten Rat geben konnte? Fand sie immer die richtigen Worte, wenn jemand Trost brauchte? Nein, das alles konnte Momo ebenso wenig wie jedes andere Kind.

Was die kleine Momo konnte wie kein anderer, das war: Zuhören. Das ist doch nichts Besonderes, wird nun mancher Leser sagen, zuhören kann doch jeder.

Aber das ist ein Irrtum. Wirklich zuhören können nur ganz wenige Menschen. Und so wie Momo sich aufs Zuhören verstand, war es ganz und gar einmalig.

Momo konnte so zuhören, dass dummen Leuten plötzlich sehr gescheite Gedanken kamen. Nicht etwa, weil sie etwas sagte oder fragte, was den anderen auf solche Gedanken brachte, nein, sie saß nur da und hörte einfach zu, mit aller Aufmerksamkeit und aller Anteilnahme. Dabei schaute sie den anderen mit ihren großen, dunklen Augen an, und der Betreffende fühlte, wie in ihm auf einmal Gedanken auftauchten, von denen er nie geahnt hatte, dass sie in ihm steckten.

Sie konnte so zuhören, dass rastlose oder unentschlossene Leute auf einmal ganz genau wussten, was sie wollten. Oder dass Schüchterne sich plötzlich frei und mutig fühlten. Oder dass Unglückliche und Bedrückte zuversichtlich und froh wurden. Und wenn jemand meinte, sein Leben sei ganz verfehlt und bedeutungslos und er selbst nur irgendeiner unter Millionen, einer, auf den es überhaupt nicht ankommt und der ebenso schnell ersetzt werden kann wie ein kaputter Topf - und er ging hin und erzählte alles das der kleinen Momo, dann wurde ihm, noch während er redete, auf geheimnisvolle Weise klar, dass er sich gründlich irrte, dass es ihn, genauso wie er war, unter allen Menschen nur ein einziges Mal gab und dass er deshalb auf seine besondere Weise für die Welt wichtig war.

So konnte Momo zuhören!

Michael Ende

Sich öffnen **IDEENSEITE (54)**

Sch weiten ihren Körper und Geist.

- L und Sch räumen im Klassenzimmer alles beiseite und schaffen Platz in der Mitte. Ein Ausweichen in einen Meditationsraum wäre ideal. Saubere Tafel und leere Tische verstehen sich von selbst.
- Die Fenster werden geöffnet, bis gut gelüftet ist.
- Jeder sucht sich ausreichend Platz.
- Die Beine werden leicht gegrätscht, sodass ein sicherer Stand erreicht wird. Schuhe werden ausgezogen und Bodenhaftung bewusst gemacht.
- Es folgen leichte körperliche Übungen, die zum Öffnen des Brustkorbes und freiem Atmen führen, z. B. gerade hinstellen, Brust raus, Arme nach unten baumeln lassen, fest ausatmen und einatmen, Arme nach oben strecken, Atem anhalten, Arme nach unten fallen lassen und dabei fest auspusten. Übungen aus der Lerngymnastik sind hier auch hilfreich, z. B. schwingende Acht seitwärts, vor dem Körper, über dem Kopf, danach mit den Beinen schwingende Acht vor dem Körper, seitwärts. Am Schluss Arme und Beine locker schütteln.
- In den Kreis stellen, an den Händen fassen und das Lied »Adoramus te, Domine« singen. Dazu als meditativer Tanz: z. B. vier Schritte rechts, beistellen; vier Schritte links, beistellen; vier Schritte nach innen und dabei Arme hoch, beistellen; vier Schritte nach außen, Arme runter, beistellen.
- Auf dem Boden einen Sitzkreis bilden, schweigend ein Teelicht betrachten, wobei das Zimmer verdunkelt ist. Nach einer Weile spricht L den Psalm 27,1.
- Sch malen ein Mandala zum Thema »Licht«. Sanfte Musik spielt im Hintergrund.

Bedrückungen wahrnehmen

Die genaue Betrachtung der Bilder, Texte und Symbole regt dazu an, Spuren der spirituellen Dimension im Leben zu sehen.

- Sch suchen die »dunklen« Erfahrungen heraus, die auf der Doppelseite dargestellt werden (Zeugnis, Sprechblasen, SMS) und erweitern diese, indem sie weitere Sätze dazuschreiben.
- Reihum werden die Sätze vorgelesen. Gespräch über das, was zu hören war.
- Was kann in solchen Situationen helfen? Sch diskutieren ihre Überlegungen.
- Manchmal erleichtert es, wenn man seine Sorgen loswerden kann. Betrachtet die anderen Bilder, Symbole und Texte auf der Doppelseite.
- Stellt euch einen Menschen vor, der mit seinen Sorgen zu euch kommt, so wie ihr sie vorhin aufgeschrieben habt. Versucht, ihm in einem Brief zu antworten. Verwendet dabei ein anderes Element der Doppelseite!

Ideenseite (54)(55)

Die Anregungen der Ideenseite werden im Lehrerkommentar auf folgenden Seiten aufgegriffen:

Die Liegende: S. 116
Sich öffnen: S. 120
Schneckentempo: S. 122
Gott in meinem Atem: S. 120
Gott, DU Kraft meines Lebens: S. 126
Einen Kummerkasten basteln: S. 125
Reiche Länder – arme Länder: S. 142
Im Dunkeln ein Licht anzünden: S. 136
Mit dem Körper beten: S. 134

Innehalten — Deuteseite I (56)(57)

1. Hintergrund

Noch nie hatte der Mensch so viele erleichternde Hilfsmittel, noch nie hatte der Mensch so wenig Zeit. Der permanente Zeitdruck bestimmt den Alltag.

»Der Religionsunterricht könnte im Schulbetrieb so etwas wie eine Pufferzone für einen verlangsamten Lernstil werden. Dieser zeichnet sich z. B. dadurch aus, dass er zu Lernumwegen ermutigt, auch das Verharren, das stille Dasitzen und Nachdenken zulässt, zu schnelle Antworten und Lösungen prinzipiell verdächtigt, verspätete Rückfragen der Nachhinkenden achtet. Ich denke an einen Lernstil, der die Fremdheit und Besonderheit der Lerngegenstände schützt und die sinnliche Fühlungsnahme mit ihnen ermöglicht, der Sprachlosigkeit, Grübeln und Stammeln zulässt, nicht zuletzt die Haltung einer erwartenden Aufmerksamkeit und wartenden Offenheit als Tugend fördert« (Hilger 216).

Der Religionsunterricht könnte Modell für einen bewussteren Umgang mit der Zeit werden.

Was ist Zeit?

Im Laufe der Philosophiegeschichte traten zum Phänomen der Zeit immer wieder neue Fragestellungen und Antwortversuche auf.

Aristoteles beschreibt die Zeit im Zusammenhang mit Bewegung und sagt, die Zeit »ist die Zahl der Bewegung im Sinne des Früher und Später«. Daraus ergibt sich ein Denkproblem: »Man könnte sich streiten, ob auch dann Zeit sei, wenn es kein Bewusstsein und keine Seele gäbe. Denn wo keiner zählen kann, kann auch nichts Abzählbares sein, folglich auch keine Zahl« (Phys. IV). Mit Aristoteles ließe sich sagen: »Ohne Subjekt gibt es keine Zeit.«

Augustinus meint: »So lässt sich denn mit aller Klarheit feststellen, es gibt weder eine Zukunft noch eine Vergangenheit und man kann nicht im eigentlichen Sinne behaupten, es gäbe drei Zeiten, nämlich Vergangenheit, Gegenwart und Zukunft; es ließe sich höchstens sagen, es gäbe drei Zeiten, nämlich die Gegenwart des Vergangenen, die Gegenwart des Gegenwärtigen und die des Zukünftigen. Diese drei haben gewissermaßen in der Seele ihr Sein und anderswo kann ich sie nicht sehen. Am Vergangenen ist das Erinnern gegenwärtig, am Gegenwärtigen das unmittelbare Schauen, am Zukünftigen das Erwarten« (Conf. XI) (Anzenbacher 120ff.).

Die Doppelseite befasst sich mit dem Unterbrechen der Eile und Hetze und dem bewussten Sich-Zeit-Lassen. Wann ist Zeit vertan? Wann ist *Sich-Zeit-lassen* notwendig?

Warten auf die Seelen

Dieser von einem unbekannten Verfasser kreierte Text macht darauf aufmerksam, dass unser Körper manchmal schneller ist als die Seele. Unsere Sinne werden in unserer Zivilisation oft überhäuft, sodass wir nicht alle Reize verarbeiten können. Nichts versäumen, alles erleben – und doch das Wesentliche nicht wahrnehmen? Hyperaktivität, Konzentrationsmangel – beobachteter Alltag in den Schulklassen. Gerade der Religionsunterricht sollte dem Trend nach »immer mehr, immer schneller« – und dabei immer oberflächlicher – entgegenwirken.

Der Text weist darauf hin, dass der einzelne Mensch der rasanten Entwicklung und Kurzlebigkeit vieler Dinge nicht folgen kann. Er stellt zur Debatte, ob das Tempo notwendig und sinnvoll ist. Ferner lenkt er den Blick auf so genannte »einfachere Kulturen«, von denen der so vermeintlich Fortschrittliche vieles lernen kann. Althergebrachten Weisheiten nachspüren und sie für sich prüfen – das kann ein neuer Fortschritt sein.

Mama, darf ich raus?

Der Dialog im Schulbuch ist die Abwandlung des Gedichts einer 14-jährigen amerikanischen Jugendlichen (Quelle unbekannt). Der Text weist auf einen Missstand hin, den es in nicht wenigen Familien gibt. Selbst wenn das Kind in extremer Form als Hilfeschrei die negative Zuwendung sucht, wenn es schon keine positive bekommt, werden die Eltern nicht wach.

Der entthronte »kleine Prinz«

Der bekannte Text von Saint-Exupéry wirft in unterschiedlichen Facetten die Frage auf, wie ein zufrieden stellendes, glückliches Leben gelingen kann. In dem hier angebotenen Ausschnitt geht es um Perspektivenveränderungen: Das, was einmal wichtig, wertvoll und einzigartig gewesen ist, wird angesichts einer Horizonterweiterung nivelliert, wenn sich herausstellt, dass es andernorts anscheinend viel Besseres, Reicheres und auch Reichhaltigeres gibt. Damit kann eine Entzauberung und Enttäuschung einhergehen – und in gewissem Sinne auch die persönliche Entthronung –, wenn Menschen erkennen, dass sie – von außen betrachtet – eben nur einer oder eine unter vielen sind. Möglicherweise besteht die Lernaufgabe dann darin, die Einzigartigkeit wieder neu zu finden – in der Hinwendung auf das eigene Umfeld (die Personen und die Lebensumgebung, in der man sich befindet), aber auch im Blick auf die eigenen Person: Was ist meine Eigenart, meine Begabung, mein Ort und Handlungsbezug in dieser Welt? Sichtweisen, die nicht »kurzerhand« gewonnen werden, sondern in einem Prozess herausgefunden werden müssen. Manchmal hilft da nur das absichtslose Träumen – wie es das Bild von Lenbach nahe legt.

Franz von Lenbach: »Der Hirtenknabe«, 1859/60

Lenbach (1836-1904) gilt als ein bedeutender deutscher Vertreter des frühen Naturalismus: Kennzeichnend ist die möglichst getreue Wiedergabe der Wirklichkeit.

Das Bild »Der Hirtenknabe« hängt heute in der Schack-Galerie in München. In ihm spricht sich Lenbachs unmittelbares, vom Erlebnis seiner ländlichen Heimat geprägtes Naturverhältnis und eine kraftvolle Empfindung für das Ursprüngliche aus.
Das Bildmotiv ist einfach: Ein Junge, barfuß und in bäuerlicher Kleidung, liegt ausgestreckt auf sandigem Boden und schaut nach oben in das tiefblaue Kolorit eines Sommerhimmels. Seine linke Hand schützt die Augen vor dem Sonnenlicht. Der Boden unter ihm scheint durch Gräser, Blumen und Insekten voller Leben zu sein.
Die Perspektive ist so gewählt, dass wir beim Betrachten zu dem Jungen aufschauen. Ein Horizont ist nicht auszumachen. Der Knabe liegt leicht diagonal im Bild, trennt gewissermaßen die obere und untere Bildhälfte und nimmt den zentralen Platz des Bildes ein. Die weitere Umgebung ist nicht zu sehen. Man gewinnt den Eindruck, als sei der Junge selbst Teil der Landschaft, was durch seine Hautfarbe und die Farbe seiner Hose, die braun-grün ist wie der Boden, noch unterstützt wird.

2. Einsatzmöglichkeiten im RU

Die Zeitverwendung überprüfen

- Sch reflektieren die Tatsache, dass die Menschen oft zu wenig Zeit haben, und tauschen ihre Meinungen und Wünsche dazu aus.
- – Wofür möchtest du mehr Zeit haben?
- – Wann hast du das Gefühl, dass dein Körper oder deine Gedanken dem Erleben nicht mehr folgen können und du »hinterherhinkst«?
- – Wann würdest du die Zeit gerne festhalten? Wann beschleunigen?
- – »Jeder Tag hat 24 Stunden, Zeitmangel ist Einteilungssache« – was sagt ihr dazu? (Vgl. Aufgabe Schulbuch **56**).
- – Wünschst du dir mehr Zeit mit einem bestimmten Menschen?
- – Wünschen sich andere Menschen mehr Zeit mit dir? Warum schenken wir sie ihnen nicht?
- – Warum verhalten sich manche Sch auffällig und stören damit?
- – Was machst du, um Aufmerksamkeit und Zuwendung zu bekommen?
- Die anonym gesammelten Angaben werden im UG besprochen und bewertet. Was sollte dabei nicht passieren? Wer oder was sollte Grenze sein?
- – Was kann man tun, um sich nicht zu verzetteln und Zeit für Wesentliches zu gewinnen?
- – Was kann mit Menschen passieren, die den ganzen Tag auf »180« sind?

- L gibt Satzanfänge vor, mit denen ein kurzer Text geschrieben wird: »Als ich einmal ... Dabei dachte ich ... Ich war ... Aber dann ...« oder »Letzten Montag hatte ich verschlafen, ausgerechnet an dem Tag, an dem ich in der ersten Stunde Matheschulaufgabe hatte ...«

Dabei bleibt es L vorbehalten, ob sie oder er eine Richtung vorgeben will, eine gute Wende, eine schlechte Wende oder ob bewusst alles offen gelassen wird.

Sag doch Ja!

Ausgehend von dem kurzen Text von Thomas Klocke gehen Sch den Zeitbeziehungen zu ihren Eltern nach.

- Sch lesen den Text alleine und still durch.
- Schaut auf *Themenseite* **52**. Auch hier findet ihr eine Erfahrung eines Sch mit den Eltern. Welche Ähnlichkeiten, welche Unterschiede gibt es?
- Nimm dir in Ruhe Zeit und schreibe einen Tagebucheintrag, der deine Beziehung zu deinen Eltern ausdrückt.
- Alternativ schreiben Sch ihren Eltern einen Brief darüber, was sie sich noch nicht zu sagen trauten oder was sie ihnen schon immer mal sagen wollten.

Schneckentempo IDEENSEITE (54)

Ideenseite **54** regt Sch an, sich über Verlangsamung auf eine ungewohnte Zeitgestaltung einzulassen.

- Klassenzimmer wird so vorbereitet, dass möglichst große Fläche frei wird.
- Sch bilden eine Reihe und gehen hintereinander so langsam wie möglich und schweigend. Dabei bilden sie die Form eines Schneckenhauses.
- – Man kann auch in GA mehrere kleine Schnecken gehen lassen.
- Danach setzen sich Sch immer noch schweigend in Form der Schnecke auf den Boden. Sch schreiben in Form einer Schnecke auf ein A3-Blatt die Worte: Zeit haben, Zeit haben ... Dann Austausch mit Nachbarn, wie sie die Übung erlebt haben, was sie anderes beobachtet und gefühlt haben als sonst.
- Sch gestalten dann ein Bild dazu, wann sie am liebsten Langsamkeit genießen oder wann Langsamkeit für sie unverzichtbar ist.
- Die Plakate werden im Klassenzimmer aufgehängt. Sch schauen sich die Werke der anderen still an. Nach einem akustischen Zeichen (Klangschale) stellen sich Sch zu dem Plakat, zu dem sie sich äußern wollen. Dabei darf der »Künstler« gefragt werden, wenn dem einzelnen Betrachter etwas unklar ist.
- In der zweiten Phase äußert sich jeder Betrachter, wenn er etwas besonders loben möchte.
- *Alternative:* L legt Schneckenhäuschen in die Mitte und bietet meditative Übung zur Schnecke oder Fantasiereise an.

Fragebogen

Lies folgende Fragen und beantworte sie ehrlich!

1. Bist du
   - ❑ ein Mädchen
   - ❑ ein Junge

2. Betest du
   - ❑ regelmäßig
   - ❑ manchmal
   - ❑ selten
   - ❑ nie

3. Falls du nie betest, welchen Grund hast du?
   - ❑ keine Zeit
   - ❑ keine Lust
   - ❑ Bequem-lichkeit
   - ❑ weiß nicht, wie ich beten soll
   - ❑ finde keinen Sinn darin

4. Zu welchen Tageszeiten betest du am häufigsten?
   - ❑ am Morgen
   - ❑ am Mittag
   - ❑ tagsüber
   - ❑ am Abend

5. In welchen Situationen betest du am häufigsten?
   - ❑ Angst (z. B. vor einer Klassenarbeit)
   - ❑ wenn ich schlecht aufgelegt bin
   - ❑ wenn ich gut aufgelegt bin
   - ____________________

6. Wie betest du am liebsten?
   - ❑ im Stillen für mich allein
   - ❑ mit anderen zusammen
   - ❑ mit eigenen Worten
   - ❑ Gebete, die ich gelernt habe

7. Wer hat dir das Beten beigebracht?

   ____

   ____

   - ❑ niemand

8. Wo betest du am liebsten?

   ____

9. Welche Erfahrungen hast du beim Beten schon gemacht?

   ____

10. Denkst du, dass Menschen, die beten, glücklicher sind?

    ____

11. Was wünschst du dir für das Beten in der Schule/im Religionsunterricht?

    ____

- Sch klären die Bedeutung der Redewendung »Eile mit Weile«.

Diese Übung kann als Einstieg zum Text »Warten auf die Seelen« verwendet werden oder zur Vertiefung.

Nur eine gewöhnliche Rose?

Die Selbstreflexion des »kleinen Prinzen« wirft die Frage nach der Bedeutung eines Menschen und seiner konkreten Lebensumgebung auf.

- Eine Antwort verfassen: Sch suchen sich eine Aussage heraus, die sie in dem Text als sehr wichtig auffassen.
- Daraus wird der Anfang eines Briefes an den »kleinen Prinzen«: Was wir ihm auf seine Gedanken sagen können ...
- Sch sprechen über ihre Einschätzungen: Wie ist der letzte Satz des »kleinen Prinzen« zu sehen?
- *Weiterführung*: Auch Menschen wie du und ich haben manchmal solche Gedanken, wenn sie sich und ihr eigenes Leben betrachten ... Gespräch über die Erfahrung, dass etwas, was ganz besonders erschien, seinen Reiz verlieren kann: Was hat das ausgelöst? Wie ergeht es einem danach? Hat sich etwas verändert?
- Kennst du jemanden oder etwas, was für dich ganz einmalig ist? Denke in Ruhe darüber nach und schreibe oder male dies für dich auf. Magst du darüber deinem Banknachbarn oder deiner Gruppe erzählen?
- Blickwendung: Was macht dich und/oder deinen liebsten Menschen »groß«?

Zeitübungen

Sch probieren aus, wie sie die Dauer bestimmter Zeiten einschätzen und wie sie diese Zeiten empfinden.

- L fordert Sch auf, eine bestimmte Zeit zu schätzen, z. B. eine Minute:
  - Ein Gong wird angeschlagen, der mit einem Kassettenrekorder aufgenommen wird.
- Jeder Sch nennt seinen Namen, sobald er meint, die Minute sei vorbei. Die Aufnahme wird beendet, wenn sich alle Sch gemeldet haben.
- Danach wird die Aufnahme angehört, wobei L nach genau einer Minute wiederum den Gong anschlägt.
- Sch beobachten in Stille eine Sanduhr und sprechen darüber, wie schnell oder wie langsam die Zeit verging und welche Gedanken dabei aufgetaucht sind.

»Hausaufgaben« für die Sinne

Der Text »*Betrachte die Wolken*« lenkt die Aufmerksamkeit auf die Wahrnehmung der Gegenwart.

- Sch schreiben zwei Verse, die sie am meisten ansprechen, auf schönes Papier und stecken sie für eine Woche in die Hosentasche.
- Nach einer Woche Austausch über ihre Erfahrungen damit.
- Sie erhalten die Möglichkeit, das Erlebte zu malen, aufzuschreiben, z. B. in Form eines Briefes an den besten Freund, an die Vögel oder die Sterne etc.
- Sch ergänzen den Text des Schulbuches durch eigene Verse.

Die Seele baumeln lassen

Das Bild »*Der Hirtenknabe*« lädt ein zur Muße.

- Sch betrachten das Bild und stellen Fragen:
  - Warum liegst du da? Was hörst du? Was beobachtest du? Wie spürst du den Boden?
  - Verpasst der Junge gerade etwas?
  - Fehlt deiner Meinung nach etwas auf dem Bild?
- Sch erhalten eine Kopie des Bildes, die sie auf ein Plakat kleben. In GA malen sie die fernere Umgebung des Hirtenknaben nach ihren eigenen Vorstellungen weiter.
- Sie schreiben auf, welche Gedanken dem Jungen durch den Kopf gehen. Die Gedankenblasen werden ausgeschnitten und zum Bild geklebt.
- Sch suchen eine Überschrift zu ihrem Bild. Welche Gemeinsamkeiten, welche Unterschiede werden festgestellt?
- *Weiterführung:* L geht mit Sch nach draußen, Sch legen sich auf den Boden und machen eine »Naturbefühlung«: Was riecht/hört/seht ihr? Welche Geräusche sind nah, welche fern?

In einem Lied zur Ruhe kommen

Das Lied leitet über auf die nächste Doppelseite, denn Ruhigwerden ist eine wichtige Voraussetzung für das Beten.

- Das Lied wird eingeübt und mehrmals gesungen, auch als Kanon. Die zweite Strophe lautet: Viele Laute sind ganz leise, singen alle ihre Weise, leise Laute sind so schön, dürfen nicht verloren gehn.
- Sch finden Tempo und Lautstärke, die ihnen für dieses Lied angemessen erscheinen, bis hin zum gemeinsamen Summen.

3. Weiterführende Anregungen

»Zeit für Kinder«-Plakat

Sch teilen ihre Erfahrungen mit Zeit mit.

- Sch überlegen:
  - Von wem wünschst du dir mehr Zeit? Was möchtest du in dieser Zeit mit deiner Mutter, deinem Vater, deinem L, deiner L etc. tun?
  - Was kannst du selbst dazu beitragen, dass andere mehr Zeit für dich haben?
- Sch entwerfen dazu ein Plakat.

Hinweis: Nach einer bundesweiten Untersuchung verbringt ein Vater durchschnittlich sieben Minuten pro Tag mit seinem Kind. Was sagen Sch zu dieser Information?

Einen Kummerkasten bauen IDEENSEITE (55)

Durch einen Kummer- oder Fragekasten bekommen Sch Raum und Zeit, sich mit ihren Fragen und Problemen Gehör zu verschaffen.

Hinweis: Der Kummerkasten ist eine gute Möglichkeit, am Beziehungsklima der Klasse zu arbeiten und ein Klima vertrauensvoller Gegenseitigkeit zu schaffen. Hier lässt sich auch eine Verbindung zur Momo-Geschichte herstellen.

Beten im Alltag — Deuteseite II (58) (59)

1. Hintergrund

Auf dieser Doppelseite sollen Gebetszeugnisse anderer Menschen kennen gelernt und eigene Erfahrungen mit Beten angeregt und erweitert werden.

Beten ist Beziehung und Hingabe

Im Gebet bringen die Menschen ihr Leben und ihre verschiedensten Erfahrungen zur Sprache. Gebetserziehung lässt sich somit auch als Sprachangebot und Sprachhilfe verstehen. »Es ist lebenslanger Lernprozess, sich in das gesprochene Wort persönlich einzubringen und Sprachklischees hinter sich zu lassen« (Albrecht 262).

Schwierigkeiten vieler Menschen mit den festen, gebundenen Gebetsformen haben damit zu tun, dass sich ihr Leben in ihnen oft nicht widerspiegelt. Gleichwohl können sie eine Orientierungskraft entfalten, spricht sich in ihnen doch der verdichtete Gebetsschatz vieler Generationen aus.

Beten aber ist kein Selbstgespräch, es ist bezogen und ausgerichtet auf ein göttliches Du. So wächst der Mensch betend über sich selbst hinaus. Leben und Beten gehörte ursprünglich so selbstverständlich zusammen, dass es in der atl. Sprache nicht einmal ein eigenes Wort für das Beten gibt.

Die Verehrung des »Namens« Gottes nimmt in der christlich-jüdischen Gebetstradition einen ersten Rang ein. Im Vaterunser kommt der vertrauensvollen Hinwendung zu Gott (Abba, Vater) und der Heiligung des Gottesnamens (geheiligt werde dein Name) durch Jesus selbst hohe Bedeutung zu. Im Namen Gottes offenbart Gott sein Wesen. »Jahwe« heißt »Ich bin da«, »Jeshua« bedeutet »Gott rettet«.

Zwei Wege der Gebetserziehung

- Lernstufen des Betens als Aufstieg zu Gott:
  - Bewusstes Sehen, Hören, Tasten usf. zur Steigerung der eigenen Erlebnisfähigkeit,
  - Ausblenden der Außenwelt (Stille-Übungen), um einen inneren Dialog mit sich selbst zu ermöglichen;
  - Entdecken der Empfindungen von gefüllter Leere.
- Lernstufen des Betens als Gespräch mit Gott:
  - dabei sein beim Gebet vertrauter Menschen,
  - in einfachen Worten alltägliche Erlebnisse dankend und bittend vor Gott bringen,
  - behutsam Gewohnheiten bilden (Tageszeiten, Wort/Lied/Gebärde),
  - die »Tagesordnung der Welt« in das Gebet einbeziehen und sich von ihr zum Gebet bewegen lassen (Albrecht 264).

2. Einsatzmöglichkeiten im RU

Eigene Gebetserfahrungen austauschen

Eigene Erfahrungen werden zur Sprache gebracht und ausgetauscht.

- Sch erhalten den Fragebogen **AB 5.4.3, Lehrerkommentar S. 123**, den sie in EA ankreuzen. Im Anschluss daran wird das Klassenergebnis ermittelt, indem L Sch-Antworten auf einer vorbereiteten Kopie/Folie des Fragebogens einträgt.
  - Was fällt auf? Lässt sich ein Trend erkennen?
  - Möchte sich jemand zu einer Frage äußern?
- Sch suchen unter den Fotos auf *Deuteseite* **44** eines aus, das ihrer Meinung nach am meisten über das Beten aussagt, und schreiben einen Satz dazu in ihr Heft oder auf ein Plakat: »Beten heißt für mich ...«

Miteinander beten

Sch werden aufmerksam auf verschiedene Anliegen, Situationen und Sprachformen, in denen Menschen beten.

- Sch bringen Gebete mit, die sie gelernt haben oder die bei ihnen zu Hause gebräuchlich sind, und stellen sie der Klasse vor.
- Sch lesen die Gebete im Schulbuch:
  - In welcher Situation wurden sie gesprochen?
  - Was empfindet ein Mensch, der so betet?
- Sie suchen sich eines der Gebete auf der linken Seite aus und gestalten es schön in ihrem Heft.
- Zu dem Morgengebet »Herr, ich werfe meine Freude« malen Sch ein Bild, das die Stimmung des Beters oder der Betenden einfängt.

- Das Gebet »Bevor des Tages Licht vergeht« wird im Gotteslob Nr. 696 nachgeschlagen, die dritte Strophe wird gelesen und gesungen.
- Sch sammeln Wörter der Wortfamilie »halten« (vorhalten, durchhalten, festhalten, abhalten, behalten, einhalten, unterhalten, verhalten, innehalten, sich daran halten, anhalten etc.) und versuchen, zu den Wörtern Gebetssätze ähnlich wie im Gebet »Am Tag« zu finden.

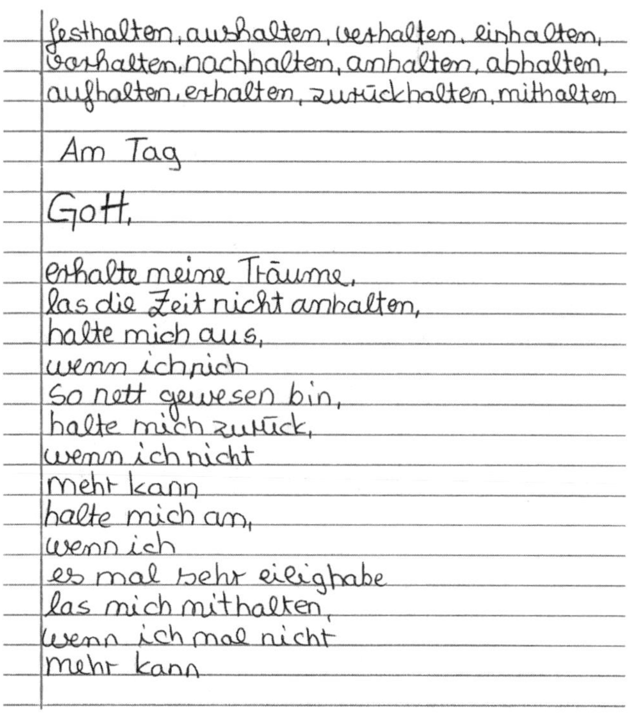
festhalten, aushalten, verhalten, einhalten,
vorhalten, nachhalten, anhalten, abhalten,
aufhalten, erhalten, zurückhalten, mithalten

Am Tag

Gott,

erhalte meine Träume,
las die Zeit nicht anhalten,
halte mich aus,
wenn ich nich
So nett gewesen bin,
halte mich zurück,
wenn ich nicht
mehr kann
halte mich an,
wenn ich
es mal sehr eilig habe
las mich mithalten,
wenn ich mal nicht
mehr kann

»Gott, du ... meines Lebens« **IDEENSEITE (54)**

Durch die Wahl eines Gottesnamens setzen sich Sch mit ihrer Gotteserfahrung und ihren Gottesbildern auseinander.

Sch können die Namen Gottes auch auf buntes Papier schreiben und damit das Kreuz im Klassenzimmer schmücken.

Alternative: Eine Litanei schreiben:

- Jeder Sch erhält ein weißes Papier. Darauf schreibt er mit dem von ihm gewählten Gottesnamen (z. B. »Mitte«) in die erste Zeile den Satz »Gott, du Mitte meines Lebens«.
- Das Blatt wird nach rechts weitergereicht. Auf das von links erhaltene Blatt schreibt Sch nun seinen Satz in die zweite Zeile. Die Blätter wandern nun von einem zum nächsten, bis alle ihr eigenes Blatt zurückbekommen haben. Jeder Sch schreibt seinen Satz also so oft, wie es Sch in der Klasse gibt.

Stundengebete

Die Regeln des Heiligen Benedikt für ein kontemplatives Leben sind geprägt von dem Rhythmus zwischen Gebet und Arbeit.

- L gibt eine Einführung in den Begriff »Stundengebet« (Gebete zu festen Stunden des Tages).
- Sch lesen den Text »Stundenbuch« und den »Tagesablauf in einem benediktinischen Kloster« **AB 5.4.4, Lehrerkommentar S. 127**.
  – Die Mönche unterbrechen ihre Arbeit mehrmals am Tag. Worin liegt der Sinn einer solchen Regel?
- Sch bearbeiten das Rätsel **AB 5.4.5, Lehrerkommentar S. 127**.

Ü	P	A	S	Ä	**K**	**L**	**Ö**	**S**	**T**	**E**	**R**
M	**I**	**T**	**T**	**E**	**R**	**N**	**A**	**C**	**H**	**T**	D
K	**O**	**M**	**P**	**L**	**E**	**T**	J	B	C	H	**S**
Q	**P**	**R**	**I**	**E**	**S**	**T**	**E**	**R**	Ö	**E**	I
Z	L	U	**G**	T	G	T	U	O	**D**	G	F
V	**E**	**S**	**P**	**E**	**R**	W	M	**U**	N	A	B
L	O	**E**	V	R	**N**	P	**A**	U	T	R	G
Ä	Ü	**X**	Y	Z	E	**L**	E	P	J	F	U
M	V	**T**	N	U	F	**N**	**O**	**N**	Z	C	H
L	Ö	I	E	H	V	K	T	**B**	D	O	Ü

(10: Laudes, Terz, Sext, Non, Vesper, Komplet, Morgenlob, Mitternacht, Klöster, Priester)
(Matutin)

3. Weiterführende Anregungen

Meine kleine Tagesschau

Am Abend einen kurzen Tagesrückblick zu halten, kann eine gute Möglichkeit sein, den Tag noch einmal bewusst zu machen und zu beschließen.

- Sch basteln aus mitgebrachten Schachteln, die mit buntem Papier beklebt werden, einen kleinen Fernseher, auf den sie »Meine kleine Tagesschau« schreiben. In den Bildschirm schreiben sie einige Fragen, anhand derer sie am Abend eine Tagesrückschau halten können.
- Auf die Rückseite ihrer »Tagesschau« schreiben sie eine Strophe aus GL 696 oder ein Abendgebet, das sie selbst formuliert haben und das so zu ihrem persönlichen Abendgebet werden kann.

Tagesablauf in einem benediktinischen Kloster

4.40	Aufstehen
5.00	Chorgebet: Morgenlob **(Laudes)**
5.45	Eucharistiefeier
6.30	Meditation
7.00	Frühstück und Arbeit
8.00	Chorgebet **(Terz)**
8.30	Arbeitszeit
12.05	Chorgebet **(Sext)**
12.20	Mittagessen
13.00	Freizeit
14.00	Chorgebet **(Non)**
14.30	Nachmittagskaffee
15.00	Arbeitszeit
17.30	Geistliche Lesung
18.00	Chorgebet **(Vesper)**
19.00	Abendessen, Freizeit
20.30	Chorgebet **(Komplet)**
21.00	Tagesschluss
24.00	Gebet um Mitternacht **(Matutin)**

Stundenbuch
Im Stundenbuch sind alle Gebete aufgeschrieben, die zu festen Stunden des Tages gebetet werden: Die Laudes ist das Morgenlob, die Terz (= drei), Sext (= sechs) und Non (= neun) sind Gebete über den Tag verteilt, die Vesper ist das Abendlob, die Komplet das Nachtgebet und die Matutin ist das Gebet um Mitternacht.
Diese feste Form des Betens geht auf die Klöster zurück. Dort werden die Gebete gemeinsam gebetet oder gesungen. Daher nennt man die Stundengebete auch Chorgebete.
Auch die Priester, Diakone und manche Gemeindemitglieder halten sich täglich an diese Gebetszeiten.

Schau genau!

Ü	P	A	S	Ä	K	L	Ö	S	T	E	R
M	I	T	T	E	R	N	A	C	H	T	D
K	O	M	P	L	E	T	J	B	C	H	S
Q	P	R	I	E	S	T	E	R	Ö	E	I
Z	L	U	G	T	G	T	U	O	D	G	F
V	E	S	P	E	R	W	M	U	N	A	B
L	O	E	V	R	N	P	A	Ü	T	R	G
Ä	Ü	X	Y	Z	E	L	E	P	J	F	U
M	V	T	N	U	F	N	O	N	Z	C	H
L	Ö	I	E	H	V	K	T	B	D	O	Ü

- *Welche Wörter kannst du in dem Buchstabengitter entdecken, die auch im Text »Stundenbuch« zu finden sind?*
- *Welches Stundengebet fehlt?*

Von Gott gehalten werden
Dass das Leben der Menschen getragen und gehalten ist, erleben Sch in einer Seilübung und übertragen diese Erfahrung im Analogieschluss auf Gott.

- L bringt ein ca. 5-10 m langes Seil mit.
- Sch stehen in Kreisform und halten sich an dem Seil, das zuvor gut verknotet wurde, gegenseitig fest. Sie spüren die Kraft, die durch das Seil weitergegeben wird und alle festhält.
- L und Sch sprechen ein spontan formuliertes Gebet.

»Hier bin ich, der Elefant« (Film)
In diesem Film beten dreizehn verschiedene Tiere, indem sie jeweils in ihrer Weise zu Gott über ihre Sorgen, Hoffnungen und Anschauungen sprechen. Ihre Eigenarten kommen dadurch auf amüsante Art zum Ausdruck.

- Gemeinsames Gespräch:
- – Warum sind die Gebete so lebendig?
- – Darf man so zu Gott beten?
- – Welches Tier ist mir am nächsten?

Hinweis: Der Film (14 Min., 16 mm, 1974) ist bei den AV-Medienzentralen der Diözesen auszuleihen.

Mit Gott reden – aber wie? — Infoseite I (60) (61)

1. Hintergrund

Anhand konkreter Hinweise und Tipps können Sch bestärkt werden, eigene Erfahrungen mit dem Beten zu machen.
Der Text »Mama, warum betest du?« versucht im Rahmen erzählter Erfahrungen verständlich zu machen, welche Wirkungen Gebete für einen Menschen haben können. Dabei wird der Blick auf die stärkende, das Leben eines Menschen begleitende Wirkung gelenkt. Dabei geht es weniger darum, Beten als Gespräch mit Gott zu verstehen, sondern zu sehen, dass Beten eine ordnende Hilfe ist, die entsteht, wenn wir Stille zulassen und uns auf das konzentrieren, was eigentlich wichtig ist. Das kleine Gespräch kann zum Anlass werden, Beten als eine Form der Lebensbegleitung und auch Lebensbewältigung anzusehen, indem wir uns an den wenden, der größer ist als wir Menschen und der in Jesus seine Offenheit für uns mitgeteilt hat. Sch könnten so eine Ahnung vom »Nutzen« des Betens erhalten.

Schulbuch **62** konkretisiert dies, indem praktische Hinweise angeboten werden, mit denen Beten besser gelingen kann. Die »Haltegriffe« wollen Sch helfen, Gewohnheiten und Rituale zu entwickeln, die zum Beten befähigen.

Psalmen:
Zugänge zur Gebetsschule der Bibel
Das Buch der Psalmen spiegelt den Erfahrungsreichtum wider, den Menschen mit ihrem Gott machen können. Uralte Texte von Lob, Bitte, Dank, Klage oder Fluch, des Vertrauens und der äußerten Not können zur Hilfe werden, um menschliche Erfahrungen auch heute auszusprechen und so Entlastung und Stärkung zu erfahren. Seit einigen Jahren hat sich – vor allem durch die Arbeit von Ingo Baldermann – eine spezifische Form der Annäherung als sinnvoll herausgestellt: Sch werden keine langen und manchmal auch nur schwer verständlichen Psalmtexte angeboten, sondern eher kurze Sätze, einzelne Psalmverse zur Auswahl gegeben. In ihnen verdichten sich die Erfahrungen von Menschen – sie können der Anreiz werden, im eigenen Leben nach Anknüpfungsmöglichkeiten zu suchen. Angemessene Arbeitsformen sind das Umschreiben und Weiterschreiben von Psalmen, die »Neukomposition« von Psalmtexten aus verschiedenen Versen zu einem eigenen Thema. Psalmen können Brücken bauen zwischen biblischen Erfahrungen und unserer Gegenwart. Seit Jahrtausenden werden sie im Judentum und im Christentum täglich an vielen Orten gebetet, in Gottesdiensten, im Stundengebet der Kirche (vgl. das Foto *Themenseite* **52**), aber auch in der persönlichen Einkehr. Psalmen sind Brücken zwischen Erstem und Zweitem Bund; in ihnen kommen Sch auch den Gebetshaltungen Jesu nahe.

2. Einsatzmöglichkeiten im RU

Mit Gott reden – aber wie?
Erfahrungsmangel, Hemmschwellen und Unsicherheiten im Bereich Beten werden abgebaut, indem die Erfahrungen aus einem guten Gespräch mit einer vertrauten Person auf das Sprechen mit Gott übertragen werden.

- Sch erarbeiten in PA, welche Wirkungen das Gebet bei der Mutter (Text Schulbuch **60**) auslöst:
- Sch tauschen sich in freiwilligen Murmelgruppen

aus, ob und bei wem sie ähnliche Erfahrungen gemacht haben wie diese Mutter im Text mit Gott.

Vorschlag für Tafelbild:
Wie antwortet Gott?
Beim Beten antwortet Gott nicht direkt in Worten, sondern in Form von
- *einer Erkenntnis, die ich gewinne*
- *einer Hoffnung, die ich schöpfe*
- *einer Ausgeglichenheit, die sich bei mir einstellt*
- *eines Rates, den mir jemand gibt*
- *einer richtigen Entscheidung, zu der ich finde*
- *Mut, den ich bekomme*
- *Selbstvertrauen, das ich aufbaue*

- Sch hören folgenden Spruch:
  Beten heißt nicht, sich selbst reden zu hören, beten heißt stille werden und stille sein und harren, bis der Betende Gott reden hört.
- Sch schreiben ihre Gedanken dazu in Form eines Briefes auf, den sie in ein Kuvert stecken. Dieses wird am Ende des Themenbereichs im Zusammenhang mit den *Stellungnahmen* **66** geöffnet und auf freiwilliger Basis besprochen.
- Auf *Themenseite* **52** sehen Sch Mönche beim Chorgebet. Sch stellen einen Vergleich her, wann der einzelne in die Kirche zum Gebet geht und wie es bei der Mutter im Text **60** steht. Welche Verbindungen kann es zu der Meldung auf dem Handy und zum Tagebucheintrag geben?

Ein besonderer Haltegriff: Psalmen

Im Umgang mit Psalmversen erleben Sch, wie biblische Gebetssprache heutige Lebenssituationen erschließt.
- Sch lesen den Text Schulbuch **60** und halten die wesentlichen Aussagen im Heft fest.
- Sch lesen im AT Psalmverse (vgl. Aufgabe 1, Schulbuch **60**), z. B. 18, 29-30 oder 30,12, und ordnen sie den Gruppen zu (Lob, Dank, Klage, Weisheit, Thronbesteigung). Dazu schauen sie im Anhang **118** nach Buchseiten, auf denen Psalmverse abgedruckt sind.
- Blättert im Buch auf den Seiten nach, auf denen ihr die Psalmverse findet. Manchmal stehen da auch andere wichtige Sätze aus der Bibel. An welchen Worten bleibt ihr mit euren Gedanken hängen? Schreibt sie heraus!
- Versucht selber neue Sätze zu finden. Dann kann ein neuer Psalmvers entstehen. Verwendet dabei die Worte, die ihr herausgeschrieben habt!

Der Herr hält mich fest,
und falle ich noch so tief,
bei ihm lande ich sanft und sicher.
Der Herr ist wie mein Tagebuch,
ihm kann ich alles sagen,
er ist immer für mich da,
er bewahrt jedes Geheimnis,
bei ihm kann ich mich ausweinen.

- Die Texte werden Teil einer Morgenbesinnung oder werden nach dem Hören zu einer Schautafel zusammengestellt.
- *Alternativen:* Sch sammeln oder malen ein Bild zu einem Psalm ihrer Wahl und schreiben dann den Text dazu. Die Bilder werden im Klassenzimmer ausgestellt.

Es ist auch denkbar, Psalmverse »für andere« zu schreiben, also den Perspektivenwechsel vorzunehmen und sich in andere einzufühlen. Angeregt wird dies über Bilder, die in größerer Stückzahl im Klassenzimmer verteilt werden. Sch suchen sich ein Foto aus mit einer Lebenssituation, zu der sie etwas schreiben.

Haltegriffe zum Erleichtern des Betens

Durch eine persönliche »Hitliste hilfreicher Abläufe« entwerfen Sch konkrete Schritte, um konstruktive Erfahrungen mit dem Gebet zu sammeln.
- Sch betrachten die Seite **61** und überlegen, warum der Text in eine Art Kletternetz eingebaut ist.
- Anhand von **AB 5.4.6, Lehrerkommentar S. 130,** suchen Sch in 4er-GA nach weiteren »Haltegriffen«, die sie in die freien Felder schreiben.
- Vorschläge werden in der Klasse ausgesprochen. Nach jedem Gruppenbericht wird Zeit gegeben, bisher unbekannte Anstöße auf dem Blatt zu ergänzen. Dazu ergänzen Sch weitere Maschen mit Knoten, um so zusätzliche freie Felder zu erhalten.
- Sch vergeben dann für sich »Plätze«: Der Haltegriff, der am hilfreichsten erscheint, bekommt Platz 1, dann wird in absteigender Bedeutung weiternummeriert.
- Sch erstellen sich einen privaten Gebetsplan für eine Woche. Hierbei versuchen sie die Tipps anzuwenden.

Gebete weiter schreiben

Anhand von Gebetstexten entwickeln Sch eine Sprache für das eigene Beten.
- Sch erhalten **AB 5.4.7, Lehrerkommentar S. 131.**
- Lest euch die Gebete langsam durch. Nehmt einen Stift und streicht Stellen an:
- mit einem Ausrufezeichen, wenn ihr etwas wichtig findet,

Haltegriffe zum Erleichtern des Betens

Es befreit dich, wenn du alles weglegst und ausschaltest, was dich ablenkt. Mit einer angenehmen Körperhaltung fühlst du dich wohler.

Ein beschaulicher Gebetsplatz ist gemütlicher. Magst du eine brennende Kerze, ein Bild oder ein Symbol?

Sicher gibt es etwas, worüber du dich freuen kannst. Ist es dir ein Danke wert?

Ein täglich gesprochenes Lieblingsgebet oder ein Psalm kann dich bei deinem Kontakt zu Gott begleiten.

Gott versteht deine gewohnte Sprache; du darfst frei heraus sagen, wie du dich gerade fühlst.

Wer liegt dir noch am Herzen? Für wen möchtest du Gottes Beistand erbitten?

Was bedrückt dich, ärgert dich, macht dir Angst?

Wie möchtest du dich von Gott verabschieden? Denke dir einen Schluss aus! Wechsle bewusst von deinem Gespräch mit Gott zum Alltag.

Wobei brauchst du besonders Gottes Hilfe?

Gebete

Auch wenn nicht alles klappt,
auch wenn du nicht weißt,
was dich erwartet,
ICH BIN BEI DIR

Wenn du dich einsam fühlst,
ICH BIN BEI DIR

Wenn du dich freust,
ICH BIN BEI DIR

Wenn du viel leisten musst,
ICH BIN BEI DIR

Wenn du dich schwach fühlst,
ICH BIN BEI DIR

Ein Freund

Gott,
ich wünsche mir einen Freund,
der mich versteht
und dem ich alles sagen kann.
Ich wünsche mir einen Freund,
der mich wirklich liebt,
der nicht nur einen Nutzen von mir haben will,
der nicht mit meinen Gefühlen spielt.
Hilf mir, guter Gott,
dass ich einem anderen ein guter Freund sein kann.

____

____

____

____

____

____

Lieber Gott,
es ärgert mich,
dass ich nur an dich denke,
wenn es mir schlecht geht.

Wenn es mir gut geht,
halte ich das für selbstverständlich und
denke nicht darüber nach.

Erst wenn ich nicht mehr weiterweiß,
fällst du mir wieder ein.
Dann schimpf ich dich sogar,
weil du es zulässt, dass es mir schlecht geht.

Was bin ich für ein Freund?
Ich würde es mir nicht gefallen lassen,
wenn jemand so mit mir umspränge.

Verzeih mir, bester Freund,
lass mich noch einmal anfangen!

Aller Anfang ist nicht schwer

Lieber Gott,
lass mich heute offen sein
für die Menschen,
denen ich heute begegne.
Lass mich zuhören, wenn ...

____

____

____

____

____

____

- mit einem Fragezeichen, wenn ihr noch gern mehr wissen würdet,
- mit einem Gegenpfeil (»-«), wenn ihr ganz anderer Meinung seid.

- Versucht nun etwas zu den markierten Stellen zu sagen. Schreibt den Satz, den ihr auswählt, auf die freien Zeilen. Dann schreibt weiter, was euch dazu durch den Kopf geht.
- Die Texte der Sch werden gelesen. Im UG wird überlegt, was durch das Weiterschreiben anders geworden ist.
- Sch überlegen nun, welches Gebet für sie jeweils am hilfreichsten gewesen ist.
- *Alternative:* Such dir einen Gedanken aus, der dich besonders angesprochen hat. Lerne diesen Gedanken auswendig. Überlege dir dazu eine Geste. Sammelt euch alle im Kreis: Jeder und jede schreitet nacheinander in die Mitte, spricht seinen Gedanken und zeigt die Geste. Seid dabei möglichst ruhig.

Worte erklären können

Sch verschaffen sich einen Überblick über die Vielfalt von Hilfen, die das Beten unterstützen oder Anlass zum Beten sind.

- Im Anschluss an die letzte Aufgabe von Schulbuch **61** bearbeiten Sch **AB 5.4.8, Lehrerkommentar S. 133,** jeweils wahlweise das Kastenrätsel oder die Wortschlange.
- Sch suchen sich jeweils drei Worte heraus und schreiben für die anderen der Klasse einen Erklärungstext.

Ins Gleichgewicht kommen — Infoseite (62) (63)

1. Hintergrund

Infoseite II führt die Anliegen der vorhergegangenen Doppelseite weiter. Im Mittelpunkt stehen hier nun meditative Übungen oder Stilleübungen: Formen der konzentrierenden Hinwendung auf das, was im eigenen Leben in religiöser Hinsicht die Mitte sein kann. Ziel ist dabei das Freiwerden von Äußerem, der Unruhe und dem Betrieb des Alltags. An Orten, wo Stille möglich ist, können Menschen ihre Gedanken und Empfindungen ordnen und neu ausrichten, kann Kraft geschöpft werden für die Aufgaben des Alltags, kann eine neue Ausrichtung des Denkens und Strebens erreicht werden.
Im Text erarbeiten sich Sch Informationen über den Sinn und die Ausrichtung von meditativen Übungen. Bei genauem Hinsehen fällt auf, dass das Wort »Meditation« selbst nicht verwendet wird – jene Höchstform des absichtslosen und (zum Teil) auch objektlosen, lang dauernden Versinkens wird es so im Rahmen von Schule und Religionsunterricht nicht geben können. Die Rede von »meditativen Übungen« hängt das Angestrebte »tiefer« und dürfte realistischer sein. Dennoch ist aus dem Text eine differenzierte Ausrichtung zu entnehmen, die sich über die Doppelseite entfaltet und durchaus dem Anliegen von Meditation entspricht: Meditative Übungen haben danach einerseits das Versinken des Einzelnen zum Ziel, sind andererseits aber immer auch auf die Wirkung in die Welt hinein ausgerichtet. So ist der Hinweis auf Mt 25,35-40 (Schulbuch **62**) zu verstehen. Die so genannten »Werke der Barmherzigkeit« machen ja das Handeln der Menschen zum Maßstab der Gottesbeziehung.

Das Hauptgebot der Liebe

Die Grafik Schulbuch **63** führt dies weiter: Das »größte Gebot« des Neuen Testamentes hat bei genauer Lektüre drei »Ziele der Liebe«: Meister, welches Gebot im Gesetz ist das wichtigste? Er antwortete ihm: Du sollst den Herrn, deinen Gott, lieben mit ganzem Herzen, mit ganzer Seele und mit all deinen Gedanken. Das ist das wichtigste und erste Gebot. Ebenso wichtig ist das zweite: Du sollst deinen Nächsten lieben wie dich selbst. An diesen beiden Geboten hängt das ganze Gesetz samt den Propheten (*Mt 22,35-40*). Danach ist nicht das Doppelgebot der Gottes- und Nächstenliebe, sondern zutreffender das Hauptgebot der Gottes-, Nächsten- und Selbstliebe die Mitte. Was psychologisch in seinen Auswirkungen schon lange nachgewiesen wurde, ist auch aus bibeltheologischer Sichtweise so zu sehen: Das Interesse, die Orientierung an und auch die Fürsorge für andere wird nur dann gelingen, wenn dabei die eigene Person mit ihren legitimen Bedürfnissen zu ihrem Recht kommt. Weder psychologisch noch christlich ist im Rahmen von Erziehung und Religionsunterricht die Forderung nach einem überzogenen Selbstverzicht oder sogar einer Selbstaufgabe um anderer willen zu verantworten. Wenn Menschen dies dennoch aus freier Entscheidung tun, dann ist das zu respektieren in der Hoffnung, dass der eigene Verzicht nicht aufgrund von Defiziten an anderer Stelle missbräuchlich kompensiert werden muss. Umgekehrt gilt aber auch: Ein überzogenes Um-sich-selber-Kreisen, das andere außen vor lässt, ist nicht christliche Grundhaltung. Letztlich geht es darum, den Bezug zu Gott, dem anderen und zu sich selbst in einem Gleichgewicht zu halten.

Gegenstände als Hilfe zum Beten

A	R	G	K	JU	IK	G	P	G	G	K	BI	P	R	M	BI	G	GI					
V	O	E	R	D	O	E	R	O	E	E	E	U	Ä	E	B	R	T					
G	SE	B	E	E	N	B	O	N	B	R	N	LI	U	D	E	U	A					
E	N	E	U	T	E	E	ES	G	E	Z	E	G	C	I	L	E	R					
B	K	TS	Z	A	N	TS	T	P	T	E	N	T	H	T	LI	N	R					
E	R	M	W	L	M	RI	E	A	T	N	K	W	E	A	T	E	E					
T	A	U	E	LI	A	E	R	U	EP	H	L	E	R	T	A	T	LI					
B	N	E	G	TS	L	M	G	SE	PI	A	A	T	ST	I	N	E	E					
U	Z	H	T	Y	E	E	E	B	C	L	N	T	Ä	O	EI	ES	D					
C	K	L	A	N	RI	N	B	R	H	T	G	E	B	N	A	C	E					
H	U	O	FE	A	N	M	E	O	W	E	S	R	C	SS	N	H	R					
SP	T	E	L	G	G	A	TS	T	E	R	C	K	H	C	D	A	B					
IL	D	L	B	O	O	RI	C	B	B	ST	H	E	E	H	A	L	U					
L	M	L	I	G	L	E	H	E	E	A	A	R	N	E	C	EP	C					
		A	L	E	D	N	N	U	R	E	L	Z	M	M	H	U	H					
		M	D	M	EI	BI	U	T	EI	N	E	E	O	E	TJ	L	L					
		PE		M	N	L	R	E		D			O	LS	U	V	O					
		E		G	S	D		L		E			S	T	L	E	S					
										R				O	I	R						
														C								
														K								

In diesem Rätsel findest du Gegenstände, die Menschen als Hilfe zum Beten benutzen. Manches davon habt ihr bestimmt auch zu Hause. Ihr könnt es mitbringen! Es sind auch Dinge dabei, die nicht im Christentum vorkommen. Schaut auch im Schulbuch auf ***52/53*** *nach. Ihr könntet eine kleine Ausstellung zusammenstellen und die verschiedenen Gegenstände ausprobieren!*

Wortschlange zum Thema »Beten«

FÜRBITTENSTUNDENGEBETMEDITATIONBITTGEBETDANKGEBETKLAGE-

GEBETGABENGEBETBUSSGEBETFRIEDENSGEBETHOCHGEBETSTOSSGE-

BETKREUZWEGLITANEIWELTGEBETSTAGABENDGEBETMORGENGE-

BETTISCHGEBETSCHULGEBETANBETUNGVORBETER

Sicher kannst du die Wortschlange auflösen und möglichst viele Begriffe erklären!

Meditative Übungen können ein Weg sein, um dieses anspruchsvolle Ziel zu erreichen. Das ist an Bedingungen gebunden. Meditative Übungen benötigen ständige Übung. Widerstand ist ernst zu nehmen. Gegen den Druck der Klasse darf man nichts erzwingen. Meditative Übungen dürfen nicht verzweckt oder als Pseudotherapie missbraucht werden. Ferner ist für Erfolgsdruck kein Raum. Kein Sch darf gezwungen werden, seine Erfahrungen bloßzustellen. Grundvoraussetzung für das Gelingen im RU ist die innere Sammlung der Sch. Auch gewisse Rahmenbedingungen müssen hergestellt werden (Ruhe, Raum, Lage ...). Von besonderer Bedeutung ist die Atmung und die Körperhaltung – L muss auf ein aufrechtes Sitzen bei geradem Rücken achten. In der Regel wird das Einführen der Bauchatmung Übung benötigen. Sie ist essenziell, damit sich die innere Ruhe von der Körpermitte des Bauchraumes her ausbreiten kann (vgl. dazu die Bedeutung der Bauchatmung in Kampfsportarten, *Themenseite* **53**).

2. Einsatzmöglichkeiten im RU

Mandala malen

Das konzentrierte Gestalten eines Mandalas sensibilisiert Sch für die Hinordnung auf einen Mittel- und Ruhepunkt im Alltagsleben.

Einige beachtenswerte *Hinweise:*

- Bei der Vorbereitung muss überlegt werden, ob das Mandala als Hinführung oder Vertiefung eines Themas oder als Selbstzweck eingesetzt wird. Mandala-Malen kann einen Hinweis geben auf die Bereitschaft der Lerngruppe, sich auf andere meditative Übungen einzulassen. Sch sind sorgfältig darauf einzustimmen. Kognitive Information eignet sich nicht zur Hinführung zum Mandala-Malen. Das Betrachten einfacher Naturalien, einer Kerze, Legematerial, Bilder oder Impulstexte stimmen angemessen ein. Eine Auswahl an Motiven begünstigt das Gelingen. Sanfte Hintergrundmusik erleichtert Sch die ungewohnte Stille.
- Das Malen selbst braucht Zeit, Ruhe und Freiheit. Vorzugsweise wird mit Farben gearbeitet, die Nuancierungen zulassen: Holzfarbstifte, bei vergrößerten Mandala-Blättern auch Wachsmalkreiden, besser Ölkreiden (Jaxon) (vgl. **AB 5.4.9, Lehrerkommentar S. 135**).
- Als Abschluss werden die Mandalas aufgehängt und schweigend betrachtet.
- Auch ein persönlicher Fragebogen zum Auswerten kann sinnvoll sein: Was hat gefallen? Welche Schwierigkeiten traten auf? Welche Gedanken sind dir durch den Kopf gegangen?

• *Hinweis:* Weitere Vorlagen zum Kopieren finden sich bei:

Thömmes, Arthur, 50 Mandalas zum Ausmalen und Meditieren, Katechetisches Amt des Bistums Trier, o. J.,

Kochenburger, Brigitte E., Mandalas selbst anfertigen. 40 Motive, Stuttgart 2000

Stille erfahren – meditative Übungen

Sch wenden sich der Wahrnehmung ihres Körpers zu, um für meditative Übungen vorbereitet zu werden.

- Sch sammeln Sprichwörter, in denen der Körper vorkommt (z. B. mit dem linken Fuß aufstehen, kalte Füße bekommen, etwas geht an die Nieren, etwas ist über die Leber gelaufen ...).
- Sch überlegen, ob sie schon körperliches Unbehagen spürten, wenn sie etwas bedrückte, sie Probleme oder Ängste hatten.
- Sch stellen sich aufrecht hin und atmen. Sie weiten den Brustkorb. Spürt ihr eine Veränderung?
- Sch betrachten die beiden Fotos **62/63** sowie den Karateschüler **53** und nehmen eine der Haltungen ein. Welche ist dir angenehm? In welcher Position kannst du längere Zeit verharren? Wenn jede/r Sch ihre/seine Position gefunden hat, stellt L ein Teelicht oder eine Kerze in die Mitte.
- L liest langsam die Anleitung zu einer meditativen Übung **63** vor. Sch versuchen die Anleitungen zu befolgen. Zum Beenden sorgt der L für frische Luft und Bewegung. Wer mag, darf seine Empfindungen ausdrücken.

Ums Gleichgewicht bemüht

Sch lernen, dass das Versinken keine Selbstschau bleiben darf, sondern das Sich-Öffnen für den anderen und für Gott damit verbunden sein muss.

- Nach der Körpererfahrung betrachten Sch das Schema **63**. Welche Bedeutung hat das Du und Gott, wenn ich mich doch bei der meditativen Übung nur mir selbst zuwende?
- Sch lesen Text **62** sowie die Bibelstelle Mt 22,35-40. In einer TA werden die verschiedenen Dimensionen von meditativen Übungen herausgearbeitet.
- Sch betrachten die Grafik **63**: Was könnte mit dieser Zeichnung gemeint sein?
- Sch bekommen **Ab 5.4.10, Lehrerkommentar S. 137**. Die Sätze Mt 22,35-40 werden gemeinsam mehrfach gelesen. In GA sprechen Sch darüber, was Jesus daran wichtig war. Sch schreiben dann den Satz auf die Grafik und geben damit dem Satz eine eigene Deutung in der Art, wie er auf dem Dreieck angeordnet wird. Ergänzend werden Zeichnungen oder andere Erläuterungen hinzugefügt.

Beten mit dem Körper **IDEENSEITE (55)**

Sch werden vertraut mit unterschiedlichen Gebetshaltungen und machen sich bewusst, dass die Körperhal-

Ein Mandala entwerfen

Ihr könnt auch ein Mandala selbst entwerfen:

- *Nehmt Bleistift, Lineal, Zirkel zur Hand und entwerft Schablonen (Kreise, Vierecke, Blattform ...), die euch anschließend helfen können, euer persönliches Mandala zu legen. Wichtig ist, dass ihr zuerst den Mittelpunkt festlegt.*
  Achtet darauf, dass ihr ein möglichst gleichmäßiges Bild entwerft.
- *Wie verändert sich dein persönliches Mandala, wenn du deine Schablonen anders anordnest?*
- *Zeichne das gelegte Mandala, das dich am meisten anspricht, mithilfe deiner Schablonen auf.*
  Nach einer Arbeitsphase könnt ihr eure Mandalas vergleichen, was fällt euch daran auf?

tung immer auch Ausdruck einer inneren Haltung ist. Sch betrachten die Bilder **62/63**. Was empfinden sie an den Körperhaltungen als interessant und hilfreich?

- L und Sch suchen nach unterschiedlichen Gebetshaltungen. Dazu erhalten Sch **AB 5.4.11, Lehrerkommentar S. 139**.
  - Was wird durch die jeweilige Haltung zum Ausdruck gebracht? Was ist vertraut? Was befremdlich?
  - In welcher Haltung betest du selbst am liebsten?
- Sch nehmen folgende Gebetshaltung ein: Sie setzen sich aufrecht auf ihren Stuhl, die Fußsohlen ruhen fest auf dem Boden, die Augen sind geschlossen. Wenn alle zur Ruhe gekommen sind, legen Sch die Hände ineinander, sodass sich die Handinnenflächen berühren.
  - Versuche nun, deine Hände wahrzunehmen. Was kannst du spüren? Du musst nichts verändern, nur spüren und wahrnehmen.
- Sch suchen nach weiteren Gebets-Handfassungen (Hände vor der Brust kreuzen, Hände zu einer Schale formen, Hände vor das Gesicht legen ...).
  - Was bedeuten die Hände jeweils für die Beziehung zu Gott? (Gott schützt mich, ich bin offen für Gott, Gott ist mir ganz nahe ...)

Kumbaya my Lord

Das Lied **AB 5.4.12 Lehrerkommentar S. 141,** vertieft affektiv die Auseinandersetzung mit den »Werken der Barmherzigkeit«.

- Die einzelnen Strophen des Liedes werden von den Sch ergänzt.

Im Dunkeln ein Licht anzünden IDEENSEITE (55)

In der Klasse vor allem in der Adventszeit ein Lichterfest zu gestalten, kann für Sch ein eindrucksvolles Erlebnis sein, durch das sie auch gefühlsmäßig angesprochen werden.

- Sch lesen Ideen **55** und planen gemeinsam die Gestaltung einer Lichterfeier.
  - Was brauchen wir dazu? Z. B. Tannenzweige, Musikinstrumente, Kerze, Christbaumkerzen, eine Krippe zur Gestaltung der Mitte, Kassettenrekorder, Essen und Trinken. Alles wird an der Tafel festgehalten.
  - Wer kann etwas für diese Lichterfeier mitbringen?
  - Wen laden wir dazu ein?

Weiterführung: eine adventliche Lichterfeier

- Sch sitzen im Kreis, der Raum ist abgedunkelt, die Materialien liegen bereit.
- Lied: »Zeit für Ruhe, Zeit für Stille«.
- Sch malen mit ihren Händen eine Spirale in die Luft. Danach wandern sie mit ihren Augen eine Spirale in der Mitte auf dem Boden ab. Ein Sch geht diesen Spiralweg, bevor der Weg mit den mitgebrachten Tannenzweigen gelegt wird. Vielleicht begleiten einige Sch dies instrumental.
- Die »Mitte« wird gestaltet: ein Stern, eine kleine Krippe, der Adventskranz etc. werden in die Mitte gelegt, eine Kerze wird dazugestellt und angezündet. Sie ist vorerst die einzige Lichtquelle im Raum.
- Adventliches Lied singen.
- Sch erhalten eine Christbaumkerze und gehen einzeln den Spiralweg in die Mitte, zünden dort ihre Kerze an und gehen den gleichen Weg zurück an ihren Platz. Ruhige Musik.
- Sitzen alle Sch mit ihren brennenden Kerzen wieder am Platz, wird ein Gebet gesprochen.
- Gemeinsames Essen und Trinken.
- Ein gemeinsamer Lichtertanz (Anleitung **AB 5.4.12, Lehrerkommentar S. 141** oben) um die gelegte Spirale herum schließt die Feierstunde ab.

Hinweis: Umwickelt man die Christbaumkerzen mit einer Serviette, so kann kein Wachs über die Finger und auf den Boden tropfen.

Hinweis: Die Kassette ist zu bestellen bei: J. Bengen, Mannheimer Str. 15, München, Tel. 089/346152.

Das wichtigste Gebot

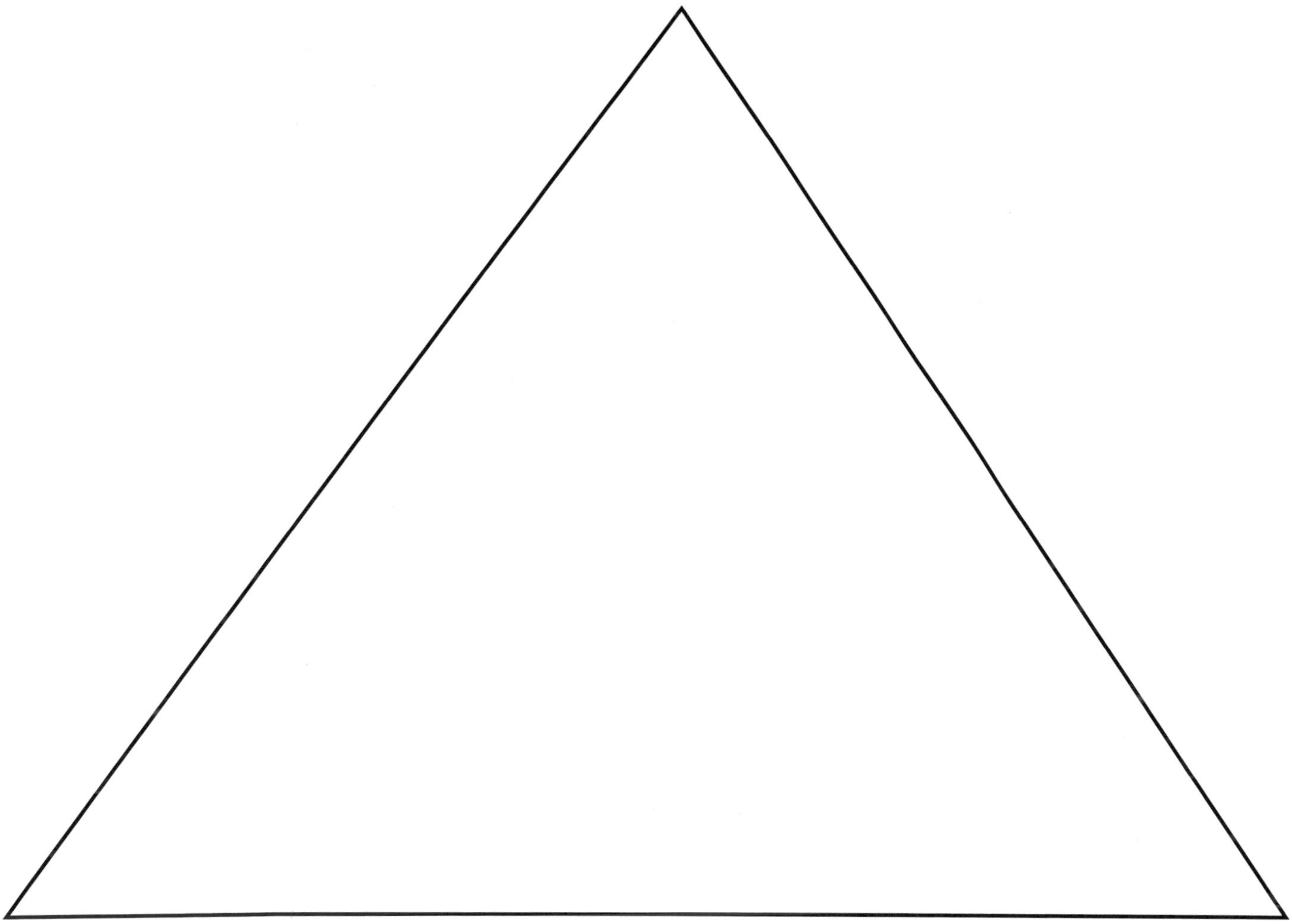

Einer von ihnen, ein Gesetzeslehrer, wollte ihn auf die Probe stellen und fragte ihn: Meister, welches Gebot im Gesetz ist das wichtigste?

Er antwortete ihm: *Du sollst den Herrn, deinen Gott, lieben mit ganzem Herzen, mit ganzer Seele und mit all deinen Gedanken.* Das ist das wichtigste und erste Gebot.

Ebenso wichtig ist das zweite: *Du sollst deinen Nächsten lieben wie dich selbst.*

An diesen beiden Geboten hängt das ganze Gesetz samt den Propheten.

Mt 22,35-40

1. Hintergrund

Da das Vaterunser als das Grundgebet schlechthin gilt, ist es unerlässlich, sich damit zu beschäftigen. Neben vielen anderen Versionen wurde es als »Millennium Prayer« in einer Popversion vermarktet.

Das Vaterunser

»Das Vaterunser ist in einer elementaren Sprache verfasst. In wenigen verständlichen Worten werden zentrale Anliegen angesprochen. Von vornherein war das Vaterunser ein Gebrauchstext. Es konnte in vielerlei Hinsicht Verwendung finden: als Mustergebet, als dogmatisches Kompendium, als katechetische Synthese, als privates und als kirchliches Gebet usw. Es gibt kaum einen Text, der so stark in Frömmigkeit, Gottesdienst, Unterricht und Dogmatik gewirkt hat. Als Ursprache ist das Aramäische anzunehmen. Mt 6,9-13 und Lk 11,2-4 haben wohl eine griechische Vorlage gehabt. Bei Mt ist der Text in einer liturgisch ausgewogenen Form überliefert, die sich rasch im gottesdienstlichen Gebrauch durchgesetzt hat. Durch die Didache wurde noch Schlussdoxologie hinzugefügt (›Denn dein ist die Kraft und die Herrlichkeit in Ewigkeit‹, Did 8,2). Damit hatte der Text jene Gestalt gefunden, in der wir ihn noch heute verwenden.
Gott wird als Vater angeredet. Dabei ist bei Mt ergänzt ›im Himmel‹. Die Vateranrede geht mit großer Wahrscheinlichkeit auf das aramäische ›Abba‹ zurück. Dies ist eine sehr vertrauliche Anrede – die Anrede des Kleinkindes an seinen Vater. Die Anrede ist also nicht einfach im Rahmen der patriarchalischen Herrschaftsstruktur der damaligen Zeit zu interpretieren, sondern »die Anrede Gottes mit Abba umschließt, wie J. Jeremias schon vor mehr als drei Jahrzehnten festgestellt hat, auch Zuwendung, Bewahrung, Barmherzigkeit, also ›etwas von dem, was bei uns Mutter bedeutet‹ (Jeremias).«
Es folgen sodann drei Du-Bitten: »Dein Name werde geheiligt. Dein Reich komme. Dein Wille geschehe wie im Himmel so auf Erden« (Mt 6, 9c-10). Bei der ersten Bitte geht es um Gottes Namen, sein Reich und seinen Willen. Gott soll sich als der Heilige in dieser Welt erweisen, soll sich Anerkennung verschaffen, er soll seine Herrschaft aufrichten und soll auf Erden seinen Willen so bestimmend sein lassen, wie er im Himmel bestimmend ist.
Die zweite Strophe (V. 11-13) enthält drei Wir-Bitten und bezieht sich auf Gottes Verhältnis zu den Betern: An der Spitze stehen die Brot- und die Vergebungsbitte. Die dritte Bitte zielt darauf, dass Gott dem Beter beistehen und ihn sogar aktiv vor der Macht des Bösen bewahren soll. Wichtig ist: Die Beter erwarten alles von Gott und seiner Zukunft (Adam 344f.).
Der Vater im Himmel vereint die Christen zu einer Gemeinschaft der Kinder Gottes. Im Gebet des Vaterunsers werden die Betenden mit hineingenommen in das vertraute Verhältnis zum himmlischen Vater. Obwohl kindliches Bitten nicht zum gegenwärtigen Zeitgeist der Selbstverwirklichung zu passen scheint, hat dieses Grundgebet nichts von seiner Bedeutung verloren. Allerdings macht sich zunehmend ein gewisses Sprachproblem bemerkbar, da »Reich«, »Himmel« oder »Erlösung« im alltäglichen Kommunikationsprozess kaum mehr vorkommen. So macht es Sinn, die einzelnen Sprachbilder in die Gegenwart zu transponieren.

Die Doppelseite **64/65** wendet sich besonders der Bitte um das tägliche Brot zu. Damit konkretisiert sich der vierte Themenbereich des Vaterunsers elementar: Es geht um die tätige Sorge für die Ärmsten – jene Menschen, die täglich weltweit vom Hunger geplagt sind. Letztlich stehen dabei auch die Rechte von Kindern auf dem Plan – sind diese Abwandlungen der Menschenrechte lediglich Lippenbekenntnis oder führen sie dazu, dass Menschen für diese Rechte einzutreten bereit sind?

Die Sternsingeraktion

Das Sternsingen ist ein alter Brauch, der bis ins Mittelalter zurückreicht. Der Brauch hat sich wohl aus den »Dreikönigsspielen« entwickelt, die im Anschluss an die Übertragung der Reliquien der Drei Weisen von Mailand nach Köln 1164 entstanden sind. Als Könige verkleidet, zogen Schüler durch die Gassen, spielten den Zug der »Drei Könige zur Krippe« nach und sangen Lieder, in denen sie um gute Gaben baten. Der Stern, den sie bei sich trugen, musste beim Singen immer gedreht werden. Er war ein Symbol für das Sonnenrad, das – so meinte man – in den zwölf heiligen Nächten zwischen Weihnachten und dem Dreikönigstag stehen geblieben war. Dreikönigslieder werden deshalb in alten Büchern auch Sterndreherlieder genannt.
Verschiedene Urkunden berichten, dass dieser Brauch – wohl wegen Ausuferung – wiederholt verboten wurde.

Beten mit dem Körper

Ebenfalls aus alter Zeit stammt der Brauch, die Häuser am Beginn eines neuen Jahres zu segnen. Bauern schrieben beim »Räuchern« ihres Anwesens die Buchstaben C + M + B an die Türschwelle. Sie wurden mit den Namen Casper, Melchior und Balthasar in Verbindung gebracht und diese wiederum mit den drei Magiern, die im Matthäus-Evangelium 2,1-12 dem Kind in der Krippe huldigen.
Die christliche Tradition übernahm diesen Brauch und unterlegte dem C + M + B die Anfangsbuchstaben des lateinischen Segensspruches: Christus mansionem benedicat = Christus segne dieses Haus.
Das Päpstliche Missionswerk für Kinder hat beide Bräuche 1958 durch die Sternsingeraktion aufgegriffen und ihnen ein neues Ziel gegeben: Die SternsingerInnen tragen die Frohe Botschaft von der Geburt Jesu in die Häuser, schreiben den Segensspruch an die Türen und bitten dabei um Gaben für Kinder in Not. Aus bescheidenen Anfängen ist die weltweit größte Aktion von Kindern für Kinder gewachsen: Bei ihrem Beginn 1959 sammelten die Sternsinger bereits 90 000 DM, im Jahr 2004 erbrachte das Sternsingen rd. 33 Mio Euro. Heute findet diese Aktion auch in anderen europäischen Ländern statt.

Armut in der Welt
Armut bleibt ein gravierendes Problem. Zu Beginn des 21. Jahrhunderts muss nahezu die Hälfte der Menschen, 2,8 von 6 Milliarden, mit weniger als zwei US-Dollar pro Tag auskommen. Insgesamt sank zwischen 1990 und 1999 die Zahl derjenigen, die mit weniger als einem US-Dollar pro Tag auskommen müssen (absolute Armut), zwar um etwa 120 Millionen Menschen. Aber dieser Rückgang ist vor allem auf den beeindruckenden Entwicklungserfolg Chinas zurückzuführen. Ohne Berücksichtigung Chinas ist die Zahl der Ärmsten von 1990 bis 1999 sogar um 21 Millionen Menschen gestiegen. Es zeigt sich, dass die Verlierer der letzten Dekade in Afrika beheimatet sind, während in Ostasien lebende Menschen von den Auswirkungen der Globalisierung in den Neunzigerjahren profitiert haben.
Wirtschaftliche Erfolge sind zunächst durch die strikte Orientierung am Weltmarkt möglich geworden. Bei dem Versuch sich dem Wettbewerb auf dem Weltmarkt zu stellen, haben allerdings insbesondere die erfolgreichen asiatischen Länder den eigenen Binnenmarkt durch Zölle und andere Maßnahmen vor ausländischer Konkurrenz geschützt. Weitere wichtige Erfolgsfaktoren sind Investitionen in Bildung und Infrastruktur, Rechtsstaatlichkeit und nicht zuletzt »gutes Regierungshandeln« (Good Governance). Unter Letzterem sind vor allem strukturelle Verbesserungen, wie Effizienzsteigerung der öffentlichen Verwaltung und die Bekämpfung von Korruption, zu verstehen.
Auf die Zahl der Armen in Südasien, also Indien, Bangladesch, Pakistan und Sri Lanka, hatte die gesamte Dekade nahezu keinen Einfluss. Noch immer leben die meisten Armen in jenem Teil der Welt (H. Dieter 2003, 34f.).

Der Hinweis auf gerechte Strukturen, wie er im gemeinsamen Sozialwort der katholischen und evangelischen Kirche vom Februar 1997 steht, zielt auf Schaffung neuer Verhältnisse. Christen kommen nicht umhin, angesichts der Armut anderer eine Entscheidung zu fällen, wie sie sich dazu verhalten wollen.
Die Vereinten Nationen sprechen in der Konvention von 1989 Kindern grundlegende Rechte zu, die Verhältnisse wie ausbeuterische Kinderarbeit in Ziegelsteinbrennereien, bei der Chipproduktion oder in der Teppichindustrie u. a. eigentlich verhindern müssten. Gleichwohl sind immer noch Kinder gezwungen, durch ihren kargen Lohn zum Familienunterhalt beizutragen. Im Unterschied zu dieser ausbeuterischen Form ist jedoch auch auf Formen von Kinderarbeit hinzuweisen, bei der Heranwachsende zunehmend Verantwortung innerhalb einer Familie übernehmen und erproben können.
Aus didaktischer Sicht sollte bei allem Bemühen um sachgerechte Information vermieden werden, den Unterricht einseitig auf die katastrophalen Lebensbedingungen auszurichten (»So schlimm ist es!«), mit deren Bewältigung Heranwachsende überfordert sind. Im Unterschied zu einer solchen »Katastrophenpädagogik« erscheint es angemessener, produktive Lernprozesse anzuregen (»Was können wir tun?«). Das kann dadurch erfolgen, indem Sch ihre Fragen nach den jeweiligen Sachzusammenhängen loswerden und die Lebensfreude auch der Menschen an anderen Orten der Erde wahrnehmen können.

Tanzbeschreibung »Lichtertanz«

Musik	»Biserka« (⇨»Ursoica«, Bestellanschrift s. S. 92) *Anmerkung:* Der hier vorgeschlagene Tanz entspricht nicht der eigentlichen Tanzfolge einer Biserka!	
Tanzfassung	Sch stehen im Kreis und halten sich an ihren kleinen Fingern, die anderen Finger der jeweils rechten Hand halten die Kerze.	
Tanzrichtung	gegen den Uhrzeigersinn, Blick zur Mitte	
Schrittfolge	• 8 Nachstellschritte in Tanzrichtung, rechts beginnend, d.h. rechter Fuß zur Seite, der linke Fuß wird an den rechten Fuß angestellt, • mit den Füßen wird ein Kreis beschrieben, zuerst ein rechter Halbkreis, dann ein linker Halbkreis: – die rechte Fußspitze tippt nach vorn, zur Seite, nach hinten, Fuß anstellen, – dann tippt die linke Fußspitze nach vorn, zur Seite, nach hinten, Fuß anstellen. • *Wichtig:* bei dem »tipp« nach hinten geht der Oberkörper leicht – wie bei einer Verbeugung – nach vorn.	Deutung – »Wir machen uns auf den Weg.« – »Wir begrüßen das Kind (das Licht ...) in der Mitte und verbeugen uns vor ihm.«

Kumbaya, my Lord

T/M: *aus Afrika*

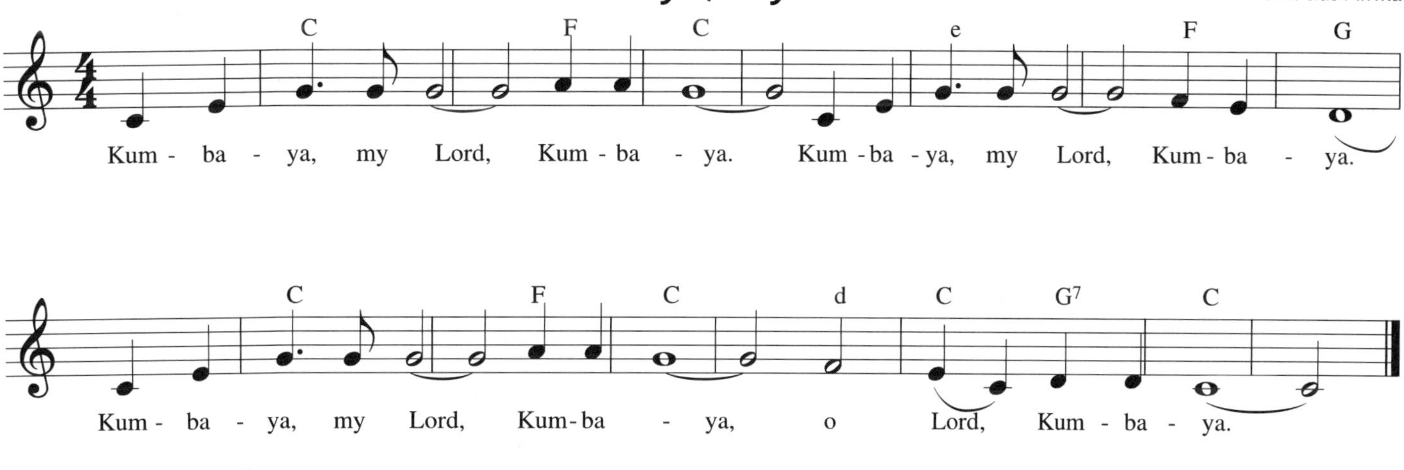

2. Someone's singing, Lord, Kumbaya
3. Kumbaya, my Lord, Kumbaya
4. Someone's praying, Lord, Kumbaya
5. Kumbaya, my Lord, Kumbaya
6. Someone's crying, Lord, Kumbaya
7. Kumbaya, my Lord, Kumbaya
8. Someone's sleeping, Lord, Kumbaya
9. Eine weint, my Lord, ...
10. Einer hungert, Lord, Kumbaya...

Das Wort »Kumbaya« ist aus den Wörtern »come by here« entstanden.

2. Einsatzmöglichkeiten im RU

Reiche Länder – arme Länder **IDEENSEITE** (55)

Das Spiel zur Verteilung des Wohlstandes auf der Erde führt den Sch eindringlich die ungleichen Lebensmöglichkeiten der Menschen vor Augen. Dabei lassen sich verschiedenste Reaktionen beobachten, z. B.:

- Streit der Sch um die Stühle bzw. um das wenige Essen, das sie bekommen. Manchmal setzen sich die »Ellenbogentypen« durch und die anderen gehen leer aus.
- Oft rücken Sch zusammen, teilen alles bzw. versuchen alle auf den wenigen Stühlen zu sitzen.
- Sch aus der »ärmeren« Gruppe versuchen sich anzuschleichen, wollen sich einen Stuhl oder Nahrung von den »Reichen« nehmen.
- Die »reichen« Sch bauen mit den überzähligen Stühlen eine Mauer, um sich von den anderen abzugrenzen.
- Die »Reichen« geben den »Armen« etwas von ihrem Essen ab, zumeist erst, nachdem sie sich bereits voll gegessen haben. Sie fühlen sich dabei wie »Helden« und erhalten auch die Dankbarkeit der »Armen«, die sich nun in der Rolle der Bettler wieder finden.

- L stellt die beobachteten Verhaltensweisen nach dem Spiel zur Diskussion. Der Übertrag auf die Wirklichkeit (z. B. Flüchtlinge, Spendenpraxis, Bürgerkriege in armen Staaten, Ausländerfeindlichkeit, Hilfsaktionen ...) wird erarbeitet und ggf. zu einem Hefteintrag zusammengefasst.

Hinweis: In den Berichten der Weltbank wird zwischen Ländern mit niedrigen Einkommen, mittleren Einkommen und hohen Einkommen (bezogen auf das Bundesnettoeinkommen pro Kopf) unterschieden.

Klassen-stärke	reiche Länder		ärmere Länder	
	Schüler	Stühle	Schüler	Stühle
12	2	10	10	2
15	2	12	13	3
18	3	14	15	4
20	3	16	17	4
24	4	19	20	5
27	4	22	23	5
30	5	24	25	6

Der Umrechnungstabelle für Sch-Zahlen liegen die Zahlen der Weltbank für 1996 zu Grunde. Dabei wurden die niedrigen und die mittleren Einkommen in der Spalte »ärmere Länder« zusammengefasst, die ca. 84 % der Weltbevölkerung stellen, aber nur über 19,5 % der Wirtschaftsleistung verfügen.
Innerhalb der Gruppe der Länder mit hohen Einkommen (16 % der Weltbevölkerung; 80,5 % Wirtschaftsleistung) liegt Deutschland im vorderen Feld. Der Wohlstand in Deutschland (gemessen am Bundesnettoeinkommen pro Kopf) liegt um den Faktor 25 höher als in den Ländern mit niedrigen und mittleren Einkommen; vergleicht man ausschließlich mit den Ländern mit niedrigen Einkommen (56 % der Weltbevölkerung), gar um den Faktor 59.

Ein Einsehen

Im Anschluss an das »Eine Welt-Spiel« (vgl. die vorhergehende Anregung) werden anhand der Geschichte weitere Aspekte des Problems bewusst, sofern die mediale Distanz durchbrochen wird.

- L liest der Klasse den Text **64** vor und lässt dabei die Überschrift und den letzten Absatz weg.
- Sch erhalten die ausgeschnittenen Textstücke der Geschichte (**AB 5.4.13, Lehrerkommentar S. 143**) mit dem Auftrag, diese Sätze so neu anzuordnen (**AB 5.4.14, Lehrerkommentar S. 144**), dass die unterschiedlichen Sichtweisen der Armen (schräg gedruckt) den Gedanken und Verhaltensweisen der Familie (normal gedruckt) möglichst deutlich gegenübergestellt werden.
- Sch probieren aus und verschieben dabei Textstücke.
- Sch schreiben die Sätze weiter, indem die angeordneten Satzpaare auf ein querliegendes A4-Blatt geklebt werden; in der freien, dritten Spalte ergänzen Sch die beiden Sätze durch einen neuen Gedanken.
- Aus den Arbeiten wird in der Klasse vorgelesen.
- Sch versuchen die Situation zu erklären: Welche Situation ist ihnen vertraut? Wie läuft zu Hause ein normales Familienessen ab? Was wissen sie über so hungrige Kinder?
- Für die eigene Textkomposition wird eine Überschrift gesucht.
- Sch lesen gemeinsam den ganzen Text durch.
- Sch tauschen ihre Meinungen aus: Was das Fernsehen mit unseren Gedanken und Empfindungen macht ...
- Sch wenden sich der Überschrift auf der Doppelseite zu: »Unser tägliches Brot lass uns teilen« – wie kann das aussehen?
- *Anmerkung*: Die Erschließung der »Brotbitte« kann auch in einem weiteren Horizont verstanden werden, wenn Brot als Metapher für all das genommen wird, was Menschen zum täglichen Leben brauchen (über Nahrung hinaus auch ein Zuhause, Geborgenheit und Zuwendung).

Ein Einsehen

Eine Gruppe staubiger, nackter Kinder stand vor einer Elendshütte.

Die Hand der Mutter, die gerade einen Löffel zum Mund führte, erstarrte.

Beine und Arme waren ganz dünn. Nur der Bauch war dick. Die Kinder bewegten sich kaum.

Der Vater kaute etwas langsamer.

Das kleinste der Kinder, ein Mädchen, wurde größer und größer, bis das Gesicht das ganze Bild ausfüllte.

Der Sohn schaute weg und füllte noch eine zweite Kelle Fleischsoße nach.

Die Haare standen schmutzig und verfilzt vom Kopf ab. Der dünnlippige, blutleere Mund bildete fast einen Strich.

Plötzlich war der Autolärm von draußen verstummt.

Einige Fliegen krochen in den Winkeln der Augen herum, doch diese zuckten nicht einmal, um sie zu verscheuchen.

Überdeutlich hörte man das Ticken der Wanduhr.

Groß und weit geöffnet starrten sie auf den gedeckten Tisch mit den dampfenden Nudeln.

Der Vater wollte wohl etwas sagen und räusperte sich. Das Geräusch war aber so laut, dass er erschrak und nur schluckte.

Das Bild des Mädchens ging nicht weg.

Die Mutter schaute interessiert zu, wie sich die Soße auf dem Teller ihres Sohnes breiig und zäh über den Nudeln verteilte.

Ihre Augen wurden größer und größer und brannten sich durch den Bildschirm hindurch.

Im Zeitlupentempo begann der Sohn mit Löffel und Gabel Soße und Nudeln zu vermischen.

Klebespalte ↓	Klebespalte ↓	

»Schön, dass ihr kommt. Wir haben schon den ganzen Nachmittag gewartet. Kommt rein!«

»Wo habt ihr denn eure Sammelbüchse? Und singt doch noch ein Lied!«

»Der wichtigste Grund, beim Sternsingen mitzumachen, ist unser Wunsch, selbst etwas gegen die Armut in vielen Ländern zu tun. Deshalb lesen wir Geschichten von Kindern, damit wir den Leuten erklären können, warum und wofür wir um Gaben bitten.«

»He, guckt mal, die da!« »Wie sehen die denn aus?« »Wir sind Sternsinger. Wir wünschen den Menschen Gottes Segen für das neue Jahr und sammeln Geld, damit Kinder in anderen Ländern leben können.«
»Das wär mir zu anstrengend. So lange durch die Kälte laufen, und das noch für andere – nein danke.«

»Wir kamen zu einer Frau, die vor ein paar Jahren aus Russland übergesiedelt war. In der Wohnung hielten sich an dem Tag noch zwei Familien auf, die gerade aus Russland angekommen waren. Für diese Familie war unser Sternsingerbesuch eine besonders große Freude. In aller Eile wurden die Kerzen am Tannenbaum angezündet, und wir sangen gemeinsam die uns bekannten deutschen Weihnachtslieder. Die Erwachsenen konnten vor Rührung fast nicht mitsingen. Aber der Händedruck an der Tür sagte alles ...«

Ein Glück, dass ich die Türe aufgemacht habe!

»Es war bitter kalt. Plötzlich begann es zu regnen, sodass Straßen und Gehwege in kurzer Zeit spiegelglatt waren. Wir wollten schon aufgeben, da stürzte der zehnjährige »König Melchior« auch noch und brach sich den linken Arm. Traurig gingen die anderen Sternsinger nach Hause. Aber am nächsten Morgen stand unser »König Melchior« wieder da, den Arm in Gips, als wäre nichts gewesen. Da zogen wir alle wieder los, trotz Glatteis und Kälte.«

Sternsinger

Die Sternsingeraktion ist eine – inzwischen weit verbreitete – Möglichkeit, bei der Sch erleben können, wie Menschen durch persönlichen Einsatz Hoffnung schenken und dabei Freude empfinden.

- Sch betrachten die Grafik S. 64 und erzählen von ihren Erfahrungen mit Sternsingern.
- L informiert über die Sternsingeraktion (vgl. Lehrerkommentar S. 140ff.). Zur Veranschaulichung werden der Film *Die Sternsinger* und Informationsmaterialien vom Kindermissionswerk eingesetzt.
- Sch suchen mit dem oder der Banknachbar/in oder in kleinen Gruppen aus den Erzählungen der Mitschüler und aus den Texten **AB 5.4.15, Lehrerkommentar S. 145**, heraus:
  - Was erleben die Sternsinger?
  - Wie reagierten die Leute, zu denen sie kamen?
  - Was bedeutet die Sternsingeraktion für Kinder in Not?
  - Wer wird selbst bei den Sternsingern in diesem Jahr mitmachen?
- *Materialien*:
  - Film: »Die Sternsinger« (15 Min., farbig), Dokumentarfilm von 1980, erhältlich bei den AV-Medienzentralen der Diözesen.
  - Sehr gutes und vielfältiges Informationsmaterial sowie Videos zur Sternsingeraktion sind erhältlich beim Kindermissionswerk, Stephanstr. 35, 52064 Aachen.
  - Ergänzendes Material findet man auch in den Adventskalendern zur ADVENIAT-Aktion, hg. v. Bistum Essen, die jährlich über das örtliche Pfarramt oder über den DKV, Preysingstr. 83c, 80335 München, erhältlich sind.

Das Haus der Kinderrechte

Sch lernen Kinderrechte kennen und machen sich Gedanken dazu, wie diese Rechte wirksam werden können.

- Sch lesen die Kinderrechte laut vor, Klärung unbekannter Begriffe.
- Sch geben ihre Einschätzung ab: »Kinderrechte, die bei uns Geltung haben ...«
- Auf dem **AB 5.4.16, Lehrerkommentar S. 147**, werden Ergänzungen eingetragen (z. B. in der Form von Balkonen): »Was angebaut werden muss, damit die Rechte auch wirken können ...«
- Auf einem Plakat mit dem vergrößerten **AB 5.4.16** in der Mitte werden diese Anbauten eingetragen. Gemeinsam wird eine Überschrift gesucht.
- Wie können die Kinderrechte in den ärmeren Ländern verwirklicht werden?
- Welche Kinderpflichten ergeben sich daraus (z. B. auf Ungerechtigkeiten hinweisen, anderen beistehen, die eigene Meinung sagen etc.)?

Alternativen: Sch formulieren eigene Kinderrechte, z. B. das Recht auf saubere Luft, auf ein eigenes Bett, auf Taschengeld, auf Ferien jedes Jahr, darauf, dass Kindern zugehört wird.

Für ein Ballonspiel wird jedem Recht ein Ballastgewicht von zwei Kilogramm zugeordnet. Sch stellen sich vor, allein an einem Ballon zu schweben, der plötzlich an Höhe verliert. Welche Rechte werden jeweils abgeworfen?

Hinweis: Informationen über Kinderrechte sind erhältlich bei UNICEF e.V., Höninger Weg 104, 50969 Köln; Anregungen für weitere Aktionen enthält das Buch von Hans M. Große-Oetringhaus: Kinder haben Rechte überall, Elefanten Press, Berlin 1993.

Vater unser im Himmel

Ausgehend von der Brotbitte gewinnen Sch ein vertieftes Verständnis für die Bedeutung einzelner Elemente des Gebetes.

- Sch sprechen gemeinsam das Gebet.
- Sch sammeln Anlässe, bei denen das Vaterunser gesprochen wird (Eucharistiefeier, Andacht, Rosenkranz etc.).
- Die englische Fassung wird gelesen, dann werden ungewohnte und unbekannte Wörter geklärt (u. a. die Rede von »heaven« – statt von »sky«).
- Anhand von **AB 5.4.17, Lehrerkommentar S. 149**, verschaffen sich Sch einen Einblick in die Fassung, wie sie bei Mt zu finden ist. Abweichungen werden markiert.
- Ebenso werden die Unterschiede in der Übersetzung Fridolin Stiers herausgearbeitet.
  - Was wird an dem uns wohlbekannten Gebet durch die anderen Fassungen in ein neues Licht gerückt?
- Sch suchen sich jeweils eine Passage aus und versuchen, dazu eine Erklärung für einen Menschen zu schreiben, der dieses Gebet noch nie gehört hat.
- In PA werden anschließend die Texte besprochen und dann in einem Bild weiterverarbeitet (z. B. durch die Farbwahl). Anschließend Präsentation in der Klasse.
- In GA gehen Sch einzelnen Schlüsselwörtern nach:
  - Sch sammeln Vorstellungen von Vaterbildern und denken darüber nach, wie sich die Beziehung zum Vater auf die Gottesbeziehung auswirken kann.
  - Sch sammeln Situationen, in denen sie sich »himmlisch« gefühlt haben (Orte, Zustände, Beziehungen).
  - »Wir vergeben«: Sch suchen Situationen von Kindern und Erwachsenen, in denen solche Erfahrungen gemacht werden können.
  - »Dein Wille – mein Wille«: Welche Erlebnisse verbinden Sch mit dieser Gegenüberstellung?
- L gibt Hintergrundinformationen zu den Besonderheiten des Vaterunsers.
- Sch überlegen sich Gesten und Köperhaltungen zu

Das »Haus der Rechte« ist in vielen Ländern der Erde noch im Rohbau.

Jedes Kind hat ein Recht auf...

den einzelnen Textabschnitten und führen diese im Stehkreis aus. Vgl. *Ideenseite* **55**!

- *Weiterführung*: L bringt das Vaterunser in verschiedenen Sprachen mit – je nach Nationalität und Sprachvermögen der Sch. Sch suchen sich eine Version aus und schreiben sie in Schönschrift auf ein vorbereitetes Stück weißen Stoff. Alle Stoffteile werden dann zusammengenäht zu einem Gebetsteppich.
  Weitere Übersetzungen in andere Sprachen findet man bei home.arcor.de/kigainfo/vaterunser.htm.
- *Alternative:* Internationales Vaterunser schreiben: Aus den verschiedenen Sprachen werden einzelne Bitten herausgenommen und zu einem mehrsprachigen Vaterunser zusammengestellt.

Geschwister als Kinder Gottes: Das Lied vom Teilen

Mit der Entschlüsselung der Bildworte entwickeln Sch eine Vorstellung von den Realisierungsmöglichkeiten des Reiches Gottes.

- Sch lernen das Lied **65**, das dann mehrfach gesungen wird.
- Erschließung der Strophen: L schreibt die zwei Zeilen der einzelnen Strophen auf je ein großes Blatt.
- GA: Ihr denkt in einem Schreibgespräch über eure Strophen nach. Was könnte damit gemeint sein? Wenn euch etwas in den Sinn kommt, dann schreibt es auf das Blatt. Ihr könnt später auch die Gedanken der anderen noch ergänzen.
- Nach der Schreibphase versuchen die Gruppen, ihr Ergebnis in einem Bild darzustellen (oder einem Personen-Standbild).
- Anschließend Einbindung: Rückblick auf *Themenseite* **52** »Geteiltes Leid ist halbes Leid, geteilte Freude ist doppelte Freude« und *Infoseite* **62** »Was ihr dem geringsten meiner Brüder getan habt, das habt ihr mir getan« (Mt 25,45): Welche Verbindung hat das Lied zu dieser Redensart?
- Abschließend wird eine weitere Strophe gesucht (z. B.: »Wenn ein Kind nicht mehr kann und um Hilfe ruft, und ein anderer ihm dann zur Seite steht ...«).

3. Weiterführende Anregungen

Wie leben sie in ...?

Die Aufgabe wird durch eine spielerische Zuweisung der einzelnen Sch zu Ländern, die sie dann vorstellen, durchgeführt.

- L zeichnet eine Weltkarte an die Tafel (oder projiziert sie an die Tafel).
- Aus fünf bis sieben Metern Entfernung wirft jeder Sch mit einem Kreidestück auf die Weltkarte. Das Land, das dem Aufschlagpunkt der Kreide am nächsten liegt, ist das Land, das der Sch später der Klasse vorstellt. Trifft ein Sch ein bereits »besetztes« Land, weist L das am nächsten liegende, noch nicht vergebene Land zu.

– Auch wenn Sch versuchen, ihre bevorzugten Länder zu treffen, wird durch die Abweichungen der gewünschten Flugbahn die Zufälligkeit unserer nationalen Zugehörigkeit deutlich.

- Jeder Sch erhält Informationsmaterial (oder beschafft es sich als Hausaufgabe) über das Leben in »seinem« Land, aus dem er eine kurze Vorstellung seines Landes für die Klasse zusammenstellt (z. B. Weltalmanach).
- Die Arbeitsergebnisse werden vor der Klasse vorgetragen oder als »Steckbriefe« ausgestellt.

Hinweis: Als Buch zu dieser Aufgabe eignet sich besonders Kindersley, B. u. A. in Zusammenarbeit mit UNICEF: Kinder aus aller Welt, Loewe-Verlag, Bindlach 1995.

Aktion für ein Hilfsprojekt

Als Unterrichtsprojekt kann eine Aktion zugunsten eines Hilfsprojektes durchgeführt werden:

– eine Informationsausstellung für Eltern oder Gemeinde;
– ein Bazar oder Flohmarkt;
– ein Solidaritätsmarsch: für jeden zurückgelegten Kilometer zahlen SpenderInnen (z. B. die Eltern) einen vereinbarten Betrag.

Eine Projektpartnerschaft z. B. mit einer Schule oder einem Kinderheim kann über Jahre hinweg solidarisches Bewusstsein wach halten. (ggf. fächerverbindend mit dem Englisch- oder Deutschunterricht). Projekte können – falls keine lokalen Kontakte z. B. durch einen Entwicklungshelfer aus der Gemeinde o. Ä. bestehen – durch die Hilfswerke vermittelt werden (Informationsmaterial; ReferentInnen aus dem betreffenden Land).

Das Vaterunser-Gebet

Wenn ihr betet, sollt ihr nicht plappern
wie die Heiden,
die meinen, sie werden nur erhört, wenn sie
viele Worte machen.
Macht es nicht wie sie; denn euer Vater weiß,
was ihr braucht, noch ehe ihr ihn bittet.

Unser Vater im Himmel,
dein Name werde geheiligt,
dein Reich komme,
dein Wille geschehe
wie im Himmel, so auf der Erde.
Gib uns heute das Brot, das wir brauchen.
Und erlass uns unsere Schulden, wie auch wir
sie unseren Schuldnern erlassen haben.
Und führe uns nicht in Versuchung,
sondern rette uns vor dem Bösen.

Einheitsübersetzung

Beim Beten aber mundwerkt nicht wie die aus
den Völkern. Sie meinen ja, durch ihren Wort-
schwall würden sie erhört.
Macht es also nicht gleich wie sie; denn euer
Vater weiß, was ihr braucht, eh ihr ihn bittet.
So aber sollt ihr beten:

Unser Vater, du in den Himmel!
Heilig sich weise dein Name.
Dein Königtum komme.
Dein Wille geschehe
wie im Himmel, so auf Erden.
Unser Brot für morgen gib uns heute.
Und laß uns nach unser Verschulden,
wie auch wir nachgelassen haben unseren
Schuldnern.
Und führe uns nicht in Versuchung,
sondern entreiße uns dem Bösen.

übersetzt von Fridolin Stier

Kroatisch

Oče naš, koji jesi na nebesima.
sveti se ime tvoje,
dođi kraljevstvo tvoje budi volja tvoja.
Kako na nebu, tako i na zemlji.
Kruh naš svagdašnji daj nam danas.
I otpusti nama duge naše
kako i mi otpuštamo dužnicima našim,
ne uvedi nas u napast
nego izbavi nas od zla.
Amen.

Türkisch

Ey göklerde olan Babamiz,
Ismin mukaddes olsun;
Melekûtun gelsin;
Gökte oldugu gibi yerde de senin iraden
olsun;
Gündelik ekmegimizi bize bugün ver;
Ve bize borçlu olanlara bagisladigimiz gibi,
bizim borçlarimizi bize bagisla;
Ve bizi igvaya götürme, fakat bizi serirden
kurtar;
Çünkü melekût ve kudret ve izzet ebedlere
kadar senindir.
Amin.

1. Hintergrund

Ein Hauptaugenmerk richtet das Kapitel darauf, vom äußeren und inneren Zwang vieler Menschen zu Aktivität und Unruhe hin zu einer Haltung der Ruhe und Konzentration zu finden. So wie ein kleines Kind geliebt und umsorgt wird, eben weil es ist, so sieht Jesus auch die Beziehung zu Gott: frei von Erfolgs- und Leistungsdruck. Dies gilt auch für das Beten: »Wenn ihr betet, sollt ihr nicht plappern wie die Heiden, die meinen, sie werden nur erhört, wenn sie viele Worte machen. Macht es nicht wie sie, denn euer Vater weiß, was ihr braucht, noch ehe ihr ihn darum bittet« (Mt 6,7).

Der religiöse Mensch weiß um seine Grenzen des Machbaren, er erfährt sich als bedürftig. Das Bittgebet, das auf dieser Seite thematisiert wird, ist wohl die einzige Gebetsform, die Jesus seine Jünger gelehrt hat. Es lehrt die Menschen, dass sie auf Gott angewiesen bleiben, dass sie gottbedürftig sind. Jesus fordert zum völligen Vertrauen auf Gott auf (»Bittet, dann wird euch gegeben«, Lk 11,9-10).

Die Akteure der Fabel »Schwierige Lage Gottes« von Wolfdietrich Schnurre wollen Gott für ihre eigenen Interessen einnehmen. Wie selbstverständlich soll Gott Partei für sie ergreifen, der »Blick über den Tellerrand hinaus« kommt ihnen gar nicht in den Sinn. Eine Auseinandersetzung mit der Fabel macht deutlich, dass diese Lage nicht für Gott »heikel« ist, sondern dass sich eine derart egoistische Frömmigkeit der Menschen nur als unsinnig und letztlich wirkungslos erweisen kann (Halbfas 393).

2. Einsatzmöglichkeiten im RU

Meine Bitten an Gott

Auch Elfjährige haben schon Notsituationen kennen gelernt, in denen sie sich Hilfe von Gott versprachen. Ihre Erfahrungen mit dem Bittgebet werden reflektiert.

- Sch lesen Lk 11,9-10. Dann schreiben sie Bitten auf, die sie selbst schon einmal an Gott gerichtet haben (z. B. »Bitte, lieber Gott, lass mich in der Matheprobe eine gute Note schreiben«) und lesen sie sich in GA vor.
  - Wie ist es mir damit gegangen? Habe ich Hilfe erhalten? Inwiefern?
- Sch lesen das Zitat von A. Schweitzer und sprechen darüber:
  - Inwiefern ändern sich Menschen, die beten? Kannst du den Ausspruch nachvollziehen?
- Sch überprüfen ihre Bitten und fragen sich: Was müsste sich in mir ändern, damit ich eine unangenehme/schlimme Situation anders sehen kann?
- Sch versuchen daraufhin, ihre Bitte umzuformulieren (z. B. »Bitte, Gott, lass mich nicht total mutlos werden, wenn ich die Matheprobe verpatze« oder »Bitte, Gott, gib mir den Mut, den Lehrer zu fragen, wenn ich etwas nicht verstanden habe«). Sie stellen ihre Neuformulierungen der Klasse vor.

Die »schwierige Lage Gottes«

Mit der Fabel entlarven Sch eine Gebetsauffassung, die Gott als Erfüller eigener Interessen missbraucht, als falsch.

- Die Fabel wird im Wechsel gelesen: Eine Sch-Gruppe liest den Text der Farmer, eine andere den der Heuschrecken, ein Sch übernimmt die Rolle des Erzählers. Die Gruppen tauschen anschließend ihre Rollen.
- Die Situation der Farmer und Heuschrecken wird nachgestellt. »Farmer« und »Heuschrecken« treten miteinander ins Gespräch. Dabei kann sich eine Auseinandersetzung zwischen beiden Parteien entzünden.
- Im UG werden Fragen aufgeworfen wie:
  - Wird Gott sich auf die Bitten einlassen? Wird er Partei ergreifen? Für wen?
  - Was ist unsinnig am Flehen der Farmer bzw. der Heuschrecken?
- Die Fabel wird mit den Worten bei Lk 11,9-10 und Mt 6,7-8 verglichen (s. Aufgabe **66**): Was würde Jesus den Farmern und den Heuschrecken sagen?

Unser Essen ...

Die Sätze der Sprechblase laden Sch ein, nach eigenen Einstellungen zu suchen und Gründe für den Dank an Gott zu finden.

- Sch lesen die Sprechblase. Dann besprechen sie die angegebenen Beispiele der angeblichen Selbsthilfe des Menschen. Bekommt jeder immer Geld vom Automaten? Warum manche nicht? Hilft jedes Medikament? ...
- Gibt es etwas, wofür du Gott besonders danken möchtest? Überlege, was du bist oder hast, ohne dass du es dir selbst erarbeitet hast. Schreibe ein Dankgebet.
- Klasse klebt diese in Form eines Kreuzes auf ein Plakat und hängt es neben das Kreuz im Klassenzimmer auf.

Literatur

Adam, Gottfried, Bergpredigt, in: R. Lachmann/G. Adam/C. Reents (Hg.), Elementare Bibeltexte. Exegetisch – systematisch – didaktisch, Göttingen 2001, 336-359

Albrecht, Wilhelm, Gebetserziehung, in: Gottfried Bitter/Gabriele Miller (Hg.), Handbuch religionspädagogischer Grundbegriffe Bd. I, München 1986

Bitter, Gottfried, Art. »glauben/vertrauen«, in: ders./Gabriele Miller (Hg.), Handbuch religionspädagogischer Grundbegriffe Bd. I, München 1986

Dieter, Heribert, Chancen und Risiken für Entwicklungsländer, in: Informationen zur politischen Bildung Nr. 280/2003, 34-38

Geißler, Karlheinz A., Zeit leben. Vom Hasten und Rasten, Arbeiten und Lernen, Leben und Sterben, Weinheim/Basel ^{6}1997

Hilger, Georg, Langsamer ist mehr! Vorschläge für eine produktive Verlangsamung des Religionsunterrichtes, in: Friedrich Schweitzer/Gabriele Faust-Siehl (Hg.), Religion in der Grundschule. Religiöse und moralische Erziehung, Frankfurt/M. 1994

Maschwitz, Gerda und Rüdiger, Stille-Übungen mit Kindern, München ^{3}1998

diess., Gemeinsam Stille entdecken. Wege zur Achtsamkeit – Rituale und Übungen, München ^{2}2004

Oberthür, Rainer, Kinder und die großen Fragen. Ein Praxisbuch für den Religionsunterricht, München ^{2}1997

Wagemann, Gertrud, Feste der Religionen – Begegnung der Kulturen, München 2002

Mit Abraham und Sara auf dem Weg

5

Das Thema im Schulbuch

Innerhalb der Geschichte Israels bilden die Erzählungen von Abraham neben den mythischen Erzählungen die Wurzeln der Beziehung Gottes zu seinem Volk. Dort lässt sich der Beginn der Glaubensgeschichte der jüdischen Religion festmachen.

Erkenntnisse über die Intentionen der unterschiedlichen Bearbeitungsschichten der Abrahamsüberlieferung machen deutlich, dass die biblischen Erzähler in erster Linie nicht einfach über Vergangenes berichten wollten, sondern Abraham in seiner Bedeutung für ihre Zeit gedeutet haben. So stehen auch Religionslehrkräfte in dieser Erzähltradition, wenn sie den Sch die abrahamitischen Glaubenserfahrungen (wie »Vertrauen zu einem Gott, der mitgeht« und »Mut zum Aufbruch im Vertrauen auf diesen Gott«) weitergeben bzw. mit ihnen diese elementaren Glaubenserfahrungen entdecken. Dazu gehört auch, den Blick auf Sara als »Mutter des Glaubens« zu richten.

Die *Titelseite* **67** zeigt eine Mosaiklünette aus dem 6. Jahrhundert in San Vitale/Ravenna. Indem Sch den Bildzusammenhang des Mosaiks entschlüsseln, wird Interesse für die Abrahamserzählungen geweckt.

Auf der *Themenseite* **68-69** wird der Weg Abrahams mit Lebenswirklichkeiten der Sch verknüpft. Vergleichbares, aber auch Unterscheidendes kann entdeckt werden.

Die *Ideenseite* **70-71** birgt Impulse, die Abrahamserzählungen kennen zu lernen und mit dem eigenen Leben in Zusammenhang zu bringen.

Deuteseite I **72-73** konzentriert sich auf Gen 12,1-2 »Abraham, zieh weg aus deinem Land ... in das Land, das ich dir zeigen werde ...«. Sch denken sich in diese Situation hinein, entdecken den Anspruch und die Größe der Verheißung und den Glauben Abrahams an Gott, der mit ihm ist.

Deuteseite II **74-75** thematisiert Vertrauen, Mut und Aufbrüche, wie sie heute erfahren werden können, und verknüpft diese über den Psalm 23 mit Bildern eines Gottes, der uns begleitet.

Deuteseite III **76-77** hat die Gastfreundschaft zum Inhalt, die Abraham als Nomade gelebt hat. Es werden dabei auch der Wert und die Bedeutung gastfreundlichen Handelns für die Gegenwart deutlich.

Deuteseite IV **82-83** regt zur Auseinandersetzung mit den Verheißungen Gottes an und führt den theologisch zentralen Begriff des Bundes ein. Einen weiteren inhaltlichen Aspekt bildet eine kurze Erklärung der »abrahamitischen Ökumene« zwischen Juden, Christen und Moslems.

Infoseite I **78-79** lenkt den Blick auf Sara, indem ein Bewusstsein für die Lebenssituation von Frauen geweckt wird.

Die *Infoseite II* **89-81** vermittelt einen Einblick in das Leben von Nomaden und weist im Sinne einer abrahamitischen Ökumene auf gemeinsame religiöse Wurzeln von Juden, Christen und Muslimen hin.

Die *Stellungnahmen* **84** regen zur Auseinandersetzung an: Wollen/können wir »abrahamitische« Menschen sein? Wo und wie kann dies geschehen?

Verknüpfungen mit anderen Themen im Schulbuch

Kap. 1 Miteinander leben: Die Bedeutung der Gemeinschaft, des Elternhauses, der Schule wird im ersten Kapitel bereits herausgearbeitet. Wenn es bei Abraham darum geht, dass eben dieser vertraute Bereich verlassen werden soll, kann das Element des ersten Kapitels weiterführen (z. B. »Mein Zimmer«, Schulbuch **15**).

Kap. 2 Kirche leben: Das Mosaik der *Titelseite* **67** fasziniert auch durch die Kunstfertigkeit, die bereits im 6. Jahrhundert so schöne Darstellungen ermöglichte. Das Kirchenkapitel verweist in Verbindung mit dem *Projekt* **101-103** auf die Erkundung künstlerischer Darstellungen in der Region.

Das Zeltmotiv, das für die Lebensweise Abrahams und seiner Sippe steht und besonders auch die Vorstellung vom Gott der Väter und Mütter, der »unter uns zeltet«, beinhaltet, findet sich auf der *Titelseite* des zweiten Kapitels **21** in der Zeltform der Kirche St. Hildegard/München, ein Bild für den mitgehenden Gott.

Kap. 3: Ein Buch wie kein anderes: die Bibel: Der Einblick in die biblische Erzähltradition kann helfen, die Väter- und Müttergeschichten einzuordnen. Grundlegendes Wissen über den Aufbau der Bibel und Fertigkeiten, etwa im Auffinden von Bibelstellen, erweisen sich als Voraussetzungen und Vertiefungen in der Arbeit mit den Abrahams- und Sara-Erzählungen.

Im Sinne des fächerübergreifenden Lernens bietet das Kapitel Impulse zur Menschenrechtserziehung und zum gewaltfreien Zusammenleben, wenn auf den Stellenwert von Friedensstiftung und Gastfreundschaft aufmerksam gemacht wird.

Kap. 4 Zum Beten kommen: Das Bild der »Liegenden« und die Gegenüberstellung der überschaubaren Welt Abrahams mit der heutigen Welt **68-69** stellt auch die Frage: Wie kann heute die Stimme Gottes wahrgenommen werden?
Kap. 6 Neugierig auf Fremde(s): Die Einfühlung in die Situation Saras und Abrahams, die Land, Verwandtschaft und Elternhaus verlassen haben, lässt sich auch auf die Situation von Flüchtlingen, die u. a. auch in Deutschland um Asyl bitten, übertragen. Abrahams Gastfreundschaft kann zum Modell werden. Ebenso bietet sich die Gelegenheit, im Sinne der abrahamitischen Ökumene anhand des Fastens auf verbindende Gemeinsamkeiten aufmerksam zu werden **94-95**.

Verbindungen mit anderen Fächern

Evangelische Religionslehre: Da beim Thema Abraham keine konfessionsspezifischen Unterschiede zu erwarten sind, ergibt sich eine Vielzahl von Anknüpfungspunkten zu gemeinsamen oder aufeinander abgestimmten Unterrichtseinheiten.
Ethik: Als Gemeinsamkeit der drei großen Offenbarungsreligionen bietet die Abrahamsüberlieferung die Chance, Unwissenheit und Vorurteile gegenüber Islam und Judentum abzubauen und im gemeinsamen Tun die Klassengemeinschaft zu stärken.
Kunsterziehung: Die intensive Auseinandersetzung mit den Bildern zu Abraham legt die Zusammenarbeit mit Kunsterziehung nahe.

Mit Abraham auf dem Weg — Titelseite (67)

1. Hintergrund

Im Altarraum von San Vitale in Ravenna befindet sich die Mosaiklünette aus dem 6. Jahrhundert (Lünette = kleiner Mond, halbkreisförmiges Wandfeld; ca. 500 x 250 cm) mit den Szenen »Bewirtung der drei Männer« und »Opferung Isaaks«. Das Bild ist Teil der **Gesamtkomposition**, die eine Opfertheologie entwirft. Die atl. Opferungsgeschichten von Abel, Abraham und Melchisedek werden im Opfer des Kreuzestodes Christi vereint und vollendet: Der Altarraum wird mit der Darstellung des »Lamm Gottes« im Schnittpunkt des Kreuzgewölbebogens gekrönt.
Das Mosaik ist wegen seiner lebendigen naturalistischen Darstellung der eher hellenistisch-römischen Schule (»antikem Naturalismus«) zuzurechnen und entstand vermutlich zwischen 545 und 546 (Paolucci, 20).
Die **linke Szene** zeigt die Bewirtung der drei Engel durch Abraham. Sara steht in der Tür des Hauses (nur das Dach kann an ein Zelt erinnern) und beobachtet aus der Distanz die Gäste. Ihre rechte Hand berührt ihr Gesicht, während die Linke in Richtung des linken Bildrandes weist. Ihre Haltung bedeutet nach der antiken Körpersprache Nachdenklichkeit und Zweifel. Ihre Schultern sind von den drei Gestalten abgewandt. Im kurzen Gewand des Dieners dargestellt, reicht Abraham den Gästen mit ausgestreckten Armen – abweichend von Gen 18,7 – ein Rind (nicht ein Kalb; es sind deutlich die Hörner erkennbar).

Gegenüber liegende Wand des Abraham-Mosaiks: Abel und Melchisedek. Im Kreuzgewölbe ist das Lamm erkennbar.

Den optischen **Mittelpunkt** der Lünette bildet der Tisch unter einer Eiche mit Abrahams Gästen. Die drei Männer selbst scheinen identisch zu sein: Abgesehen von der unterschiedlichen Körperhaltung haben sie die gleichen Gesichtszüge, die gleiche Kleidung und den gleichen Heiligenschein (Nimbus). Die linke Figur weist auf die beiden anderen hin, die etwas Wichtiges mitteilen wollen (Hände im »Sprechgestus«).

Besonders auffallend ist die Darstellung der Füße der drei Männer: Die vier mittleren Füße sind ungewöhnlich gestaltet. Sie sind unter der hinteren Trittleiste des Tisches durchgeführt und ruhen auf der vorderen Trittleiste. Obwohl Perspektive in der Kunst damals noch keine Rolle spielte (die Linearperspektive ist eine Erfindung des 15. Jh.), kann nach dem Grund der Darstellungsweise gefragt werden:
Spiegeln sich darin die Sprünge im Text von Gen 18,1-17 wider? Mehrfach wechselt/wechseln der/die Ansprechpartner Abrahams: Einmal sind es drei Männer, einmal wird von Gott im Singular gesprochen, die/den Abraham bewirtet. Das könnte dann auch der Grund für die Darstellung der Füße sein: Von den sechs Füßen bleiben nur zwei stimmige übrig. Das Mosaik zum AT würde dann die christliche Lehre vom »dreieinen Gott« verdeutlichen, die damals in der jungen Kirche intensiv verhandelt und gegen andere Vorstellungsmodelle abgegrenzt wurde.
Die Szene in der **rechten Hälfte** der Lünette beschreibt die Opferung Isaaks in ihrem dramatischsten Moment. Abraham schaut hoch zu den Wolken, von wo aus er Gott hört, der zu ihm spricht. Gottes Hand ist in den Wolken im Sprechgestus zu erkennen. Abraham erhebt seinen rechten Arm mit einem Schwert in der Hand zum tödlichen Streich. Seinem Sohn Isaak, dem er die linke Hand mehr segnend als festhaltend auf den Kopf legt, scheinen – entsprechend dem biblischen Text – die Hände auf den Rücken gebunden zu sein. Eine Gegenwehr Isaaks ist nicht erkennbar.
Der Widder erinnert an das Lamm, das als Lamm Gottes das Kreuzgewölbe des Presbyteriums in San Vitale abschließt. Dieser Widder hat sich nicht mit den Hörnern im Gestrüpp verfangen, sondern wartet bereitwillig auf die ihm zugedachte Rolle. Auch dies kann im Sinne der Gesamtkonzeption ausgelegt werden. Christus ist das Opferlamm, das sich stellvertretend für die Menschen freiwillig opfern lässt.

Sara, »Mutter des Glaubens«
In den patriarchalisch geprägten Gesellschaftsordnungen der jüdischen und christlichen Geschichte sind die Rollen der Frauen (nicht nur) in den Vätererzählungen vernachlässigt worden.
Sara macht genauso wie ihr Mann entscheidende Erfahrungen mit ihrem Gott. Abraham ist ohne Sara nicht denkbar (und umgekehrt).
Beide stellen nachvollziehbare Glaubenserfahrungen vor, beide sind Identifikationsfiguren auch heute. So müsste eigentlich nicht nur von Abraham als »Vater«, sondern im selben Atemzug auch von Sara als »Mutter des Glaubens«, nicht nur vom »Gott der Väter«, sondern auch vom »Gott der Mütter«, nicht nur von den »Vätergeschichten«, sondern auch von den »Müttergeschichten« die Rede sein.
Das Anliegen ist für Sch der fünften Jahrgangsstufe von Bedeutung. Sie nehmen die eigene Rolle als Mädchen oder Junge nun bewusster wahr. Es dürfte daher wichtig sein, auch am Beispiel »Abraham« patriarchalische Engführungen in Glaubensüberlieferungen aufzuzeigen und die Gleichwertigkeit von Männern und Frauen vor Gott bewusst zu machen, wie sie z. B. im Erzählkranz um Sara und Hagar (Gen 16,21) aufleuchtet (vgl. Neubrand).

2. Einsatzmöglichkeiten im RU

Das Mosaik entschlüsseln
Das Mosaik lädt zu einer ersten Begegnung mit den Abrahamserzählungen ein und weckt das Interesse für die Dramatik der Geschichte. Ohne die einzelnen Szenen zu problematisieren, nehmen Sch das Mosaik wie ein Rätsel wahr, das sie entschlüsseln können.

- L zeigt Folie **AB 5.5.1a, Lehrerkommentar S. 157**. Sch bekommen einen Eindruck von der Schönheit des alten Kirchenbaus. Sie suchen im Bild die Form der Lünette. (Erkennbar ist die gegenüber liegende Wand des Abrahammosaiks, die die gleiche Form hat.)
- Sch sehen auf Folie **AB 5.5.1.b, Lehrerkommentar S. 157**, die Lage des Mosaiks. Sch beschreiben nun die Bildelemente im Buch: Was sehen wir?
- Die von den Sch beschriebenen Szenen werden nachgestellt. Es werden Fragen gesammelt, z. B.: Was könnte die Handhaltung von Sara bedeuten? Was geht im Kopf des Jungen vor, der getötet werden soll? Was bedeutet die Handhaltung des Armes, der aus dem Himmel ragt? Wie ist die Fußstellung der Gäste zu verstehen? – Bei der Nachstellung des dienenden Abrahams (stärkster Sch hält so seine Schultasche) wird nach dem Sinn dieser Haltung gefragt.
- TA der Eindrücke und Fragen (z. B. »Isaak hat Angst«).

Bildelemente beschreiben und deuten
Aus der sorgfältigen Wahrnehmung von Einzelelementen werden erste Deutungen entwickelt:

- Sch notieren auf **AB 5.5.2, Lehrerkommentar S. 159**, unter 1. in Stichworten, was sie auf dem Bildausschnitt erkennen können.
- Unter 2. werden die Deutungen der Sch eingetragen. Im UG werden Gemeinsamkeiten und Unterschiede herausgearbeitet.
- Unter 3. werden Überschriften eingetragen.

Alternative: Die Bildausschnitte werden vergrößert. Je eine Gruppe erhält einen Bildausschnitt, der in GA besprochen wird. Anschließend stellen sich die Gruppen ihre Bildausschnitte gegenseitig vor.

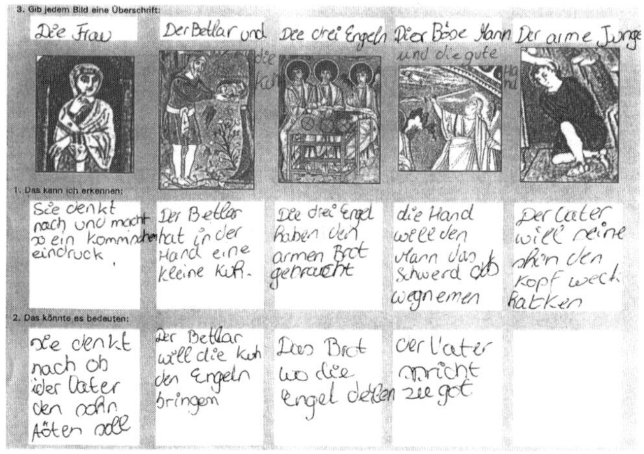

Abraham, zieh weg — Themenseite (68) (69)

1. Hintergrund

Auf der linken Bildhälfte **68** ist die **Landkarte** in perspektivischer Sicht zu erkennen, auf der Abrahams Wegstrecke von Ur über Haran durch Palästina nach Ägypten und von dort zurück nach Palästina eingezeichnet ist. Dabei geht es weniger um die geografische Rekonstruktion des Weges als um den Lebens- und Glaubensweg von Abraham und Sara, ihren Weg im Vertrauen auf Gott, aber auch mit Zweifeln, ihren Mut zum Aufbruch, ihre Gemeinschaft in der Sippe, ihre Gastfreundschaft.

Im Zentrum der Doppelseite ist die **Skulptur »Der Hörende«** von Toni Zenz abgebildet, die hier – durch den Kontext vordergründig betrachtet – die Worte aus dem ersten Vers der Abrahamserzählungen aufmerksam hört, die in den Himmel geschrieben sind: »Abraham, zieh weg ... in das Land, das ich dir zeigen werde«. Die Skulptur verdeutlicht eine Fähigkeit, die den Menschen heute immer schwerer fällt: die innere Aufmerksamkeit für das, was Sinn und Ziel des eigenen Lebens vermitteln könnte. In der Reizüberflutung der von Medien geprägten Gegenwart sind die Notwendigkeit und das Bedürfnis nach Ruhe als Voraussetzung für das Hören-Können deutlich erkennbar; die Fähigkeit dazu will aber erlernt und eingeübt sein (vgl. dazu Kap. 4: Zum Beten kommen).

In der rechten Bildhälfte **69** gehen **Szenen aus der heutigen Welt** nahtlos in Abrahams Landschaft über: Elemente »abrahamitischer« Erfahrungen werden für die heutige Lebenswelt angeboten, vgl. die beiden Bilder in den oberen Ecken.

Durch die Kinderhand, die den Finger der Erwachsenen festhält, wird auf Vertrauen hingewiesen, das Voraussetzung für glückendes Leben ist. Obwohl die Hand der Erwachsenen bereit ist, jederzeit zuzugreifen, ist es die kleine Hand, die festhält, aber auch frei ist, jederzeit loszulassen. Dieses Bild kann für den Konflikt zwischen Schutzbedürftigkeit und Loslösung stehen, der sich in Kindheit und Pubertät zwischen Eltern und ihren Kindern abspielt. Gleichzeitig ist es ein Bild für das Verhältnis des Menschen zu seinem Gott, der ihm Halt gibt, aber auch niemanden dazu zwingt, bei ihm zu bleiben.

Die Zeltlagerszene verdeutlicht Gemeinschaft, wie sie von den Sch besonders intensiv erlebt wird. In der Tischszene kann zudem die Gastfreundschaft wieder entdeckt werden, die im Leben Abrahams eine wichtige Rolle spielt.

Die Demonstrationsszene bleibt für Themen offen. Doch unabhängig von dem konkreten Anliegen ist erkennbar: Hier brechen Menschen auf und versuchen etwas zu ändern. Auch in anderen Elementen des Bildes lassen sich die vielen kleinen Aufbruchsituationen erkennen. Was ist zu tun mit der zunehmenden Umweltverschmutzung (s. Müll, Verkehr, Kraftwerk)? Wie entkommen wir dem monotonen »Getriebe« des Alltags (Zahnräder)?

Im Kontrast dazu stehen positive Elemente, die den Reiz und die Schönheit des Lebens darstellen (Zeltlager, Natur, schöne Wohnsituation).

Der Gott Abrahams

In der Sicht der Bibel ist Abrahams Lebensweg begleitet von dessen Gott. Ganz unmittelbar und selbstverständlich – ohne ein kompliziertes kultisches Vermittlungsverfahren – ist Gott mit der Sippe, verheißt und garantiert eine große Zukunft in der Unsicherheit des Nomadenlebens, gibt die Sicherheit für die Aufbrüche, die das Leben Abrahams bestimmen.

Zwar sehen Abraham und Sara mehrfach dieses Versprechen gefährdet und zweifeln an den Zusagen Gottes, doch entdecken sie immer wieder den treuen Gott, der zum gegebenen Wort steht.

Aber die Frage, ob Gott wirklich da ist und ob er überhaupt existiert, kennen Abraham und seine Sippe nicht.
So ist Abrahams Vertrauen auf seinen Gott der sichere Pol im bewegten Leben der Nomaden.
Religionsgeschichtlich ist in den Vätergeschichten der Übergang von der Monolatrie (unser Gott ist der einzige der Sippe und erweist sich stärker bzw. schwächer gegenüber den Göttern anderer Sippen oder Völker) zum Monotheismus (der einzige Gott über allen Völkern der Erde) erkennbar.

2. Einsatzmöglichkeiten im RU

Eine Geschichte erzählen oder spielen IDEENSEITE 70

Um die Abrahamserzählungen kennen zu lernen, werden einzelne Abschnitte in GA erarbeitet und dann gegenseitig vorgestellt.

- L wählt geeignete Texte aus, z. B. »Gott verspricht Abraham ein neues Land« (Gen 12,1-9); »Abraham und Lot« (Gen 13,1-13); »Gott verspricht Abraham einen Sohn« (Gen 18,1-16a); »Abraham soll Isaak opfern« (Gen 22,1-19).
- Entsprechend der Anzahl der vorzustellenden Geschichten werden Gruppen gebildet. Jede/r Sch der Gruppe erhält den entsprechenden Text (Bibeltexte ohne Überschrift!).
- Sch jeder Gruppe lesen den Text gemeinsam und teilen ihn in Sinnabschnitte ein. Gemeinsam wird die Vorstellung des Stückes geplant, werden Aufgaben verteilt und Rollen geprobt.
- Jede Gruppe präsentiert im Halbkreis vor der Tafel den eigenen Abschnitt. Die von den Gruppen selbst gewählten Überschriften werden an der Tafel festgehalten und bilden die Grundlage eines möglichen Hefteintrages.

Aufbruchgeschichten

- Sch erfinden einen Text, in dem sich die eigenen Vorstellungen mit der Abrahamserzählung mischen.
- Mit den auf der linken Seite vorgegebenen Begriffen (Vertrauen, Aufbruch, Zweifel, Gemeinschaft, Gastfreundschaft) schreiben Sch in EA eine Kurzgeschichte.

Das Land kennen lernen

Ziel dieser Aufgabe ist die Vermittlung von Eindrücken aus Abrahams Heimat und die Einordnung von Abrahams Lebensraum in das geografische Weltbild der Sch. Im Schulatlas finden Sch die Landschaft, die auf der linken Seite **68** perspektivisch dargestellt ist. Anhaltspunkte sind dabei der Jordan, das Tote Meer und der See Gennesaret.

- Sch identifizieren anhand der geologischen Karte Mittelmeer, Rotes Meer, Euphrat und Tigris.
- L zeigt Bilder vom Nomadenleben heute.

Hinweis: Siehe dazu auch den Abschnitt »Nomaden« auf der *Infoseite* 81.
Jörg Zink, Marianne Timm (Hg.), Bildwerk zur Bibel in Diapositiven. 1000 Diapositive aus der Alten Kunst, Offenbach. Spezialkatalog beim Verlag Burckhardthaus-Laetare, Schumannstr. 161, 63069 Offenbach, Tel. 069/84 00 03-22 anfordern.
»Das Judentum«. Text und Folien zu beziehen bei den Religionspädagogischen Seminaren der Diözesen.

Aktualität der Abrahamserzählungen

Sch untersuchen mögliche Gründe für die Gestaltung der Doppelseite.

- Im UG werden erste allgemeine Eindrücke gesammelt (z. B. »Das hat auch was mit uns zu tun.« »Manches ist heute noch so wie bei Abraham.« oder auch »Heute ist ja alles ganz anders.«).
- Sch versuchen im UG, die einzelnen Elemente zu deuten.
- L protokolliert die Ergebnisse an der Tafel. Gemeinsam wird für einen HE eine Zusammenfassung erarbeitet.

Alternative:
Aus einer vergrößerten Kopie der rechten Seite werden einzelne Elemente ausgeschnitten und auf ein leeres DIN-A3-Blatt geklebt.

- Jede Gruppe erhält eines der Blätter und bespricht das jeweilige Element.
- Die Ideen, auf welche Weise diese Elemente mit den Begriffen auf der linken Seite zusammenhängen, werden auf dem Blatt notiert.
- Die Plakate werden aufgehängt. Im Plenum werden die Ergebnisse vorgestellt.

Hörübungen

Abraham, der die Stimme Gottes vernimmt, ist in seiner Hörfähigkeit modellhaft. Hier bietet es sich an, mit den Hörübungen des 3. Kapitels, **Lehrerkommentar S. 114 ff.** zu beginnen.

3. Weiterführende Anregung

Diashow IDEENSEITE 70

Diese Aufgabe wird durch eine von den Sch hergestellte »Diashow« ergänzt.

- Sch erhalten Diarahmen mit eingerußten bzw. mit Tusche geschwärzten Gläsern.
- Sch einer Gruppe teilen die Geschichte in Sinnabschnitte (entsprechend der Zahl der Gruppenmitglieder) auf.

Die Mosaiklünette in der Kirche von Ravenna

a

b

- Jede/r Sch kratzt ein Bild zu einem Abschnitt in den Ruß des Diaglases und schreibt einen erzählenden Text, mit dem er/sie dann das Bild vorstellt.

Hinweise zum Dia-Malen:
Das Glas im Diarahmen wird mit der Innenseite in das obere Drittel einer Kerzenflamme gehalten. Der Ruß wird durch leichte Bewegungen des Glases verteilt. Nach spätestens vier Sekunden muss der Diarahmen wieder von der Flamme genommen werden, da sonst die Kunststoffhalterungen wegschmelzen und das Glas aus der Verankerung fällt. Ist das Glas abgekühlt, wird der Vorgang wiederholt. Nach drei bis vier Durchgängen ist eine ausreichende Schwärzung erreicht.
Als Kratzwerkzeug eignen sich Schaschlikspieße und für feinere Linien die Zirkelspitze.
Weniger attraktiv, aber unempfindlicher werden die Dias, wenn man sie statt mit Ruß mit einem breiten schwarzen Filzstift oder mit Edding-Tusche einfärbt.

- *Alternative:* Statt geschwärzter Diagläser werden die Bilder mit Filzstift auf kleine Backpapierblätter im Diaformat gezeichnet. Diese werden dann in die Diarahmen eingespannt und lassen sich genauso mit dem Projektor betrachten. Die Vergrößerung durch die Projektion ist der besondere Reiz.

Ideenseite (70) (71)

Die Aufgaben der *Ideenseite* werden im Kontext der dazugehörigen Inhalte besprochen:
Eine Geschichte erzählen – oder spielen: S. 156
Diashow: S. 156
Trau dich!: S. 166
Würdest du gehen?: S. 162

»Abraham, zieh weg ... in das Land, das ich dir zeigen werde« Deuteseite I (72) (73)

1. Hintergrund

Die Verheißungen von Nachkommen, neuem Land und segensreichem Wirken bilden die eigentliche theologische Aussage der Vätererzählungen. Die Väterzeit ist »Verheißungszeit« (Zimmerli, 21f.).

Verheißung in den Vätererzählungen
Verheißungen sind Zusagen, die das »Mitsein« Gottes verdeutlichen. Sie kündigen unmittelbare Hilfe in Notsituationen an, z. B. die Verheißung des Sohnes an Abraham trotz seines und Saras hohen Alters, und versprechen über die nahe Zukunft hinaus ferne Ziele wie zahlreiche Nachkommen und Landbesitz.

Die Heilszusagen an Abraham wurden mit den Berichten vom Exodus verknüpft, der den konkreten Beginn Israels als Volk beschreibt. Der Jahwe des Exodus ist identisch mit dem Gott der Väter.
Im Exodusgeschehen und im weiteren Verlauf der Geschichte Israels finden sich die Heilszusagen durch Landnahme und Volkwerdung bestätigt. Besonders in Zeiten der Not erinnert man sich in Israel an die Väter, weil auch sie trotz scheinbar aussichtsloser Situationen immer wieder neu die Treue Gottes erlebt haben.
Israel als auserwähltes Volk Jahwes wird durch die Vätergeschichten legitimiert. Die Verheißungen der Vätergeschichten bilden somit eine Art Ätiologie Israels (Zimmerli 22): Der Ursprung des Volkes wird

3. Gib jedem Bild eine Überschrift:

1. Das kann ich erkennen:

2. Das könnte es bedeuten:

mittels »Familiengeschichten« erzählt. Israels Existenz als Land und als Volk ist die Erfüllung der an Abraham ergangenen Verheißung.
Darüber hinaus bedeutet die Verheißung des Segens für Abraham, seine Nachkommen und alle Völker, dass die Verheißung nicht mit der Entstehung von Land und Volk Israels abgeschlossen ist. Die Zusage Jahwes, des Gottes, der da ist, der mit den Menschen ist, bleibt immer bestehen, für Israel und darüber hinaus für die ganze Welt.
In den Vätergeschichten kommen diese Zusagen ohne Einbindung in einen festen Kult aus. Gott gehört ganz unmittelbar zum Lebensvollzug der Familien-Sippe.
Die Verheißungen beinhalten in den Vätergeschichten auch noch keine negativen Elemente. Sie sind Heilszusagen, die dem ungesicherten Leben der Nomaden Zukunft eröffnen. Die später durch Propheten übermittelten Strafandrohungen haben ihren Ort erst im Israel, das – nachdem es das verheißene Land in Besitz genommen hat und im Vergleich zur Zeit der Väter in gesicherten Verhältnissen lebt – sich immer wieder vom Gott seiner Väter abwendet (Maiberger).

Die *Deuteseite* versucht, die wenigen Sätze der Aufforderung und Verheißung ihrer Bedeutung gemäß darzustellen, zu strukturieren und erste Ansatzpunkte zur Identifikation mit der Situation Abrahams und Saras zu bieten. Die zwischen den Bibeltext gestreuten Texte können sowohl auf Abrahams Situation wie auch auf heutige Erfahrungen bezogen werden:
Auf der linken Seite wird die Forderung, alles zu verlassen und loszulassen, entfaltet. Den Sch wird bewusst, was alles zu »Heimat« gehört, wie wichtig ihnen diese ist. So erahnen sie das Wagnis in Abrahams Aufbruch. Die rechte Seite beschreibt die Verheißung, die an Abraham und seine Nachkommen ergeht. Gottes Segen gilt für alle Völker, denen Abraham zum Segen werden soll (Gen 12,3b). Hier ist die Vorstellungskraft der Sch gefragt: Wie sollte es sein, wenn es wirklich gut ist?
Diese Utopiefähigkeit ist eine der Voraussetzungen für ein engagiertes Leben, in dem die kleinen Schritte gewagt werden.

Bild aus der Wiener Genesis
Die nach dem Aufbewahrungsort (Österreichische Staatsbibliothek in Wien) benannte byzantinische Genesishandschrift stammt aus einem Schauband des 6. Jh. n.Chr. Er zeigt vor allem die gemalten Miniaturen, die lediglich durch Erklärungen zu den Bildern ergänzt werden. Das Buch war wohl nicht für den liturgischen Gebrauch bestimmt und diente vermutlich als Kunst- und Prestigeobjekt einer reichen Familie, vielleicht auch als Anschauungsmaterial zur Unterrichtung der Kinder.
Solche wertvollen Stücke waren in der Kirche nicht unumstritten. Hieronymus kritisiert diese Schaubücher mit den Worten: »Mit Purpur färbt man Pergamente, das Gold schmilzt in den Buchstaben, mit Perlen bekleiden sie ihre Bücher – und draußen vor ihren Türen stirbt nackt und bloß ihr Bruder in Christo« (Schulbibel 1979, 33).
Die Miniaturen der Wiener Genesis bilden den frühesten Zyklus biblischer Bilder, deren Bilderzählkunst sich nicht nur in den einzelnen dargestellten Szenen zeigt, sondern gerade auch in der Zusammenstellung dieser Szenen auf den jeweiligen Blättern (Lange 45-54).

Die **linke Bildhälfte** zeigt Abraham, der auf einem kostbar gearbeiteten Bett ruht. Prunkvolle Säulen und wertvolle Tücher unterstreichen die erhabene Bedeutung Abrahams als gut betuchter Sippenchef.
Die Hand Gottes greift aus dem durch ein blaues Tuch dargestellten Himmel, streckt sich in Richtung des liegenden Abraham, der noch in die andere Richtung blickt. Der Predigtgestus der Hand verdeutlicht: Gott spricht Abraham an. Der schaut in die andere Richtung, scheint nachzudenken.
Ein relativ bekannter Ausschnitt dieser Darstellung (**rechte Bildhälfte**; vgl. Schulbibel) ist der aufbrechende Abraham, der seinen Blick auf den Sternenhimmel richtet, aus dem ihm Gottes Hand den Weg weist und ihn segnet. Man erkennt den Segensgestus, der heute noch in der orthodoxen Liturgie praktiziert wird. Abraham steht mit verhüllten Händen, bereit zu empfangen. Der Teil des Bildes, in den er gehen wird, ist leer. Für ihn ist es der Weg ins Ungewisse, er vertraut völlig auf den Gott, der mit ihm ist und ihm diese Richtung weist.
Die beiden Bildhälften werden getrennt durch eine **offen stehende Tür**, die die Grenze zwischen dem Leben Abrahams in seiner Heimat und seinem Aufbruch markiert. Die Tür ist offen. Sie ermöglicht die freie Entscheidung Abrahams. Er kann gehen, er kann aber auch zurückgehen. Der Schatten an der Türinnenseite lässt erkennen, dass es draußen – trotz der Nacht – heller ist als im Raum. Die Gottesnähe, in die sich Abraham mit seinem Aufbruch begibt, könnte als das »Licht in der Nacht« gedeutet werden.

2. Einsatzmöglichkeiten im RU

Lesen mit verteilten Rollen
Das Lesen der Texte mit verteilten Rollen ermöglicht einen Eindruck und eigene Deutungen der Sch.

Was beschäftigt Abraham?

- Sechs Gruppen ergänzen je einen Zwischentext und schreiben ihn um: »Findet noch andere Dinge, die auch dazugehören.«
- Alle Gruppen überlegen sich, was der abschließende Satz bedeutet: »Ein Segen sollst du sein«.
- Die Ergebnisse werden auswendig vorgetragen: Sch sprechen die Überschriften gemeinsam. Die Zwischentexte und die eigenen Ergänzungen werden von der Gruppe, die den Text bearbeitet hat, reihum gelesen. Die Gedanken zum letzten Satz werden von allen Gruppen vorgetragen. Vor jeder Gruppe wird der Satz »Ein Segen sollst du sein« wiederholt.

»Würdest du gehen?« **IDEENSEITE (21)**

Über die Auseinandersetzung mit der Anzeige entdecken Sch, wie schwer wiegend und Leben verändernd Aufbrüche wie der von Abraham sein können.

- Kann man diesem Angebot trauen? An dieser Frage wird im UG oder in PA/GA weitergearbeitet:
- – Unter welchen Umständen wäre ich bereit, bei dem Experiment mitzumachen? Reicht es, wenn meine Eltern nachfragen können, vielleicht einen Vertrag erhalten oder sogar die Leute, die das organisieren, gut kennen?
- – Reicht es, wenn die Freunde/Lehrer mitkämen? Würde ich gehen, wenn meine ganze Familie mitkäme? Wo verläuft die Grenze zwischen Mut und Leichtsinn?
- – Wenn man diesem Angebot trauen kann: Wäre ich bereit meine Freunde, meine Familie, meine Heimat für fünf Jahre zu verlassen? Trotz aller verheißungsvollen Aussichten – falls sie sich als wahr erweisen sollten – bleibt es eine sehr schwierige Entscheidung: Wäre ich tatsächlich bereit, meine Heimat zu verlassen? Wann lohnt es sich, einen so schwer wiegenden Schritt zu tun?
- Nach dem UG werden die Ergebnisse im Hinblick auf Abraham ausgewertet. Sch vergleichen ihre Bedingungen mit denen Abrahams bei dessen Aufbruch. Dadurch lassen sich Rückschlüsse auf Abrahams Verhältnis zu seinem Gott ziehen (Er kennt ihn, vertraut ihm völlig, ist sich sicher: Da kann nichts schief gehen!).

Hinweis: Die fingierte Anzeige ist um der Glaubwürdigkeit willen in Geschäftssprache gehalten. Der Text muss deshalb besprochen und ggf. erklärt werden.

Wie Abraham – Bild aus der »Wiener Genesis«

Sch versetzen sich in die Situation des Abraham.

- Nach der Textbearbeitung legen Sch im **AB 5.5.3, Lehrerkommentar S. 161**, sowohl dem liegenden als auch dem bereits aufgebrochenen Abraham mit Sprechblasen Gedanken in den Mund, die Abraham beschäftigt haben mögen.
- Teil 2 des AB zeigt nur noch die Umrisse der Abrahamsfiguren. Sch zeichnen sich selbst in die Situation hinein.
- Sch gestalten die frei gebliebenen Flächen: »Wo nehme ich wahr, dass Gott zu mir spricht?«

3. Weiterführende Anregungen

»Es muss mehr als alles geben«

Sch setzen sich anhand der Geschichte des Hundes Jennie mit ihren Träumen und Sehnsüchten auseinander.

(Bilderbuch: Maurice Sendak, Higgelti Piggelti Pop! Oder Es muss im Leben mehr als alles geben, Zürich 1969)

Einst hatte Jennie alles. Sie schlief auf einem runden Kissen im oberen und auf einem viereckigen Kissen im unteren Stockwerk. Sie hatte einen eigenen Kamm, eine Bürste, zwei verschiedene Pillenfläschchen, Augentropfen, Ohrentropfen, ein Thermometer und einen roten Wollpullover für kaltes Wetter. Sie hatte zwei Fenster zum Hinausschauen und zwei Schüsseln für ihr Futter. Und sie hatte einen Herrn, der sie liebte. Doch das kümmerte Jennie wenig. Um Mitternacht packte sie alles, was sie besaß, in eine schwarze Ledertasche mit einer goldenen Schnalle und blickte zum letzten Mal zu ihrem Lieblingsfenster heraus.
»Du hast alles«, sagte die Topfpflanze, die zum selben Fenster hinaussah. Jennie knabberte an einem Blatt.
»Du hast zwei Fenster«, sagte die Pflanze. »Ich habe nur eines.«
Jennie seufzte und biss ein weiteres Blatt ab. Die Pflanze fuhr fort: »Zwei Kissen, zwei Schüsseln, einen roten Wollpullover, Augentropfen, Ohrentropfen, zwei verschiedene Fläschchen mit Pillen und ein Thermometer. Vor allem aber liebt er dich.«
»Das ist wahr«, sagte Jennie und kaute noch mehr Blätter.
»Du hast alles«, wiederholte die Pflanze. Jennie nickte nur, die Schnauze voller Blätter.
»Warum gehst du dann fort?«
»Weil ich unzufrieden bin«, sagte Jennie und biss den Stängel mit der Blüte ab. »Ich wünsche mir etwas, was ich nicht habe. Es muss im Leben noch mehr als alles geben!«

- L liest die Geschichte vor. Sch äußern ihre Gedanken.
- TA »Es muss im Leben mehr als alles geben«. Wenn wir Menschen diesen Satz sagen, was wollen wir damit deutlich machen?
- Assoziationen werden als TA gesammelt.
- Sch schreiben den Begriff M E H R senkrecht ins Heft und schreiben ein Akrostichon – ein Gedicht,

Rollenspiel – Karten

Abraham

will sein Vaterhaus verlassen. Er fühlt sich dem Ruf Gottes verpflichtet. Er versucht seinen Familienangehörigen seine Entscheidung möglichst schonend beizubringen und will sie begeistern von der Aussicht auf ein neues Land.

Saras Mutter

ist ziemlich verzweifelt. Sie weiß, dass sie ihr Kind nie mehr wiedersehen wird. Uns sie malt sich aus, was alles passieren kann. Sie erinnert daran, dass doch bisher alle zu Hause ein gutes Leben gehabt haben.

Lot

ist begeistert und abenteuerlustig. Er verspricht sich vom Auswandern Reichtum und Ruhm. Er freut sich darauf, Abenteuer zu erleben und dem Alltagstrott in der alten Heimat zu entkommen.

Sara

gibt sich mit der Entscheidung ihres Mannes nicht zufrieden. Sie stellt kritische Fragen zu ihrer gemeinsamen Zukunft. Am Ende stimmt sie zu. Beide entscheiden gemeinsam, dass sie gehen werden.

Saras Vater

versucht seine Frau, Saras Mutter, zu beruhigen. Er kennt viele Gründe, warum es besser wäre, nicht zu gehen. Er muss die Entscheidung seines Schwiegersohnes akzeptieren. Zuletzt gibt er den Fortziehenden noch ein paar Ratschläge.

Abrahams und Lots Leute

sind sich nicht einig, was sie von den Plänen ihres Sippenchefs halten sollen. Männer, Frauen und Kinder diskutieren, welche Chancen und Gefahren das Unternehmen mit sich bringt. Wer wird mitkommen?

dessen Anfangsbuchstaben jeder Zeile ein Wort ergeben, z. B.

> **M** *ir reicht's!*
> **E** *ndlich Ferien!*
> **H** *offentlich wird es schön!*
> **R** *aus aus dem Haus!*

- Evtl. werden die Texte mit der rechten Spalte von *Deuteseite* **27** verglichen. Welche Gemeinsamkeiten und Unterschiede sind feststellbar?
- *Hinweis:* Eine ausführliche Analyse der Erzählung von Maurice Sendak durch Günter Lange findet sich in: Halbfas, Hubertus: Religionsunterricht in der Grundschule 3. Lehrerhandbuch, Düsseldorf/ Zürich 1985, 470-474.

Rollenspiel: Ringen um den Aufbruch
Indem Sch in die Rollen der handelnden Personen schlüpfen, leben sie die Entscheidungen intensiv nach.

- Fünf Sch erhalten die Rollenkarten **AB 5.5.4, Lehrerkommentar S. 163**, die restlichen Sch versuchen sich in die Lage der Knechte und Mägde und ihrer Familien hineinzudenken.
  - Szene 1: Abraham erzählt Sara von seinem Vorhaben.
  - Szene 2: Saras Eltern kommen zu Besuch. Alle sitzen beim gemeinsamen Mahl zusammen. Lot kommt zufällig vorbei und setzt sich dazu.
  - Szene 3: Abrahams und Lots Leute haben erfahren, dass sie mit ihren Herren auswandern werden. Sie unterhalten sich darüber (wird als UG mit der ganzen Klasse durchgeführt).
- Bei der Auswertung des Rollenspiels wird auch die Aktualität der Geschichte angesprochen: »Kannst du dir vorstellen, dass es Situationen gibt, wo Menschen heute noch so einen Aufbruch wagen?«

Hinweis: Die wichtigsten Informationen zum Leben der Nomaden müssen den Sch bereits bekannt sein.

Raff dich auf! Lass dich darauf ein! Mach dich auf! — Deuteseite II (74) (75)

1. Hintergrund

Die Seite handelt vom mutigen Überwinden der eigenen Grenzen gegen alle Angst und Trägheit. Sie thematisiert das (Ur-)Vertrauen als Voraussetzung für diesen Mut und bezieht es nicht nur auf das Verhältnis von Kind und Eltern, sondern auch auf den vertrauenden und zuversichtlichen Glauben, wie er bei Abraham und im Psalm 23 beschrieben ist.
Die **Fotos** im oberen Teil der Seiten zeigen verschiedene Situationen, in denen Mut, Selbstüberwindung und Vertrauen gefordert sind:
der Drachenflieger, der sich über die Klippe stürzt in der Gewissheit, dass der Drachen ihn trägt und dass er ihn beherrscht;
der Sohn, der seinem Vater völlig vertraut;
Kinder und Jugendliche, die sich in die rasante Achterbahn trauen;
der Pfleger, der Mut und Überwindung braucht, um hilfsbedürftige Menschen liebevoll und zuverlässig zu versorgen;
der Bergsteiger, der ganz sichtbar auf die Zuverlässigkeit seines Kameraden vertraut;
Kinder, die das erste Mal ohne Erwachsene verreisen.
Dabei ist zu differenzieren: Wo ist der Unterschied zwischen Mut und Leichtsinn? Kann man unterscheiden zwischen einem Mut, der dem mutigen Menschen selbst dient, und einem Mut, mit dem man sich für andere einsetzt? Welche Form von Mut ist wirklich gefragt?

Mut – Leichtsinn – Zivilcourage
Mut fasziniert jeden Menschen, weil Mut die Eigenschaft ist, die die eigene Angst überwindet, die ja häufig als eigene Unzulänglichkeit erlebt wird. Mutig zu sein empfinden auch Kinder als erstrebens- und bewundernswert.
Gleichzeitig hat Angst eine wichtige Funktion als Selbstschutz und es ist nicht sinnvoll, diese einfach außer Kraft zu setzen. Wenn ein falsch verstandener Mut begründete Ängste beiseite schiebt, wird Leichtsinn daraus.
Wirklicher Mut beseitigt die inneren Hindernisse, die es den Menschen schwer machen, das Richtige zu tun. So wird der Mut zu einem hohen ethischen Wert, der die Kraft zu notwendigen Entscheidungen gibt, auch wenn die Mehrheit der Mitmenschen ihnen nicht zustimmt. Diese Zivilcourage ist eines der zentralen Erziehungsziele.
Mut wird unter den Begriffen »Starkmut« bzw. »Tapferkeit« seit Ambrosius neben Klugheit, Gerechtigkeit und Maß als eine der vier Kardinaltugenden genannt (lat. *cardo* = Türangel: die Tugenden, um die sich alles andere dreht). Tapferkeit ermöglicht es den Menschen, die durch Klugheit und Gerechtigkeit erkannten Ziele auch gegen die inneren und äußeren Widerstände durchzusetzen (Mieth 19, 34, 90ff.).

Mut – Leichtsinn – Zivilcourage

Voraussetzung für den Mut ist aber das Vertrauen in die Eltern und zuverlässige Menschen, die Erfahrung der Geborgenheit, der zuverlässigen Sorge. Der Grundstein für dieses Vertrauen wird in der frühesten Kindheit gelegt wird.

Die beiden »parallel« gestalteten Geschichten auf der linken Seite verdeutlichen, wie notwendig und zerbrechlich die Vertrauensfähigkeit ist, die gerade in der frühen Kindheit erfahren und erlernt wird.

Psalm 23 ermöglicht es, die Vertrauens- und Mutsituationen auf die Beziehung zu Gott zu übertragen.

Im Bild vom Hirten, der für seine Schafe da ist, spricht der Beter des Psalms mit großer Zuversicht, die trotz drohenden Unheils und im Angesicht seiner Feinde spürbar wird. Neben der Leitungsfunktion des Hirten ist damit besonders auch die Fürsorgepflicht für seine Herde gemeint. Werkzeug des Hirten ist sein Stab, mit dem er z. B. die Wölfe von den Schafen fernhält.

Gott als Gastgeber schenkt Nahrung, Gemeinschaft und Schutz. Die Salbung bedeutet eine weitere Ehrung des Gastes. Psalm 23 kann als Dank der Erhörung der Klage in Psalm 22 (»Mein Gott, mein Gott, warum hast du mich verlassen?«) gesehen werden. Das Vertrauensmotiv ist in einigen Psalmen so ausgeprägt, dass von »Vertrauensliedern« gesprochen wird (vgl. Ps 11; 16; 27,1-6; 62; 131).

2. Einsatzmöglichkeiten im RU

Mut haben – wozu?

- Anhand der sechs Fotos und/oder der Fotos von **AB 5.5.5, Lehrerkommentar S. 165** (2. Reihe links: Junge u. Mädchen umarmen sich) setzen sich Sch mit verschiedenen Formen von Selbstüberwindung auf der Basis einer Vertrauensbeziehung auseinander:
- UG: Verschiedene Formen von Mut:
- – Wo liegt der Unterschied zwischen Mut, Übermut und Leichtsinn? Wann schadet Mut, wann ist er wichtig?
- – In welcher Situation brauche ich Mut für mich selbst, in welcher für andere?
- – Auf wen oder was vertrauen die Menschen in den einzelnen Situationen?
- Sch geben den Fotos passende Titel.
- Sch suchen sich ein Bild aus, schreiben zu der Situation eine kleine Geschichte und stellen sie vor.
- Jede/r Sch bringt die Situationen in eine Reihenfolge: Welche Situation ist mir angenehm, welche unangenehm? Die Begründungen zur Auswahl werden dann auch besprochen: »Das fällt mir schwer, das schreckt mich ab, dazu müsste ich mich sehr überwinden ...«

So – oder so?

Durch die Geschichten werden Situationen zur Sprache gebracht, in denen Sch Misstrauens- oder Vertrauenserfahrungen selbst erlebt haben.

- Im UG werden die Eindrücke ausgetauscht. Dabei hält sich L möglichst zurück und moderiert. Wichtige Gedanken werden stichpunktartig an der Tafel notiert.
- L vertieft:
- – Wie wäre die Geschichte mit dem Feuer ausgegangen, wenn Monika zuerst die Erfahrung mit der Leiter gemacht hätte?
- – Wie lernen Menschen zu vertrauen? Wie wird man misstrauisch?
- Sucht Regeln, die helfen, dass in der Klasse Vertrauen möglich ist (z. B. »Keine/r darf beschämt werden«, »Vertrauen darf nicht missbraucht werden«).
- Die Regeln werden als Plakat gestaltet.

»Trau dich!« **IDEENSEITE (70)**

Bei dieser Übung wird das Vertrauen in andere sehr intensiv wahrgenommen und gestärkt.

- Ein/e Sch stellt sich an einen freien Platz im Klassenzimmer. Sieben andere stellen sich in einem engen Kreis ums sie/ihn herum. Sch in der Mittel lässt sich nun gerade wie ein Brett fallen. Die im Kreis fangen ihn/sie mit ihren Händen ab und schieben ihn/sie zurück in die Ausgangsposition. Von dort aus lässt er/sie sich in eine andere Richtung fallen, wird abgefangen, zurückgeschoben, fällt wieder ... Während der ganzen Übung soll der oder die in der Mitte möglichst die Füße an derselben Stelle lassen. Wer traut sich mit verbundenen Augen? Sch wechseln, bis alle in der Mitte waren.
- *Hinweise zur Durchführung:*
  Voraussetzung sind verantwortungsbewusste und zuverlässige »Fänger« und starkes Vertrauen des »Fallenden«. Um Unfällen vorzubeugen, bedarf es einer eingehenden Vorbesprechung, die auch die möglichen Folgen von Unaufmerksamkeit oder üblen Scherzen anspricht. Besonders zu betonen ist dabei, dass der Sch in der Mitte nur in die Grundposition zurückgeschoben werden soll und nicht etwa in die Arme der anderen Fänger geschubst werden darf. Notfalls muss L die Übung abbrechen. Ängstlichen Sch wird die Aufgabe erleichtert, indem die umstehenden »Fänger« ihre Hände immer am Sch in der Mitte lassen.

- *Alternative:* Die Erfahrung von Mut und Vertrauen wird bei der folgenden Übung vielleicht noch intensiver erlebt, denn die »Fallstrecke« ist länger. Allerdings verschiebt sich der gemeinschaftsfördernde Aspekt zwischen den Mit-Sch auf den Aspekt einer Vertrauensbeziehung zum L.

- Ein/e Sch stellt sich mit dem Rücken zum L, breitet die Arme aus und lässt sich nach Zuruf des L zurückfallen.
- L fängt den Sch und stellt sie/ihn wieder auf.
- Alle Sch stellen sich in einer Reihe hintereinander auf. L kommt von hinten, klopft dem letzten Sch an die Schulter. Sch breitet die Arme aus, lässt sich fallen, wird gefangen und geht zurück auf seinen Platz. So kommen alle Sch an die Reihe.

• *Hinweise zur Durchführung*:
Häufig stellen Sch reflexartig einen Fuß zurück, um den Fall zu verhindern. Dann wird die Übung wiederholt, bis die Füße unbeweglich bleiben.
Ängstlichen Sch wird geholfen, wenn L von Beginn an seine Fingerspitzen an der Schulter des Sch lässt. Auch hier gilt: Niemanden dazu zwingen! Allerdings haben besonders die ängstlichen Sch ein großes Erfolgserlebnis, wenn sie diese schwierige Übung trotzdem schaffen.

Den Bildern des Psalms nachgehen
Im Umgang mit den Bildern des Psalms erahnen Sch die Fürsorge Gottes.

• Den Psalm lesen: zunächst still, dann gemeinsam, dann im Wechsel (entsprechend den Einrückungen wie im Stundengebet).
• Ungebräuchliche Begriffe werden geklärt (z. B. »grüne Auen«, »stillt mein Verlangen«, »geben mir Zuversicht«, »Güte und Huld«).
• Einzelne Bildworte des Psalms werden von je einer Gruppe gedeutet:
- Der Herr ist mein Hirte: Wie verhält sich ein Hirte gegenüber Menschen?
- Wandern in der finsteren Schlucht: Durch welche finsteren Schluchten können Menschen gehen? (z. B. Krankheit, Einsamkeit, Enttäuschung, Tod eines Angehörigen) – Wie wird ein Mensch fertig mit seiner Angst?
- Du deckst mir den Tisch: Was empfinde ich, wenn ich an einen schön gedeckten Tisch eingeladen bin?
- Im Haus des Herrn wohnen: Wo fühle ich mich zu Hause, wo bin ich geborgen?

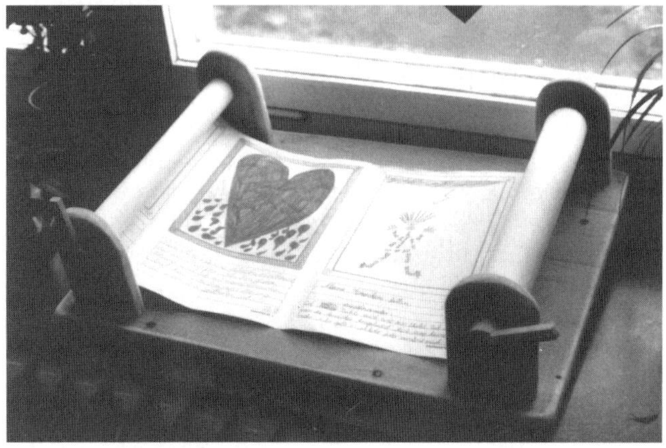

Eine »Schriftrollenkurbelmaschine« eignet sich zur Präsentation der entstandenen Arbeiten.

• Jede/r Sch wählt ein Bildwort aus und malt dazu ein Bild. Das ausgewählte Wort wird dazugeschrieben.
- Die Ergebnisse werden z. B. in einer Schriftrolle gesammelt.

• *Alternative*: Psalm 23 schreiben: Sch erleben die Schönheit des Psalms.
- Jede/r Sch malt einen Abschnitt des Textes in Schmuckbuchstaben.
- Die einzelnen Arbeiten werden zu einem Wandfries zusammengefügt.
- Sch wählen einen Abschnitt des Psalms aus und tragen ihn in angemessener Form vor.

Unter den Eichen von Mamre — Deuteseite III (76) (77)

1. Hintergrund

Die Erzählung von den drei Männern bei Abraham und Sara (Gen 18,1-16a) besteht aus zwei zusammengewachsenen Erzählungen: der Besuch Jahwes bzw. der drei Männer bei Abraham und der Verheißung eines Sohnes für Abraham und Sara.
Die *Deuteseite III* konzentriert sich auf das Thema der **Gastfreundschaft**, die Verheißung des Sohnes wird auf der *Deuteseite IV* unter der Perspektive Saras behandelt.
Der Abschnitt Gen 18,1-8 schildert Ankunft, Einladung und Bewirtung der Gäste, wie es die Gastfreundschaft der Nomaden verlangte. Die drei Fremden erwarten Abrahams Gastlichkeit. Unter großer Ehrerbietung ergeht die Einladung zu Rast und einem »Bissen Brot«, der dann ein Mahl folgt. Abraham bedient sie. Unklar bleibt, warum der Text einmal von drei Männern, dann wieder von *einem* Herrn spricht. Vermutlich handelt es sich bei der Einleitung »Der Herr erschien Abraham« um einen redaktionellen Zusatz. Letztlich bleibt offen, ob es sich um Boten Gottes handelt, die mit Vollmacht die Verheißung eines Sohnes erneuern, oder um Gott selbst. In der christlichen Theologie wurde die Stelle als Hinweis auf den dreifaltigen Gott gedeutet.

Gastfreundschaft in der Bibel

In der nomadischen Gesellschaft kommt der Gastfreundschaft eine ganz entscheidende Rolle zu. Dabei geht es nicht nur um den Schutz der Fremden, die in der unwirtlichen Landschaft der Wüstenrandgebiete sonst verloren wären. Die Gäste brachten auch neue Informationen von entfernten Gegenden, die sich auch für die Gastgeber als wichtig erweisen konnten. Für einen begrenzten Zeitraum wird der Gast formal zum Mitglied der Familie und erhält den Schutz des Hausherren vor Übergriffen etwaiger Feinde.

Das Gastrecht bzw. der Schutz des Fremden ist in der alttestamentlichen Theologie stark verwurzelt. Trotz der Ermahnung zur Vorsicht gegenüber Fremden (Sir 11,29.34) gilt Gastfreundschaft als hohe Pflicht. »Einen Fremden sollst du nicht ausbeuten. Ihr wisst doch, wie es einem Fremden zumute ist; denn ihr selbst seid in Ägypten Fremde gewesen« (Ex 23,9).

Ist im NT von der Verpflichtung zur Gastfreundschaft die Rede, wird sie mit den atl. Erfahrungen begründet. Es könnte ja ein Engel bzw. im neutestamentlichen Kontext Jesus selbst sein, der den Menschen im Nächsten begegnet. So heißt es im Hebräerbrief: »Vergesst die Gastfreundschaft nicht; denn durch sie haben einige, ohne es zu ahnen, Engel beherbergt« (Hebr 13,2); oder bei Matthäus: »... ich war fremd und obdachlos, und ihr habt mich aufgenommen ... Was ihr einem der Geringsten meiner Brüder getan habt, habt ihr mir getan« (Mt 25,35-40; vgl. Stiglmair 300).

Die **Collage** der Doppelseite zeigt drei geheimnisvolle »Lichtgestalten«, die unter dem Baum zu erkennen sind. Das Motiv wird in den Dreiergruppen verschiedener Menschen weitergeführt – Menschen, die dem Betrachter begegnen, alle mit ihrer eigenen Geschichte. Sie sind den Sch fremd, fordern ihre Vermutungen über ihre Herkunft und ihre Eigenschaften heraus.

Analog zur Abrahamsgeschichte steht die Frage im Raum: Wie begegnen wir diesen Personen? Werden sie freundlich aufgenommen oder abgelehnt? Welche Erfahrungen und welche Vorurteile spielen dabei eine Rolle? Damit ist die Frage nach der Gastfreundschaft heute aufgeworfen – Gastfreundschaft beispielsweise gegenüber neuen Mit-Sch oder auch gegenüber Asylbewerber/innen.

Der **Text** auf der rechten Seite ergänzt das Thema Gastfreundschaft um einen weiteren Aspekt: Nicht nur die Gäste erfahren Gutes. In der Begegnung mit Fremden wird auch die Gastgeberin bereichert. Sie werden zu Bekannten, vielleicht sogar zu Freunden. Die einsame Frau findet durch die Einladung an die Flüchtlingsfamilie wieder Lebensmut. Die Geschichte ist einerseits – verglichen mit der atl. Erzählung – zeitlich in »Sch-Nähe« angesiedelt, behält andererseits durch die außerhalb der unmittelbaren Sch-Erfahrungen liegende Flüchtlingsproblematik der Nachkriegszeit eine gewisse Distanz. Sch sind also weiterhin gefordert, die darin enthaltenen Aspekte der Gastfreundschaft (Gastfreundschaft macht Freude, beschenkt auch den Gastgeber) in ihrem unmittelbaren Erfahrungsbereich selbst zu entdecken und zu deuten.

Fremde(s) zwischen Bedrohung und Faszination

Zwei gegensätzliche Grundmuster beeinflussen Empfindungen und Verhalten gegenüber Fremden: die Angst gegenüber allem Unbekannten als Selbstschutz und die Faszination durch das Neue, das bereichert und den Horizont erweitert.

Das Gebot der Gastfreundschaft kann als Gegengewicht zur gebotenen Vorsicht Fremden gegenüber verstanden werden. Verlernt oder vergisst eine Gesellschaft die Gastfreundschaft, gerät dieses Gleichgewicht aus der Balance, Angst und damit auch Aggressionen nehmen überhand, wertvolle Impulse gesellschaftlichen Fortschritts gehen verloren.

2. Einsatzmöglichkeiten im RU

Ich kenne das: fremd sein

Sch werden sich der Situationen bewusst, in denen sie sich fremd fühlten.

- Sch lesen den Text **76** oben.
- Im UG wird der Text besprochen: Auf welche Erlebnisse Abrahams und Saras beziehen sich diese Erfahrungen?
- TA: »Ich kenne das: fremd sein, ...«
- Sch nennen Situationen, die sie selbst erlebt haben (z. B. neu in der Hauptschule; sich verlaufen; verloren gegangen im Kaufhaus; in den Ferien unter Menschen, die einen nicht verstehen ...).
- Jeder Sch sucht sich ein Beispiel aus und schreibt den Text aus dem Buch um:
  Ich kenne das ... Ich habe das nicht vergessen.
- Die letzte Zeile des Textes im Buch »Wenn sie Fremden begegnen, ...« konfrontiert Sch mit einer weitere Frage: Welche Auswirkungen haben meine Erfahrungen mit dem Fremd-Sein auf mein Verhalten Fremden gegenüber?
- Sch ergänzen ihren umformulierten Text mit der letzten Zeile »Wenn ich Fremden begegne, ...« und schließen den Text mit der eigenen Antwort ab

Komm, bau ein Haus

T: *Friedrich Karl Barth/ Peter Horst/ Hans-Jürgen Netz*
M: *Peter Janssens*

2. Lad viele Kinder ein ins Haus,
versammle sie bei unsrem Baum,
lass sie dort fröhlich tanzen,
wo keiner ihre Kreise stört,
lass sie dort lange tanzen,
wo der Himmel blüht.
Komm...

3. Lad viele Alte ein ins Haus,
bewirte sie bei unsrem Baum,
lass sie dort frei erzählen
von Kreisen, die ihr Leben zog,
lass sie dort lang erzählen,
wo der Himmel blüht.
Komm...

4. Komm wohn mit mir in
diesem Haus,
begieße mit mir diesen Baum,
dann wird die Freude wachsen,
weil unser Leben Kreise zieht,
dann wird die Freude wachsen,
wo der Himmel blüht.
Komm...

(z. B. ... werde ich sie fragen, wo sie herkommen und ob sie meine Freunde werden wollen).

Was Abraham sagt – was Abraham tut
Anhand der Fragen erarbeiten sich Sch den Bibeltext **76** unten.

- Was ist geschehen? Schreibe eine kurze Radio- oder Zeitungsmeldung.
- – Wer besucht Abraham und Sara? Mit wem redet Abraham? (drei Männer oder nur einer?) Was verspricht Abraham seinen Gästen? Was tischt er ihnen dann tatsächlich auf? (»einen Bissen Brot« verspricht er; Brot, Kalb, Butter, Milch tischt er auf).
- – Abraham versorgt seine Gäste mit einem üppigen Mahl. Was tut er ihnen sonst noch Gutes? (Wasser zur Reinigung der Füße, Ruheplatz unter dem Baum, bedient sie).
- – Warum sind die Männer vorbeigekommen? Was denkt Abraham darüber?
- *Weiterführung*: Zusätzlich wird die Szene im Mosaik **67** betrachtet. Inwieweit stimmt der Text mit dem Bild überein?

Plötzlich stehen sie vor mir ...
Abraham wusste nicht, wer die Männer waren, die ihn besuchten. Den Sch wird anhand der Collage im Zentrum bewusst, welch verschiedene Menschen ihnen begegnen können, die ihnen fremd sind.

- Sch betrachten die Personen unter dem Baum und stellen Vermutungen über ihre Herkunft an.
- UG: Was wir von ihnen/über sie wissen möchten.
- Jeder sucht sich eine Person aus und führt ein imaginäres Interview. Fragen und Antworten werden dabei aufgeschrieben.
- Sch lesen ihre Interviews vor.

Was habe ich davon?
Sch erkennen durch die Geschichte **77**, dass Gastfreundschaft auch den Gastgebern Freude bereitet.

- Sch lesen den ersten Abschnitt der Geschichte.
- L gibt an dieser Stelle Informationen über die Not der Flüchtlinge in der unmittelbaren Nachkriegszeit (viele im Krieg Getötete, zerstörte Städte, Inflation, Lebensmittelrationierung, Vertreibung. Auch die deutschen Flüchtlinge wurden mitunter von ihren deutschen »Gastgebern« nur unwillig aufgenommen, die Nachteile für sich befürchteten).
- – Sch lesen den 2. Abschnitt.
- – m UG werden Gründe gesucht: Warum konnte sich die Frau nicht mehr freuen?
- Sch lesen den Rest der Geschichte und überlegen:
- – Was hatte die Flüchtlingsfamilie von der Einladung? Was bekam die Frau?
- – Sch überlegen: Wie könnte sich die Geschichte weiterentwickelt haben (z. B. nach einem Tag, einer Woche, einem Monat, einem Jahr)?
- *Weiterführung*:
  Die Situation von Flüchtlingen wird für Sch klarer, wenn ihnen in der Begegnung mit der deutschen Nachkriegsgeschichte bewusst wird, dass auch die eigenen Verwandten solche Situationen erlebt haben.
- Sch erhalten als HA, bei den Großeltern oder Eltern nachzufragen, was sie von der Not der Nachkriegszeit mitbekommen haben. Wie war die Not nach dem Krieg? Wie wurden Flüchtlinge aufgenommen?
- – Im UG erfolgt Austausch darüber.
- Es werden Personen aus der Gemeinde eingeladen, die von ihren Erfahrungen bei und nach der Flucht erzählen können.
- Alte Fotos, Zeitungsberichte, sonstige Dokumente aus der Flüchtlingszeit und der Notzeit (Lebensmittelkarten) werden zu einer kleinen Ausstellung zusammengestellt.

3. Weiterführende Anregungen

Lied: Komm, bau ein Haus
Das Lied **AB 5.5.6, Lehrerkommentar S. 169**, erweitert den Gedanken der Gastfreundschaft über die Fremden im engeren Sinne hinaus auf alle Lebewesen, die uns begegnen: Kinder, Alte, Tiere ...

- Inwiefern geht es in dem Lied um Gastfreundschaft?
- gemeinsames Singen des Liedes
- *Alternative:* Das Lied wird durch Bewegungen ergänzt, die von Sch vorgeschlagen und dann erprobt werden. Für ungeübte Lerngruppen hier folgende Anregung:
  Alle stehen im Kreis.

  Bewegungen beim Refrain:
  Bei »Komm, bau ein Haus ...« bilden alle Sch die runde Mauer und mit den Armen ein Dach.
  Bei »pflanz einen Baum ...« gehen alle Sch in die Mitte und stellen den Baum dar. Ihre Arme strekkenn sie als Äste nach oben und nach außen.
  Bei »beschreibe den Himmel ...« zeigen alle mit dem Finger nach oben und gehen zurück in den Kreis.

  Bewegungen bei den Strophen:
  1. Strophe: Bei »füttre sie« strecken alle Sch die flachen Hände in die Kreismitte.
  2. Strophe: Bei »fröhlich tanzen« drehen sich Sch um die eigene Achse.
  3. Strophe: Sch setzen sich auf den Boden und tun so, als ob sie jemandem in der Kreismitte zuhören würden.
  4. Strophe: Sch gehen im Kreis, legen einen Arm auf die Schulter des linken Nachbarn und zeigen mit der Rechten nach oben.

Was Gäste brauchen
Durch die Einfühlung in andere entwickeln Sch Ideen für gastfreundliches Handeln.

- Auf das obere Drittel eines Plakates werden ein Baum und ein Tisch aufgemalt.
- Sch schneiden aus Zeitungen Bilder verschiedener Menschen aus.
- Jeder Sch klebt seine Bilder um den Tisch herum auf das Plakat und stellt einen dieser Menschen vor: Wer ist das? Was hat er erlebt? Wo könnte er mir begegnet sein? Wie hätte ich darauf reagieren können?
- Sch überlegen, wie der Tisch für ihre »Gäste« gedeckt werden könnte: Was brauchen diese Menschen (Nahrung, etwas zu trinken, Unterkunft, ein Bett, gemeinsames Spiel, eine Umarmung, einen Handschlag ...)?
- Sch schreiben ihre Ergebnisse auf Papierstreifen und kleben diese auf den frei gebliebenen Tisch.

Hinweis: Sch sollten für das Plakat keine Werbungen oder Stars verwenden. L sammelt über einen längeren Zeitraum Artikel über Flüchtlinge, Fluchtursachen, Asylbewerber, Abschiebungen etc., die sie/er den Sch zum Ausschneiden zur Verfügung stellt. Auf diese Weise erfahren Sch bereits bei der Auswahl der Bilder einiges über die Not von Flüchtlingen.

Baum, Tisch und die Menschen sind bereits erkennbar. Im nächsten Arbeitsschritt wird der Tisch gedeckt mit all den Dingen, die Sch ihren Gästen zugute kommen lassen wollen.

Projekt: Gastgeber sein
Sch laden eine andere Gruppe (z. B. Ethikgruppe, Parallelklasse) ein.
Siehe Projektvorschlag Lehrerkommentar S. 216.

Die Geschichte von Sara — Infoseite I (78) (79)

1. Hintergrund

Die lange Zeit vorherrschende Rede von den ›Erzvätererzählungen‹ mit ihrer patriarchalen Dominanz wird mit dieser Doppelseite aufgebrochen. Auch vor dem Hintergrund der feministischen Exegese ist ein differenzierteres Bewusstsein für die Rolle von Frauen in der biblischen Geschichte gewachsen.

Das Bild der Frau
Die fiktive Ich-Erzählung der Doppelseite gibt dabei zunächst einen Einblick in die Situation einer Frau vor dem Hintergrund der biblischen Texte von Gen 12-21. So scheint immer wieder etwas von dem Stellenwert durch, der einer Frau (Sara) an der Seite eines Nomadenhirten zukommt. Dazu gehört etwa die Erwartung, sich den Entscheidungen des Mannes über Aufbruch und Ziel des Weges unterzuordnen, die Möglichkeit, in den Harem eines anderen übergeführt zu werden, um das Überleben des Mannes zu sichern; dazu gehört auch die Notwendigkeit, Kinder zur Welt zu bringen und dabei vor allem Jungen das Leben zu schenken, weil nur sie im Elternhaus verbleiben und damit auch im Alter die Eltern versorgen – Mädchen wechseln in den Bereich des Mannes und damit der Schwiegereltern über.
Daneben gibt es aber noch andere Spuren, die das Bild verändern: Die gefährliche Wanderung in den Herrschaftsbereich des Pharaos, die für den Mann durchaus bedrohlich ist, soll mit dem Verkauf der schönen Frau entschärft werden – dem Eingreifen Gottes verdankt sie es, dass sie aus dieser Situation befreit wird. Die verstoßene Hagar wird ebenso gerettet – die Frau Hagar ist der erste Mensch der Bibel, dem eine durch einen Engel vermittelte Gottesbegegnung zuteil wird (vgl. die Skizze von Rembrandt).
Weitet man den Blick, dann zeigt sich die Einflussnahme der Frauen in durchaus entscheidender Weise: So werden etwa in den Erzeltern-Erzählun-

gen mit der Erbfolge durchaus Weichen gestellt – nicht der Erstgeborene des Abraham (Ismael) wird der Haupterbe, sondern Isaak als Zweitgeborener auf Betreiben Saras hin. Rebekka, die Ehefrau Isaaks, setzt alles daran, dass Jakob als Zweitgeborener den Segen des Vaters erhält. Auch für die Beziehung zu Gott gilt, dass hier Frauen eine wichtige Rolle spielen. Gen 18,1-15 (Gott zu Gast bei Abraham) zeigt, dass das Interesse der Gäste der Frau Sara gilt, und Rebekka erhält eine Botschaft über die Zukunft ihrer beiden Söhne (Gen 25,22ff.), die ihr einen Wissensvorsprung vor Isaak gibt und auch von daher den Erbfolgebetrug mit »göttlichem Segen« deckt.
Auch wenn die Geschichte Altisraels patriarchalisch strukturiert ist und den Frauen nicht die gleichen Rechte zugestanden werden, so weisen die biblischen Erzählungen jedoch darauf hin, dass gerade das Handeln Gottes die Frauen in einen gleichberechtigten Stand erhebt. Neben der Festschreibung von Rollenzuweisungen, die sich in den Erzählungen finden, ist der Blick also auch auf Öffnungen zu lenken, mit denen die biblischen Verfasser die Anfangsgeschichten Israels als Geschichte der Gottesgemeinschaft beider Geschlechter schreiben (Fischer, 134-138).

Die fiktive Ich-Erzählung macht es möglich, dass Sch lernen, einen Wechsel in der Sichtweise vorzunehmen. Dabei wird man immer an prinzipielle Grenzen stoßen, weil stets unbewusst die westliche, postmoderne Vorstellung vom Verhalten und Handeln einer Frau in eine solche Figur hineingetragen wird. Auch wenn dies nicht verhindert werden kann, so erschließt sich darüber auch die Abrahamserzählung in einem weiteren Kontext, weil deutlich wird, dass die Entscheidung eines Stammvaters stets auch für alle anderen Mitglieder wesentliche Konsequenzen hatte.
Aus pädagogischer Sicht gehören Angebote zur Perspektiven- oder Rollenübernahme zu einem zentralen sozialen Lernbereich. Auf der Grundlage dieser Fähigkeit, gedanklich-emotional in die Lebenssituation eines anderen Menschen probeweise einzutreten, wird ein Verstehen dieser Lebensumstände, des anderen Menschen und seines Verhaltens und Handelns möglich.

2. Einsatzmöglichkeiten im RU

»Liebe Mutter« – ein Briefwechsel

Sch geben ihren Eindruck von der fiktiven Saraerzählung wieder und erproben die Wirkung dieser Sichtweise.

- Sch lesen die Geschichte, dann Austausch über die erzählten Erfahrungen.
- Anhand eines TA werden die unterschiedlichen Perspektiven von Abraham und Sara herausgearbeitet: Was Abraham macht ... – Was Sara erlebt ...
- Sch schreiben einen Brief an die eigene Mutter (**AB 5.5.7, Lehrerkommentar S. 173**): »Liebe Mutter, in einer Geschichte habe ich Sara, die Frau Abrahams kennen gelernt. Dabei ist mir aufgefallen ...«; dabei werden zunächst die eigenen Eindrücke notiert.
- In einem zweiten Briefabschnitt erfolgt die Aufforderung an die Mutter, dazu eine Antwort zu geben: »Die Geschichte spielt vor vielen tausend Jahren, in einer ganz anderen Zeit. Mich interessiert, wie du darüber denkst, denn ich habe viele Fragen ...
- Die Sch-Briefe werden am Stundenende vorgelesen. Interessant und spannend ist es, die Antwortbriefe der Mütter zu lesen.

Die Sara-Abraham-Erzählung – Geschichten vom Heilwerden

Anhand der Aufgaben **79** entwickeln Sch ein Verständnis für die religiöse Dimension der Thematik.

- Sch lesen die Bibeltexte. Die Lerngruppe wird dreigeteilt, je eine Gruppe beschäftigt sich mit je einer Aufgabe von **79**. Sch fertigen zu Aufgabe 1 Notizen an. Aufgabe 2 ist wohl nur in EA sinnvoll zu bearbeiten.
- – Nach einer Arbeitsphase werden Dreier-Teams gebildet: aus jeder GA eine Person. Sch informieren sich über ihre Ergebnisse.
- – Im UG werden Eindrücke und weitere Fragen gesammelt, die sich aus dem Austausch ergeben haben.
- – Sch schreiben die Überschriften, die etwas über Gott aussagen (Aufgabe 3), groß auf Papierstreifen. Gemeinsam werden Ergänzungen gesucht; denkbar ist auch, diese Eindrücke in die Gestaltung einer meditativen Phase einzubauen (vgl. Kap 4).
- Abschließend wird der Text **AB 5.5.8, Lehrerkommentar S. 175**, vorgetragen. Welche Unterschiede ergeben sich zur Sara-Erzählung?

Der Anfang der Bibel: fremdes Leben im Orient

Anhand der Erzählung und der Texte werden Sch auf Sitten und Gebräuche aufmerksam, die sich vom Leben heute unterscheiden.

- Sch erhalten Suchauftrag: Lest die Geschichte von Sara und die Bibeltexte aufmerksam durch. Wo werden Verhaltensweisen erzählt, die für uns heute ungewöhnlich und fremd klingen?
- Aus den Notizen wird auf einem Plakat eine Übersicht zusammengestellt: Das Leben damals – das Leben heute. Doppelseite **80-81** ermöglicht eine Weiterführung in der Auseinandersetzung mit dem Leben der Nomaden.

Ein Brief an deine Mutter

Liebe ______________________

in einer Geschichte habe ich Sara, die Frau Abrahams kennen gelernt. Dabei ist mir aufgefallen ...

____

____

____

____

____

____

____

____

____

Die Geschichte spielt vor vielen tausend Jahren, in einer ganz anderen Zeit. Mich interessiert, wie du darüber denkst, denn ich habe viele Fragen ...

____

____

____

____

____

____

PS: Du kannst auch die Geschichte der Sara im Religionsbuch auf Seite 78 und 79 selbst lesen. Ich freue mich auf deine Antwort!

1. Hintergrund

Nomaden zu biblischer Zeit

Bei der Suche nach Erkenntnissen über die Zeit der Erzeltern und ihre Lebensweise bewegt man sich in einem sehr unsicheren Bereich. So ist nicht nur sehr wenig über die zeitliche Einordnung feststellbar (ca. 2200 bis 1200 v. Chr.), auch über die Lebensweise jener Kleinviehnomaden lassen sich nur vage Schlüsse ziehen.

Das Bild des frei umherziehenden Nomaden, der mit seinen Herden mitgeht und sich von den Ackerbau betreibenden, sesshaften Kulturlandbewohnern unterscheidet, wurde inzwischen revidiert. Mittlerweile geht man davon aus, dass die Grenzen zwischen umherziehenden und an einem Ort ansässigen Gruppen und Stämmen fließend waren. »So sind die Vätergeschichten nicht Zeugnisse reinen Nomadendaseins. Es gab auch in ältesten Zeiten sesshafte Stämme, die – wenn wir an die Wüste denken – in Oasen lebten, und Halbnomaden, die an Wasserplätzen in Zeltdörfern kampierten. Auch die Vätergeschichten sind von einer Mischung sesshafter und (halb)nomadischer Kultur bestimmt. Der Gott dieser Tradition wird bereits an den heiligen Stätten des Landes verehrt: an Quellen (Gen 16,7), unter Bäumen (Gen 18,1), auf Anhöhen (Gen 22,2). Gen 33,20 erzählt, dass Jakob sich vor der Stadt Sichem in Kanaan ein »Grundstück kaufte«, um dort »El, dem Gott Israels« einen Altar zu errichten. Ähnlich errichtete er einen Stein an jenem Ort, an dem er den Traum von der Himmelsleiter gehabt hatte (Gen 28,18). Eine Sippe, die sesshaft wurde, wusste, an welchem Ort des Landes sie ihren Gott verehren konnte. Die Ortsheiligtümer, von denen aus der Richterzeit erzählt wird, unterscheiden sich kaum von den heiligen Stätten der Vätergeschichten. Die Sippentradition bewahrte ihre Beständigkeit über viele Generationen. Erst Jahrhunderte später nahmen Propheten und Gesetzeslehrer Anstoß an den zahlreichen lokalen Heiligtümern, die ebenso aussahen wie die Orte, an denen kanaanäische Bauern ihre Gottheiten verehrten, »gekennzeichnet durch Stein und Pfahl, Baum, Quelle und Anhöhe«.

Der Gegensatz zur Religion der ansässigen Kanaanäer schien den Vorfahren Israels also nicht unüberbrückbar. Zwar gab es einen solchen Gegensatz, der allein durch die differenziertere Gesellschaft, ihre arbeitsteiligen Lebensformen und ihre Ackerbaukultur bedingt war und zu einem komplizierten Pantheon vieler Gottheiten geführt hatte, während auf der anderen Seite nur der eine mit der jeweiligen Familie verbundene Gott verehrt wurde. Es ist allerdings nicht richtig, dem Väterglauben deswegen einen Monotheismus zu unterstellen, wie ihn erst die prophetische Kritik verfochten hat. Zwar besaß für das eigene Dasein nur der Gott der Väter Bedeutung, doch wurden die Gottheiten anderer Stämme und Völker keineswegs geleugnet, wenngleich man sie innerhalb der eigenen Sippe ignorierte. Man könnte eine solche Religionsform auch als Monolatrie oder Henotheismus bezeichnen« (Halbfas 184).

Abraham – zentrale Gestalt für Juden, Christen und Muslime

Das Zweite Vatikanische Konzil hebt die Bedeutung Abrahams als verbindende Bezugsperson der drei Religionen hervor (Nostra Aetate 3-4). Die Muslime sehen sich selbst als Nachfahren Ismaels, Abrahams Sohn mit Saras Magd Hagar.

Im Koran ist Abraham (arabisch: Ibrahim) die am häufigsten zitierte biblische Figur. Er gilt als Freund Gottes, Vorbild im Glauben und als Prophet des einen, wahren Gottes. In seiner polytheistischen Umgebung bekennt er sich zum einen Gott, zerschlägt die Götzenbilder seines Vaters und verlässt seine Heimat (Sure 21,57-67). Auch die Opferungsgeschichte ist bekannt, wobei einige islamische Kommentatoren Ismael anstatt Isaak als Opfer nennen. Die Kaaba wird nach islamischer Überlieferung von Abraham und Ismael erbaut. Abraham hat auch die Pflichten eines frommen Muslimen erfüllt: Glaube, Gebet, Almosen, Wallfahrt und gute Werke. So wird Abraham im Koran als *Hanif* bezeichnet, als einer, der auf ursprüngliche Weise *Islam* gelebt hat: vertrauende Hingabe an den Willen Gottes.

Muhammad sieht in allen drei abrahamitischen Religionen verschiedene Wege der Verehrung des einen Gottes (Sure 5,49). Die Juden werden Zeugen der Wahrheit genannt (Sure 3,71), die Christen gelten als »die freundlichsten« von allen Gläubigen (Sure 5,83). Allerdings seien die Muslime die einzigen, die den Glauben Abrahams rein bewahren (Sure 3,63-68; velkd, EKD, 128ff.).

Monolog der Hagar

Was Hagar sich denken könnte ...
Ich bin Hagar – Hagar aus Ägypten.
Eine Sklavin im Hause Abrahams.
Für Geld gekauft – wie Land und Vieh.
Viele Tränen habe ich geweint deswegen.
Doch wer sieht mich schon in meiner Not?
Ob Re mich sieht, mein Sonnengott?
Ja, ich glaube, er hat mich gesehen hier im fremden Land.
Hat er mich erhört?

Sara, meine Herrin, war alt.
Sie hatte ihrem Gemahl keine Kinder geboren.
Ich – ich war jung!
Ich war klug – ich war schön.
Das fiel auch meiner Herrin auf.
So gab sie mich dem Abraham zur Frau.

Mein Los wurde leichter.
Das Essen reichlicher.
Das Bett weicher – die Arbeit weniger.
Schöne Kleider durfte ich tragen.
Sogar Sandalen an den Füßen.
Und als ich schwanger war,
schenkte mein Herr mir einen Ring.
Re – mein Gott – flehte ich:
Schenk mir einen Sohn!
Ich wollte keine Tochter;
ihr Los wäre dem meinen gleich gewesen.
Immer, wenn die Sonne schien, war ich froh.
Ich spürte, wie die Strahlenfinger
meines Gottes mich berührten.
Mit stolzem Gang bewegte ich mich.
Ich, Hagar, war schwanger, schwanger von meinem Herrn.
Wenn es ein Sohn wird, so ist er der Erbe!
So dachte ich.
Reich wird er sein.
Herr über alle – auch über Sara.

Meine Herrin war nicht blind.
Sie sah mich aus den Augenwinkeln an.
Heimlich. Doch ich spürte ihre Blicke,
als wären es Ruten.
Von Tag zu Tag wurde es schlimmer.
Ihre Eifersucht wuchs, trat offen zu Tage.
Vorbei war die schöne Zeit.
Sah mein Gott mich nicht mehr?

Enttäuscht von Gott und Mensch lief ich davon.
Ich lief in die Wüste.
Ich lief und lief – in die Dunkelheit.
Zuerst war mir kalt.
Doch dann dachte ich an Abraham.
Und ich dachte an seinen Gott.
Gott Abrahams – hörst du mich?
Da fühlte ich mich geborgen.
Und ich schlief ein.

Der Gott Abrahams schickte mir seinen Boten.
Der fand mich an einer Quelle in der Wüste,
an der Quelle auf dem Weg nach Scheer.
Hatte er mich gesucht – gesehen – gefunden?
Ein Bote von Abrahams Gott?
Er sprach zu mir:
»Hagar, Magd Saras, was machst du hier?
Woher kommst du – wohin gehst du?«
Ich antwortete ihm: »Ich bin meiner Herrin Sara davongelaufen.«

Da sprach der Gottesbote zu mir:
»Geh zu deiner Herrin zurück.
Ertrage ihre harte Behandlung.
Deine Nachkommen sollen so zahlreich sein,
dass man sie nicht zählen kann.«
Und weiter sprach der Gottesengel zu mir:
»Du bist schwanger.
Du wirst einen Sohn gebären.
Du wirst ihn Ismael nennen.
Denn der Herr, Abrahams Gott, hat dich gehört
in deinem Leid.
Dein Sohn wird sein wie ein Wildesel.
Seine Hand gegen alle; die Hände aller gegen ihn.
Allen seinen Brüdern setzt er sich vors Gesicht.«

Da war ich getröstet in meinem Leid.
Der Herr, Abrahams Gott, hat nach mir geschaut.
Er hat mich angesehen.
Mich, die Hagar, eine ägyptische Magd.
Darum benannte ich den Brunnen nach dem Gott,
der nach mir schaut.
Und ich ging zurück.
Bald darauf kam Ismael zur Welt.
Ismael, mein Sohn.
Und alles ertrug ich geduldig um seinetwillen.

Barbara Sengers

Es gab im Verlauf der Jahrhunderte Tendenzen in allen drei Religionen, Abraham für die eigene Legitimation zu missbrauchen. Die gegenseitige Intoleranz führte zu zahllosen gewalttätigen Auseinandersetzungen, die dem Glauben Abrahams, auf den sich alle berufen, letztlich zuwiderlaufen.

Obwohl Ismael und Hagar verstoßen worden waren (Gen 21,9-21), trafen sich dennoch Isaak und Ismael, um ihren Vater gemeinsam zu Grabe zu tragen (Gen 25,9). So könnte das Grab des Abraham in Hebron auch der Ort sein, an dem sich Juden, Christen und Muslime wieder neu bewusst werden, dass sie alle Kinder Abrahams und Geschwister im Glauben an den einen Gott sind (Kuschel 7ff.).

Eine erste Aufgabe des »Trialogs« zwischen den abrahamitischen Religionen dürfte es sein, den Wissensstand über die anderen Religionen und das verbindende Gemeinsame zu erweitern und auch dadurch die Vorurteile gegenüber den jeweils anderen Religionen abzubauen.

Die Darstellungen **81** unten zeigen Mose, der die Bundestafeln empfängt, den Ausschnitt einer Christus-Ikone und Muhammad, kniend vor der Kaaba. Ebenso finden sich zentrale Symbole der drei abrahamitischen Religionen (vgl. auch **AB 5.5.10, Lehrerkommentar S. 179**).

2. Einsatzmöglichkeiten im RU

Die Erzählung ins Bild bringen

Sch gewinnen eine Vorstellung von den Lebensverhältnissen der Nomaden.

- Sch betrachten zunächst das Foto von dem Nomadenmädchen: Wovon wird ein solches Kind erzählen?
- Das Buch wird geschlossen. An der Tafel werden in Stichpunkten Vermutungen notiert.
- Sch lesen den Text.
- – Schließt eure Augen: Geht nun in euren Gedanken der Erzählung nach. Welche Eindrücke steigen in euch auf? Was könnt ihr mit euren inneren Augen sehen, wenn ihr an die Geschichte denkt?
- – Sch nennen ihre Beobachtungen und vergleichen sie mit den Notizen.
- Findet euch in Gruppen zusammen. Überlegt, wie sich die Erzählung in einzelne Bilder aufgliedern lässt. Nehmt dann große Blätter und gestaltet diese Bilder. Am Schluss klebt jede Gruppe die Blätter zusammen.
- – Sch befragen sich abschließend gegenseitig über ihre Darstellungen.
- Der Sachtext »Nomaden« **81** wird ergänzend hinzugenommen.

Religion aus der Wüste

Anhand von Psalmtexten verschaffen sich Sch einen Eindruck davon, wie die Lebensumstände der abrahamitischen Zeit die religiösen Erfahrungen geprägt haben.

- Die Aufmerksamkeit der Sch wird auf den Hintergrund der Fotos **80/81** gelenkt.
- – Gespräch über Wüste. »Wüste« kann auch als Sprachbild für Erfahrungen von Menschen stehen.
- Sch erhalten **AB 5.5.9, Lehrerkommentar S. 178**:
- – Ihr findet hier Sätze, die aus den Psalmen genommen sind. Auch dabei geht es um die Erfahrungen von Menschen, die in der Wüste sind. Lest diese Sätze still durch.
- – Psalmtexte werden dann nochmals laut gelesen.
- – Nehmt nun einen Bleistift und streicht einzelne Worte an, die eurer Meinung nach gut zu all dem passen, was wir über Nomaden bisher gelernt haben.
- – Diese Psalmworte können auch Sprachbilder sein. Dann teilen sie etwas davon mit, wie Menschen ihr Leben empfinden. In den Sätzen könnt ihr Leid und Freude, Hoffnung und Angst, Zuversicht und Sorge finden.
- – Wählt euch zwei gegensätzliche Worte aus und schreibt eure Gedanken dazu auf. Vielleicht wird daraus auch eine kurze Geschichte?

Geschwister Abrahams

Sch lernen Judentum, Christentum und Islam kennen und entdecken Gemeinsamkeiten dieser Religionen.

- Sch stellen sich gegenseitig Elemente ihrer Religion vor: Gotteshaus, wöchentliche Feier, Heilige Schrift, Bezeichnung für den einen Gott, Gebetshaltungen, Feste, Fastentraditionen, Aufnahme von Jugendlichen als vollwertige Gemeindemitglieder (Bar-Mizwa oder Bat-Mizwa, Firmung, erstes Fastenbrechen).
- L ergänzt (bes. Informationen zum Judentum).
- L schreibt in Stichpunkten die genannten Elemente auf die Folie **AB 5.5.10, Lehrerkommentar S. 179**. Gemeinsamkeiten werden dabei in der Mitte (Schnittmenge der drei Kreise) eingetragen. Elemente, die nur zwei Religionen gemeinsam sind, werden in die gemeinsamen Flächen eingetragen; die Besonderheiten der Religionen schreibt L in die Kreisflächen, die nicht mit einem anderen Kreis geschnitten sind.
- Sch überlegen eine Überschrift, die in die Folie eingetragen wird.
- Sch erhalten **AB 5.5.10, Lehrerkommentar S. 179** und übertragen die Folie ins Heft. Einzelne Elemente werden auch gemalt, statt geschrieben: z. B. Synagoge, Kirche, Moschee.
- Jede/r Sch sucht mehrere Überschriften für das eigene AB.

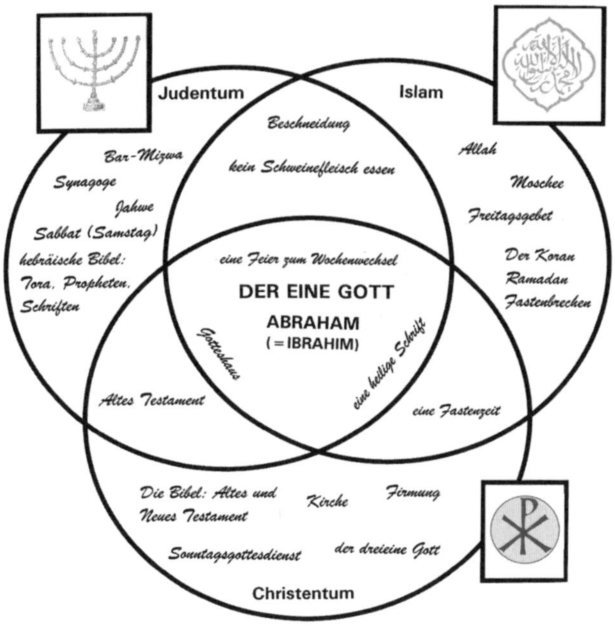

- *Hinweis:* Diese Form der Erarbeitung ist besonders sinnvoll in Schulen mit einem hohen Anteil muslimischer Sch. Dabei bietet sich gemeinsamer Unterricht mit der Ethikgruppe an. Der Text des muslimischen Symbols lautet übersetzt: »Es ist kein Gott außer Allah und Muhammad ist sein Prophet.«

3. Weiterführende Anregung

Projekt: Ein Gott – drei Religionen

- Nach der Erarbeitung von Gemeinsamkeiten der Religionen erstellen Sch ein dreiseitiges Bauwerk. Je eine Seite wird als Moschee, Synagoge und Kirche gestaltet. Ein gemeinsames Dach (oder – wie auf dem Foto zu erkennen – ein Baum mit drei »Früchten«: Islam, Judentum, Christentum) verdeutlicht die enge Verbindung der drei Schriftreligionen.
- Dazu müssen in der Klasse Informationsmaterialien zum Thema und Bastelmaterial in ausreichender Menge zur Verfügung stehen. Aus Modelliermasse entstehen z. B. Einrichtungsgegenstände der Gotteshäuser, aus Buntpapier Glasfenster und Gebetsteppiche.
- Denkbar ist auch der Besuch einer Moschee oder Synagoge. Sowohl islamische als auch jüdische Gemeinden empfangen gerne Schulklassen in ihren Gotteshäusern.

Das Grundgerüst besteht aus alten Hartfaserplatten, die Füße aus Rohren, auf denen früher Teppiche aufgerollt waren. Es kann aber auch einfach aus Karton ein Haus mit dreieckiger Grundfläche gebastelt werden. Der Stamm des Baumes besteht aus gerollter Wellpappe, in die Zweige hinein gestochen wurden.

Wüsten-Gebete

Gott, du mein Gott, dich suche ich,
meine Seele dürstet nach dir.
Nach dir schmachtet mein Leib
wie dürres, lechzendes Land ohne Wasser.
Ps 63,2

Weit fort möchte ich fliehen,
die Nacht verbringen in der Wüste.
Ps 55,8

Gott bringt die Verlassenen heim,
führt die Gefangenen hinaus in das Glück;
doch die Empörer müssen wohnen
im dürren Land.
Ps 68,7

Gott, du ließest Regen strömen in Fülle
und erquicktest dein verschmachtendes
Erbland.
Ps 68,10

Er spaltete Felsen in der Wüste und
gab dem Volk reichlich zu trinken
wie mit Wassern der Urflut.
Er ließ Bäche aus dem Gestein
entspringen,
ließ Wasser fließen gleich Strömen.
Doch sie sündigten weiter gegen ihn,
sie trotzten in der Wüste dem Höchsten.
In ihrem Herzen versuchten sie Gott,
forderten Nahrung für den Hunger.
Sie redeten gegen Gott; sie fragten:
»Kann uns denn Gott den Tisch decken
in der Wüste?«
Ps 78,15-19

Wie oft haben sie ihm in der Wüste getrotzt,
ihn gekränkt in der Steppe!
Ps 78,40

Dann führte er sein Volk hinaus wie Schafe,
leitete sie wie eine Herde durch die Wüste.
Ps 78,52

Ich bin wie eine Dohle in der Wüste,
wie eine Eule in öden Ruinen.
Ps 102,7

Staub muss ich essen wie Brot,
mit Tränen mische ich meinen Trank.
Ps 102,10

Sie wurden in der Wüste begehrlich
und versuchten Gott in der Öde.
Ps 106,14

Er gab ihnen, was sie von ihm verlangten;
dann aber erfasste sie Ekel und Überdruss.
Ps 106,15

Sie, die umherirrten in der Wüste, im
Ödland, und den Weg zur wohnlichen Stadt
nicht fanden,
die Hunger litten und Durst,
denen das Leben dahinschwand,
die dann in ihrer Bedrängnis schrieen
zum Herrn,
die er ihren Ängsten entriss und die er
führte auf geraden Wegen,
sodass sie zur wohnlichen Stadt gelangten:
Sie alle sollen dem Herrn danken für seine
Huld, für sein wunderbares Tun an den
Menschen.
Ps 107,4-8

Er machte Ströme zur dürren Wüste,
Oasen zum dürstenden Ödland.
Ps 107,33

Er machte die Wüste zum Wasserteich,
verdorrtes Land zu Oasen.
Ps 107,35

Er goss über die Edlen Verachtung aus,
ließ sie umherirren in wegloser Wüste.
Ps 107,40

Der sein Volk durch die Wüste führte,
denn seine Huld währt ewig.
Ps 136,16

Geschwister Abrahams

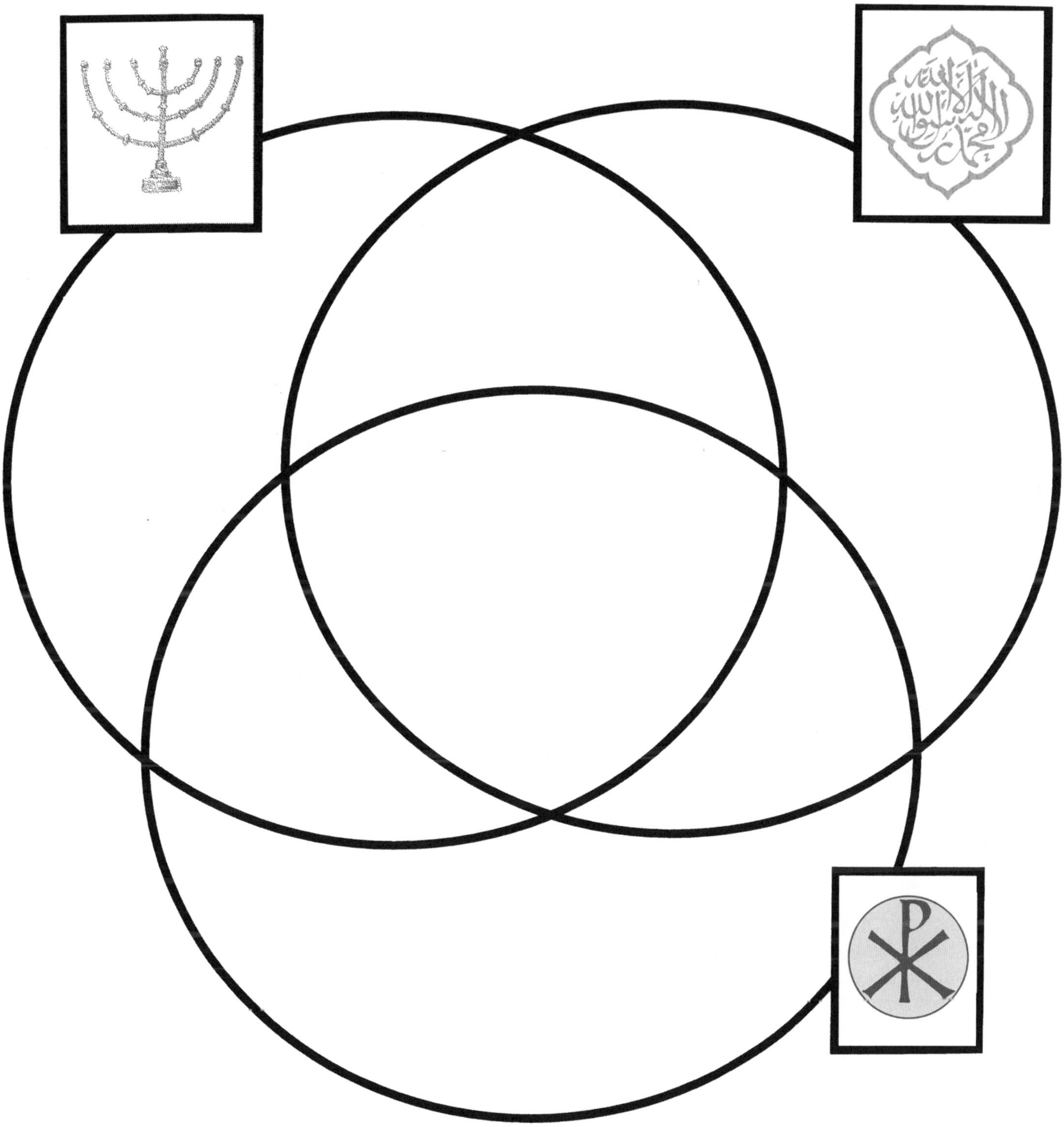

1. Hintergrund

Die Überschrift der Doppelseite greift grundlegende Haltungen gläubiger Menschen auf: Sicher gehört dazu die Freiheit (»des Christenmenschen«); ebenso ist Vertrauen ein Element eines »Grundmusters des Christlichen« und Synonym für »Glauben« (Bitter 347-356). Schließlich ist spätestens mit der Weg-Symbolik des NT die Absage an statisches Verharren verbunden. Die Figuren von Abraham und Sara stehen für diese Haltungen; Abraham und Sara gelten als Prototypen, als Urvater und Urmutter des Glaubens. Mit der Bundesthematik wird die besondere Verbindung zwischen Gott und Mensch bzw. zwischen Gott und seinem Volk hervorgehoben, und zwar im biblischen Sinne mit dem Bezug auf die Erzelternerzählungen »von Anfang an«. Das, was eigentlich aus dem Profanbereich stammt, im Sinne von Gesetz oder Vertrag, findet sich ausgeweitet auf religiös geprägte Verhältnisbestimmungen. Die verschiedenen Quellen des AT pflegen den Bundesbegriff und bauen eine Bundestheologie auf, die im Bundesschluss am Sinai gipfelt und in der Form der Bundestafeln ein Bundesgesetz erhält. In den Erzvätererzählungen dominieren Verheißungen der Nachkommenschaft und der Landnahme, verbunden mit dem Bundeszeichen der Beschneidung. Im letzten Abschnitt des Schulbuchtextes wird mit den Begriffen Bundeslade, Bundesformel und Bundestafeln auf die Geschichte Israels Bezug genommen. Das Lexikon liefert dazu erste Erläuterungen.

Vincent van Gogh:
»Sternennacht über der Rhone«, 1888
Das Bild (Öl auf Leinwand, 72,5 x 92 cm), ist horizontal angelegt. Mehr als ein Drittel nimmt der Nachthimmel ein. Dann folgt eine breite, ruhige Wasserfläche, die sich leicht geschwungen und weich über die ganze Breite des Bildes zieht und realistisch glänzt, als ob man direkt am Wasser säße. Den Vordergrund bildet eine sanfte Festlandfläche. Zwar beherrschen dunkle Farben das Gemälde, was das Thema »Nacht« vorgibt, aber von Bedrohlichkeit ist keine Spur. Der durch den Pinselstrich bewusst durchbrochene Nachthimmel zeigt dunkles und helles Blau, aber die zahllosen goldgelben Sterne strahlen Licht aus, umgeben von einem grünen, kreisförmigen Hof. Die über dreißig Sterne erinnern an ein fröhliches Sylvesterfeuerwerk. Ins Auge stechen dem Betrachter die Spiegelbilder der Lichter, die sich satt und tief im Wasser spiegeln. Diese Lichter kommen allerdings nicht vom Sternenhimmel, sondern von den Lichtern am Ufer des Flusses. So wirkt das Wasser wie ein goldener Brunnen, nichts Gefährliches oder Kaltes scheint auf. An seinem Ufer herrscht Geborgenheit und Leben in den Häusern, aus denen das warme Licht ausstrahlt. Auch die beiden Segelboote fügen sich friedlich in das Bild der Ruhe ein. Kein Wind trübt das Wasser. Ein älteres Paar am rechten unteren Bildrand ist auf dem Weg – es scheint, als würden sie sich auf den Betrachter zu und von der Stadt am anderen Ufer weg bewegen. Wohin geht der Weg? Verschiedene Stimmungen bestimmen das Bild: einerseits Harmonie, Friede, Eintracht mit der Natur, herrliche Schöpfung. So nimmt der Betrachter erstaunlich viel Grün in der Nacht wahr; es steht für Leben, Nahrung, Hoffnung. Andererseits zeigt sich eine gewisse Distanz: Die beiden Personen sind weit entfernt von dem Licht auf der anderen Seite des Wassers. Die Horizontale von Fluss und Ufer wird durchkreuzt von den gespiegelten Lichtern; so ergibt sich eine Bewegung von oben nach unten; die Erhebung im Vordergrund scheint sich dem Himmel zuzuwenden.

Wenn die Verbindung der Menschen zur Stadt am anderen Ufer nicht möglich ist, dann breitet sich der Himmel in seiner ganzen Weite mit den Sternen aus. Und doch ist da keine Verlassenheit – wohl aber die Chance, jenseits von weltlicher Geborgenheit einem Größeren begegnen zu können (vgl. ergänzend *Kunststücke 5, 6, 7*. 36 Folien, München 2003, Folie Nr. 4).

2. Einsatzmöglichkeiten im RU

Vertrauen auf ein Wort: Erfahrungsaustausch
Sch nähern sich der Bedeutungsvielfalt dieser Doppelseite an, indem sie auf eigene Erfahrungen von Zuversicht und Vertrauen aufmerksam werden.

- Je sechs Sch erhalten für ihre Gruppe ein großes Blatt, das den ganzen Tisch bedeckt. Aufschrift in der Mitte: Darauf vertrauen können, was einer gesagt hat ...
- Sammelt Worte des Vertrauens, die ein Mensch euch gesagt hat!
- Nach einem Austausch darüber wird die Textseite im Buch herangezogen; die Bibeltexte werden laut vorgelesen.
- Auch für Abraham geht es um Worte des Vertrauens! Sucht euch einen Bibeltext aus, schreibt ihn in euer Heft und versucht eine Fortsetzung. Schreibt

Oh rock my soul

T/M: Spiritual

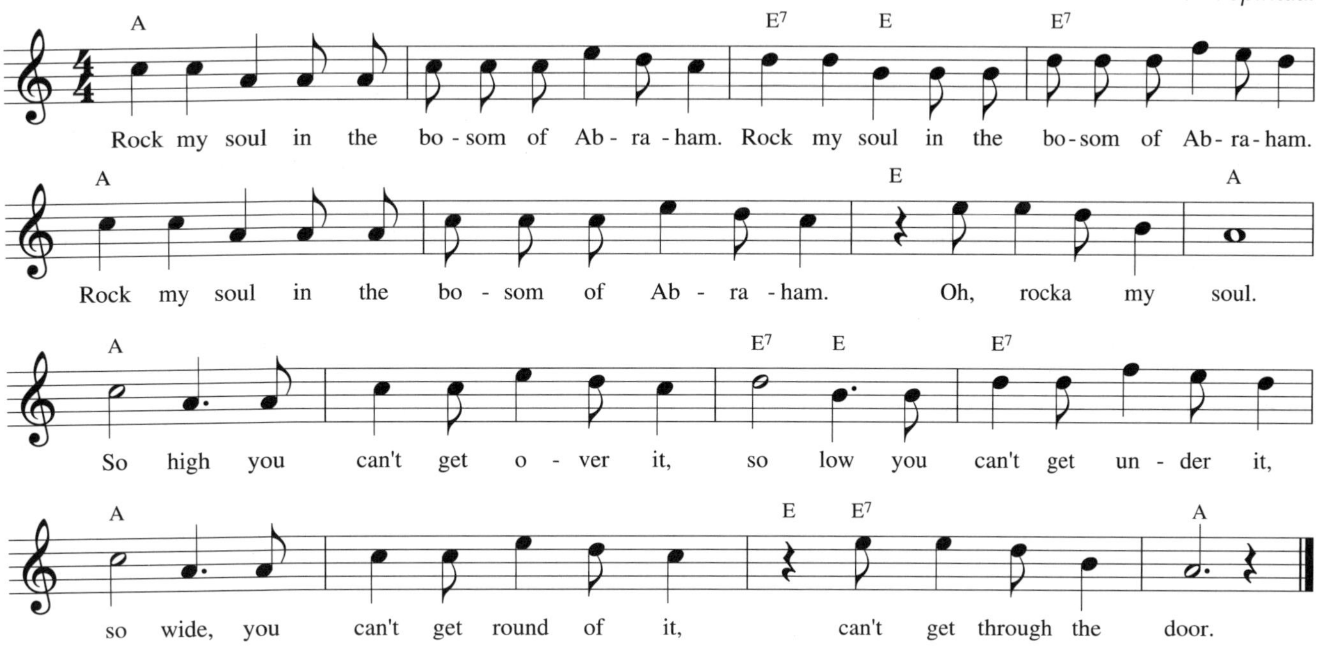

Ich möcht, dass einer mit mir geht

T/M: *Hanns Köbler*
© Gustav Bosse Verlag, Kassel

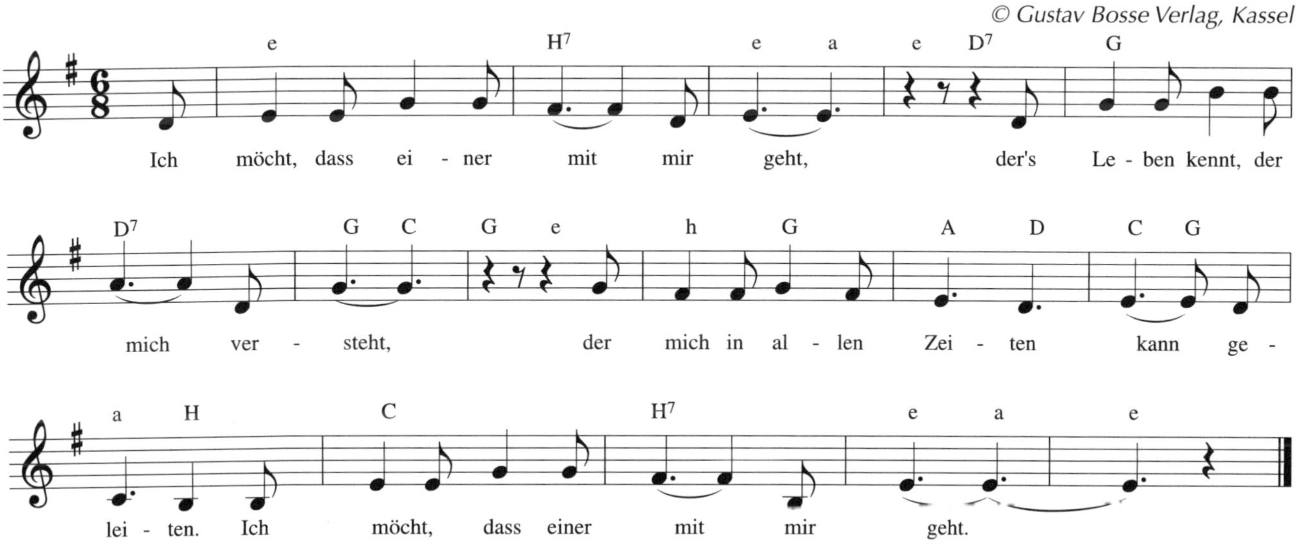

2. Ich wart, dass einer mit mir geht, der auch im Schweren zu mir steht,
der in den dunklen Stunden mir verbunden.
Ich wart, dass einer mit mir geht.

3. Es heißt, dass einer mit mir geht, der's Leben kennt, der mich versteht,
der mich in allen Zeiten kann geleiten.
Es heißt, dass einer mit mir geht.

4. Sie nennen ihn den Herren Christ, der durch den Tod gegangen ist,
er will durch Leid und Freuden mich geleiten.
Ich möcht, dass einer mit mir geht.

dazu im Sinne des Bibeltextes weiter oder schreibt eine mögliche Antwort des Abraham auf diese Verheißungen.
- Nach der Schreibphase werden die Texte gelesen. Dann Rückblick: Schon früher haben wir dieses Thema bei Abraham kennen gelernt: Er wird aufgefordert, sich auf den Weg mit Gott einzulassen, und er geht. Wie stellt sich das nun dar, wo es um die Verheißung von Nachkommenschaft und einen festen Platz in dem Land geht?
- *Ergänzung*: Sch erinnern nochmals die Gespräche über jene Erfahrungen, wie sie auf **74** beschrieben wurden. Denkbar sind auch Blicke auf Doppelseite **72-73** oder die Vertrauensübung der *Ideenseite* 70.

Der Bund »geht«: ein fürsorgender Gott

Mit Blick auf die besondere Wortwahl der Genesis wird deutlich, dass die Bibel von einem treuen und fürsorgenden Gott spricht.
- Nach der Erarbeitung der Texte von **82** lesen Sch die vierte Arbeitsanweisung.
- In den Erzählungen von Sara und Abraham kommt dem *Gehen* ein wichtiger Stellenwert zu. Sucht anhand einer Karte, z. B. aus dem Anhang der Bibel, einzelne Stationen ihres Weges auf.
- Die Bibeltexte sagen, dass Gott mit Abraham einen Bund schließt. Findet heraus, weshalb dieses Wort so wichtig ist, indem ihr verwandte Begriffe dazu sucht (verbunden sein, sich verbinden, einem anderen seine Verbundenheit zeigen).
- Versucht zu beschreiben, welche Vorstellung der Menschen über Gott sich in diesem Zusammenspiel von »Gehen« und »Verbundensein« zeigt, wenn ihr es in euren eigenen Worten sagt!
- Andere Hinweise auf das »Mitgehen Gottes« wer, z. B. bes. Mose und die Israeliten; Jesus; die Kirche als das »Volk Gottes auf dem Weg«, vgl. *Titelseite* von Kap. 2, **21**.
- Sch lernen das Lied »Ich möcht, dass einer mit mir geht« (**AB 5.5.11, Lehrerkommentar S. 181**) bis zur 3. Strophe.
- Zu einer ausgewählten Zeile schreiben oder malen Sch Ergänzungen.
- Die 4. Strophe wird eingeführt: Wie können Christen sie verstehen? Welche Unterschiede gibt es zu Abraham, den Juden, den Muslimen? Wie könnten diese das Lied weiterschreiben?

Bild: Menschen auf dem Weg durch die Zeiten

Anhand des Bildes **83** wird deutlich, wie Menschen in ihrem Leben auf sich und ihren Gott gestellt sind – gestern und heute.
- Sch betrachten das Bild und beschreiben ausführlich, was sie sehen.
- Konzentration auf die beiden Menschen im Vordergrund, ihre Bewegungsrichtung, ihr mögliches Alter, die Stellung zueinander. Was lässt sich dazu vermuten?
- Einfühlungsversuch: Stell dir vor, du wärst an der Stelle dieser Menschen auf dem Weg durch die Nacht! Du gehst, manchmal schaust du dich um. Warum gehst du weg von den Lichtern der Stadt? Welche Gedanken gehen dir dabei durch den Kopf? Schreib sie auf!
  Für viele Menschen sind die Sterne, die am Himmel stehen, ein Hoffnungszeichen. Versucht Gründe dafür zu finden.
- Lest euch nun noch einmal Gen 15,5 durch. Sprecht darüber, was diese Worte für Menschen bedeuten. Schreibt dann Gedanken- und Sprechblasen auf, die zu den beiden Menschen auf dem Bild passen, und legt sie dazu.
- Wenn man an die Erzählungen von Abraham und Sara denkt, könnte ein solches Bild etwas von dem Aufbruch mitteilen. Es kann aber auch von ganz anderen Erfahrungen sprechen: von alten Menschen, die in der Stadt nicht mehr bleiben wollen, weil sie dort stören, weil sie Arbeit verursachen und nicht mehr so schnell sind wie die jungen Menschen ...
- Gespräch über die Bedeutung alter Menschen für Sch heute: Was Großvater und Großmutter bewegt ...
- Abschließend suchen Sch nach einem Titel für das Bild von van Gogh.

Anmerkung: Weitere Erläuterungen und Arbeitsanregungen finden sich dazu in der o.a. Folienmappe.

»Wie in Abrahams Schoß«

Anhand eines Songs wird dem Stellenwert der Abrahamsgestalt für den Glauben nachgegangen.
- Sch üben den Song »Rock my soul in the bosom of Abraham« (**AB 5.5.11, Lehrerkommentar S. 181**) ein und übersetzen den Liedtext (Wiege meine Seele in Abrahams Schoß).
- Überlegungen zum symbolischen Gehalt der Rede vom »Schoße Abrahams« werden angestellt; dabei werden auch die Kenntnisse über den Stellenwert eines Sippenführers benötigt (**80-81**).
  Zur Erläuterung/Vertiefung wird Lk 16,19-31 (Das Beispiel vom reichen Mann und vom armen Lazarus) herangezogen.
- »Sich geborgen fühlen«: Sch tragen eigene Erfahrungen zusammen – im Gespräch, im eigenen Nachdenken, gemeinsam. Dabei wird deutlich, dass es da eine Zweiseitigkeit gibt: Geborgenheit erfahren – Geborgenheit schenken können.
- Sch suchen dann nach Gründen, weshalb im NT vom armen Lazarus gerade im Schoße Abrahams gesprochen wird. Dann Ausweitung auf den Song: Als Spiritual ist er Ausdruck der unterdrückten Schwarzen in der Sklaverei – welche Bedeutung kann diese Hoffnung auf die Figur des Abrahams heute haben?

Lünette

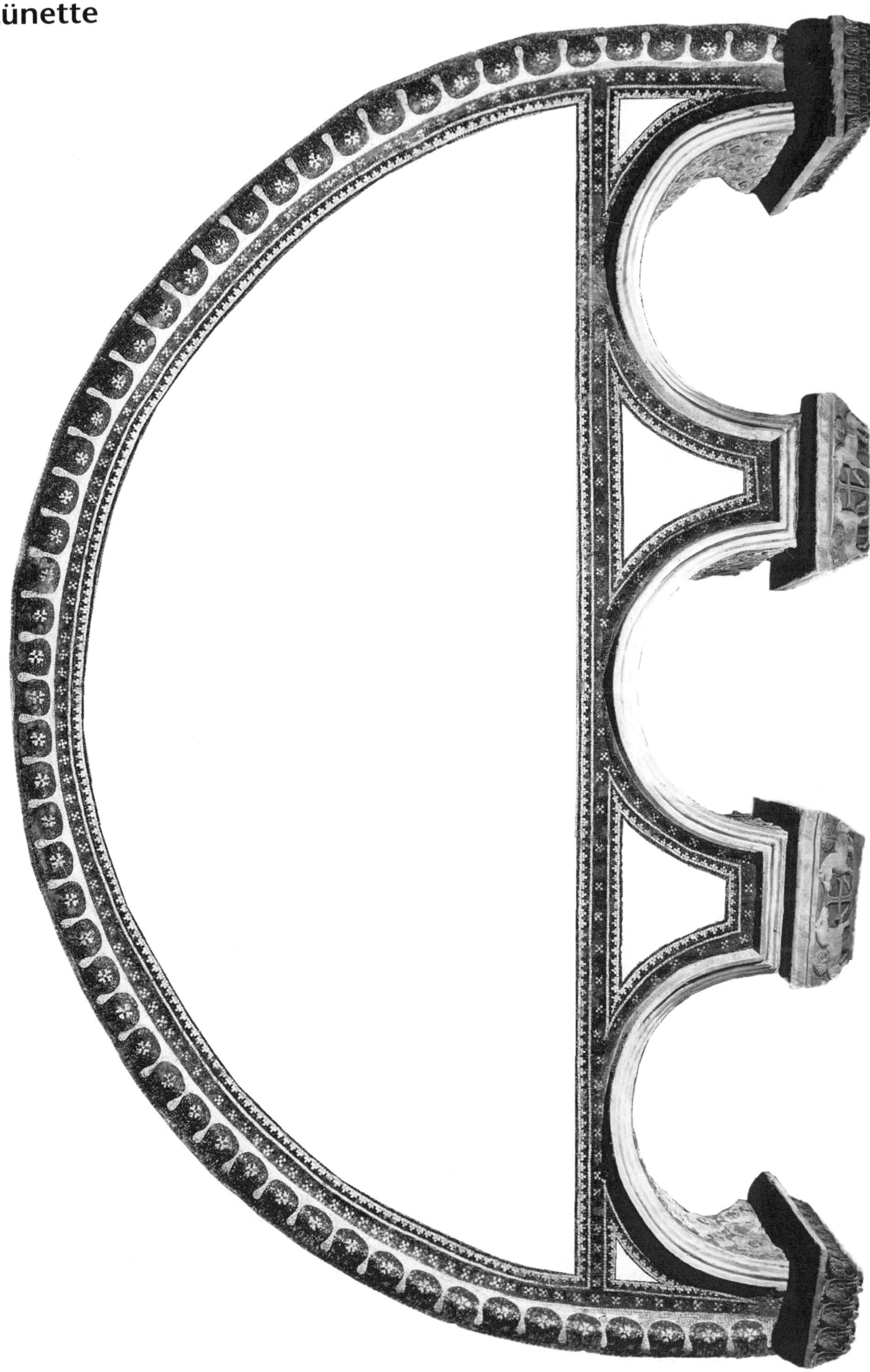

1. Hintergrund

Die verschiedenen Elemente dieser Seite laden zur Auseinandersetzung mit dem »prototypischen Menschen Abraham« ein: Einer, der sich ganz auf Gott verlässt und durch seinen Glauben unüberwindbar erscheinende Hindernisse überwindet (Karikatur); einer, der sich traut, aufzubrechen zu neuen Horizonten und trotzdem ein Mensch mit Zweifeln ist, kann auch heute Modell sein.
Sch entdecken in der kurzen Erzählung von Tanjas überraschend bevorstehendem Umzug eine ähnliche Situation. Sie ist zwar wegen der anderen Tiefe des existenziellen Anrufs Abrahams nicht auf gleicher Ebene vergleichbar, gibt aber ein Beispiel aus dem Erfahrungsbereich der Sch. Diese werden durch den offenen Ausgang eingeladen, sich in die Lage des Mädchens hineinzuversetzen.
Mit dem Schluss des kurzen Gedichtes werden Sch direkt angesprochen: Abraham »macht ... es vor – der/die Nächste bitte«. Sie müssen sich damit auseinander setzen: Will ich das?
Der Wunsch ein Mensch wie Abraham zu sein, zu vertrauen wie Sara und Abraham, könnte für Sch das Ergebnis der Arbeit mit dem Abraham-Kapitel sein. So lädt die Seite ein, Abrahams und Saras Weg in einigen Aspekten als Modell für den eigenen Lebensweg zu entdecken.

2. Einsatzmöglichkeiten im RU

Hält der Glaube?
Die Karikatur von Ivan Steiger stellt die Frage danach, was Menschen trägt.

- Sch beschreiben die Karikatur (die Figur überwindet ein Hindernis, eine Schlucht, indem sie »Glaube« als Brücke benutzt. Nach der gelungenen Überquerung hebt sie jubelnd die Hände in die Luft).
- UG: Sch versuchen Deutungen:
  - Was könnte man noch in die Lücke schreiben?
  - Was würdest du in die Lücke schreiben?
  - Was trägt Sara und Abraham, was trägt uns?
  - Die Lünette mit den Szenen von Sara und Abraham (Titelbild **67**) ruht auf vier Säulen. Im übertragenen Sinn können diese Säulen das darstellen, was das Leben Saras und Abrahams trägt und was auch Halt für das Leben der Sch bietet.
- Sch lesen auf **84** die Abschnitte »Ein Verheißungs-Mensch sein«, »Ein Vertrauens-Mensch sein«, »Ein »Aufbruch-Mensch« sein«.
  - In den Rahmen der Lünette (**AB 5.5.12, Lehrerkommentar S. 183**) schreiben oder malen sie hinein, was ihnen im Leben wichtig ist.
  - Sch gestalten die Säulen mit den Antworten auf die Fragen: Was trägt die beiden? Warum lassen sie sich auf das Wagnis ein?

Hinweis: Es muss nicht unbedingt in strenger Säulenform geschrieben werden: Alle Formen, Farben, gestaltete Begriffe, ganze Sätze sind denkbar.
Alternativ wird diese Arbeit als Plakat gestaltet:

- Mittels OHP wird der Rahmen der Lünette (**AB 5.5.12, Lehrerkommentar S. 183**) auf ein Plakat projiziert und nachgezeichnet (z. B. die Breite der Tür aufnehmen, um das fertige Bild später über der Tür anzubringen).
- Mit eigenen Bildern und Texten entsteht das Bild in dem Rahmen. Die Säulen können ggf. auch wegfallen.

Lied: Erzähl mir was von Abraham
Der monotone, wiederkehrende Schlusssatz des Liedes (**AB 5.5.13, Lehrerkommentar S. 185**) »Warum? Gott hat es ihm gesagt« lässt die Schlichtheit und Tiefe von Abrahams Gottergebenheit spüren. Jede Handlung Abrahams wird so ganz selbstverständlich auf Gott bezogen.

Erzähl mir was von Abraham

T: *Rudolf Otto Wiemer*
M: *Gerd Watkinson*

2. Was weißt du noch von Abraham?
Er ließ zurück sein Hof und Haus.
Er zog in das Land Weithinaus.
Warum?
Gott hat es ihm gesagt.

3. Und sprich: Wer zog mit Abraham?
Mit Frau und Kind und Ingesind
er zog in das Land Wüstenwind.
Warum?
Gott hat es ihm gesagt.

4. Wie alt war dieser Abraham?
War fünfundsiebzig Jahre alt.
Er zog in das Land Fremdundkalt:
Warum?
Gott hat es ihm gesagt.

5. Und war er froh, der Abraham?
Er ging, nahm Abschied, nicht sehr froh.
Er zog in das Land Weißnichtwo.
Warum?
Gott hat es ihm gesagt.

6. Wohin zog dieser Abraham?
Er zog aus seinem Heimatland
von Gottes Hand in Gottes Hand.
Warum?
Gott hat es ihm gesagt.

Literatur

Bahr, Matthias, Zur Innenseite der Ausländerfeindlichkeit. Elemente der Transaktionsanalyse im Religionsunterricht, in: KatBl 118 (1993), 590-596

Bitter, Gottfried, Art. »glauben/vertrauen«, in: ders./G. Müller (Hg.), Handbuch religionspädagogischer Grundbegriffe, Bd. 1, München 1986, 347-356

Fischer, Irmtraud, Den Frauen der Kochtopf – den Männern die Politik? Zum Klischee der Geschlechterrollen in der Bibelauslegung am Beispiel der Erzeltern-Erzählungen, in: Christlich-Pädagogische Blätter 108 (1995), 134-138

Halbfas, Hubertus, Religionsunterricht in Sekundarschulen. Lehrerhandbuch 5, Düsseldorf 1992, 173-196

Hossfeld, Frank-Lothar, Art. »Bund«, in: G. Bitter/G. Miller (Hg.), Handbuch religionspädagogischer Grundbegriffe, Bd. 2, München 1986, 724-728

Kuschel, Karl-Josef, Abraham – Vater des Glaubens für Juden, Christen und Muslime, Paderborn 1996

Lange, Günter, Kunst zur Bibel – 32 Bildinterpretationen, München 1988

Maiberger, Paul, Das Alte Testament in seinen großen Gestalten. Glaubens- und Lebensgeschichten, Mainz 1975

Mieth, Dietmar, Die neuen Tugenden: ein ethischer Entwurf, Düsseldorf 1984

Neubrand, Maria, Erinnere dich, Sara!, in: Brosseder, Hubert (Hg.), Abraham, Paderborn 1996

Rosenau, Hartmut, Fragen ist die Frömmigkeit des Denkens. Biblische Themen aus philosophischer Sicht, Moers 1996

Sengers, Barbara, Monolog der Hagar. Eine Transformation zu Gen 16,1-16, in: KatBl 111 (1986), 642

Stiglmair, Arnold, Art. »Gastfreundschaft«, in: LThK3 IV, 300

Tworuschka, Monika und Udo, Die Weltreligionen Kindern erklärt: wie andere leben – was andere glauben, Gütersloh 1996

Wagemann, Gertrud, Feste der Religionen – Begegnung der Kulturen, München 2002

Walter, Ingolf. u. a., Van Gogh. Sämtliche Gemälde, zwei Bände, Köln 1993

Zenger, Erich, Einleitung in das Alte Testament, Stuttgart 1998

Zimmerli, Walther, 1 Mose 12-25. Abraham (Zürcher Bibelkommentar AT 1/2), Zürich 1976

Neugierig auf Fremde(s) 6

Das Thema im Schulbuch

Bereits die Kapitelüberschrift enthält eine These: dass es sich nämlich lohnen könne, sich *den* Fremden mit Interesse und Offenheit zuzuwenden, obwohl die Begegnung mit *dem* Fremden stets auch die Perspektive der Vorsicht und Scheu vor Unbekanntem enthält. Lehrplan und Schulbuch aber richten die Aufmerksamkeit primär auf die Chancen, die der Kontakt mit Fremden hat.
Die *Titelseite* **85** mit der Skulptur eines unvollständigen Brückenbogens kann einerseits auf die Hinordnung der Menschen zueinander verweisen, mahnt aber andererseits die Notwendigkeit eines Aufeinander-Zugehens an.
Auf der *Themenseite* **86-87** werden exemplarisch Erfahrungen vieler Menschen angesprochen, die – aus welchen Gründen auch immer – als Fremde in unserem Land leben. Die Erzählung einer ausländischen Schülerin regt zur Übernahme der ungewohnten Perspektive der Fremden an.
Die *Ideenseite* **88-89** bietet vielfältige Anregungen, mit Sch auf praktische Weise dem Reiz fremder Lebens- und Glaubensvollzüge nachzugehen.
Die *Deuteseite* **90-91** kann dazu anregen, der Ambivalenz des Fremden nachzugehen und dabei zu entdecken, wie das Menschsein der Menschen untereinander verbindend wirken kann.
Infoseite I **92-93** greift mit Weihnachten ein zentrales Fest für Sch heraus, anhand dessen sie unterschiedliche Bräuche von Christinnen und Christen aus europäischen Ländern kennen lernen können.
Auf der *Infoseite II* **94-95** weitet sich die Perspektive: Am Beispiel des Fastens wird eine religiöse Grundübung vorgestellt, die in allen abrahamitischen Religionen einen hohen Stellenwert hat, auch wenn dabei unterschiedliche Ausformungen festzustellen sind.
Die *Infoseite III* **96-97** versucht über den Blick auf die verschiedenen Kalender ein Verständnis dafür zu erarbeiten, wie die Festkreise und herausgehobenen Zeiten in Christentum, Judentum und Islam zustande kommen.
Religionen in früheren Zeiten widmet sich *Infoseite IV* **98-99**, indem am Beispiel der Kelten und der Indianer darauf aufmerksam gemacht wird, wie religiöse Praxis Leben und Handeln von Kulturen seit alters her prägt.
Die *Stellungnahmen* **100** fordern dazu auf, die Annäherungsbemühungen an fremde Menschen und deren Religionen in ihrer Herausforderung kritisch zu prüfen.

Verknüpfungen mit anderen Themen im Schulbuch

Die Erfahrung von Fremdheit erleben Sch bereits mit dem Eintritt in die neue Situation der Realschule (vgl. Kap. 5.1: Gemeinsam neu anfangen); insofern bieten sich hier Anknüpfungspunkte. Die Herausforderung von Aufbruch und Neuanfang bestimmt ebenso die Geschichte von Abraham und Sara (vgl. Kap. 5.5); die Erarbeitung des Stellenwertes von Gastfreundschaft weist darauf hin, wie ein Lösungsweg im Umgang mit Fremden aussehen kann.

Verbindungen mit anderen Fächern

Einen wichtigen Beitrag leistet der Themenbereich zum fächerübergreifenden Bildungsauftrag »Europa«, wenn kulturell unterschiedliche Sitten und Bräuche wahrgenommen werden. Sch lernen dabei auch den prägenden Charakter von Religion kennen. Die bessere Kenntnis der »Fremden« kann die Grundlage bereiten für ein gewaltfreies Zusammenleben und die Verständigung über Menschenrechte.

Neugierig auf Fremde(s) — Titelseite (85)

1. Hintergrund

Manfred Bergmeister:
»Wüstentor von El Alamein«, 1985
Das Werk des Ebersberger Kunstschmiedes wurde im Auftrag des Volksbundes Deutsche Kriegsgräberfürsorge angefertigt. Es ist aus Bronze geschmiedet (Höhe ca. 8 m, Gewicht ca. 3 to) und dient als Zufahrtssicherung zu den englisch-deutschen Soldatenfriedhöfen des Zweiten Weltkrieges – letzte Zeugnisse der blutigen Konflikte in dieser Region, die durch ständige Sandverwehungen der Gefahr

des Vergessens ausgesetzt sind. Von seiner Anlage her ist dieses Wüstentor mehr als eine technische Sicherung: Parallel aufgebaut zu beiden Seiten der Einfahrt und mit seiner eigenwilligen Form ist es markanter Wegweiser in der Weite des Geländes. Von seinem Aufbau her sticht der Kontrast zwischen gerundeten und geraden Linien hervor. Die Bogenform, die sich nach oben verjüngt, bricht schließlich ab. Auf beiden Seiten setzen schräg nach oben zulaufende Streben teilweise schon im Fundament an, sie bleiben mit ihren Enden unterhalb des oberen Rundbogenendes zurück. Der unabgeschlossene Rundbogen ragt somit am weitesten in den Durchfahrtsbereich der Straße hinein. Rundbogen und Schrägstreben deuten noch eine Bewegung aufeinander zu an; mit den senkrecht nach oben angesetzten Streben ist dies nicht mehr der Fall. Hier dominiert dann die klare Bewegung des »Oben-Unten« – ein (imaginärer) Fluchtpunkt ist nicht vorhanden. Sucht man einen solchen Berührungspunkt für die beiden bogenförmigen Elemente, dann findet sich dieser in der Mitte am oberen Bildrand. Die Fluchtpunkte der übrigen Schräglinien liegen jedoch oberhalb des zu Ende gedachten Bogens. Die gedachte Verlängerung würde den Bogen gleich mehrfach durchschneiden. Auffallend gegenüber den Linien sind die Dreiecksflächen, die kleine, waagerechte Plattformen bilden und die Linien-Struktur zurücknehmen. In seiner Gesamtanlage wirkt die Skulptur zwiespältig: Einerseits springt die runde Bewegung des Bogens ins Auge; in seiner zu Ende gedachten Form signalisiert er Verbindung und Schutz. Andererseits stehen die geraden Linien mit ihren Spitzen in einem Kontrast dazu. So wie sie ausgerichtet sind, stehen sie sich gegenüber und erinnern an Geschützrohre, die in den Himmel ragen, um mit ihrer Munition Tod und Vernichtung an entfernte Ziele zu tragen.
Nimmt man die gedachte Verlängerung dieser Ausrichtung als eine absichtliche an, dann wird diese Interpretation durch die »Durchkreuzung« (Zerstörung?) der Bogenform unterstrichen. Den senkrechten Linien kann man dabei eine »konservative« Funktion zusprechen: Sie halten Bogen und Schräglinien verbunden und damit offen, welche Linienführung letztendlich dominieren wird. Interessant ist vor diesem Hintergrund die Wirkung der waagerecht angesetzten Dreiecke: Werden ihre Linien weiter ausgezogen, dann ergeben sich zwingend Ebenen unter der Kreisbogenform – vielleicht als Stabilisierung der großen Verbindungslinie. Darin eingeordnet, könnten auch die Schräglinien unterstützen und befestigen – als wichtige Stahlstützen, die den Bogen tragen und halten.

Soll damit nun eine Vision entworfen werden? Der Friedhof von El Alamein ist Erinnerung an eine mit aller Härte geführte militärische Auseinandersetzung des Zweiten Weltkrieges, Symbol der Sinnlosigkeit von Feldherren, die Menschen aufeinander gehetzt haben. In seiner Monumentalität auch des gewählten Materials kann die Skulptur ein bleibendes Mahnzeichen sein, die Bemühungen des »Aufeinander-Zu« als immer währende Aufgabe anzusehen. Dabei ist die Skulptur in dieser Form unfertig – es gibt kein rundes, harmonisches Bild, sondern die Anregung und den Auftrag, an den Verbindungslinien stets neu zu arbeiten. Dass dies nicht ein überholter Auftrag aus vergangenen Zeiten ist, mag auch daran deutlich werden, dass bis heute Veteranenzusammenschlüsse bestehen, die die Schlacht von El Alamein feiern.

Im Kontext des Schulbuchthemas ergeben sich ganz neue Blickwinkel: Gerade in Zeiten gesellschaftlicher Verschiebungen, in denen das Zusammenleben unterschiedlicher Kulturen und Lebensstile zum wichtigen Auftrag wird, ist die Notwendigkeit gegeben, dem Fremden und Unbekannten zwar mit Überlegung und Vorsicht, aber auch mit Interesse und grundsätzlicher Offenheit zu begegnen. Wenn hier im Titel (und auch im Lehrplanthema) eine Option getroffen wurde, dann gründet sie im Christlichen: Andere Menschen sind in erster Linie Menschen anderer Herkunftsräume, die ganz im Sinne jesuanischer Spiritualität für Christen Dialogpartner sein können.

Schlacht bei El Alamein
(30.6. bis 2.11.1942)
Durch Verlegung deutscher Luft- und Seestreitkräfte von Südeuropa nach Nordafrika gelang es Erwin Rommel im Januar 1942, die zwei Monate zuvor begonnene britische Offensive mit einem überraschenden Gegenangriff zu stoppen. Massive Luftangriffe begünstigten den deutsch-italienischen Vormarsch nach Tobruk. Die britische Festung kapitulierte nach heftigen Kämpfen am 21. Juni. Unter Ausnutzung des psychologischen Vorteils nach dem Sieg befahl der inzwischen zum Generalfeldmarschall beförderte Rommel die Verfolgung des Gegners. Auch Hitler und Mussolini zogen nunmehr den Vorstoß nach Ägypten der ursprünglich vorgesehenen Eroberung des britischen Versorgungsstützpunkts Malta vor. Am 30. Juni 1942 stießen die deutsch-italienischen Verbände bei El Alamein an die letzte britische Verteidigungsstellung vor Alexandria. Die Achsenmächte, die beim Eintreffen vor El Alamein lediglich über 2 000 Infanteristen und 55 Panzer verfügten, scheiterten an ei-

nem Vorstoß durch die Verteidigungslinie aufgrund britischer Überlegenheit. Eine letzte, am 31. August begonnene deutsch-italienische Großoffensive musste nach drei Tagen wegen Treibstoffmangels abgebrochen werden. Während die Briten auf eine nur 100 Kilometer lange Nachschublinie nach Alexandria zurückgreifen konnten, mussten die Versorgungsgüter für die Deutschen über 1 000 Kilometer durch die Wüste transportiert werden. Als die 8. Armee unter Bernard L. Montgomery am 23. Oktober zum Angriff überging, standen knapp 100 000 deutsche und italienische Soldaten mit 550 Panzern etwa 230 000 britischen, südafrikanischen, indischen und neuseeländischen Soldaten mit über 1 200 Panzern gegenüber.
Nach dieser für den Afrikafeldzug entscheidenden Materialschlacht war die Kampfstärke auf 30 bzw. 600 Panzer reduziert. 30 000 Mann gerieten in britische Gefangenschaft. Als die Briten am 2. November 1942 die deutschen Stellungen durchbrachen, verfügte Rommel gegen den Befehl Hitlers den Rückzug seiner fast völlig aufgeriebenen und erschöpften Truppen nach Libyen. Nachdem über 100 000 amerikanische und britische Soldaten nach der Landung in Marokko und Algerien am 8. November 1942 eine zweite Front im Rücken von Rommels Truppen eröffneten, wurde die militärische Situation für die Deutschen in Nordafrika aussichtslos. El Alamein steht damit für einen Wendepunkt des Zweiten Weltkrieges; der Ort wurde zum Symbol des britischen Sieges, den Veteranen bis heute feiern. Gleichzeitig steht er aber auch für die Sinnlosigkeit des Todes von Tausenden von Menschen auf beiden Seiten der Frontlinie.

2. Einsatzmöglichkeiten im RU

Brücken weiter bauen

Sch werden sich darüber bewusst, welche Bausteine erforderlich sind, um tragfähige Brücken der Menschen aufeinander zu zu bauen.

- Sch erhalten in einem LV Informationen darüber, wie es zu dieser Skulptur in der ägyptischen Wüste gekommen ist. Anschließend bekommen je zwei Sch das **AB 5.6.1, Lehrerkommentar S. 191** (im DIN-A3–Format).

– Die Kriegsgräberfürsorge hat sich für diese Skulptur eingesetzt. Sie wollten offensichtlich daran erinnern, dass die Menschen in unterschiedlichen Völkern aufeinander zugehen müssen und friedlich zusammenleben sollen. Nun sehen wir aber, dass dieser Bogen, der fast wie eine Brücke aussieht, noch nicht fertig ist. Was ist dazu nötig, damit der Bogen zusammenwachsen kann? Sprecht zu zweit darüber!

– Tragt nun – jeder von seiner Seite aus – einzelne Teile ein und baut so an diesem Bogen weiter. Schreibt zu euren Bauteilen hinzu, was für das Weiterbauen hilfreich ist (z. B.: mehr voneinander wissen, sich bei Besuchen kennen lernen, Bücher lesen über das andere Land etc.).

Zwischen Miteinander und Gegeneinander

Bei der Suche nach Gegensatzpaaren der Sprache wird deutlich, welche große Bandbreite die Beziehungen von Menschen untereinander bestimmen kann.

- Sch betrachten zunächst das Bild und beschreiben möglichst genau alles das, was sie erkennen können.
- L gibt ein Wortpaar vor, z. B. »aufeinander zu« – »voneinander weg«.
- Sch suchen in PA nach anderen Wortpaaren, die zu dieser Skulptur passen könnten (z. B.: sich öffnen – sich verschließen; verbinden – durchkreuzen; sich verstehen – sich bekämpfen; lieben – hassen ...)
- Die Wortpaare werden gesammelt. Sch beziehen sich dann auf einzelne Bereiche der Themenstellung, z. B. auf Konflikte, die in der Schule oder in der Stadt anzutreffen sind, und überlegen, welche Wortpaare diese Konflikte kennzeichnen würden.
- Anhand der Wortpaare geben sich Sch darüber Rechenschaft, welche Worte im eigenen Wortschatz Gültigkeit haben, wenn er oder sie an den Umgang mit Fremden denkt. Welche Gründe könnten dazu geführt haben, dass dies jeweils so ist?
- Sch beziehen nun die Überschrift des Kapitels mit ein: Welche Worte werden für dieses Kapitel in erster Linie gelten? Gibt es auch dafür Gründe, vor allem, wenn ihr aus christlicher Sicht daran denkt?

Die Linien ausziehen – die Folgen erkennen

In der Ausgestaltung der Skulptur werden Sch sich bewusst, welche Folgen das jeweilige Handeln von Menschen haben kann.

- Sch erhalten **AB 5.6.1, Lehrerkommentar S. 191**.

– Ihr seht auf diesem Blatt den Bogen, der noch nicht ganz fertig zu sein scheint.
– Nehmt einen Bleistift und zeichnet die angefangene Linie zur anderen Seite weiter. Achtet dabei auf die Bogenform. Anschließend betont ihr mit einer hellen Farbe eurer Wahl diesen Bogen noch!
– Nehmt nun ein Lineal und zeichnet die Linien mit Bleistift weiter, die schräg nach oben weisen, bis sie sich jeweils kreuzen. Was könnt ihr feststellen?
– Schreibt ans Ende der Linien Worte, die euch zu dem Bild und den weitergezogenen Linien passend erscheinen.
– Wenn eine Brücke als Verbindung zwischen Menschen Bestand haben soll, dann braucht sie auch ein Tragwerk als Unterbau. Zeichnet die Linien, die eigentlich nach oben laufen, zu einem Brücken-

unterbau um. Nehmt dazu eine dunkle Farbe. Achtet darauf, dass der Bogen nicht durchkreuzt wird.
- Die Zeichnung kann dafür stehen, wie Menschen miteinander leben können – in Konflikt, Streit und Krieg, oder in einer gemeinsamen Verbindung. Schreibt in das Tragwerk hinein, wie Menschen aufeinander zu Brücken bauen können. Was wird hingegen geschehen sein, wenn Menschen sich gegenseitig »Pläne durchkreuzen«?

Entwurzeln ... anwurzeln ... verwurzeln — Themenseite (86)(87)

1. Hintergrund

Von Urlaubsreisen, die inzwischen auch in weiter entfernte Gebiete führen, sind Sch häufig bereits mit Menschen anderer Länder in Kontakt getreten. Dabei dominiert vielfach nur die touristische Perspektive – von den genaueren Lebensumständen der Menschen dort und ihrer Kultur gibt es oft nur eine vage Vorstellung. Gleichzeitig hören sie im privaten und öffentlichen Bereich immer wieder (widersprüchliche) Aussagen, in denen sich die Sorge vor einer Überfremdung in Deutschland ausdrückt, bis hin zu der Forderung nach einem verstärkten Zuzug, um die rückläufige Bevölkerungsentwicklung ausgleichen zu können.
An dem Beispiel von Seda kann ein Bewusstsein von den Hintergründen und den Lebensbedingungen fremder Menschen entstehen. Gleichzeitig wird verständlich, wie groß die kulturellen Unterschiede sind, mit denen einheimische und hinzugekommene Menschen konfrontiert werden.
Die Überschrift der Doppelseite und die Grafik machen darauf aufmerksam, dass mit dem Wegzug aus dem Heimatland stets auch ein Abbruch bestehender Sicherheiten und Beziehungen verbunden ist, die von den Betroffenen als Entwurzelungen erlebt werden. Die Bewegungsrichtung der Grafik zeigt dies an: Der Mensch geht von rechts nach links, entgegen unserer Sehrichtung – und darin deutet sich weniger die optimistische Erwartung als der schnelle Schritt in eine wenig hoffnungsvolle Zukunft an.
Indem Sch sich einfühlen in die Probleme der ausländischen Mitbürger, kann eine offene und tolerante Haltung angebahnt werden. Nicht moralische Appelle, sondern die Wahrnehmung von Gegebenheiten ermöglicht dann interkulturelles Lernen.

2. Einsatzmöglichkeiten im RU

Entwurzelt – die Blickrichtung verändern
In der Erarbeitung der Grafik **86** entsteht ein Bewusstsein von den Umwälzungen, die Menschen durch die Flucht aus ihrem angestammten Land zu bewältigen haben.

- Sch betrachten die Zeichnung **86:** Was sticht ins Auge? Welche Stimmung strahlt das Bild aus? Warum ist der linke Fuß so groß? Wofür könnten die Wurzeln stehen?
- In PA wird die Grafik mit dem Bild von Abrahams Aufbruch **72/73** verglichen: Welche Unterschiede sind festzustellen? (inhaltlich: herausgerufen werden durch Gott; formal: Darstellung in der Sehrichtung bzw. gegen die Sehrichtung). Welche Auswirkungen hat die Art der Darstellung auf den Betrachter?
- UG über die Gründe, weshalb Menschen ihre Heimat verlassen (müssen). Was ist Sch aus Fernsehen und Zeitung darüber bekannt?
- Sch erhalten die linke Hälfte von **AB 5.6.2, Lehrerkommentar S.193**, und beschriften sie: Mit Gedankenblasen machen sie deutlich, was ein Mensch auf der Flucht an Gedanken mit sich trägt; zu den Wurzeln wird geschrieben, was er oder sie hinter sich lassen muss.
- Anhand von Medienberichten schreiben Sch Gebiete dazu, in denen sich Menschen (Familien) auf die Flucht begeben.
- Gedankenspiel: Wie (un)realistisch ist es, dass alle einen Koffer mit dem Reiseziel »Germany« bekommen? Welche anderen Lösungen sollte es geben?
- Biblischer Impuls: Weit verbreitet ist die Goldene Regel: »Alles was ihr wollt, dass euch die Menschen tun, das tut auch ihr ihnen.« (Mt 7,12). Wenn Menschen sich danach richten, wie müssten sie dann handeln?

Seda – was ein Mädchen aus Albanien erlebt
Anhand der Geschichte wird deutlich, mit welchen konkreten Schwierigkeiten Familien aus anderen Ländern in Deutschland zu kämpfen haben. Aus der konkreten Schilderung kann bei Sch ein Interesse wachsen, die eigene Lebensumgebung nachzufragen.
- Sch betrachten das Foto **87**: Wie wirkt das Mädchen? Wie könnte ihr Alltag aussehen?
- Sch lesen den Text und erarbeiten in GA die Probleme der einzelnen Familienmitglieder. Jede GA schreibt einen Brief, den die »betreffende Person« in die alte Heimat senden könnte. Gruppe überlegt, was der betreffenden Person konkret helfen könnte.

Das Wüstentor

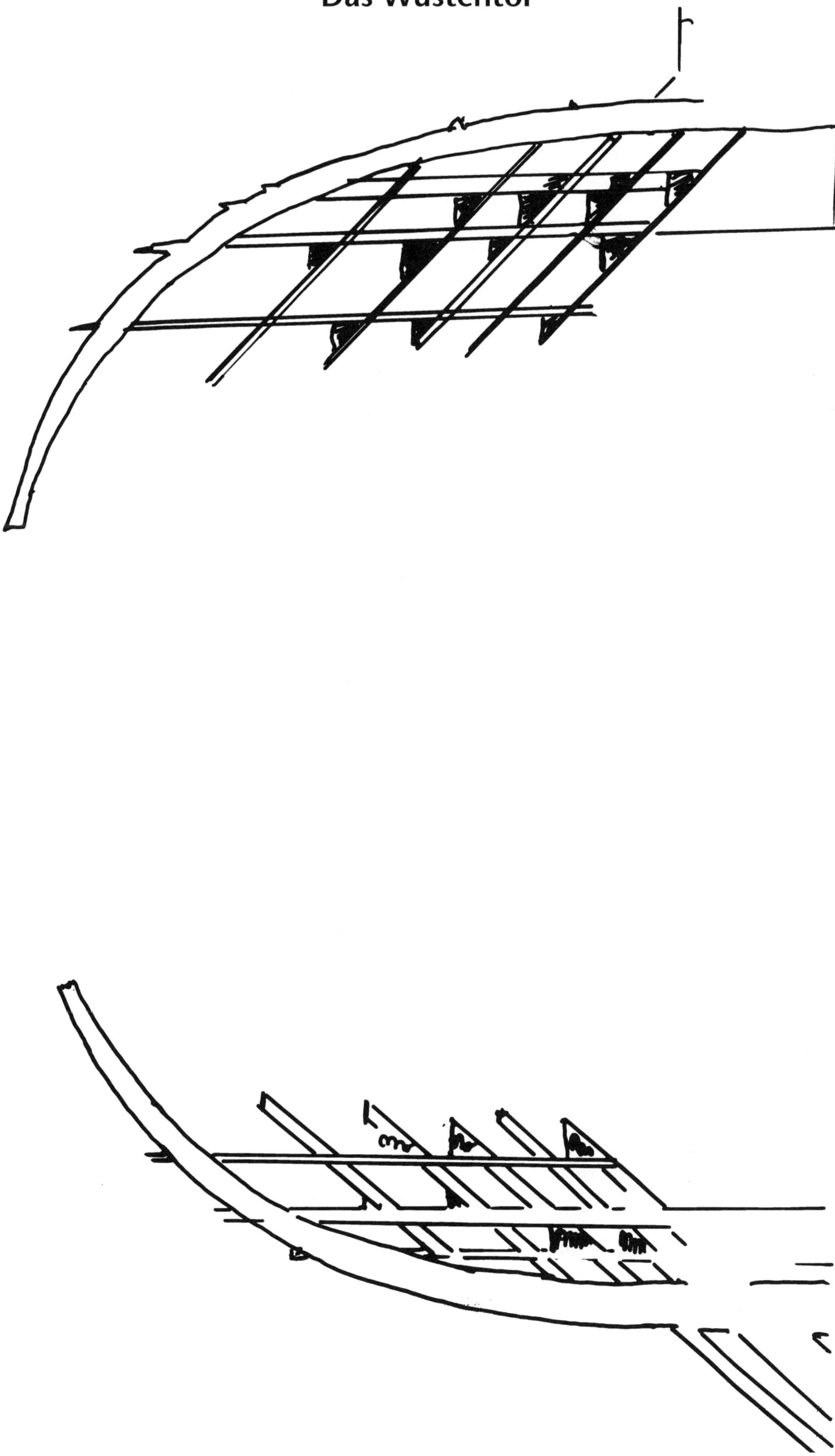

- Sch befragen als Hausaufgabe ausländische Mitbürger (Pizzabäcker, Nachbar, Klassenkamerad etc.) und entwerfen ein »Personenbild« (vgl. *Ideenseite* **89**). Daraus wird deutlich, welche Probleme sie am Anfang hatten und wie sie sie überwunden haben. Was wünschen sie sich von den Deutschen? Was gefällt ihnen hier gut?
- Sch stellen dann anhand der rechten Hälfte von **AB 5.6.2, Lehrerkommentar S. 193**, die Hoffnungen der Menschen auf das Leben in Deutschland zusammen (friedlich, ausreichend Arbeit, Schulbildung für die Kinder etc.).
- In einem zweiten Schritt wird vor dem Hintergrund der Geschichte von Seda erarbeitet, mit welchen Enttäuschungen sie zu kämpfen haben. Wie könnte sich daran etwas ändern?

Wenn einer eine Reise tut IDEENSEITE (89)

Im Kontext mit der *Ideenseite* **88/89** sind verschiedene Ausgestaltungen denkbar. Ein »Tag der Kostproben« wird veranstaltet.

- Die Begrüßungsarten werden zusammengetragen, die angesichts der Herkunft der Sch für die Klasse (oder Schule) typisch sind. Diese Begrüßungen werden tageweise angewendet.
- Vor den Ferien tragen Sch anhand von geplanten Reisezielen Informationen über die Lebensverhältnisse in diesen Ländern zusammen und informieren sich gegenseitig.

Ideenseiten (88)(89)

Die Anregungen der *Ideenseiten* beziehen sich auf das Kapitel insgesamt, können aber schwerpunktmäßig der *Themenseite* **86-87** zugeordnet werden.

Fremde Menschen – fern und nah — Deuteseite (90)(91)

1. Hintergrund

Die Doppelseite will Sch an die Ambivalenz von Fremdheit heranführen. Offenbar gehört zum Erfahrungsschatz des Menschen, sich Fremden gegenüber in einer Art Annäherungs-Vermeidungskonflikt zu befinden: Einerseits sind Fremde faszinierend und interessant, erweitern den Horizont und die Lebenskonzepte. Andererseits lösen sie auch Angstgefühle aus: Niemand weiß, ob es der oder die andere gut mit einem meint.
Die Texte und das Bild nehmen diese Ambivalenz auf und transformieren sie ebenso.

Das Menschsein der Menschen – verbindende Perspektive über Kulturen
Eine übergreifende Perspektive liegt dieser Doppelseite zugrunde. Es ist die Orientierung am Menschsein aller Menschen als der verbindenden Grundlage. Nicht Religionen oder Kulturen seien entscheidend, so der Text »**Wohnungsanschrift**«, sondern die selbstverständliche und doch wieder vernachlässigte Perspektive, den anderen als Menschen zu sehen, wie man selbst einer ist. Auf diesem Boden dominiert dann das Verbindende über das Trennende und Unterscheidende. Letztlich wird damit eine neuzeitliche Grundhaltung (Respekt vor der Würde des Menschen) in den Mittelpunkt gestellt mit Anknüpfungen am Ideal der Humanität, wie es bereits in der Antike vertreten war und dann mit der Renaissance bis in die Gegenwart weiter wirkt (vgl. Herms 1986). Die Menschlichkeit des Menschen, so seine Meinung, sei letztlich jener gemeinsame Nenner, auf den sich alle Religionen und Kulturen einigen könnten.

Die Geschichte »**Der Junge und sein Vorurteil**« holt narrativ ein, was die Überschrift der Doppelseite abstrakt formuliert – sie kann Vorurteile und Klischees in Frage stellen, regt aber auch dazu an, den Sinn oder Unsinn der Empfindungen und Einstellungen gegenüber Fremden zu problematisieren.

Ein Mensch auf der Flucht

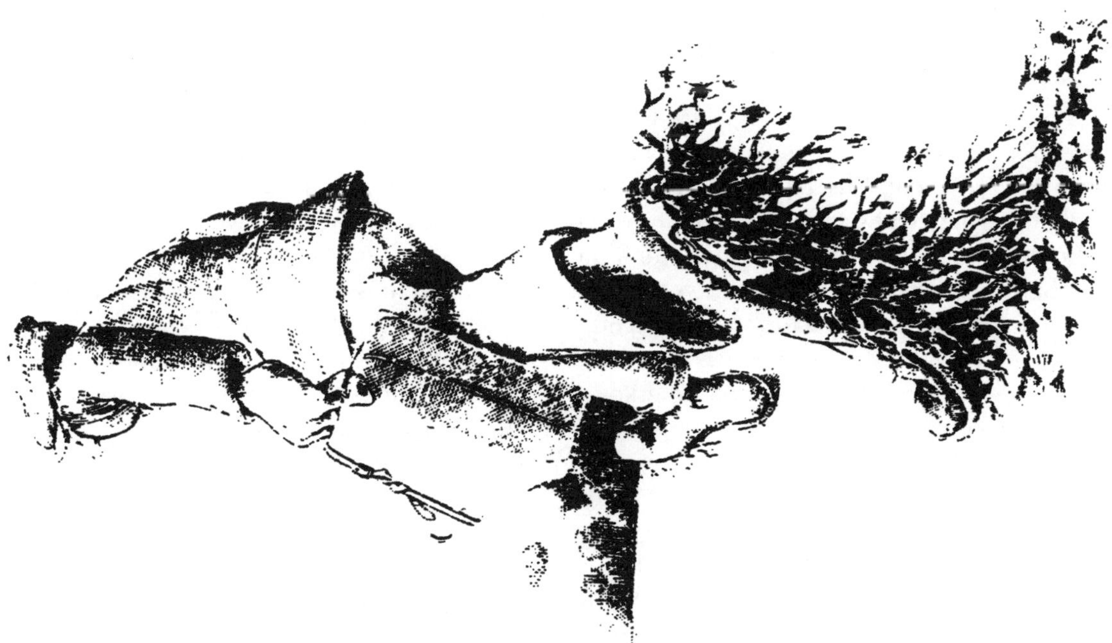

Giorgio de Chirico (1888 – 1978)
Giorgio de Chirico wurde als Sohn eines Eisenbahningenieurs geboren. Seinen ersten Malunterricht erhielt er von verschiedenen Privatlehrern. Nach Athen übergesiedelt, begann er mit 12 Jahren am dortigen Polytechnikum zu studieren. 1905 starb sein Vater; seine Mutter zog daraufhin nach München, wo de Chirico von 1906-09 die Akademie der bildenden Künste besuchte. De Chirico interessierte sich sehr für die Philosophie Schopenhauers und Nietzsches. Für seine künstlerische Entwicklung in dieser Frühzeit war vor allem die Auseinandersetzung mit Arnold Böcklin sowie Max Klinger kennzeichnend, abzulesen bereits in den ersten Werken, die kurz nach seiner Rückkehr nach Mailand entstanden. 1910 hielt er sich in Florenz auf. De Chirico begann, die Möglichkeiten symbolischer Traumgeschichten zu erforschen. Diese Einführung von »unbewussten« Bildern wurde ein Vorläufer des Surrealismus. 1911-1915 lebte de Chirico in Paris. Die Arbeiten jener Periode haben zum Großteil architektonischen Charakter und spiegeln die gewonnenen Eindrücke von der Durchreise Turins 1911 wieder. Mit dem Ausbruch des Ersten Weltkrieges kehrte de Chirico nach Italien zurück, wo er 1917 Carlo Carrà begegnete. Mit ihm gründete er die Scuola metafisica. 1925 nach Paris zurückgekehrt, distanzierte sich de Chirico deutlich von seinem metaphysischen Werk. Er wandte sich mehr akademischen und allegorischen Arbeiten zu. Nach 1945 begann sein eigentliches Spätwerk, dem es aber im Gegensatz zu den früheren Phasen an Einheitlichkeit und Intensität der Aussage fehlte. Durch seine »metaphysischen Interieurs« und durch seine theatralischen, absurden Figurendarstellungen beeinflusste er vor allem die Bildgestaltung der Surrealisten, gab mit seinem Werk aber auch den Malern der Neuen Sachlichkeit und des Magischen Realismus bedeutsame Impulse.

Giorgio de Chirico: »Der verlorene Sohn«, 1922
Das Gemälde (87 x 59 cm, Civica Galleria d´arte Moderna, Mailand) zeigt zwei sich umarmende Figuren. Eine der beiden steht völlig geradlinig, während die andere ein Bein ausstellt, um einen besseren Stand zu haben. Es hat den Anschein, als würden diese Figuren auf einem Balkon stehen. Dieser unterteilt das Bild horizontal. In der oberen linken Bildhälfte erkennt man eine Landschaft, die markant vom Himmel abgegrenzt ist, der von einem hellblauen in einen dunkelblauen Farbton übergeht. Im rechten Bildrand befindet sich die Fassade eines Gebäudes, das durch seine Arkaden und Fenster an südländische Architektur erinnert. Bestimmende Farbe in dem Bild ist ein kräftiges Rot, wodurch sowohl der Kopf, als auch die Beine der einen Figur hervorgehoben sind. Die zweite Figur ist blass-gelb gefärbt. Die sich umarmenden Personen dominieren im Bild. Ihre Gesichter sind leer, ihre Köpfe kahl. Die größere Gestalt lässt einen muskulösen Körperbau erkennen mit breiten Schultern, kräftiger Brust etc. Aufgrund der fehlenden Kleidung wirkt sie dennoch nackt und bloß. Die etwas kleinere Person trägt einen Frack und Schuhe. Beide Figuren halten den Kopf gesenkt. Runde Formen finden sich bei der Betrachtung der Landschaft, der Wolken und der kleineren Figur. Im Kontrast dazu stehen die Gebäudeteile, die durch eckige Linien dargestellt sind. Auch die zweite Figur hat runde Formen, aber die Linien und Punkte auf den verschiedenen Körperteilen lassen sie eher eckig erscheinen. Welche Beziehung besteht zwischen beiden?
Vom Bildtitel her nimmt das Gemälde Bezug auf die Parabel vom »Verlorenen Sohn«, ein Etikett, das ja von außen an den Text herangetragen ist und auch bibeldidaktisch nur einen von mehreren möglichen Titeln darstellt. Möglicherweise verbirgt sich hier ein autobiografisches Element, insofern sich auch der Maler als ein solcher verstanden hat.

Das Gemälde ist für unterschiedliche Sichtweisen offen. Bevor es vorschnell für biblische Zwecke vereinnahmt wird, kann in der Kontrastierung und Farbgebung der beiden Figuren der Grundkonflikt eines Menschen gesehen werden, der seinem »anderen Ich« gegenübersteht und möglicherweise mit ihm kämpft oder ringt. Der blässlichen, aber vertrauten Figur steht das Vitale, Körperliche, Unkonventionelle und möglicherweise nicht Beherrschbare gegenüber. Nach Ansicht von C. G. Jung mag es in jedem Menschen stets auch Anteile geben, die zwar beiseite geschoben werden können und damit auf den ersten Blick nicht sichtbar sind, sich dennoch aber immer wieder melden: seine Sexualität, seine Aggressivität – Kräfte, die dann ihre dunkle Seite entfalten, wenn sie nicht angenommen und integriert werden.
Hinsichtlich der Thematik »fremde Menschen« verkörpert das Bild jene Spannung, die die Kontaktaufnahme mit Unbekannten zunächst bestimmt: die Sorge angesichts dessen, was auf eine/n zukommen kann, und gleichermaßen der Reiz, sich diesem Unbekannten stellen zu müssen und auch stellen zu wollen. Nimmt man die Haltung der Figuren als den Ausgang einer Art Tanzbewegung, dann wird die stilisierte, fremde Figur möglicherweise zum Lehrmeister – so als wolle sie »dem Blässlichen« noch ganz andere Seiten des Lebens zeigen.

2. Einsatzmöglichkeiten im RU

Fremde machen Angst – Fremde sind interessant
Sch kommen über eigene Erfahrungen mit Fremden ins Gespräch.

- In GA zu viert oder zu fünft bekommen Sch ein großes Plakat und dicke Stifte. In die Mitte wird jeweils die Thematik gelegt »Fremde machen Angst – Fremde sind interessant«.
- Tauscht euch über eure eigenen Erfahrungen und Erlebnisse mit fremden Menschen aus. Versucht euch zunächst ein paar Minuten zu erinnern, welche Erlebnisse euch dazu in den Sinn kommen.
- Beginnt nun eigene erlebte oder beobachtete Eindrücke auf das große Blatt zu schreiben. Wichtig: Es soll nicht gesprochen werden. Jede/r schreibt an einer Stelle für sich allein.
- Nach einiger Zeit: Dreht nun das Blatt weiter, sodass ihr lesen könnt, was euer Nachbar geschrieben hat. Ergänzt das mit eigenen Erlebnissen, aber schreibt auch eine Frage dazu.
- Danach Wechsel ins UG: Wenn ihr nun euer großes Plakat betrachtet – was lässt sich dann als eine Art Zusammenfassung zu unserem Thema sagen?
- Inwiefern stimmt die Aussage »Fremde machen Angst – Fremde sind interessant«?

Von Jungen und Mädchen und ihren Vorurteilen

In der Weiterführung des Schreibgespräches bzw. anhand der Geschichte **90** kommen Sch eigenen Vorurteilen auf die Spur.

- Die Geschichte vom Jungen und seinem Vorurteil wird gelesen. TA *Vor-Urteil* und UG darüber, dann Bezugnahme auf die Geschichte: Welche Vorurteile zeigen sich bei genauerem Hinsehen?
- Ggf. Auswertung der Schreibgespräche: An welcher Stelle sind eigene Vorurteile erkennbar?
- Alternativ suchen Sch nach weiteren Vorurteilen, die gegenüber fremden Menschen immer wieder geäußert werden: in den Zeitungen, aber auch zuhause etc.
- Genannte Vorurteile werden in einer Liste zusammengestellt. Suche nach Charakteristika: Was macht eine solche Aussage zum Vorurteil? Wo müsste man eigentlich unterscheiden? Wie könnte man in kleinen Schritten ein solches Vorurteil abbauen?
- In der Form eines Akrostichons versuchen Sch, sich über die Problematik von Vorurteilen klarer zu werden, z. B.:

> ***V***orsicht!
> ***o***ffen sein für andere
> ***r***ichtig nachfragen
> ***u***nd
> ***r***auskriegen, wer der andere ist!
> ***t***eilen wir dem anderen
> ***e***twas von uns mit
> ***i***ch urteile dann
> ***l***angsamer

Hinweis Für die Einteilung der GA bei diesem Thema bieten sich auch Formen an, die bereits das Fremde zum Ausdruck bringen, z. B. über ausgeteilte Bonbons aus einem fremdländischen Laden: Die Gruppen finden sich dann zufällig über gleiche Bonbons zusammen.

Papa, was ist ein Fremder?

In der Auseinandersetzung mit Auszügen aus dem Buch von Tahar ben Jelloun lernen Sch Gründe dafür kennen, weshalb für Menschen der Umgang mit Fremden oft nicht einfach ist.

- Sch erhalten **AB 5.6.3, Lehrerkommentar S. 197**, evtl. in GA jeweils einen Auszug. Die Texte werden in der Gruppe gelesen.
- Fertigt nun in eurer GA einen kleinen Lexikonartikel an, in dem der Begriff erklärt wird, den die Tochter wissen wollte. Wie könnte man das mit einer Zeichnung verdeutlichen?
- Gesprächsrunde dazu: Wie könnt ihr einen angemessenen und einen unangemessenen Umgang mit einem Fremden darstellen?

Hinweis Das Buch erklärt in sprachlich auch für jüngere Sch verständlicher Weise weitere Begriffe aus dem Kontext (z. B. Rassismus, Diskriminierung, Völkermord), vgl. Tahar ben Jelloun: Papa, was ist ein Fremder? Gespräch mit meiner Tochter, Reinbek 2000.

Die Menschlichkeit des Menschen: Yussuf Tütschük

Anhand des Textes »Wohnungsanschrift« werden Sch auf den Stellenwert der Menschlichkeit des Menschen aufmerksam.

- Nach dem ersten Lesen überlegen Sch in GA, wie der Text mit einer passenden Betonung versehen werden kann. Wo könnte man lauter, wo leiser vorlesen, wie könnten einzelne wichtige Worte betont werden (indem sie mit vielen Stimmen gleichzeitig gesprochen werden und/oder wiederholt werden).
- In der Form eines Sprechchors werden verschiedene Varianten ausprobiert und angehört. Einzelne Beispiele werden mit der gesamten Klasse gesprochen; die GA, die die Idee hatte, leitet dann dazu an.
- L-Impuls: Das Klingelschild wurde nicht ohne Grund von Yussuf Tütschük erweitert ... Er hat eine bestimmte Vorstellung davon, wie es ist, als Mensch behandelt zu werden. UG, dann:
- Sch sammeln konkrete Verhaltensweisen zu dem Themenfeld: *Einem Menschen als Mensch begegnen, das heißt für uns ...* Einzelne Stichworte werden auf Papierstreifen aus quergeteilten A-4-Blättern geschrieben. So ergibt sich eine Zusammenstellung der Klasse.
- Bildliche Transformation: Sch erhalten in PA das vergrößerte Bild der italienischen 1-Euro-Münze

(**AB 5.6.4, Lehrerkommentar S. 199**): Tragt in den Innenbereich jene Eigenschaften für die Menschlichkeit des Menschen ein, die für alle Menschen der Welt gelten können. Außerhalb des Kreises und des Quadrates schreibt, zeichnet oder klebt (Collagenmaterial) ihr jene Eigenschaften hinein, die für die Unterschiede der Menschen verschiedener Kontinente und Kulturen stehen.
- L gibt Hintergrundinformation über die berühmte Leonardo-Zeichnung (Der Mensch als das Maß am Beginn der Neuzeit im Zeitalter der Renaissance).

Das faszinierende Fremde
Das Bild ist als Farbfolie Nr. 6 in der Mappe ReliReal Kunststücke 5-6-7 vorhanden, dort weitere Anregungen.
Die genaue Erarbeitung des Bildes von de Chirico weckt ein Verständnis für die Ambivalenz in der Begegnung mit dem Fremden.
- Das Bild wird – vor einer Präsentation im Buch – anhand der Farbfolie eingeführt und durch Abdekkungen differenzierter wahrgenommen.
- Wenn eine Schablone die beiden Figuren zunächst abdeckt, beschreiben Sch möglichst genau die umgebenden Objekte. Nach längerer Betrachtungs- und Beschreibungsphase Vermutungen über die Personen, die sich im Umfeld der Gebäude und der Landschaft bewegen werden, ebenso über die zeitliche Einordnung, z. B. anhand des Baustils.
- Aufdecken des »Fremden«: genaue Beschreibung, Assoziationen dazu (Gewichtheber, Sportler, Baumeister etc.).
- Sch notieren dann Eigenschaftswörter, die für diese Figur passend erscheinen. Nach dem Vorlesen Austausch über die Wirkung der Figur (abschreckend? abstoßend? interessant? kraftvoll? stark?).
- Spontane Eindrücke mitteilen durch Satzergänzungen: *Wenn ich dieser Figur allein gegenüber stehen würde, dann ...*
- Schließlich Aufdeckung des »Blassen« (dazu evtl. den Kraftvollen abdecken), wieder genaue Beschreibung (»normal«), vor allem der Körperhaltung. Sch versuchen möglichst genau die Haltung dieser Person im Vordergrund einzunehmen.
- Anhand der Kleidung und der Farbgebung der blassen Figur erstellen Sch einen Steckbrief: *Der Mann im Vordergrund wirkt aufgrund seiner Kleidung und seiner Körperhaltung auf mich, als wenn er ...*
- Zwischenreflexion: Wie wird das Leben der beiden Figuren jeweils aussehen?
- Sch malen Sprechblasen: Was die Figuren sich sagen könnten, wenn sie sich begegnen.
  Was würde den Figuren fehlen, wenn sie sich nicht begegnet wären?
- Bezugnahme auf die Überschrift der Doppelseite: Welche Botschaft trägt das Bild zu dieser Thematik bei?
- Sch versuchen ihre Deutung in einem Bildtitel auszusagen, indem sie bei der Formulierung das Wort »fremd«verwenden.

Weiterführung: Bei entsprechender Ernsthaftigkeit der Klasse wird eine Nachstellübung vorgenommen. Dabei kommt es auf Nuancen an (Fußstellung, Kopfhaltung). Sch machen sich Notizen, anschließend Positionswechsel. Welcher Eindruck stellt sich ein hinsichtlich »Führung« und »Geführt-werden«? Was ist dabei jeweils angenehm oder unangenehm?

Weihnachten anderswo — Infoseite I (92)(93)

1. Hintergrund

Geschichte des Weihnachtsfestes
Der Tag der Geburt Jesu ist unbekannt. Aus den ältesten christlichen Kalendern lässt sich eine Tradition erkennen, die den Geburts- und den Sterbetag Jesu auf den 14. Nissan (erster Frühlingsmonat) vermerkt hatte. Diese Tradition hat auch ein jüdisches Vorbild: nach der Haggada ist Isaak, der in der frühen Kirche als Typus Christi galt, ebenfalls am 14. Nissan geboren. Eine andere Schrift aus dem Jahre 243 errechnete, ausgehend vom 25. März als dem 1. Schöpfungstag, den 28. März, den 4. Schöpfungstag, an dem die Sonne erschaffen wurde, als den Geburtstag Jesu, der »Sonne der Gerechtigkeit«.
Nachweislich jedoch wurde das Geburtsfest Jesu in Rom im Jahre 336 am 25. Dezember gefeiert. Umstritten ist, wie es zu diesem Datum kam. Vertreter einer religionsgeschichtlichen Methode gehen davon aus, dass das Fest eine Reaktion der Kirche von Rom auf die Einführung des Reichsfeiertages Natalis Solis Invicti (Geburtsfest des unbesiegten Sonnengottes) gewesen sei, das Kaiser Augustus im Jahre 274 zu Ehren des syrischen Sonnengottes Mithras von Emesa eingeführt hatte in der Hoffnung, damit sein Weltreich einen zu können. Die

Papa, was ist ein Fremder?

Was genau ist ein Fremder?

Der Wortstamm »fremd« bedeutet sowohl »von weit her« als auch »nicht dazugehörig«. Ein Fremder kommt also aus der Ferne, aus einem anderen Land, manchmal auch nur aus einer anderen Stadt oder einem anderen Dorf. Und ein Fremder ist kein Angehöriger der Familie, des Klans oder des Stammes. Wenn heute jemand sagt, dass ihm etwas »fremd« sei, dann meint er damit, dass es sehr anders ist als das, was man jeden Tag sieht, dass es demnach irgendwie un-gewöhnlich ist, aus der Reihe fällt. Das Wort »seltsam« kann manchmal etwas Ähnliches ausdrücken.

Hör mal, Papa, ich habe immer noch nicht verstanden, warum es so gut wie überall Fremden- und Ausländerfeindlichkeit gibt.

In den sehr alten und so genannten primitiven Gesellschaften verhielten sich die Menschen fast wie Tiere. Eine Katze steckte zuerst ihr Gelände ab. Wenn eine andere Katze oder ein anderes Tier ihr die Nahrung stehlen will oder ihren Jungen zu nahe kommt, verteidigt die Katze ihr Territorium und ihre Jungen mit allen Kräften. Der Mensch ist auch so. Er will sein Haus, seinen Boden, seine Besitztümer haben und kämpft, um sie zu behalten. Das ist normal; auch jedes Tier kämpft und verteidigt sich, wenn es angegriffen wird. Der Fremdenfeind aber glaubt, dass jeder Fremde ihm seinen Besitz wegnehmen will. Er denkt gar nicht darüber nach, ob das stimmt, sondern ist einfach immer argwöhnisch gegenüber Fremden. Dieser Argwohn geht so weit, dass manche Leute einen Fremden angreifen, ohne dass der ihnen irgendetwas getan hat oder etwas wegnehmen wollte.

Und so verhalten sich Menschen auch heute noch überall, in allen Gesellschaften?

Dieses Verhalten ist uralt und auch heute noch ziemlich verbreitet und alltäglich, aber deshalb ist es noch lange nicht richtig. Was uns Menschen von den Tieren unterscheidet, ist doch, dass wir nicht nur von der Natur, sondern auch von der Kultur geprägt sind. Wir reagieren nicht nur unüberlegt und instinktiv, sondern wir können auch nachdenken und dann vernünftig handeln. Dieses überlegte Verhalten lernen wir von unseren Eltern, in der Schule oder durch eigenes Nachdenken, und in diesem vernünftigen Verhalten drükken sich bestimmte Werte aus, wie zum Beispiel die Achtung vor dem anderen. Das ist die »Kultur« im Gegensatz zur »Natur«. Weil wir nicht alleine auf der Welt sind, brauchen wir die Kultur. Sie lehrt uns, friedlich mit anderen Völkern zusammenzuleben und dass andere Traditionen und andere Lebensweisen genauso viel wert sind wie unsere eigenen.

Auszug aus einem Gespräch zwischen Tahar ben Jelloun und seiner Tochter

römische Kirche setzte dagegen bewusst den Natalis Christi als Geburtsfest des »allein unbesiegten Gottes« fest. Das heidnisch-römische Fest sollte so von innen her überwunden werden. Von Rom aus trat das Weihnachtsfest seinen Siegeszug an. Ab dem 4. Jahrhundert hatte es sich in den meisten Teilen der Kirche – nicht zuletzt durch die Rezeption am Kaiserhof des Konstantin – durchgesetzt.
Das Weihnachtsfest ist christlichen Ursprungs, auch wenn es um den 25. Dezember herum auf viele vorchristliche Feste der Wintersonnwende stieß und einzelne Elemente davon übernommen hat. Das Wort »Weihnachten« lässt sich von dem mittelhochdeutschen wihen (heilig) und naht (Nacht) ableiten. Erstmals taucht das Wort um 1170 auf: »Er ist gewaltic und starc, der ze wihen naht geborn wart« (Kirchhoff 41).

Der **Weihnachtsfestkreis** beginnt mit dem 1. Adventssonntag und endet mit dem Fest der Taufe Jesu. Vor der Liturgiereform bildete das Fest Maria Lichtmess den Abschluss von Weihnachten, weshalb mancherorts die Christbäume in den Kirchen bis zu diesem Datum stehen bleiben.

Die Doppelseite macht darauf aufmerksam, wie in einzelnen ausgewählten Ländern ein zentrales christliches Fest unterschiedlich gefeiert wird. Dadurch erweitern Sch ihren Horizont: Auch christliches Brauchtum ist regional und international ausdifferenziert – Voraussetzung für die Bereitschaft, anderen Religionen in einer grundsätzlichen Offenheit zu begegnen.

Literatur

Dirx, Ruth/ Sack, Rean, Weihnachten in aller Welt. Ein Adventskalender zum Vorlesen und Ausschneiden, Laar 2000

Schönwälder, Burkard (Hg.), Wir sagen euch an ... Hausbuch zur Advents- und Weihnachtszeit, München 2003

Wagemann, Gertrud, Feste der Religionen – Begegnung der Kulturen, München 2002

2. Einsatzmöglichkeiten im RU

Dem Geist des Weihnachtsfestes auf die Spur kommen

Durch die genaue Erarbeitung der Erzählungen über Charakteristika der Weihnachtsbräuche in verschiedenen Ländern wird Sch das eigene Brauchtum bewusster.

- Sch lesen die Texte **92**. Gespräch über das, was zu dem eigenen Weihnachtsfest gehört. Was könnte von den beschriebenen Sitten auch hier einmal ausprobiert werden?
- Der Fokus wird auf jene Teile der Berichte gelenkt, in denen es um das gastfreundliche und fürsorgende Verhalten gegenüber anderen (und vor allem: ärmeren) Menschen geht. Was sagen die Bräuche in anderen Ländern dazu?
  - Welche eigenen Erlebnisse gibt es zu erzählen, in denen spürbar wurde, dass Weihnachten mit der Hinwendung der Menschen zueinander zentral zu tun hat?
- Gespräch über biblische Hintergründe: Welche Verbindung lässt sich ziehen zwischen dem Ereignis der Geburt und dem veränderten Handeln der Menschen?
- Zu Hause fragen Sch nach, wie sich für ihre Eltern die Welt mit der Geburt der Kinder geändert hat: Die Tage der Geburt – wie waren sie dann? Was hat das mit euch gemacht in der Beziehung zu anderen Menschen?

Krippen aus Italien – Krippen bei uns

Bild und Gespräch im Buch regen dazu an, die eigene Vorstellung vom Sinn einer Weihnachtskrippe zu überprüfen.

- Das Gespräch zwischen Giovanni und dem Großvater wird mit verteilten Rollen gelesen. Blick auf das Foto, Reaktionen von Sch: Was ist daran ungewöhnlich, wenn ihr an eure Weihnachtskrippen denkt?
- Sch lesen in der Schulbibel die Kindheitserzählungen (Mt, Lk); in PA erarbeiten Sch die Struktur.
- Sch erhalten **AB 5.6.5, Lehrerkommentar S. 201**, und entwerfen ihre Vorstellung von einer Weihnachtskrippe. Was davon dient der Ausgestaltung, obwohl eigentlich gar nichts davon erzählt wird?
- Erneuter Rückblick auf Text und Bild im Buch: Welche Hinweise gibt es, dass Menschen ihre Vorstellung von der Krippe mit Kennzeichen ausgestalten, die aus dem eigenen Umfeld kommen? Was kann dadurch erreicht werden?
- Eventuell Ausweitung: Wie könnte eine Krippe des 21. Jahrhunderts aussehen? Welche Möglichkeiten der Ausgestaltung sind dazu denkbar?

3. Weiterführende Anregungen

Weihnachten konkret: Einsatz für andere

Weihnachten gewinnt ganz im Sinne der Texte aus dem Schulbuch dann seinen Sinn, wenn Sch konkrete Wege gehen, um das friedenstiftende und heilende Anliegen wirksam werden zu lassen.

- L trägt »den Traum, der in mir etwas erweckte« (vgl. Lehrerkommentar S. 200) vor.
- Sch schreiben ihre Gedanken über das offene Ende in Stichworten auf.
- *Weiterführung:* Man müsste etwas tun ... für ...
  L sammelt Äußerungen von Sch an der Tafel.
- Planungsschritte: Wir tun etwas.

Die Menschlichkeit des Menschen

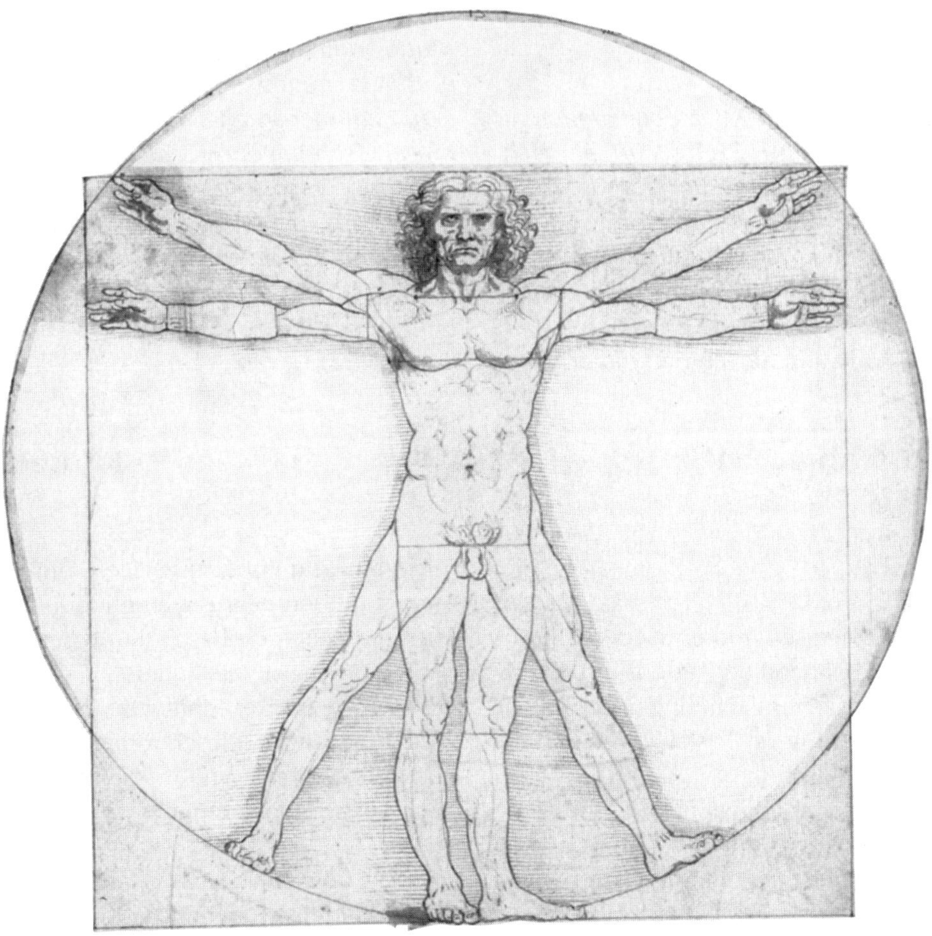

Leonardo da Vinci, Vitruvianischer Mann

- *Hinweis* In dieser Altersgruppe bietet sich besonders der tatkräftige Einsatz als Sternsinger an (vgl. Kapitel 4, Lehrerkommentar S. 138f.).

Ein Traum, der in mir etwas weckte

Es war Heiliger Abend. Alle Familien versammelten sich zu einem festlichen Essen in ihren Häusern und Wohnungen. Überall konnte man durch die Fenster die geschmückten Weihnachtsbäume sehen. Alle fanden sich zusammen, nur ich fand meine Familie nicht. Ich konnte sie nirgends entdecken. Ich klapperte alle Straßen und jedes Geschäft in unserer Kleinstadt ab, doch alles war wie leer gefegt bzw. bereits verschlossen. Zum Schluss lief ich noch zum Marktplatz und hielt dort Ausschau.

Da sah ich beim Brunnen ein Mädchen, vielleicht zwei oder drei Jahre jünger als ich selbst. Sie sah mich mit großen und erwartungsvollen Augen an. Ich ging auf sie zu, doch plötzlich war sie verschwunden. Kurz darauf sah ich einen alten Mann auf einer der Parkbänke sitzen. Ich wollte ihn fragen, ob er nicht meine Eltern und meine kleine Schwester gesehen habe, aber auch er löste sich in Luft auf, als ich ihm näher kam. Da verspürte ich Angst, ganz schreckliche Angst. Ich fühlte mich so hilflos und verlassen – Tränen flossen über meine Wangen. Warum ließen sie mich so alleine? Ich setzte meinen Weg fort, ziellos und orientierungslos. Da tauchte vor mir das Bild unserer Stadtpfarrkirche auf. Ich steuerte auf sie zu in der Hoffnung, dass sich meine Familie vielleicht dort aufhielt. Vorsichtig öffnete ich das schwere Kirchenportal und trat ein, als in diesem Augenblick die Kirchenturmuhr schlug.

Erschreckt fuhr ich hoch und nahm um mich herum plötzlich eine ganz andere Welt wahr. Ich befand mich im Bett in meinem Zimmer. Ich hörte, wie meine Mutter unten in der Küche das Geschirr einräumte und wie meine Schwester mit meinem Vater im Wohnzimmer spielte. Wie oft hatten mich diese Geräusche schon genervt, als ich noch schlafen wollte. Aber an jenem Morgen genoss ich sie und fühlte mich durch sie so richtig geborgen. Dennoch saßen mir die Angst und der Schmerz immer noch in den Gliedern. Konnte ich es doch den Menschen jetzt nachempfinden, wenn sie an Weihnachten so alleine sind ...

Fasten und Fastenbrechen — Infoseite II (94)(95)

1. Hintergrund

Medizinische Ratgeber weisen immer wieder auf die den Körper reinigende Funktion des Fastens hin, meist in den »Übergangsjahreszeiten« Frühling und Herbst. Von seinen Ursprüngen her ist Fasten aber immer auch und zuerst ein religiöser Akt.
Der sprachliche Ursprung des deutschen Wortes »Fasten« geht zurück auf germanische Wurzeln und bedeutet »fest«-halten, -machen oder bewahren. Gemeint ist damit ein Festhalten an Geboten zur zeitweiligen, völligen oder teilweisen Enthaltung von bestimmten Speisen oder gänzlich von fester Nahrung und die Beachtung religiöser Vorschriften. Es gab kein Fasten aus Diätgründen, vielmehr wurde überwiegend auf Nahrung verzichtet, um religiöse Ziele zu erreichen. Das gotische Wort *fastan*, das auch oft zur Begründung herangezogen wird, hat dagegen eine doppelte Bedeutung: im Sinne von »festhalten« und im Sinne von »innehalten«. Festhalten, Anhalten, um über sein Leben nachzudenken; innehalten, um bei sich einzukehren und sich auf eine Begegnung mit Gott, auf eine wichtige Entscheidung im Leben vorzubereiten. Auch diesen Bedeutungsaspekt entdecken wir in vielen Religionen. So spielen Fastenbräuche in allen abrahamitischen Religionen, aber auch in anderen Welt- und Naturreligionen, eine wichtige Rolle. Ihren Glauben bewusst lebende Juden, Christen und Muslime haben für das Fasten von Menschen anderer Religionen meist Verständnis.
Die Anlässe für Fastenbräuche, ihre Deutung und Ausgestaltung sind in diesen Religionen jedoch verschieden, wie die Texte von *Infoseite* **94/95** zeigen. Dazu noch einige Ergänzungen:

Fasten bei den Juden: Jom Kippur
Am Ende der »Zehn Tage der Umkehr«, die mit dem jüdischen Neujahrsfest Rosch ha Schana beginnen, steht das höchste aller jüdischen Feste, das Versöhnungsfest. Was der Sabbat für die Woche ist, ist dieser Tag für das ganze Jahr (Lev 16,31).
An diesem Tag, an dem nach jüdischem Verständnis das Buch des Lebens endgültig verschlossen und versiegelt wird, stehen Sündenbekenntnis und die Bitte um göttliche Gnade im Mittelpunkt des ganztägig währenden Synagogengottesdienstes. Nach Lev 16,39 ist dieser Tag dazu bestimmt, »Entsühnung« zu bewirken, und zwar des gesamten Volkes und des Heiligtums, also der Stiftshütte und des Tempels. Nur an diesem Tag durfte der Hohe Priester das Allerheiligste im Tempel betreten. Das

Wie ich mir die Weihnachtskrippe vorstelle

Das »Krippenhaus« (z. B. als Scheune, Stall, Höhle, Berggrotte, Haus aus Stein, Eingang eines Kaufhauses ...)	
Die heilige Familie (Kleidung, Gesichtsausdruck, Körperhaltung ...)	
Die anderen Leute (Könige, Hirten, Kinder, Handwerker, Menschen ohne Arbeit ...)	
Überirdisches (Engel, Stern, Licht, Leuchten, ein Strahlen ...)	
Tiere (Ochs, Esel, Schafe, Kamele, Tiere aus dem Tierheim ...)	
Gebrauchsgegenstände (Wasserkrug, Geschenke, Feuerstelle, beschädigte Möbel ...)	
Landschaft, Umgebung (Dorfhintergrund, Straßenschlucht einer Großstadt, dunkle Gasse, Parkbänke ...)	

Ritual schrieb ihm vor, viermal für sich, dreimal für die Gemeinde und einmal für das Heiligtum eine Sühnehandlung vorzunehmen. Dazu wurden drei Tiere geopfert. Ein junger Stier für den Hohen Priester und zwei Böcke für die Gemeinde. Der Hohe Priester besprengte mit dem Blut seines Opfertieres das Allerheiligste. Im Hof wurde inzwischen ein Bock als Opfer der Gemeinde geschlachtet; auch dessen Blut trug der Hohe Priester ins Allerheiligste und sprengte es auf den Deckel der Bundeslade. In beiden Fällen – sowohl bei der Entsühnung von Menschen wie bei der von Gegenständen – bestand das Sühnegeschehen darin, dass Jahwe die zerstörende Unheilswirkung einer Tat aufhob. Er unterbrach den Sünde-Unheil-Zusammenhang, und zwar geschah das in der Regel auf die Weise, dass die Unheilswirkung des Bösen auf ein Tier abgeleitet wurde. Sühne war also kein Strafakt, sondern ein Heilsgeschehen.
Die Sünde wurde auf einen »Sündenbock« geladen: »Dann soll Aaron seine beiden Hände auf dessen Kopf legen und über ihm bekennen alle Missetat der Kinder Israel und alle ihre Übertretungen, mit denen sie sich versündigt haben, und soll sie dem Bock auf die Schulter legen und ihn durch einen Mann, der bereit steht, in die Wüste bringen lassen, dass also der Bock alle ihre Missetat auf sich nehme und in die Wildnis trage« (Lev 16,21f). Dreimal an diesem Tag musste der Hohe Priester bei seinem Dienst den Gottesnamen laut und vernehmbar aussprechen – was sonst strengstens vermieden wurde und wird. Alle Priester und die Gemeinde, die im Vorhof stand, hörten, wie der »erhabene und furchtbare Name« ausgesprochen wurde und fielen in Ehrfurcht zur Erde nieder.
Seit der Zerstörung Jerusalems (70 n. Chr.) wird an Jom Kippur kein Opfer mehr vollzogen. Seinen Charakter als Versöhnungsfest hat dieser Tag jedoch beibehalten. In Ehrfurcht fällt die Gemeinde auch heute noch bei der Verlesung der Vorgänge der Entsühnung während des einstigen Tempeldienstes dreimal in der Synagoge nieder (nach Rink 1995, 83).
Ein Tag des Fastens ist aber auch das Gedenken an die Tempelzerstörung durch die Babylonier 586 v. Chr. (Zerstörung des 1. (salomonischen) Tempels) und durch die Römer unter Titus 70 n. Chr. (Zerstörung des 2. Tempels), von dem bis heute nur die Westmauer (Klagemauer) in Jerusalem erhalten geblieben ist.
Tage der Trauer und des Fastens sind mit dem Holocaust verbunden, so etwa der 27. Januar als Gedenktag der Befreiung des Konzentrationslagers Auschwitz.

Das Fasten der Muslime

Viele Muslime gehen dem Fastenmonat erwartungsvoll entgegen. Fasten bedeutet nach islamischem Glauben eine noch intensivere Hingabe an Gott, noch größere Solidarität mit den Mitgläubigen in der ganzen Welt. Je nach Jahreszeit fasten Muslime von Beginn der Morgendämmerung bis zum Untergang der Sonne bis zu 20 Stunden. Während des Zeitraums der Helle enthalten sich alle erwachsenen, ihrer Sinne mächtigen und gesunden Muslime der Nahrung (Getränke, Genussmittel, z. B. Rauchen) und des Geschlechtsverkehrs. Das Fasten gilt als ein Gebot Gottes: »Ihr Gläubigen! Euch ist vorgeschrieben zu fasten, so wie es den Menschen, die vor euch lebten, vorgeschrieben war. Vielleicht werdet ihr gottesfürchtig sein ... Gott will es euch leicht und nicht schwer machen« (2,183.185). Fasten ist Ausdruck der Ehrfurcht vor Gottes barmherziger Gegenwart. Diese Ehrfurcht erst macht nach islamischer Auffassung den Menschen als einzigartigen, über den anderen Geschöpfen stehenden Statthalter Gottes im Vollsinn zum Menschen. Das Fastengebot stellt die Muslime ausdrücklich in die jüdischen und christlichen Fastentraditionen hinein, ist also Ausdruck einer ökumenischen Haltung. Gott will es – das übersehen viele Christen oft – »den Gläubigen leicht machen«, der Islam will dem Menschen das abverlangen, wozu dieser auch wirklich in der Lage ist. Daher sind die Fastenforderungen kein sklavisch zu befolgendes Gesetz. Vielmehr passen sie sich flexibel besonderen Umständen an: Altersschwache, unheilbar Kranke und Kinder sind vom Fasten befreit, Reisende, schwangere und stillende Frauen, Kranke und Alte können ihr Fasten verschieben. Menstruierende Frauen dürfen nicht fasten.
Fasten verändert das Bewusstsein. Daher gilt der Ramadan als hervorragende Gelegenheit, sich Gott einmal wieder konzentriert zuzuwenden. Das Ramadan-Fasten fördert die Standhaftigkeit und Geduld der Gläubigen. Das islamische Menschenbild basiert auf der Ganzheit des Menschen, der aus Körper, Geist und Seele besteht. Die islamischen Vorschriften haben deshalb immer den ganzen Menschen im Blick. Nicht das Gebet im stillen Kämmerlein ist gefordert, vielmehr der volle Einsatz des Körpers und die geistig-innere Haltung, ohne die das Fasten sonst wertlos wäre. Manche Muslime deuten ihr Fasten auch im Sinne einer Kritik an der modernen Konsumgesellschaft. Islamische Kinder lesen in ihren Schulbüchern: »Wenn wir nichts essen, denken wir an die Menschen, die arm und in Not sind und oft nichts zu essen haben.« Einige sehen das Problem von der strukturellen Seite her, plädieren für eine gerechtere Weltwirtschaftsord-

Versöhnungstag

Am nächsten Tag werden wir schon in aller Frühe zur Eile angetrieben. Vor dem Fasten erhalte ich noch einen kleinen Imbiss zur Stärkung und sage noch ein Gebet. Wir geben uns Mühe, gute Taten zu tun. Meine Brüder bitten einander um Verzeihung. »Abrascha, bist du mir noch böse?« Ich laufe zu meinem Bruder, denn ich weiß, dass ich nicht immer getan habe, was er wollte.
Mutter geht in den Hof, wo ein Nachbar wohnt, mit dem sie Streit hatte. Sie bittet ihn von Herzen um Verzeihung.
Meine Brüder ziehen sich um, machen sich bereit, in die Synagoge zu gehen. Sie sprechen kaum, balgen sich nicht einmal, als seien sie von Angst und Ehrfurcht ergriffen.
Sie warten in respektvoller Entfernung, bis Mutter die Kerzen gesegnet hat. Dann gehen sie zu Vater und Mutter und wünschen ihnen ein gutes neues Jahr. Jedem legen die Eltern die Hände auf den Kopf und segnen ihn. Unter ihren ausgestreckten Händen sehen sogar meine erwachsenen Brüder wie kleine Kinder aus. Ich, die Jüngste, komme zuletzt. Mit gesenktem Blick berührt Vater meinen Kopf. Tränen schnüren mir den Hals zusammen, und ich höre kaum die Worte, mit denen Vater mich segnet. Seine Stimme klingt heiser. Mir ist, als brenne ich schon auf dem großen Wachslicht, das Mama geflochten hat. Wie neugeboren weiche ich aus dem Bannkreis der weißen, warmen Hände meines Vaters, die unter den Segenssprüchen wie Lichter leuchten, und stehe unter den zitternden Händen meiner Mutter.
Bei ihr beruhige ich mich ein wenig, beim Anblick ihrer Tränen wird mir leichter. Ich lausche still ihren schlichten, von Herzen kommenden Gebeten und möchte am liebsten unter ihren segnenden Händen stehen bleiben. Und wirklich, sobald das Murmeln ihrer Segenssprüche verstummt, wird mir kalt.
Jetzt gehen alle in die Synagoge.
»Guten Feiertag!« Vater tritt zu Mutter und reicht ihr die Hand.
»Guten Feiertag!« antwortet Mutter mit gesenktem Blick.
Ich bin allein zu Hause, die Lichter brennen heilig und warm. Ich stelle mich vor die Wand und bete die achtzehn Segen.
Vaters Segensworte klingen mir noch in den Ohren. Ich schlage mir an die Brust, bekenne meine Sünden und fürchte, dass noch mehr Vergehen auf meinem Gewissen lasten, als im Gebetbuch aufgezählt sind. Heiß steigt mir das Blut in den Kopf. Die hebräischen Buchstaben dehnen sich in die Breite, in die Höhe. Jerusalem erscheint vor meinen Augen. Ich möchte es mit meinem schweren Gebetbuch stützen, das ich mit beiden Händen halte.
Ich flehe zu Gott und gehe erst von der Wand weg, als mir nichts mehr einfällt, worum ich ihn bitten könnte.
Meine Brüder kommen aus der Synagoge zurück. Das Haus ist öde, der Tisch leer. Nur ein weißes Tischtuch schimmert traurig unter den zur Hälfte niedergebrannten Kerzen. Wir wissen nicht wohin, was tun. So gehen wir still schlafen.
Als ich am nächsten Morgen erwache, sind alle schon längst in der Synagoge. Wieder bin ich ganz allein.
Ich überlege, was ich alles tun muss, schütte mir schnell etwas Wasser über die Fingerspitzen, putze nicht einmal die Zähne. Mit trockenem Mund beginne ich wieder zu beten. Christliche Schulfreundinnen kommen und wollen Schulaufgaben mit mir machen. Ich rühre mich nicht von meinem Platz an der Wand, bis ich zu Ende gebetet habe.
Dann laufe ich zu meinem Großvater. Er ist alt und krank und ist auch ganz allein zu Haus geblieben. Der Rabbi von Bobruisk, zu dessen Anhängern er gehört, hat ihn von der Fastenpflicht befreit. Jede Stunde soll er ein Löffelchen Milch einnehmen. Ich eile zu ihm, um ihm die Milch zu geben. Großvater betet, sieht mich gar nicht an, bricht in leises Schluchzen aus. Das Löffelchen in meiner Hand zittert und die Milch tropft mir auf die Finger. Großvaters Tränen fallen in das Löffelchen und vermischen sich mit dem Restchen Milch. Großvater netzt kaum seine blassen Lippen und weint noch mehr. Ganz gebrochen gehe ich wieder nach Hause ...
Plötzlich geht ein Raunen durch die Synagoge. Sie füllt sich mit Männern. Mir wird ganz heiß. Die Männer drängen sich zum Vorbeter. Der schwere Tora-Vorhang wird zur Seite gezogen. Ruhe breitet sich aus, als stünde die Luft still. Man hört nur das Rauschen der Gebetsmäntel. Die Männer nähern sich dem Tora-Schrein. Wie aus dem Schlaf erweckte Prinzessinnen werden die Tora-Rollen aus der Lade gehoben. Auf ihren weißen und dunkelroten Samthüllen glänzen gleich Himmelsgestirnen die Davidsterne, in Gold und Silber gestickt. Die silbernen Griffe sind mit Perlmutter eingelegt, mit Kronen und kleinen Glöckchen verziert.
Glanz verbreitet sich um die Tora. Die Männer drängen zu ihr hin, umringen sie, begleiten sie, wollen ihres Anblicks teil werden, ihr wenigstens von weitem einen Kuss zuwerfen. Und sie, die herrlichen Tora-Rollen, erheben sich hoch über allen Häuptern, über allen ausgestreckten Armen, und werden langsam durch die Synagoge getragen.
Ich kann kaum noch still stehen hinter dem Geländer der Frauengalerie, am liebsten würde ich hinunterspringen in die Umarmung der Tora, in ihr Leuchten eintauchen, ihr nahe sein, sie berühren, küssen in ihrem strahlenden Licht.
Aber schon wird die Tora in den Heiligen Schrein zurückgetragen. Zu beiden Seiten winken hoch oben die Flammen der Kerzen. Der Samtvorhang wird wieder zugezogen. Vor meinen Augen wird es dunkel.
Die Männer beginnen mit lauter Stimme zu beten, als wollten sie die Traurigkeit bannen.

Bella Chagall

nung. Das Ramadan-Fasten wird so zu einem Symbol islamischer Befreiungstheologie (nach Tworuschka 1992, 42ff.).

2. Einsatzmöglichkeiten im RU

Jüdisches Fasten verstehen: Jom Kippur
Sch bekommen einen Einblick in die Bräuche um das jüdische Versöhnungsfest Jom Kippur und beginnen, nach dem Stellenwert von Schuldzusammenhängen zu fragen.

- Der Text Schulbuch **94** über das Fasten im Judentum wird gelesen. Im UG wird ausgetauscht, was dazu bekannt ist.
- L erzählt von den Hintergründen zu Jom Kippur (vgl. oben); anschließend wird die Beschreibung von Bella Chagall (**AB 5.6.6, Lehrerkommentar S. 203**) vorgetragen.
- Sch geben eine Einschätzung von der Wirkung dieses Tages auf die Menschen wieder.
- TA: Schuld – Sündenbock – Versöhnung. Welche Rolle spielen diese Worte im Leben der Menschen heute? Schreibt einen Text dazu auf!

Hinweis Je nach Klassensituation kann es auch geboten sein, über Verfolgung und Vernichtung der Juden in der Zeit der Naziherrschaft zu sprechen – eine schwierige Aufgabe für L. Dies wird eigens im Themenbereich 5 der sechsten Klasse angesprochen. Der Akzent der Doppelseite für Sch in diesem Alter vor dem Hintergrund der Lehrplanintentionen liegt stärker auf den alten religiösen Bräuchen der Religionen.

Das Fasten der Christen: Ansätze suchen
Auch wenn vielerorts christliche Fastentage nur noch am Rande eine Rolle spielen, kann durch Text und Befragung der Sinn neu herausgearbeitet werden.

- Sch lesen den Text »Christentum«. Auf dieser Grundlage wird eine Übersicht über »Fastenzeiten« zusammengestellt, inklusive der jeweiligen Begründungen: von einzelnen Wochentagen bis hin zu den großen Zeiten des Kirchenjahres.
- Sch befragen ältere Menschen, was ihnen davon bekannt ist: Eltern, Großeltern, aber auch L anderer Fächer, Hausmeister. Welche Fastenbräuche werden noch gehalten? Was wird daran von den Menschen als sinnvoll erfahren?
- Sch lesen Lexikonstichwort »Askese« und schlagen auf **62** nach. Welche Verbindungen haben die einzelnen Texte miteinander (meditative Besinnung und aktiver Einsatz für andere)? Dies wird nach Erarbeitung der Fastenbräuche im Islam noch vertieft.
- Sch schlagen jesuanische Weisungen zum Fasten nach (Mt 6,16-18). Welche Hinweise zum Sinn des Fastens sind dort zu gewinnen?

> *Wenn ihr fastet, macht kein finsteres Gesicht wie die Heuchler. Sie geben sich ein trübseliges Aussehen, damit die Leute merken, dass sie fasten. Amen, das sage ich euch: Sie haben ihren Lohn bereits erhalten. Du aber salbe dein Haar, wenn du fastest, und wasche dein Gesicht, dein Haar, damit die Leute nicht merken, dass du fastest, sondern nur dein Vater, der auch das Verborgene sieht; und dein Vater, der das Verborgene sieht, wird es dir vergelten.*
> *Mt 6,16-18*

Weiterführung: Hilfreich sind Zeitungsausschnitte über verschiedene Formen des Fastens, die L übers Jahr sammelt und mit den Sch bespricht.

Im Gespräch mit Muslimen: Fasten im Ramadan
Im Anschluss an die Erkundungen der Gebetsorte (vgl. *Ideenseite* **89**) informieren Sch sich zu Fastenbräuchen von Muslimen.

- In PA entwerfen Sch Stichwortkarten zum Text **95**. Einzelne Abschnitte werden an die Partnergruppen gegeben inklusive der Lexikonbegriffe: *Fertigt für ein Spiel Frage- und Antwortkarten zu eurem Abschnitt an. Auf die eine Seite schreibt bitte die Frage, auf die Rückseite die richtige Antwort.*
- Karten werden gemischt, die Klasse versucht Antworten. Später ist die Umkehrung möglich: Auf eine Antwort muss die gestellte Frage gesucht werden.
- Sch stellen in einer Tabelle stichwortartig die Fastenregeln im Ramadan zusammen.

Weiterführung: Durch eine Kontaktaufnahme oder per Internet werden weitere Informationen zum Ramadan und dem Fasten zusammengetragen, um einen realistischen Blick dafür zu gewinnen, wie in einem christlichen Land der Ramadan begangen werden kann.

Wissen überprüfen
Nach genauer Bearbeitung der *Infoseite*, vor allem anhand der Fragen **95**, überprüfen Sch ihren Kenntnisstand.

- Klasse erhält **AB 5.6.7, Lehrerkommentar S. 205.** In PA wird die Lösung gesucht. Wichtig ist der Hinweis, dass z. T. auch mehrere Worte für eine Kästchenzeile als Lösung gesucht werden.

Fasten und Fastenbrechen

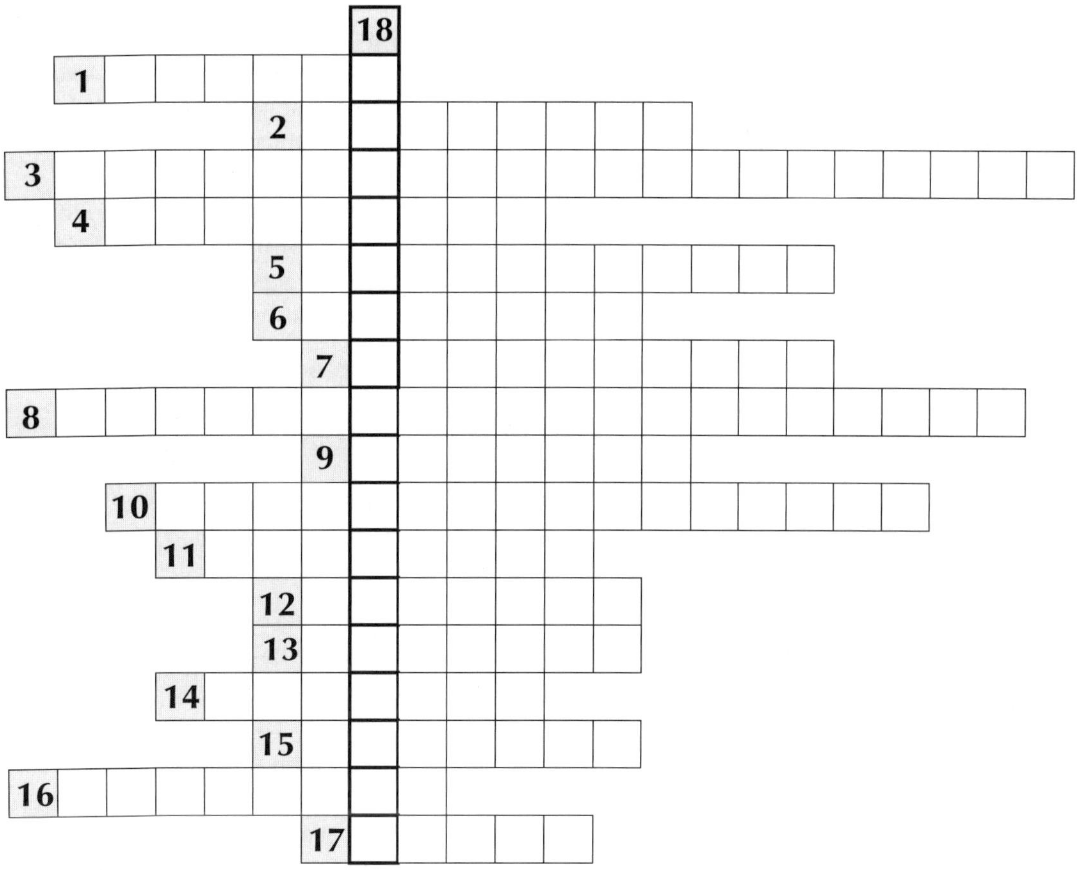

Waagrecht:

1 Eine Zeit des Fastens im Christentum
2 Muslime, die vom Fastengebot ausgenommen sind
3 Oberstes Gebot beim Fasten gemäß dem Alten Testament
4 Wichtigster Fasttag im jüdischen Leben
5 Tätigkeit der Muslime in Europa zum Ausdruck des Fastenbrechens
6 Speise, auf die Christen am Freitag oft verzichten
7 Krönender Abschluss des Fastenmonats im Islam
8 Eines der Ziele des Fastens im Christentum
9 Fastenzeit im Islam
10 Brauchtum, das der Wiedergutmachung beim Bruch des Fastengebots im Islam dient
11 Wochentag, an dem sowohl die Juden als auch die Christen fasteten
12 Viel besuchter Aufenthaltsort der Muslime während des Fastenmonats
13 Naturerscheinung, die das Ende des Fastenmonats im Islam anzeigt
14 Anzahl der Fasttage Jesu
15 Anderer Ausdruck für die vorösterliche Fastenzeit der Christen
16 Tageszeit, an der der wichtigste Fasttag der Juden beginnt
17 Es steht in enger Verbindung mit dem Fasten im Christentum

Senkrecht:

18 Bedeutendes geschichtliches Ereignis im Judentum

(* Hinweis: ö = oe, ß = ß)

3. Weiterführende Anregung

Musikspiel: Jesus – einer von uns
Das Musikspiel aus dem Jahre 1987 von Peter Janssens thematisiert in dem Song »Wüstenmensch« das Fasten Jesu im Kontext der Versuchungsgeschichten (Mt 4,1-11) auf eine moderne Weise. Die Wechselgespräche zwischen Versucher und Versuchtem transportieren den Sinn des Fastens auf die Grundausrichtung des Lebens und regen zur Auseinandersetzung mit den Haltungen Jesu an.

Info: www.verlag@pjmv.de;
Best.-Nr. 1055, MC ca. Euro 12,50;
Tel. 02504/2474.

Alle haben ihren Rhythmus: Festkalender mit Hintergründen — Infoseite III (96) (97)

1. Hintergrund

Die Texte der *Infoseite* geben einen Überblick über die Entwicklung der Kalender in Christentum, Judentum und im Islam. Die Grafiken **97** bringen dies noch differenzierter ins Bild und zeigen dabei auch die Verteilung jeweils wichtiger Feste im Ablauf eines Jahres.

Feste Zeiten sind ebenso wie Festzeiten in eine rhythmische Struktur der Zeit eingebunden. Sie kehren immer wieder und machen aufmerksam auf die Grundlagen und die größere kosmische Ordnung des Lebens, deren messbare Garanten die Sonne und der Mond sind.
Mondkalender: Früheste Kulturen teilten die Zeit nach den Mondumläufen ein, d.h. es wurden 29 Tage und ca. 12 Stunden (29,5306 Tage) zwischen zwei Vollmonden gezählt. Das Mondjahr hat 12 Monate mit abwechselnd 29 und 30 Tagen, besteht also aus 354 Tagen.
Ägyptischer Kalender: Die Ägypter führten den lunisolaren Kalender (luna = Mond, sol = Sonne) ein, indem sie das Sonnenjahr einführten. Dieses besteht aus 12 Monaten zu je 30 und 5 zusätzlichen Tagen, insgesamt hat es also 365 Tage. Gegenüber dem tatsächlichen Sonnenlauf im Jahr ist es um 0,2422 Tage zu kurz. Um die Differenz auszugleichen, wurde bereits 238 v. Chr. alle vier Jahre ein Schalttag eingeschoben. Das Jahr hatte nun eine Länge von 365,25 Tagen.
Römischer Kalender: Julius Cäsar übernahm den ägyptischen Kalender 46 v. Chr. Der Monat *Quintilis* wurde als Cäsars Geburtsmonat in *Julius* umbenannt, der römische Kalender als julianischer Kalender bezeichnet. Bereits 153 v. Chr. war der ursprüngliche Jahresanfang im alten Rom (1. März) auf den 1. Januar verlegt worden. Die Römer kannten keine Sonntagsruhe, lediglich die Unterscheidung von religiösen (*dies festi*) und unheiligen (*dies nefesti*) Tagen.
Kalender des christlichen Abendlandes: Die römische Zeiteinteilung einschließlich Namen und Länge der römischen Monate wurde übernommen. Gregor XIII. (1572-1585) beseitigte die Fehler des julianischen Kalenders, indem er das Jahr 1583 um zehn Tage kürzte und neue Schaltregeln einführte. Die Abweichung wird erst im Jahr 4500 einen Tag betragen. Von den Juden übernommen ist die Einteilung der Woche in sieben Tage. Kaiser Konstantin (324-337) führte den Sonntag, den *dies dominicus*, Tag des Herrn, als religiösen und weltlichen Festtag ein.
Christliche Zeitrechnung leitet sich von jenem Ereignis ab, in dem Gott selbst in Jesus Christus in diese Welt eingetreten ist. Damit hat sich für Christen die Zeit gewendet.
Jüdischer Kalender: Der jüdische Festkalender ist seit alters her lunisolar. Das Mondjahr wurde durch Hinzufügen eines Monats im Frühjahr alle zwei oder drei Jahre ausgeglichen (Schaltmonat). Der Jahresanfang wurde im Herbst gefeiert, in der Zeit der Aussaat und des Beginns der Jahresarbeit. Im 4. Jahrhundert n. Chr. legte Rabbi Hillel II. den Beginn der jüdischen Zeitrechnung fest. Studien jüdischer Schriften ergaben, dass die Welt im Jahr 3761 v. Chr. erschaffen wurde. Die Grafik zeigt die jüdischen Feste im Jahreskreis, die im Rahmen des fünften Lehrplanthemas in der sechs-

Wie der Kalender entstanden ist

Die Bahn der Erde um die __________ (oder, wie man früher glaubte, die Bahn der Sonne um die Erde) bestimmt das Sonnenjahr.

Der Lauf des Mondes um die Erde bestimmt die Dauer eines ________________.

Die Drehung der Erde um _____ __________ bestimmt den Tag.

Schon früh bemerkten die Sternforscher, dass das Sonnenjahr _____ Tage und 6 Stunden lang ist.

Das Mondjahr hat aber mit __________ Mondumläufen zu je 29 Tagen und 12 Stunden nur ______ Tage. In vielen Kulturen wurden deshalb Tage oder Monate ________________.

Den Kalender, so wie wir ihn kennen, haben wir von den ______________ übernommen, genauer gesagt von Julius Cäsar (geb. 102, gest. 44 v. Chr.). Man nennt ihn deshalb auch den »Julianischen« Kalender. Julius Cäsar legte den in Ägypten entwickelten Sonnenkalender von 365 Tagen zugrunde. In ihm wurde alle vier Jahre am ____________ Monat des Jahres – das war damals der Februar – ein Tag zugeschaltet. Der alte römische Jahresanfang war der ____________; daran erinnern noch die Monatsnamen »September« (septimus =____ ____________) bis »Dezember« (decimus = der zehnte).

Papst ________________ korrigierte den Julianischen Kalender. Nach der neuen Berechnung war nämlich das Jahr nun durchschnittlich um __________________und 14 Sekunden zu lang. Über die Jahrhunderte hatten sich insgesamt 10 Tage zu viel angesammelt. Deshalb ließ Gregor XIII. das Jahr 1583 um 10 Tage ________________: Auf den 4. Oktober folgte der 15. Oktober.

Dieser nach dem Papst benannte ________________________Kalender gilt bis auf den heutigen Tag.

»Anno Domini«
Anno Domini heißt »im Jahr des _________«. Seit dem 8. Jahrhundert gilt das ____________________ Jesu als das Jahr 0, von dem aus gezählt wird. Dabei hat man sich damals allerdings um ein paar Jahre __________________. Heute nimmt man an, dass Jesus etwa 4-7 v. Chr. geboren ist.

Für Christen ist die Geburt Jesu der Beginn einer ____________ Zeitrechnung. Juden und Muslime folgen einem anderen Kalender.

Setze ein:
Monats – 365 – Sonne – 11 Minuten – letzten – neuen – Herrn – Gregorianische – Geburtsjahr – verrechnet – 1. März – sich selbst – der siebte – zwölf – Römern – 345 – eingeschoben – Gregor XIII. – kürzen

ten Jahrgangsstufe ausführlich bearbeitet und deshalb hier nicht näher beschrieben werden.

Islamischer Kalender: Der Mondkalender ist bis heute in der arabisch-islamischen Welt aktuell. Die islamische Zeitrechnung beginnt mit dem historischen Ereignis der Auswanderung Muhammads von Mekka nach Medina im Jahre 622. Die Grafik zeigt im islamischen Jahr keine Bezugnahme auf die christlichen Monatsnamen, weil das kürzere Mondjahr (elf Tage weniger als das Sonnenjahr) eine dauernde Verschiebung im Hinblick auf die weltweit dominierende christliche Zeitrechnung mit sich bringt. Anfang und Ende des islamischen Jahres entnimmt man am besten einem interreligiösen Kalender, wie er etwa bei Ausländerbeauftragten erhältlich ist (z. B. beim Senat von Berlin, Potsdamer Str. 65, 10785 Berlin, Tel. 030/2654-2357 oder -2351).

Viele Muslime feiern den *Geburtstag des Propheten* Muhammad im Jahre 570 n. Chr. Es ist ein geselliges Familien- und Kinderfest mit vielen Kerzen und Gebetsstunden in der Moschee.

Das *Opferfest* ist das größte Fest im Islam. Es erinnert daran, wie Allah den Sohn Ibrahims, Ismael, vor dem Opfertod rettete, eine Erzählung aus der Tradition des Koran, die enge Bezüge zu der atl. Erzählung von der Opferung des Isaak aufweist (Gen 22). Als Ersatz für die Opferung Ismaels, die von Allah verboten wird, wird ein im Gebüsch gefundenes Schaf geopfert. Zum Opferfest werden daher überall auf der Welt zur gleichen Zeit Opfertiere geschlachtet: Hammel, Ziegenböcke, Kamele oder Ochsen, die mit dem Kopf in Richtung Mekka durch die Halsschlagader ausbluten. Das Opferfest dauert mehrere Tage. Bei Sonnenaufgang findet ein Gottesdienst statt. Man isst Hammelfleisch; dabei bleibt ein Drittel vom Festmahl in der eigenen Familie, ein Drittel bekommen die weniger gut gestellten Verwandten, ein Drittel die Armen der Gemeinde. Die Festtage werden als Familienfest ausgefüllt mit gegenseitigen Besuchen. Der eigentliche Höhepunkt für jeden Muslim ist die Wallfahrt nach Mekka mit der dortigen Feier des Opferfestes.

2. Einsatzmöglichkeiten im RU

Sich informieren: Bild und Text zuordnen

Sch informieren sich gegenseitig über die Festkreise, indem sie Bilder und Text miteinander verbinden.

- Aufteilung in vier Gruppen, jede Gruppe bearbeitet einen Textabschnitt, drei Gruppen nehmen den entsprechenden Festkreis hinzu.
- Sch entwerfen ein Plakat und versuchen dort die wichtigsten Informationen für alle anderen Gruppen sichtbar zu machen; die Plakate werden vorgestellt.
- L teilt an drei Gruppen Vergrößerungen der Grafiken aus. Die erste Gruppe (Was für Kalender wichtig ist) erstellt das AB nur auf der Basis des Textes: Erstellt für eure Mit-Sch ein Arbeitsblatt, das ich in der nächsten Stunde in Kopie für alle mitbringe. Schreibt auf das Arbeitsblatt Anweisungen, was die anderen machen sollen. Denkt auch an leere Zeilen, wo etwas eingetragen werden soll! Lasst auch an einer Stelle Platz, wo die anderen ihre Fragen aufschreiben können, die ihr gemeinsam dann in einer weiteren Schulstunde bearbeitet!

Hinweis: Diese Aufgabe ist darauf gerichtet, dass Sch mit- und füreinander den Arbeitsablauf planen. Dabei ergeben sich auch Aufgaben, die erst zu recherchieren sind oder auf bereits gelernte Themen zurückgreifen (z. B. Jom Kippur).

Ein Rätsel erstellen

Sch entwerfen ein Rätsel mit den Texten und Bildern der Doppelseite (in Anlehnung oder Abwandlung von **AB 5.6.7, Lehrerkommentar S. 205**).

- Zunächst befassen sich Teams in PA mit einem bestimmten Abschnitt und stellen dazu zwei Fragen mit Lösungsworten. Dann Zusammenführung mit anderen Teams, Austausch und Abwandlung der Aufgaben. Schließlich erneut Bildung von 8er-Gruppen, die dann ein komplettes Rätsel erstellen.
- Im Sinne eines Wettstreites treten einzelne 8er-Teams gegeneinander an, indem die Rätsel der jeweils anderen Teams bearbeitet werden.
- Am Schluss beurteilen Sch gegenseitig, ob Fragen und gewünschte Antworten der Rätsel zusammenpassen. Wäre auch ein Austausch der Rätsel zwischen parallelen Klassen denkbar?

Hinweis: Neben dem klassischen Kreuzworträtsel sind auch Mischformen denkbar, etwa bei sehr schwierigen Begriffen mit vorgegebenen Silben oder einzelnen markanten Buchstabenfolgen als Lösungshilfe.

Was wissen wir von den »Zeichen am Himmel«?

Die Kenntnisse über astronomische Gegebenheiten sollen gesammelt, vertieft und auf die Bedeutung im Zusammenhang mit der Zeitrechnung übertragen werden.

- L schreibt einige Fragen auf Kärtchen, z. B. »Was versteht der Schreiber von Gen 1,14 unter den »Leuchten am Himmel«? Welche kennt ihr? Warum gibt es Tag und Nacht? Wie entstehen Vollmond und Neumond? Wie berechnet sich das Jahr? Welches Jahr schreiben wir und warum?« etc.
- Sch ziehen dann Fragekärtchen und sammeln so Vorwissen über Drehungen und Umlaufbahnen von Erde und Mond und den anderen Planeten, vgl. auch Satellitenbild.
- L gibt erläuternde Informationen (Bildmaterial aus Jugendbüchern oder Modell der Erdumlaufbahn).
- Der Text **96** wird bis »Anno Domini« gelesen. Sch

notieren auf einem Zettel, was sie nicht verstanden und wozu sie Fragen haben.

- *Alternative:* Sch erhalten denselben Text als Lückentext (**AB 5.6.8, Lehrerkommentar S. 207**), den sie ohne Zuhilfenahme des Schulbuches allein oder in PA ausfüllen. Der Text kann auch bearbeitet werden, bevor Sch den Text im Schulbuch kennen gelernt haben.

Hinweis: Mit der Folienmappe »Zehn Hoch«, erhältlich in den Religionspädagogischen Seminaren der Diözesen, lässt sich eine Reise in den Makrokosmos bzw. Mikrokosmos durchführen. Die Mappe ist auch im fächerverbindenden Unterricht gut einsetzbar (gleichnamiger Film in den Medienstellen).

Religion in früheren Zeiten

Infoseite IV (98) (99)

1. Hintergrund

Die Doppelseite will darauf aufmerksam machen, dass Religion ein Grundanliegen der Menschen aller Zeiten und Räume gewesen ist. Auch wenn der Stellenwert bei vielen heute nicht mehr unhinterfragt ist, so weisen doch Überreste alter Kulturen darauf hin, dass das Bemühen um ein Verständnis des Lebens im Ganzen dieser Welt immer schon da gewesen ist und Spuren sich davon z. T. noch in unmittelbarer Nähe befinden (z. B. in Form von Keltenschanzen oder Grabstellen). Der Einblick in die Religion von Indianern weist darauf hin, wie stark die natürlichen Lebensgrundlagen als heilige Gegebenheiten verstanden wurden – eine Chance für »große« Religionen, sich durch diese Anfragen für den Erhalt der Lebensgrundlagen stark zu machen.

Die Kelten in Bayern

Die Keltenzeit, die nach dem bedeutenden Fundort in der Schweiz (La Tène) auch Latènezeit oder Eisenzeit genannt wird, rechnet man ab etwa 500 v. Chr. Dabei ist nicht sicher, ob die Kelten schon in der Spätbronzezeit ansässig waren oder erst später eingewandert sind. Die Kelten waren ein Volk, das weite Teile Europas besiedelte. In Frankreich spricht man von den Galliern. Im Raum südlich der Donau siedelte das keltische Volk der Vindeliker. Die Kelten hatten bereits eine sehr reiche Kultur entwickelt. Ein reger Handel, für den sie ihre eigenen Münzen prägten, verband sie mit den Nachbarvölkern. Sie lebten schon in größeren Siedlungen und in befestigten Städten mit Toren und Stadtmauern. Manching bei Ingolstadt war vermutlich ihre Hauptstadt südlich der Donau, eine Stadt mit mehreren Tausend Einwohnern.
Die Kelten waren hervorragende Handwerker sowie sehr fantasievolle und begabte Künstler. Während in der Steinzeit jeder Einzelne wohl noch alle Arbeiten selbst ausführen konnte, zeichnete sich seit der Bronzezeit eine ganz bedeutende Entwicklung ab: Die Menschen verteilten die Arbeit untereinander. Es gab immer häufiger Spezialisten für verschiedene Aufgaben (z. B. Bergbau, Bronze- und Eisenverarbeitung) und es entstanden die ersten Berufe, wie Schmied, Zimmermann, Bäcker, Händler, Weber, Glasmacher, Goldschmied u. a.
Die Bauern versorgten nicht mehr nur sich selbst, sondern mit ihren Überschüssen auch die Leute in den Städten.
An vielen Stellen in Bayern finden sich noch Überreste dieser untergegangenen Kultur. Die Frage nach dem Verbleib des Keltentums in der Zeit nach der teilweisen römischen Eroberung Bayerns im Jahre 15 v. Chr. durch die Feldherren Drusus und Tiberius ist bis zum heutigen Tag nicht lückenlos geklärt. Eine gewisse Veränderung in der keltischen Kultur ist aber bereits in der Zeit vor der römischen Eroberung erkennbar. In der letzten Phase der Latènezeit macht sich ein wachsender Einfluss der germanischen Kultur breit. Aus Unterfranken sind Funde bekannt, die auf eine offensichtliche Verschmelzung germanischer und keltischer Elemente und wohl auch auf ein Zusammenwachsen dieser beiden Völker und Kulturen hinweisen. Dies vollzieht sich in den Jahren zwischen 50 und 60 v. Chr. Gewiss ist jedoch, dass die Römer bei ihrem ersten Feldzug noch mit Kelten und nicht mit Germanen zusammenstießen, geben sie doch selbst die *Bojer* und *Vindeliker* als völkerreiche Stämme an, die in Bayern ansässig sind. Nachdem diese von den römischen Heeren in einem einzigen Sommer besiegt und unterworfen sind, werden sie nach römischer Sitte mit der neuen Provinz Rätien in das Imperium eingegliedert, mit der Kultur Roms vertraut gemacht und allmählich romanisiert. Ob und wieweit dies freiwillig geschieht, kann man nicht sagen. Doch zeigen römische Weihe- und Grabinschriften mit keltischen Namen sowie typisch keltische neben rein römischer Keramik in den Zivilsiedlungen offenbar ein Nebeneinander der beiden Völker an. Keltisch-römische Kultstätten wiederum, wie etwa die von Gauting, Landkreis Starnberg, und der

große Tempelbezirk von Kempten beweisen, dass die Eroberer teilweise neue Anregungen von den Unterworfenen übernommen haben. Die Überlieferung von Gewässer- und Ortsnamen aus der keltischen über die römische bis in germanische Zeit hinein beweist aber das Vorhandensein einer keltischen Bevölkerung noch lange nach ihrer Unterwerfung. Als »Romanen« lebten sie bis in die Völkerwanderungszeit hinein weiter und waren vielleicht auch an der bajuwarischen Stammesbildung nicht ganz unbeteiligt.

Indianische Perspektive

Die Mystiker und andere wahrnehmungssensible Christinnen und Christen haben darauf aufmerksam gemacht: Alles, was ist, hat teil am lebendigen Gott. Vielleicht sind manche Probleme der Gegenwart mit dem Vergessen dieser Einsicht verbunden: Im Ausmaß der Umweltzerstörung und in der Art, wie mit Tieren umgegangen wird – zeigt sich da nicht eine Haltung, die in der Natur nicht mehr sieht als einen seelenlosen Stoff für unsere technologische und ökonomische Machtentfaltung? Die Weisheit der Indianer und ihre »Naturreligion« erinnert daran: Die Natur ist immer auch Ort der Gegenwart Gottes. Sie ist Ort der Gotteserfahrung. »Natürliche Theologie« hat das immer gewusst. Die ganze Wirklichkeit hat sakramentalen Charakter. Sie ist ein sichtbares Zeichen, ein Symbol der Liebe Gottes. Wer sich für die Schönheit der Welt und ihrer Lebewesen öffnet, der kann das immer wieder erfahren. An diese Wurzel, an die Sakramentalität der Wirklichkeit, erinnert die Religion und Kultur der Indianer. Im Zusammentreffen mit der jüdisch-christlichen Tradition ist das nicht unproblematisch: Dort ist Gott immer auch der, der jenseits der Welt steht, der in der Welt nicht aufgeht, sondern ihr Schöpfer ist, der unsichtbare Gott, der den Menschen aus seinen Bindungen herausruft in die Freiheit, ins Weite, ins Unbekannte (vgl. biblisch: Abraham). Es könnte sich lohnen, der indianischen Sichtweise zunächst einmal zu folgen. Vielleicht gelingt es damit, das Wunderbare der Welt neu sehen zu lernen.

2. Einsatzmöglichkeiten im RU

Auf der Suche nach den Wurzeln: alte Kulturen bei uns – oder: Asterix erzählt uns nicht alles

- Nach der Lektüre »Die Kelten« **98** berichten Sch von ihren Eindrücken vor dem Hintergrund der Asterix-Geschichten, die vor allem Jungen faszinieren. Nach einem Austausch Hinwendung an die Hintergründe.
- Mithilfe einer Karte wird das Verbreitungsgebiet der Kelten bewusst gemacht: Sch suchen die Länder und färben die Fläche ein.
- L informiert mit einer Erzählung (vgl. **AB 5.6.9, Lehrerkommentar S. 211**) oder mit Hilfe des Asterix-Bands V (v. a. S. 32f.) über keltische Grabstätten. Welche Beweggründe könnten Menschen haben, um solche Anstrengungen zu unternehmen?
- Sch tragen Informationen über Überreste der Kelten in der näheren Umgebung zusammen (häufig auch lokale Internet-Seiten) und stellen sie aus.
- Menschen vergangener Zeiten suchen das Ewige: Sch schreiben ihre Eindrücke zu den Kelten auf.

Anmerkung: Im Asterix Bd. V (Asterix und die goldene Sichel) wird neben dem Druiden auch ein Hünengrab thematisiert – Hinweise auf Religion, die sonst in dem Comic nicht behandelt wird.

Weiterführung: Häufig gibt es lokale Geschichtsschreibungen, die über die Entstehung des eigenen Wohnortes aufklären. Welche Erkenntnisse bringt die Sichtung dieses Materials im Hinblick auf alte Religionen?

Die Weisheit der Indianer

Sch erarbeiten die Perspektive der Ehrfurcht im Umgang mit der Welt aus der Sicht der Indianer.

- Sch betrachten zunächst das Foto von **99**: Welches Wissen habt ihr bereits über Indianer? – Stichpunkte sammeln als TA.
- – Die Wirklichkeit zeigt ein anderes Bild – das erfahren wir aus dem kursiv gedruckten Text. Anschließend teilen Sch ihre Eindrücke mit und sammeln wichtige Aussagen als TA.
- – Lest nun den übrigen Text der Seite. Welche Einsichten könnt ihr ergänzen?
- – Verbunden sein mit dem, was uns umgibt: Was müsste man dann nennen? Wie kann man das in ein Bild bringen, so dass sich diese Verbindung und Wertschätzung zeigt?

In Alltagsdingen die Mitte sehen lernen

Sch gewinnen einen neuen Blick auf Lebewesen und lernen, sie in ihrer Symbolik wahrzunehmen.

- Sch lesen den letzten Abschnitt **99**. Welche eigenen Erfahrungen mit »Kreisen« oder der Kreisform habt ihr bereits (Stuhlkreis-Gespräche im Unterschied zu Frontalarbeit; Familien-Gesprächskreis, bei dem man aufeinander hört etc.)?

Grabstätten der Kelten – Stonehenge

Vor ungefähr 4000 Jahren lebten bei uns, in England, in Frankreich, in Spanien Menschen, von denen wir fast nichts wissen. Sie kannten keine Schrift, sie lebten in Erd- und Holzhütten und fast alle Spuren ihres Lebens sind heute ausgelöscht. Alles, was wir von diesen Menschen wissen, erzählen uns die Spuren, die sie in der Erde zurückgelassen haben. Die Werkzeuge erzählen, wie anstrengend ihre Arbeit war. Jede Arbeit war mühsam und ging nur langsam voran. Natürlich erzählen uns auch die Speisereste, die Feuerstellen und Hüttenplätze vom Leben dieser Menschen. Aber wer diese selbst waren, wissen wir nicht. Wir kennen nicht ihre Sprache, wissen keinen einzigen Namen, keine einzige Geschichte, keinen einzigen Wunsch, – nein, doch: Ihren größten Wunsch kennen wir. Woher, wenn man nicht ein einziges Wort schreiben konnte, wenn alle ohne Gruß und Nachricht ins Grab gegangen sind? Eben daher – aus ihren Gräbern – wissen wir, was sie sich vor allem wünschten.

Man hat nämlich Gräber dieser Menschen gefunden, die uns manches von ihren Träumen und Wünschen und von ihrem Glauben erzählen. Diese Gräber waren aus mächtigen Steinblöcken errichtet. Man stellte zwei große, hohe Steine aufrecht hin und legte darüber eine Steinplatte als Deckstein. So entstand ein Steintisch, unter den die Toten gebettet wurden. Das Steinbauwerk wurde dann von außen mit Erde überhäuft, sodass sich ein kleiner Hügel bildete, der bald überwachsen war. Für diese Steingräber waren kleine Steine unbrauchbar.

Auf diese Weise entstanden Grabräume, die kein Sturm brechen und kein Alter schwächen konnte. Die Menschen verbrachten ihr Leben in Hütten aus Holz und Stroh, die schnell baufällig wurden und die das Feuer verzehren konnte. Als Tote bezogen sie aber ein Haus, das unzerstörbar war. Es war aus Stein. In solche steinernen Häuser der Ewigkeit brachten die Menschen ihre Toten, und weil diese Steingräber immer noch stehen, erzählen sie uns selbst heute noch von dem größten Wunsch dieser Menschen: ewig zu sein wie die Steine.

Eine besondere Anlage gibt es in England: Sie ist ein kreisrunder Bau von dreißig Metern, auf mächtigen hohen Steinsäulen liegen schwere Deckplatten. Der Steinring wird von dreißig aufrecht stehenden Blöcken gebildet, die man erst herbeischaffen musste. Diese Blöcke sind über vier Meter hoch. Jeder von ihnen wiegt rund 25 Tonnen. Weil es hier keine Flüsse gibt, über die man solche Lasten hätte transportieren können, musste jeder Stein einzeln über Land gezogen werden. Anfangs ist das Gelände noch eben. Aber dann kommt ein Tal, das damals dichter Wald war, so dass man zuerst einen Weg hindurch schlagen, glätten und auch befestigen musste. Die Steine wurden mit Seilen aus Kuhhaar oder geflochtenen Lederriemen auf hölzerne Schlitten gebunden. Diese »Schlitten« liefen auf Rollen, Rundhölzern, also Baumstämmen, die immer wieder neu vor die Schlitten ausgelegt wurden. Sechs Männer sind nötig, um ein einziges Rundholz zu tragen. Natürlich bewegen sich diese Rollen gar nicht, wenn der Weg nicht aufgeräumt ist. Man musste Baumstümpfe und Steinbrocken entfernen, damit die ungeheure Last vom Fleck gezogen werden konnte. Das schwierigste Stück war ein Hügel. Dort führt ein steiler Hang zur Hochebene von Salisbury hinauf, auf der der Bauplatz Stonehenge liegt. Man hat errechnet, dass mindestens tausend Männer helfen mussten, um den schwersten Stein diesen Hang hochzuziehen.

Dreißigmal musste ein solcher Transport bewältigt werden. Hinzu kamen die mächtigen Decksteine. An Ort und Stelle angekommen, hob man für jeden Pfeilerstein eine Grube aus. An der Seite des Steins wurde diese Grube abgeschrägt, sodass eine schiefe Ebene entstand. Die Gegenseite der Grube wurde mit Pfählen befestigt. Jetzt wurde der Stein auf Rollen an die Grube so herangeführt, dass er auf der vordersten Rolle wie eine Wippe fast balancierte. Mit Hebeln drückte man ihn dann hoch, sodass er in das Loch rutschte. Nun musste er zentimeterweise mit Hebeln hochgehoben und immer neu abgestützt werden, bis er schließlich aufrecht stand und mit Steinen und Erde in seiner Grube befestigt werden konnte.

Nachdem der Block sicher stand, wurde die Oberkante begradigt, sodass alle Pfeilersteine die gleiche Höhe hatten. Nur ein Zapfen blieb stehen, der später in ein Loch des Decksteines griff und das Gefüge fest verband. Dazu musste man eine Rampe aufschütten, einen Erdwall, der mit Baumstämmen und Steinen immer höher geschichtet wurde. Mit langen Hebeln wurde der Deckstein an einer Seite gehoben, mit Holz unterlegt und befestigt, dann das gleiche an der anderen Seite, dann wieder links, wieder rechts, sodass der Deckstein auf seinem Unterbau immer höher wuchs, bis er in vier Meter Höhe vorsichtig auf die Pfeilerblöcke geschoben und über den Zapfen abgesenkt werden konnte. Danach wurde alles abgeräumt, um nebenan beim Aufsetzen des nächsten Decksteins neu verwendet zu werden.

Doch warum haben die Menschen vor viertausend Jahren solch ungeheure Arbeit auf sich genommen? Ähnlich wie die Dome des Mittelalters wurde auch Stonehenge über Generationen erbaut. Es war ein religiöses Zentrum für das ganze Land, so wie für die Christenheit Rom oder Jerusalem. Wir wissen nicht, welche Gebete in der Frühe des längsten Tages im Jahr gesprochen wurden, wenn die Sonne im Nordosten über der Ebene von Stonehenge aufgeht. Wir kennen keine Lieder und keine Opfer. Aber gewiss bedeutete der große Steinring die ganze Welt. Hier war jetzt die Mitte des Alls, das Haus der Welt. Wer hier stand, stand am heiligsten Platz dieser Menschen. Und gewiss galt die Sonne ihnen als göttlich. Sie verehrten ihren Aufgang und ihr Licht als Zeichen des Lebens. So wie die Sonne über dem Welthaus von Stonehenge aufgeht, nun schon seit Jahrtausenden, so sollen die Toten auferstehen zu einem neuen Leben. Vielleicht hat dieser Glaube den Bauern damals selbst die härteste Arbeit und sogar das unmöglich Scheinende leicht gemacht.

Nach Hubertus Halbfas

- Sch suchen die Kreisform in den Dingen und Abläufen der Natur um sie herum. Dabei unterscheiden Sch zwischen »natürlichen Kreisen« (z. B. Blütenformen, wiederkehrende Abläufe, »Jahreskreis«; vgl. die Grafiken **97**) und von Menschen gemachten, technischen Kreisformen (Kreisverkehr, Verkehrszeichen).
- Redewendungen machen auf den Stellenwert der Kreissymbolik aufmerksam (der Kreis des Lebens beginnt sich zu schließen, störe nicht meine Kreise, wir nehmen ihn oder sie in unseren Kreis auf etc.).

– Ihr findet die Kreisform auch an wichtigen Stellen in unserem Buch wieder (Glasbild **27**, Mandala **53**, Bahn der Planeten **96**)! Mit welcher Berechtigung kann man sagen, dass die Kreisform für das Leben der Menschen und der Welt eine der wichtigsten Formen ist?

- Auch in der Natur, bis in die kleinsten, unscheinbaren Dinge hinein lässt sich die Kreisform wieder finden! Sehr gut seht ihr dies zum Beispiel an der Blüte eines Gänseblümchens, wie es auf jeder Wiese blüht.

Gänseblümchen
für uns
nicht für Gänse
kreiserund und still ich
denke

Hier bietet sich ein Unterrichtsgang in das Schulgelände an mit Block und Bleistift.

- Sch betrachten zunächst ein Gänseblümchen möglichst genau und versuchen mit eigenen Worten eine Beschreibung auf ihrem Block. Was geschieht, wenn die Blüte leicht angepustet wird, wenn sie also zittrig wird? Und wie kann man das aufschreiben? Welche Eigenschaften hat diese Pflanze noch, die nahezu überall wächst?
- Sch versuchen dann, auf einer Seite im Großformat diese Blüte in Schwarz-weiß-Skizze zu zeichnen.
- Im Klassenzimmer wird die Erinnerung ausgewertet, vor allem im kreativen Schreiben (Elfchen, Akrostichon).

Keiner hätte das gedacht
Rund und vollkommen, überall treffen wir es
Ehe man es merkt, ist es schon zerstört
Ich will das nicht
Sorgen wir dafür!

Anmerkung: Auch wenn der Gang auf die Wiese das normale Unterrichtsgeschehen unterbricht (was wünschenswert sein kann), wäre die einfachere Lösung, dass L 30 abgeschnittene Blüten in das Klassenzimmer mitbringt – angesichts der angestrebten Lernziele ein Frevel!

Auf dem Weg zum Miteinander? — Stellungnahmen (100)

1. Hintergrund

Die Grafik zeigt eine Utopie auf: verschiedene Kulturen, Lebensarten und Religionen in einem gemeinsamen Haus, ohne dass es zu erkennbaren Kämpfen und Auseinandersetzungen kommt! Ist das einmal realisierbar? Unter welchen Bedingungen könnte das klappen? Oder müsste das Haus umgebaut werden? Vielleicht eher zu einer Ansammlung von Einzelhäusern, die nebeneinander und doch in einer Verbindung stehen? Und wenn man die Gegenwart beschreiben müsste, wie würde die Zeichnung dann aussehen?

Der Text greift die auch für Sch zunehmend greifbare Erfahrung des Heranwachsens auf, wo sich Beziehungen verändern und weiter verändern werden – vor allem die zu den eigenen Eltern; möglicherweise verändern sich später aber auch die konkreten Lebensumstände, wenn aufgrund von Beruf und Ausbildung vertraute und heimatliche Räume verlassen werden (müssen). Was wird dann tragende Kraft sein? Der Text kann eine Einladung sein, sich selbst als Fremde/n der Zukunft sehen zu lernen.

2. Einsatzmöglichkeiten im RU

Nebeneinander – gegeneinander – miteinander

Sch reflektieren ihre Vorstellungen von einer gemeinschaftlichen Existenz unterschiedlicher Kulturen.

- Sch betrachten die Zeichnung und beschreiben genau, was sie beobachten. Welche Elemente sind unbekannt, welche haben sie in der eigenen Umgebung noch nie gesehen?

BORSCHTSCH

- Mithilfe von **AB 5.6.10, Lehrerkommentar S. 213** beschreiben Sch die verschiedenen Bewohner, um die Vielschichtigkeit deutlich zu machen.
- Sch überlegen: Wo würdet ihr gern einmal hineinschauen?
- Sch bearbeiten die erste Aufgabe **100** und notieren Probleme, aber auch Chancen des Zusammenlebens in der dargestellten Form.
- Anhand von eigenem Vorwissen tauschen sich Sch über Probleme zwischen unterschiedlichen Kulturen aus. Dazu ziehen sie auch die Tageszeitung heran.
- Sch suchen in PA aussagekräftige Überschriften zu der Zeichnung. Was wird daran deutlich, wenn man an die Beziehung zwischen Einheimischen und Ausländern denkt? Inwiefern werden damit die vorher gefundenen Probleme und Chancen berücksichtigt?

Wenn ich einmal nicht mehr

Im Nachdenken über eigene Wünsche des Älterwerdens bedenken Sch probeweise den Stellenwert des eigenen Fremdseins.

- Sch vollenden den Satz: Wenn ich einmal nicht mehr in die Schule gehe ...
- Die Texte werden vorgelesen. Gespräch über den Eindruck.
- Das Gedicht von Brigitte Schär weitet den Blick noch aus. Sch suchen sich einzelne Satzteile heraus und beantworten die Fragen für sich.
- Rückblick auf das, was in diesem Kapitel mit dem Fremdsein zu tun hatte: Sch notieren ihre Wünsche an Menschen, bei denen sie einmal ein Fremder sein könnten.
- – Welche Auswirkungen hat diese Wahrnehmung auf mein jetziges Handeln?

Literatur

Herms, Eilert, Humanität, in: Krause, Gerhard u. a. (Hg.), Theologische Realenzyklopädie. Bd. 15, Berlin 1986, 661-682

Kirchhoff, Hermann, Christliches Brauchtum. Feste und Bräuche im Jahreskreis, München 2005

Rink, Marion, »Was habt ihr da für einen Brauch?« Jüdische Riten und Feste (Schönberger Hefte – Sonderband 8), Frankfurt 1995

Schussmann, Markus, Die Kelten in Bayern, Treuchtlingen 1992

Tworuschka, Monika und Udo, Kleines Lexikon Islam, Konstanz 1992

Projekt: Wir erkunden eine Kirche und weitere Projektideen

1. Hintergrund

Lernen in Projekten stammt aus der Reformpädagogik, genauer: aus der Arbeitsschulbewegung. Grundlegendes Prinzip ist das praktisch-problemlösende Handeln, das die »Behandlung« eines Gegenstands in getrennten Fächern überwindet. Vielmehr bemühen sich Menschen mit verschiedenen Fähigkeiten und Kenntnissen, eine selbst gewählte komplexe Aufgabe aus dem Alltagsleben gemeinsam zu bewältigen. Allerdings wird die Komplexität einer Projektaufgabe aus schulorganisatorischen Gründen gelegentlich reduziert und das Projekt im Fachunterricht bearbeitet.
Wesentliches Kennzeichen des Projektunterrichts ist die gemeinsame Planung und Durchführung von Sch und L. Am Ende steht jeweils ein Projektziel: die Präsentation des Ergebnisses im Schaukasten, als Ausstellung, als Plakatwand außerhalb der Schule, im Rahmen eines Gottesdienstes, in der Tageszeitung, als Kirchenführer für Kinder o. Ä.
Die im Rahmen des Projektes notwendigen Klärungs- und Entscheidungsprozesse können mit der Moderationsmethode (bzw. Metaplan-Technik) strukturiert werden. Dabei werden z. B. in der Phase der Ideensichtung Papierstreifen verwendet: Mit jeweils einer Idee beschriftet und an der Tafel nach Sachgruppen gemeinsam geordnet, können so Schwerpunkte gebildet werden. Mittels Klebepunkten lassen sich Interessenschwerpunkte feststellen und für die Lerngruppe unwichtigere Themen aus einer möglichen Vielfalt aussondern.

Kooperative Projektplanung: Übersicht

1. *Vor Beginn eines Projektunterrichts*
1.1 Überprüfung der Voraussetzungen: Eigene Veränderungs- und Lernbereitschaft? Voraussetzungen der Sch?
1.2 Projektvorplanung durch L: inhaltlich und organisatorisch, Projektskizze
1.3 Vorinformation der Klasse über »Projektunterricht«
1.4 Evtl. Sachinformationen zum Thema

2. *Planung in der Klasse*
2.1 Ideensammlungs- und Assoziationsphase in GA, jeweils Wandzeitung oder Papierstreifen (Interessen? Arbeitsmethodische Fähigkeiten?)
2.2 Thematische Schwerpunkte bilden
L ordnet mit Sch-Gruppe die Papierstreifen bzw. Ideen nach tragfähigen Schwerpunkten
Themen wegfallen lassen – Hilfe: Klebepunktverfahren
Themen verschieben
In der Regel nicht mehr als fünf Themenschwerpunkte bilden!
2.3 Projektarbeitsgruppen bilden
Hilfe: Erstwahl und Zweitwahl mit Namen auf Karteikarten notieren lassen, Gruppen entsprechend zusammensetzen, auf ähnlich große Gruppen achten!

3. *Gruppenplanung*
3.1 Zeitrahmen bekannt geben
3.2 Ziel, genaue Fragestellung, »Produkt« festlegen: »Was soll am Ende stehen, was wollen wir erreichen?«
3.3 Gruppenarbeitspläne entwickeln
Intensive Beratung nötig, Materialpakete bereitstellen. Auf schriftliche Fassung achten!

4. *Planungen im Klassenplenum vorstellen*
4.1 Vortragen, Rückmeldungen, Änderungen – Evtl. hat L die Planungen vorher durchgesehen und kommentiert/ korrigiert
4.2 Gesamtplanung der Klasse: Wandzeitung mit Phasen, Terminen, Aktivitäten usw. aufhängen,
4.3 Produktpräsentation klären: Organisation, Termine, Räume usw.

	Mo. 14.5	Mi. 16.5	Mo. 21.5
Gr. 1			
Gr. 2			
Gr. 2			

5. *Regelmäßige Koordinationsgespräche in der Gesamtklasse im Projektverlauf*

Die Kirche vermessen **PROJEKTIDEE** (102)

Sch erarbeiten die objektiven, messbaren Kennzeichen eines Kirchengebäudes. Erforderlich sind dazu Lineale, Geodreiecke, Bleistifte und kariertes Papier (Doppelbogen eines DIN-A4-Schülerheftes).

- Die Höhe des Turmes oder auch des Innenraumes wird mit einer einfachen Mess- und Zählmethode festgestellt (s. u.).
- An der Seitenkante einer Leiste wird ein Lineal angeschraubt.
- Mit dem Maßband ermitteln Sch die Entfernung zwischen Kirche und Standort und notieren diesen Wert.
- Mit dem Messgerät wird die Kirchturmspitze anvisiert.
- Am Geodreieck kann ein Winkel abgelesen werden; die Wasserwaage hilft, die Leiste gerade zu halten.
- Gemäß der Skizze werden die Werte auf das Blatt übertragen. Durch Abzählen der Kästchen erhalten Sch am Schnittpunkt zwischen senkrechter und schräger Linie die Höhe des Kirchturms.

Tasten und Fühlen **PROJEKTIDEE** (102)

Die Übung ermöglicht einen intensiven Eindruck von Gegenständen aus dem Kirchenraum.

- Beim Entdecken bisher übersehener oder ihnen unbekannter Gegenstände entstehen bei Sch Fragen nach dem Sinn und der Bedeutung. Insofern empfiehlt sich das Ertasten mehrdeutiger Zeichen (und nicht etwa des Wassers im Taufbrunnen).
- Beim Aufschreiben der Worte ist es wichtig, zunächst alle Gedanken zuzulassen, die durch dieses Tasterlebnis hervorgerufen wurden. Erst zum Schluss wird der ertastete Gegenstand benannt und gezeigt.

Es braust und klingt **PROJEKTIDEE** (103)

Die Faszination der Orgel wird nachvollziehbar, wenn ein Einblick in den Funktionsumfang gewonnen wird.

- Sch lösen die Aufgaben unter Zuhilfenahme des Lexikonstichwortes »Orgel«. Sch müssen die Anzahl der Tasten eines Manuals bzw. Pedals mit der Registerzahl multiplizieren, die ermittelten Zahlen werden addiert, und daraus ergibt sich die Gesamtzahl der Pfeifen.

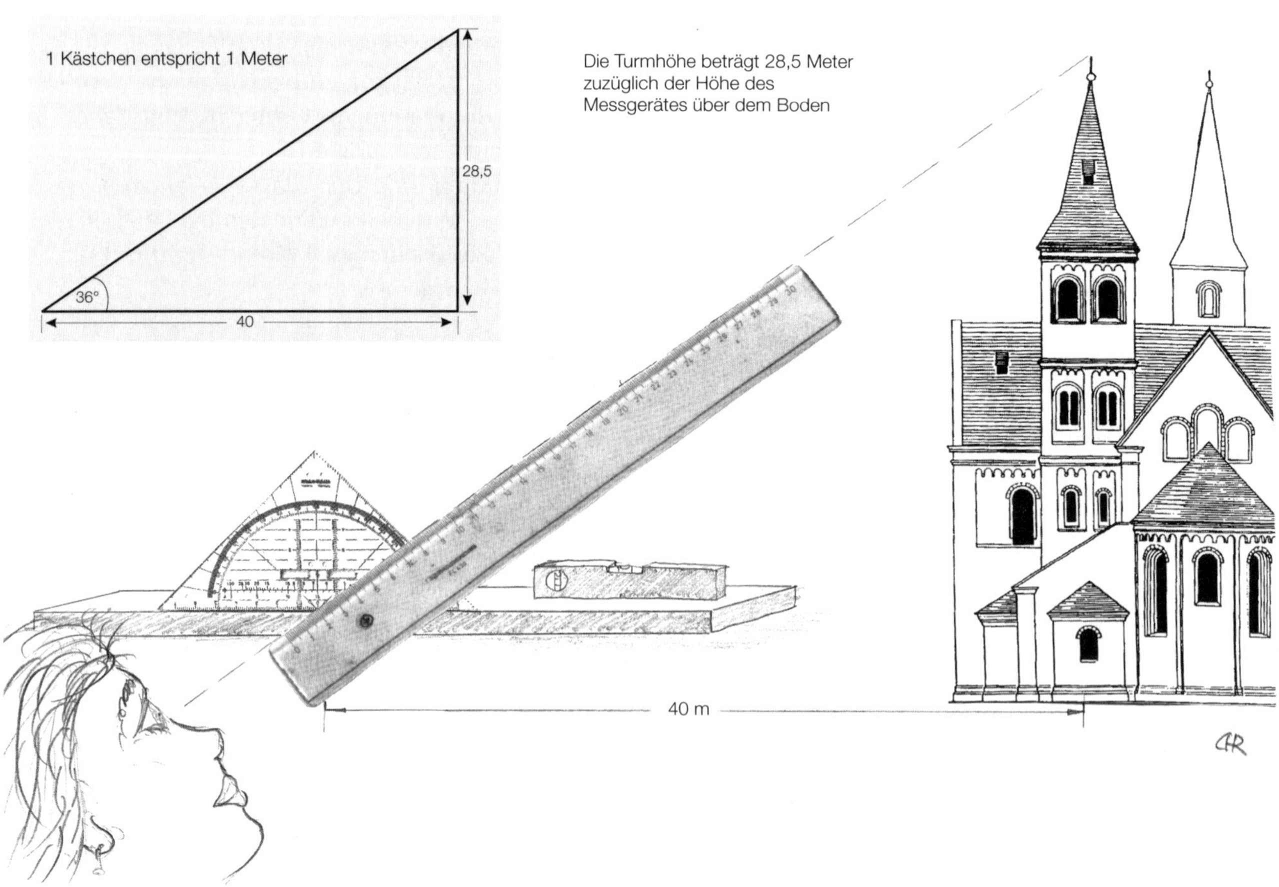

Ein Fenster einfärben

Dreipass

Dreiblatt

Doppelschneuß

Vierpass

3. Projektideen zu weiteren Themen des Schulbuchs

Gastfreundschaft üben

In diesem Projekt wird Gastfreundschaft sowohl in der Rolle des Gastgebers als auch in der Rolle des Gastes eingeübt.

- Sch laden eine andere Gruppe (z. B. Ethikgruppe, Parallelklasse) ein, z. B. zum gemeinsamen Frühstück im Klassenzimmer.
- Für die Vorbereitung des Besuches werden in der Klasse Absprachen getroffen, Aufgaben verteilt, Termine festgelegt. Ein Programm für den Besuch wird ausgearbeitet (z. B. kurze Morgenbesinnung, »feierliche Grußbotschaft/Tischrede«, gemeinsames Frühstück, verschiedene Spiele, Kurzfilm anschauen).
- Eine schriftliche Einladung mit der Unterschrift aller Sch wird der eingeladenen Klasse überbracht.
- Das Klassenzimmer wird hergerichtet: aufgeräumt, Tische zusammengestellt, zusätzliche Stühle besorgt, evtl. Blumenschmuck vorbereitet.
- Möglichst jede »Gastgeberin« und jeder »Gastgeber« hat eine Aufgabe während des Besuches zu erfüllen: Begrüßung der Gäste an der Klassenzimmertür, Entzünden der Kerzen am Tisch, nachdem die Gäste Platz genommen haben, Auftragen der Speisen, Einschenken der Getränke, Morgenbesinnung, Tischrede, Programmpunkte einführen.

Hinweis: L bespricht mit L der einzuladenden Gruppe mögliche Details, evtl. auch einen Gegenbesuch.

Durch gerechten Handel Kindern helfen

Hier werden Hilfsmöglichkeiten für Kinder in anderen Ländern als fächerverbindendes Lernen erarbeitet, z. B. in der Auseinandersetzung mit dem Schwerpunkt »Kakao in weltweiter Verflechtung«. Dazu können folgende Hinweise gegeben werden:

Kakao-Kiste: Mithilfe verschiedener Materialien unter Einbeziehung aller Sinne vermittelt die Kiste Wissenswertes über Kakao (Ausleihmöglichkeiten erfragbar bei Ulrich Becker, Fax 0511/3604106).

- Fairer Kakao bei der »Schulspeisung«: Ist der Kakao, den es an der Schule gibt, fair gehandelt?
- Sch finden heraus, ob die Herstellerfirma nicht auch fair gehandeltes Kakaopulver verwenden kann. Dazu ist sicher ein Briefwechsel erforderlich, eventuell hilft auch der Zusammenschluss mehrerer Schulen – Schulen sind ja Großkunden.
- Der Briefwechsel wird in Schaukästen (Zeitung?) ausgestellt. Vielleicht führt diese Aktion zu einem Erfolg, manchmal jedoch nur mit nachdrücklichen Aufforderungen, vielleicht auch mit Boykott-Hinweisen?
- Hinsichtlich des Kaffees erfragen Sch die Gewohnheiten im Lehrerzimmer ... Brauchen L in dieser Frage etwas Nachhilfe?
- *Informationsmaterial* und weitere Medien sowie Literatur zu diesen Fragestellungen:
  TransFair e. V., Remigiusstr. 21, 50937 Köln, Fax: 0221/94 20 40 40
  Misereor Medienproduktion und Vertrieb, Postfach 1450, 52015 Aachen, Fax: 0241/479 86 45
  gepa Fair Handelshaus, Bruch 4, 42279 Wuppertal, Fax: 0202/26683

  Groß, Engelbert, Konsequenter Religionsunterricht. Aktion und Projekt, Donauwörth 1994
  Reents, Christine, Projektunterricht, in: G. Adam/ R. Lachmann (Hg.), Methodisches Kompendium für den Religionsunterricht, Göttingen ^{2}1996, 72-80

Ein Fenster »einfärben« IDEENSEITE (103)

Durch eine Gestaltungsarbeit wird das Wissen über Kirchenfenster exemplarisch und handlungsorientiert vertieft.

- *Hinweis*: Bei großen Klassen ist eine Beschränkung auf DIN-A5-Blätter sinnvoll, um ein gemeinsames Fenster gestalten zu können. Das Blatt muss vollständig ausgemalt werden, um keine weißen Restflächen zu erhalten.
- PA, bei der zunächst das Motiv mit Bleistift auf ein DIN-A4-Blatt aufgetragen wird und nach der Teilung des Blattes in zwei Hälften arbeitsteilig angemalt wird.
- *Vertiefung:* Der Eindruck eines gotischen Kirchenfensters wird dann besonders deutlich, wenn auch das Maßwerk zur Geltung kommt. L macht mehrere Kopien der Vorlage **AB 5.7.1, Lehrerkommentar S. 217.** Die Elemente heißen »Pass« und »Schneuß« (Pass = Kreisteil des gotischen Maßwerks; Schneuß = Fischblase – Element des gotischen Maßwerks, einer Fischblase ähnlich). Mit einer spitzen Nagelschere schneiden Sch den weißen Innenbereich aus und kleben die Schablone auf ein bemaltes Transparentpapierstück. Der umschließende Spitzbogen kann leicht mit schwarzer Farbe gezogen werden.

Literatur

Degen, Roland u.a. (Hg.), Lernort Kirchenraum, Münster 1998

Goecke-Seischab, Margarete Luise/Ohlemacher, Jörg, Kirchen erkunden, Kirchen erschließen, Lahr/ Kevelaer 1998

Themenheft »Lernort Kirche«: ru 17 (1987) 97-111

Themenheft »Kirchen erkunden – Kirchen erleben«: ru 24 (1994) 41-72

Quellenverzeichnis:

S. 16 Foto: Christoph Ranzinger, München
5.1.2 Grafik: Maria Ackmann, Hagen
5.1.3 Sophie Taeuber-Arp, Sommerlinien, 1942, Öl auf Holz, 46 x 38 cm © VG Bild-Kunst, Bonn 2004 (Nachzeichnung)
5.1.7 T: Friedel Lommatzsch/M: Niederländisches Volkslied © Ev. Bildungswerk, Berlin
5.1.8 Paul Gauguin, Ringende Kinder © Josefowitz-Sammlung 2004 (Nachzeichnung)
S. 33 Foto: Christoph Ranzinger, München
5.1.9 Ingeborg Kiefel, in: I. Kiefel/J. Fremder, Den anderen sehen, Schriftenmissionsverlag/Katholisches Bibelwerk, Gladbeck/Stuttgart 1974, S. 51
S. 42 Schülerarbeit
5.2.1 Prämonstratenserstiftskirche, Stuhlwangen, um 1714 (Details), in: Das Bistum Regensburg, Bd. 2, Echo Buchverlag, Kehl 1992 – A. Boeckmann, Regensburg
5.2.3 Grafik: David Macaulay, Sie bauten eine Kathedrale © Artemis & Winkler Verlag, Düsseldorf/Zürich
5.2.4 in: Siegfried Poblotzki, 175 Jahre Kreuzberg-Kirche Pleystein, Hannes Oefele Verlag, Ehingen 1989, S. 34 und 36
5.2.5 Grafik und Text in: wie 5.2.3
5.2.6 Lied: traditionell
S. 61 Foto: Christoph Ranzinger, München
5.2.7 in: Weg – Wallfahrt – Unterwegs im Glauben. Werkbrief für die Landjugend, München 1988, S. 7 – Abb.: ebd.
5.2.8 T: Thomas Laubach/M: Thomas Quast © tvd-Verlag, Düsseldorf
5.2.9 M: Oskar G. Blarr/T: Eckart Bücken © Strube Verlag, München/Berlin
5.2.10 © Gregor Müller, Katechetische Arbeitsstelle St. Gallen
5.3.1 Joan Miró, Mai 1968, 1973 © Successió Miró/VG Bild-Kunst, Bonn 2004 (Nachzeichnung)
5.3.2, 5.3.5-5.3.10 Entwurf und Gestaltung: Brigitte Meichel
S. 74 Zeichnung: Eva Amode, München
5.3.11 James Krüss in: So viele Tage wie das Jahr hat. Gedichte für jeden Tag, Bertelsmann Jugendbuch Verlag, München 2004 – Sarah Kirsch in: Werke in fünf Bänden, Gedichte 1, herausgegeben von Franz Heinrich Hackel © 1989 Deutsche Verlags Anstalt GmbH, Stuttgart
5.3.12 T: Dietrich Bonhoeffer, geschrieben zum Jahreswechsel 1944/45 in Gestapo-Haft/M: Siegfried Fietz/Satz: Gordon Schultz, Textrechte: Gütersloher Verlagshaus/Chr. Kaiser Verlag, Gütersloh © Abakus Musik Barbara Fietz, 35753 Greifenstein
5.3.13 Grafik: Eva Amode, München
S. 98 Illustration: Schülerarbeiten
5.3.14 Grafik: Eva Amode, München
5.3.17 Federzeichnung einer Bamberger Ambrosius-Handschrift, 12. Jh., Staatsbibliothek Bamberg, Msc. Patr. 5, fol.1^{r},
5.4.2 Michael Ende, Momo © 1973 by Thienemann Verlag GmbH, Stuttgart/Wien
5.4.6 Zeichnung: Eva Amode, München
5.4.9 In: Gerda und Rüdiger Maschwitz, Aus der Mitte wachsen. Neue Mandalas, Kösel-Verlag, München 1998, Bild 19
5.4.11 Fotos: Christoph Ranzinger, München
5.4.12 T/M: Aus Afrika
5.4.13 Thomas Klocke in: Geschichten zum Vaterunser, Auer Verlag, Donauwörth 2000
5.4.15 Foto: Sternsinger in der Pfarrei St. Maximilian, Augsburg © Kindermissionswerk, Aachen
5.4.16 Illustration von Wilfried Rothmann, Essen, in: Wir sagen euch an: Advent © 1991 Bistum Essen, Seelsorgeamt
S. 153 Kat. San Vitale, Ravenna
5.5.1 ebd.
5.5.2 Bogenlünette der Nordwand, San Vitale, Ravenna (Details). Fotos: Scala, Rom
5.5.5 Fotos: Christoph Ranzinger, München
S. 167 Foto: Christoph Ranzinger, München
5.5.6 T: Friedrich Karl Barth, Peter Horst, Hans Jürgen Netz/M: Peter Janssens, aus: Unkraut leben, 1977, alle Rechte im Peter Janssens Musik Verlag, Telgte/Westfalen
S. 171 Schülerarbeit; Foto: Christoph Ranzinger, München
5.5.8 Barbara Sengers
S. 177 Schülerarbeit; Foto: Christoph Ranzinger, München
5.5.11 T/M: Spiritual – T/M: Hans Köbler © Gustav Bosse Verlag, Kassel
5.5.12 Bogenlünette der Nordwand, San Vitale, Ravenna
5.5.13 T: Rudolf Otto Wiemer/M: Gerd Watkinson © Kaufmann Verlag, Lahr
5.6.1 Manfred Bergmeister, Wüstentor von El Alamein, 1985, Höhe: 8 Meter (Nachzeichnung eines Fotos)
5.6.2 Cartoon: V. Pavlidis in: Menschen auf dem Weg nach München. Vorbereitungsheft für d. 25. DEKT 1993
5.6.3 © Tahar ben Jelloun, Papa, was ist ein Fremder?, Rowohlt Verlag GmbH, Berlin 1999
5.6.4 Leonardo da Vinci (1452-1519), Proportionsschema der menschlichen Gestalt nach Vitruv, um 1490, Feder und Tinte mit leichter Aquarellierung auf weißem Papier, 34,4 x 24,5 cm, Inv. 228, Venedig, Galleria dell'Accademia, Foto: akg-images/Cameraphoto

5.6.6 In: Bella Chagall, Brennende Lichter. Erste Begegnung © 1966, 1971 by Rowohlt Verlag, Reinbek b. Hamburg
5.6.8 Abb.: A. Dürer, Das Grafische Werk Bd. 2, Frankfurt/M. 1992
5.6.9 nach Hubertus Halbfas
5.6.10 Cartoon: Layer/Stahl © Löwensteiner Cartoon-Service